Kohlhammer

Ulrich Riegel/Mirjam Zimmermann (Hrsg.)

Digitale Sakralraumpädagogik

Verlag W. Kohlhammer

Diese Veröffentlichung ist Teil eines Projekts zur digitalen Sakralraumpädagogik, das im Rahmen der Förderlinie *Fellowship für Innovationen in der digitalen Hochschullehre in NRW* im Jahr 2023 gefördert wurde.

1. Auflage 2024

Alle Rechte vorbehalten
© W. Kohlhammer GmbH, Stuttgart
Gesamtherstellung: W. Kohlhammer GmbH, Stuttgart

Print:
ISBN 978-3-17-043899-6

E-Book-Format:
pdf: 978-3-17-043900-9

Für den Inhalt abgedruckter oder verlinkter Websites ist ausschließlich der jeweilige Betreiber verantwortlich. Die W. Kohlhammer GmbH hat keinen Einfluss auf die verknüpften Seiten und übernimmt hierfür keinerlei Haftung.
 Dieses Werk einschließlich aller seiner Teile ist urheberrechtlich geschützt. Jede Verwendung außerhalb der engen Grenzen des Urheberrechts ist ohne Zustimmung des Verlags unzulässig und strafbar. Das gilt insbesondere für Vervielfältigungen, Übersetzungen, Mikroverfilmungen und für die Einspeicherung und Verarbeitung in elektronischen Systemen.

Vorwort

Der vorliegende Sammelband ist eines der Ergebnisse im Projekt „Digitale Repräsentationen von Sakralbauten", das im Rahmen der Förderlinie „Fellowship für Innovationen in der digitalen Hochschullehre in NRW" im Jahr 2023 gefördert wurde. Kern dieses Projekts war ein Seminar, in dem die Studierenden einen Sakralraum digitalisierten und die digitale Repräsentation dieses Raums sakralraumpädagogisch aufbereiteten. Dabei entstanden die Möglichkeiten, eine Synagoge, eine Moschee, eine evangelische Kirche und einen hinduistischen Tempel online oder per VR-Brille zu erkunden. Mittlerweile konnte dieses Arrangement durch Abschlussarbeiten um eine orthodoxe und eine katholische Kirche erweitert werden.

Bei der Vorbereitung des Seminars zeigte sich schnell, dass das Feld virtueller Erkundungen von Sakralräumen in vielfacher Weise noch nicht hinreichend theoretisch und praktisch diskutiert ist. Lassen sich kirchenraumpädagogische Einsichten, die sich auf Erkundungen sakraler Räume im analogen Modus beziehen, ohne Weiteres auf virtuell präsente Sakralräume übertragen? Und können digitale Repräsentationen von Sakralräumen noch als Sakralraum bezeichnet werden? Diese Fragen mussten im Seminar beantwortet werden, ohne dass hierzu bereits hinreichend aufbereitete Veröffentlichungen vorliegen. Alle diese Informationen durch die Studierenden erarbeiten zu lassen, würde ein eigenständiges Seminar bedeuten.

Auch deshalb fand zur Orientierung der Studierenden am 24. April 2023 eine Online-Tagung statt, die den Blick auf virtuelle Räume und ihre didaktische Verwendung aus unterschiedlichen disziplinären Perspektiven ebenso einholte wie die Darstellung der Theologie der Räume der Religionen und deren Bedeutung für bzw. in der Virtualität. Alle Vortragenden der Tagung waren eingeladen, ihren Beitrag nicht nur zu präsentieren, sondern auch zu einem vollständigen wissenschaftlichen Artikel auszuarbeiten. Das Ergebnis dieser Einladung liegt hier vor.

Wir bedanken uns bei allen Kolleg:innen, die zu diesem Sammelband beigetragen haben. Sie haben den Studierenden im Seminar auf der Online-Tagung nicht nur einen leichten Einstieg in das Thema einer digitalen Sakralraumpädagogik eröffnet, sondern es durch ihre Disziplin im Verfassen ihrer Beiträge ermöglicht, dass dieser Band in weniger als einem Jahr nach der Tagung erscheinen kann. Weiterhin gilt unser Dank Kollegin Alexandra Nonnenmacher von der Universität Siegen, die uns nicht nur auf die Ausschreibung aufmerksam gemacht hat, sondern sich dafür eingesetzt hat, dass dieser Band als ein Produkt dieses Projekts erscheinen kann. Während des Seminars durften wir eng mit dem Siegener Team von Dime:US zusammenarbeiten, namentlich mit Lorenz Gilli, Minou Seitz, Cagdas Günes, Jan Kricks und Helen Schwarz. Sie haben uns nicht nur technisch unterstützt, sondern mit ihrer Motivation auch die Studierenden immer wieder stimuliert, den zum Teil kniffeligen Job der Erstellung einer digitalen Repräsentation des jeweiligen Sakralraums erfolgreich durchzuhalten. Auch ihnen gebührt ein herzliches Dankeschön. In der Technik und im Design der sakralraumpädagogischen Bearbeitung der digitalen Repräsentationen haben sich Vivienne Adolphs und Florian Wittig stark eingebracht. Auch ihnen ein dickes Danke. Schließlich wurde die Drucklegung des Bandes wiederum von Mirko Roth und Sebastian Weigert vom Kohlhammer-Verlag kompetent und zuverlässig begleitet, wofür wir uns herzlich bedanken.

Das Ziel dieses Bandes ist es, vorliegende Informationen, die eine digitale Sakralraumpädagogik grundlegen können, in konziser und leicht zugänglicher Form zur Verfügung zu stellen. Wir wünschen dem Band, dass er diesen Zeck erfüllt.

Mirjam Zimmermann & Ulrich Riegel

Inhalt

Einleitung 11
   Mirjam Zimmermann & Ulrich Riegel

Teil I: Interdisziplinäre Grundlagen

Sakralräume und ihre virtuellen Entsprechungen
Ein Vergleich aus architektursoziologischer Perspektive 19
   Markus Schroer

Raumerleben und Lernen im virtuellen Sakralraum
Psychologische Perspektiven 29
   Carsten Gennerich

Geschichtswissenschaft und die Erforschung
von (virtuellen) Räumen 41
   Angela Schwarz

Virtuelle Sakralräume
Perspektiven der Musikwissenschaft 57
   Rainer Bayreuther & Kathrin Schlemmer

Digitale Architekturmodelle – Virtuelle Räume!?
Synagogen in Deutschland – Eine virtuelle Rekonstruktion 69
   Marc Grellert

Umgang mit virtuellen Räumen in der Geographie(-didaktik) 77
   Alexander Tillmann

Teil II: Religionsbezogene & theologische Grundlagen

Das evangelische Kirchenraumverständnis
und der virtuelle Kirchenraum 89
   Georg Plasger

Das katholische Kirchenraumverständnis
und der virtuelle Kirchenraum 101
   Klara Pišonić & Viera Pirker

Das orthodoxe Raumverständnis
und der virtuelle Kirchenraum 111
   Yauheniya Danilovich

Das jüdische Raumverständnis von Synagogen
und der virtuelle Synagogenraum 125
   Albertina Oegema & Esther Graf

Das muslimische Moscheeraumverständnis
und der virtuelle Moscheeraum 145
   Ayşe Almıla Akca

Der sakrale Raum im Hinduismus
Grundlegende Fragen zur Übertragung ins Virtuelle 169
   Gerald Kozicz & Max Frühwirt

Ohnehin virtuell?
Der buddhistische Sakralraum zwischen Samsara und Shunyata 181
   Gerald Kozicz & Di Luo

Inhalt

Teil III: Didaktik & Praxis

(Wie) Geht Kirchenpädagogik auch virtuell?
Zur Eignung kirchenpädagogischer Zugänge für den
virtuellen Kirchenraum und zur Möglichkeit eigenständiger
virtueller Zugänge.. 195
    Mirjam Zimmermann & Ulrich Riegel

Virtual Reality in der Sakralraumpädagogik
Möglichkeiten und Grenzen von 360 Grad-Rundgängen 215
    Lorenz Gilli, Minou Seitz, Cagdas Günes & Jan Kricks

Sicherheitserfordernisse bei der virtuellen Erschließung
von Sakralräumen. Eine polizeiliche Einschätzung................................ 231
    Ella Heinrich-Öncü

Zur virtuellen Erschließung von Synagogen
Vorgehensplan einer Umsetzung.. 237
    Benjamin Weber

VR-Kirchenpädagogik
Möglichkeiten und Grenzen von VR-Kirchen(raum)erschließungen .. 245
    Theresia Witt & Konstantin Lindner

Die Plattform „www.museum-virtuell.com"
Genese, Bestand, Nutzerverhalten, Perspektiven................................... 259
    Dirk Leiber & Mirjam Zimmermann

Teil IV: Offene Fragen, Diskussion & explorative Blicke

Gemeindebildung im Kontext von virtuellen Sakralräumen................. 269
    Christian Mulia

Sakralräume in digitalen Spielen 281
　　Eva-Maria Leven

Auf dem Niveau von Wimmelbildern?
Virtuelle Religionsstätten und die Möglichkeiten,
ihren didaktischen Nutzen zu steigern 295
　　Karlo Meyer

Verzeichnis der Autor:innen 307

Einleitung

Mirjam Zimmermann & Ulrich Riegel

Der Band zu den Möglichkeiten einer digitalen Sakralraumpädagogik liegt im Schnittpunkt zweier Diskurse, die innerhalb von Theologie und Religionspädagogik auf eine gewisse Tradition zurückblicken können. Insbesondere aus christlicher Perspektive wird der Kirchenraum in seiner räumlich-spirituellen Dimension schon lange diskutiert (z. B. Kerner, 2008; Neumann/Rösener/Sünder-Gaß, 2009; Kopp, 2011; Sigrist/Hofstetter, 2014; Kaupp, 2016; Schindehütte, 2017; Zeindler, 2017), und mit der Kirchen- bzw. Kirchenraumpädagogik gibt es seit über 30 Jahren eine lebendige religionsdidaktische Praxis und Forschung, die sich auf die Erkundung von Kirchenräumen konzentriert (Degen/Hansen, 1998; Julius, 1999; Dörnemann, 2011; Sendler-Koschel, 2016; Rupp, 2016 und 2017; Gerdiken, 2018). Auch die Sakralräume anderer spiritueller Traditionen kommen zumindest religionsdidaktisch immer stärker in den Blick (Langenhorst, 2018; Sajak, 2018). Darüber hinaus wird die Digitalität von Theologie und Religion jüngst intensiv wissenschaftlich reflektiert (Haese, 2006; Göppel, 2014; Beck/Nord/Valentin, 2021; Müller, 2022; Pirker & Pisonic, 2022, Schlag & Suhner, 2023; van Oorschot, 2023), wobei auch religiöses Lernen im digitalen Raum eine große Rolle spielt (Nord/Zipernovsky, 2017; Leven/Palkowitsch-Kühl, 2021; Zimmermann, 2023).

Allerdings handelt es sich hierbei um zwei voneinander weitgehend unabhängige Diskurse, denn die Präsenz sakraler Räume im Digitalen spielt in diesen Forschungen bislang eine deutlich untergeordnete Rolle. Zwar erfuhren auch diese Räume während der sog. Corona-Krise eine gesteigerte Aufmerksamkeit. In den einschlägigen Überlegungen ging es aber weniger um die Möglichkeit, Kirchen als Gebäude in 3D selbstständig zu erkunden, sondern Gottesdienste wurden per Webplattform vom Ort des Geschehens ins Wohnzimmer übertragen, und es interessierte, wie diese Form des „gemeinsamen" Feierns in spiritueller Hinsicht auch z. B. im Blick auf das Abendmahl erlebt werden konnte (z. B. Schlag et al., 2023). Auch kommen im didaktischen Bereich langsam Vorschläge auf den Markt, die die räumliche Dimension virtueller Welten im Sinn von Escape Games (Sigg, 2023) oder Augmented Reality (Palkowitsch-Kühl & Müller, 2020) für religiöse Lernprozesse berücksichtigen. Hierbei geht es jedoch in einem sehr allgemeinen Sinn um digitale Räume, und der Schwerpunkt solcher Überlegungen liegt eher auf unterrichtspraktischen Aspekten als auf den pädagogischen und didaktischen Prinzipien, die eine sinnvolle Nutzung solcher Räume fokussieren.

Des Weiteren verbietet sich ein unkritischer Übertrag der Erkenntnisse der beiden oben genannten Diskurse auf ihr Schnittpunktthema einer digitalen Sakralraumpädagogik, denn die sog. „Kultur der Digitalität" (Felix Stalder, 2016), in welcher menschliches Denken und Handeln durch digitale Technik grundlegend geprägt sind, ist mehr als die Summe ihrer einzelnen Teile. So verschwimmen die Grenzen „analoger" und „digitaler" Welten zunehmend, weil Kinder und Jugendliche sich immersiv durch virtuelle Spielewelten bewegen, dabei längst vergangene Zeiten bereisen, Gebäude besuchen, die nicht mehr existieren, und sich (darin) wechselseitig z. B. als Avatare begegnen und in allen diesen Bezügen ihre Beziehungen untereinander ebenso ausleben wie auf dem Pausenhof, auf dem Sportplatz oder im Wartehäuschen der Bushaltestelle. In gewerblichen Servicebereichen bearbeitet „künstliche Intelligenz" mittlerweile einfache Anfragen, und nicht immer ist klar, ob eine Auskunft bei der Bank oder der Versicherung des Vertrauens von einem menschlichen Gegenüber erteilt wird. Auch lernen Medizinstudierende Operationen selbstverständlich in VR-unterstützten Szenarien, planen Techniker Modelle virtuell, üben Piloten lange am Flugsimulator usw. Der virtuelle Raum hat sich mittlerweile in vielen Berufsfeldern als vorteilhaftes Trainingsfeld erwiesen.

Auch religionsdidaktisch kommt das Potenzial virtueller Erkundungen der sakralen Räume, nicht zuletzt auch stimuliert durch die Corona-Pandemie und die damit einhergehenden organisatorischen Probleme bei der Realisierung von Exkursionen, immer stärker in den Blick und die Nutzung digitaler Repräsentationen von Sakralräumen wird als alternative Möglichkeit einer Begegnung angeboten (z. B. https://reli-ethik-blog.de/ein-virtueller-rundgang-durch-die-synagoge; https://reli-ethik-blog.de/virtueller-rundgang-durch-die-moschee). Das ist auch möglich, weil immer mehr Religionsgemeinschaften digitale Präsentationen ihrer „heiligen Räume" zur Verfügung stellen, die über Fotos bzw. Filme hinausgehen und als 3-D-Simulationen Raumerleben ermöglichen.[1] Teilweise sind die vorliegenden virtuellen Erschließungen aber technisch noch nicht ausgereift und orientieren sich stärker an touristischen Interessen als an sakralraumpädagogischen Prinzipien. Außerdem wirft die Verschiebung einer Beschäftigung mit Sakralräumen vom „realen" in den „virtuellen" Raum die Frage auf, ob beide Begegnungsformen analoge Lernmöglichkeiten eröffnen oder ob für eine digitale Sakralraumpädagogik nicht eigene Prinzipien für religiöses Lernen entwickelt werden müssten.

Dass die pädagogische Rezeption virtueller Technik mehr als nur technischer Kompetenzen bedarf, zeigt die jüngste Verschiebung vom sog. TPACK-Modell (Herring et al., 2016) zum DPACK-Modell (Döbeli Honegger, 2021). Im TPACK-

---

[1] Eine regelmäßig aktualisierte Karte mit Links zu virtuellen Sakralräumen (evangelische, katholische und orthodoxe Kirchen, Synagogen und Moscheen) ist im Projekt an der Universität Siegen im Jahr 2023 entstanden und kann unter https://www.uni-siegen.de/phil/sakralraumpaedagogik/karte.html abgerufen werden.

Modell wurden inhaltsbezogene und didaktische Kompetenzen mit den notwendigen technischen Konsequenzen kombiniert, die es braucht, um einen Sachverhalt didaktisch angemessen im Unterricht zu inszenieren. Es ist von der Einsicht geleitet, dass die Integration digitaler Tools ins schulische Lernen auch einer gewissen technischen Kompetenz bedarf, und galt einige Zeit als Referenzfolie für die pädagogische Rezeption digitaler Artefakte. Jüngst wurde diese technische Kompetenz, für die das „T" in TPACK steht, durch eine digitalitätsbezogene Kompetenz, die das „D" in DPACK repräsentiert, ersetzt. Ausschlaggebend für diese Verschiebung ist die Erfahrung, dass Digitalität eben nicht nur für eine technische Innovation steht, sondern auch die Dinge selbst in einem anderen Licht erscheinen lässt. Im Sinn der obigen Skizze einer Kultur der Digitalität eröffnet z. B. das Smartphone nicht nur weitere technische Möglichkeiten in der Kommunikation mit den Mitmenschen, sondern verändert auch den Blick auf die Welt und das Leben in ihr fundamental. Technische Kompetenzen kompensieren nur einen kleinen Aspekt dieser Verschiebung.

Wendet man diese Verschiebung auf den Bereich der Erkundung digitaler Sakralräume an, geht es hier nicht nur um das Wissen um die technischen Voraussetzungen solcher Erkundungen und deren Bewältigung. Eine sakralraumbezogene Digitalitätskompetenz erstreckt sich vielmehr auch auf das Wissen darum, wie Digitalität den Charakter und die Wahrnehmung sakraler Räume verändert und wie digitale (Re-)Präsentationen dieser Räume kritisch hinterfragt werden können. Überdies zählt dazu die Fähigkeit, digitale Artefakte verschiedener Sakralräume so in Lehr-Lernprozesse einzuspielen, dass ein respektvoller, antidiskriminierender Dialog zwischen Menschen unterschiedlicher weltanschaulicher Positionen eingeübt werden kann. Insofern eine entsprechende (religions-)didaktische Forschung erst am Beginn steht, strebt der geplante Sammelband eine theoretische Grundlegung einer Beschäftigung mit digitalen (Sakral-)Räumen an und lotet die didaktischen und praktischen Möglichkeiten einer solchen Begegnung aus. Dazu gliedert er sich in fünf Abschnitte.

Die ersten beiden Teile sind der theoretischen Grundlegung mit interdisziplinärem Blick gewidmet. Dabei fokussiert *der erste Teil* interdisziplinäre Grundlagen in soziologischer, psychologischer, musikwissenschaftlicher, geographiedidaktischer und architektonischer Perspektive. Darin werden zentrale Fragen nach dem Raum als sozialem Akteur, nach den psychologischen Perspektiven auf Raumerleben und Lernen im virtuellen Raum, nach der Aufbereitung von Standpunkten in architektonischer Hinsicht etc. thematisiert. Im *zweiten Teil* geht es um theologische bzw. religiöse Grundfragen nach den Raumkonzepten evangelischer, katholischer und orthodoxer Kirchen, jüdischer Synagogen, muslimischer Moscheen und hinduistischer bzw. buddhistischer Tempel. Jeweils werden hier die Raumkonzepte dargestellt und daraufhin befragt, was diese für die Präsentation im virtuellen Raum bedeuten.

Der *dritte Teil* thematisiert didaktische Perspektiven auf digitale Sakralräume. Es geht in ihm um die Herausforderungen der virtuellen Präsentation von Sakralräumen, indem didaktische Konzepte für das Lernen im realen Raum aufseiten der Kirchenraumpädagogik und der Museumpädagogik vorgestellt werden und davon ausgehend mögliche Prinzipien für eine Sakralraumpädagogik im virtuellen Raum geprüft werden können. Da die Erschließung virtueller Räume auch praktische Fragen betrifft, stellt ein Beitrag sicherheitstechnische Notwendigkeiten (vor allem für die Erschließung von Synagogen) dar; es werden Erfahrungen aus bereits durchgeführten Projekten vorgestellt, auf denen aufgebaut werden kann. Ein weiterer stellt technische Möglichkeiten der Verwendung aktueller Programme und Kameras zusammen und bewertet diese. Somit ist in diesem Teil die konkrete Praxis der virtuellen Erschließung von Sakralräumen fokussiert.

In einem *vierten Teil* werden dann mögliche Problembereiche eines didaktischen Konzeptes der virtuellen Erschließung von Sakralräumen benannt. (Wie) können unbelebte Räume, wie sie für die virtuelle Begegnung zur Verfügung gestellt werden, Lebensvollzüge und Liturgie als notwendige Bezugsgrößen präsentieren? (Wie) können die Artefakte der Religionen in ihren Räumen adäquat dargestellt werden? Taugen Computerspiele, um virtuell mit religiösen Räumen zu arbeiten?

Auf einen abschließenden Ausblick auf die Eckpunkte einer digitalen Sakralraumpädagogik oder zu Forschungsperspektiven für die virtuelle Erschließung solcher Räume wird mit Absicht verzichtet. Viele Beiträge dieses Bandes haben zwar einen bilanzierenden Charakter. Solche Bilanzen müssten jedoch erst durch die religionsdidaktische Community validiert werden, um sie zu belastbaren Eckpunkten einer digitalen Sakralraumpädagogik zu verdichten. Andere Beiträge, die sich auf spezielle Projekte oder Aspekte einer didaktischen Inszenierung digitaler Sakralräume beziehen, verweisen eindrücklich darauf, dass der aktuelle Stand der Forschung aus einzelnen, kaum aufeinander bezogenen Zugängen zum Feld besteht. Hier eine Programmatik zukünftiger Forschung zu skizzieren, entspräche eher einer subjektiven und willkürlichen Wunschliste als einer an vorliegenden Einsichten abgeleiteten Agenda, die in der Lage wäre, ein anfänglich erforschtes Feld sinnvoll und systematisch zu arrondieren.

Literatur

Beck, Wolfgang/Nord, Ilona/Valentin, Joachim (Hg.), Theologie und Digitalität. Ein Kompendium, Leipzig 2021.

Haese, Bernd-Michael, Hinter den Spiegeln – Kirche im virtuellen Zeitalter des Internet, Stuttgart 2006.

Degen, Roland/Hansen, Inge (Hg.), Lernort Kirchenraum. Erfahrungen – Einsichten – Anregungen, Münster 1998.

Einleitung

Döbeli Honegger, Beat, Covid-19 und die digitale Transformation in der Schweizer Lehrerinnen- und Lehrerbildung, in: Beiträge zur Lehrerinnen- und Lehrerbildung 39 (2021) 3, 412–422.

Dörnemann, Holger, Kirchenpädagogik. Ein religionsdidaktisches Prinzip. Grundannahmen – Methoden – Zielsetzungen, 2. Aufl. Berlin 2014.

Gerdiken, Ulrike, Kirchenräume (neu) entdecken. Eine Arbeitshilfe zur Kirchenraumpädagogik, 2. Aufl. München 2018.

Göppel, Franziska, Kirche im Cyberspace – Religion und virtuelle Realität, Baden-Baden 2014.

Herring, Mark/Koehler, Matthew/Mishra, Punya (Hg.), Handbook of technological pedagogical content knowledge (TPACK) for educators, London 2016.

Julius, Christiane u. a. (Hg.), Der Religion Raum geben. Eine kirchenpädagogische Arbeitshilfe, Loccum 1999.

Kaupp, Angela, Raumdesign – Raumkonzepte im theologischen Diskurs. Interdisziplinäre und interkulturelle Zugänge, Ostfildern 2016.

Kerner, Hanns (Hg.), Lebensraum Kirchenraum. Das Heilige und das Profane, Leipzig 2008.

Kopp, Stefan, Der liturgische Raum in der westlichen Tradition. Fragen und Standpunkte am Beginn des 21. Jahrhunderts, Wien – Münster i. W. 2011.

Langenhorst, Georg, Interreligiöses Lernen in Synagoge, Kirche und Moschee. Trialogische Zugänge zu religiösen Kulträumen, in: Religionspädagogische Beiträge (2018) 78, 33–44.

Leven, Eva/Palkowitsch-Kühl, Jens, Schülerinnen und Schüler in ihrer digitalen Welt, in: Kropac, Ulrich/Riegel, Ulrich (Hg.), Handbuch Religionsdidaktik, Stuttgart 2021, 127–133.

Müller, Sabrina, Öffentliche Kommunikation christlicher Sinnfluencer:innen. Medienethische und kirchentheoretische Beobachtungen und Reflexionen, in: Pastoraltheologie. Monatsschrift für Wissenschaft und Praxis in Kirche und Gesellschaft 6 (2022) 111, 203–218.

Neumann, Birgit/Rösener, Antje/Sünder-Gaß, Martina, Kirchenpädagogik. Kirchen öffnen, entdecken und verstehen. Ein Arbeitsbuch, 4. Aufl. Gütersloh 2009.

Nord, Ilona/Zipernovszky, Hanna (Hg.), Religionspädagogik in einer mediatisierten Welt, Stuttgart 2017.

Palkowitsch-Kühl, Jens/Müller, Karsten, Virtual / Augmented Reality and Mobile Technologies in Religious Education in Germany, in: Naylor Amanda/Burden Kevin (Ed.), Transforming Teacher Education with Mobile Technologies, Bloomsbury 2020.

Pirker, Viera/Pisonic, Klara (Hg.), Virtuelle Realität und Transzendenz. Theologische und didaktische Erkundungen, Freiburg i. Br. 2022.

Rupp, Hartmut (Hg.), Handbuch der Kirchenpädagogik. Bd. 1: Kirchenräume wahrnehmen, deuten und erschließen. Unter Mitarbeit von Evers, Daniela/Gnandt, Georg/Greiling, Hartmut, 3., überarbeitete Aufl. Stuttgart 2016.

Rupp, Hartmut (Hg.), Handbuch der Kirchenpädagogik. Bd. 2: Bauwerke wahrnehmen – Zielgruppen beachten – Methoden anwenden. Unter Mitarbeit von Beisel, Michael/Grom, Barbara/Kares, Martin/Meier, Gernot/Rupp, Hartmut/Weidermann, Oliver/Wüstenberg, Ulrich, Stuttgart 2017.

Sajak, Clauß Peter, Sakralraumpädagogik, in: Eisenhardt, Saskia/Kürzinger, Kathrin/Naurath, Elisabeth/Pohl-Patalong, Uta (Hg.), Religion unterrichten in Vielfalt. konfessionell – religiös – weltanschaulich. Ein Handbuch, Göttingen 2018, 154-163.

Sendler-Koschel, Birgit, In Kommunikation mit Wort und Raum. Bibelorientierte Kirchenpädagogik in einer pluralen Kirche und Gesellschaft, Göttingen 2016.

Schindehütte, Katrin, Der Kirchenraum als Topos der Dogmatik, Tübingen 2017.

Schlag, Thomas/Nord, Ilona/Beck, Wolfgang/Bünker, Arnd/Lämmlin, Georg/Müller, Sabrina/Pock, Johann/Rothgangel, Martin (Hg.), Churches Online in Times of Corona. Die CONTOC-Studie – Empirische Einsichten, Interpretationen und Perspektiven, Berlin 2023.

Schlag, Thomas/Suhner, Jasmin (Hg.), „… da nutzen wir sie auch: Digitalisierung first – Bedenken second"!? Jugendtheologie und Digitalisierung, Stuttgart 2023.
Sigrist, Christoph/Hofstetter, Simon (Hg.), Kirchen – Bildung – Raum. Beiträge zu einer aktuellen Debatte, Zürich 2014.
Sigg Stephan, Escape Rooms für den Religionsunterricht 5-10. Einfach und sofort umsetzbar. Zu zentralen Lehrplanthemen. Teambildend und motivierend, Donauwörth 2023.
Stalder Felix, Kultur der Digitalität, Frankurt 2016.
van Oorschot, Frederike, Digitale Theologie und digitale Kirche: Eine Orientierung (FEST kompakt: Analysen – Stellungnahmen – Perspektiven), Heidelberg 2023
Zeindler, Matthias, Der Raum der von Gott Befreiten. Zur Theologie des Kirchenraums, in: Dreßler, Sabine/Mertin, Andreas (Hg.), Einsichten. Zur Szenographie des reformierten Protestantismus, Solingen 2017, 32–45.
Zimmermann, Mirjam, „Dann eben virtuell." Virtuelle Synagogenbesuche in Deutschland. In: Religion 5-10 49 (2023), 12–14, plus 7 Materialseiten im Materialheft.

Teil I

Interdisziplinäre Grundlagen

Sakralräume und ihre virtuellen Entsprechungen. Ein Vergleich aus architektursoziologischer Perspektive

Markus Schroer

1. Einleitung

Kirchengebäude erfahren seit einiger Zeit eine Vielzahl von Veränderungen und Transformationen. Sie werden abgerissen, umgebaut und alternativ genutzt. Gleichzeitig wird der Versuch unternommen, Gebäuden aus dem Profanbereich eine sakrale Aura zu verleihen. Sowohl im Fall der Umnutzung vorhandener Kirchengebäude – als Bibliotheken, Restaurants oder Museen etwa – als auch im Fall des Baus von Gebäuden nach dem Vorbild sakraler Architektur – Theater, Kinos, Autohäuser, Schwimmbäder u. v. m. – wird viel Wert darauf gelegt, die typisch sakrale Atmosphäre klassischer Kirchenarchitektur zu erhalten bzw. neu herzustellen, um sie für die Ausübung anderer Handlungen und Praktiken zu nutzen. Über diese beiden Entwicklungen hinaus halten religiöse Räume auch Einzug in für andere Zwecke errichtete Gebäude, etwa als multireligiöse bzw. stille Räume in Universitäten, Flughäfen und Fußballstadien (vgl. Bauer, 2011; Frisch, 2008; Schroer, 2019a). Nicht zuletzt sollen Sakralgebäude auch in den digitalen Raum überführt werden, um virtuelle Besuche von Kirchenräumen zu ermöglichen. Mit Ausnahme des Abrisses stellen all diese verschiedenen Strategien den Versuch dar, sakrale Räume und ihre Spezifika erhalten, nutzen, zugänglich machen, verbreiten oder zumindest nachahmen zu wollen.

Der folgende Beitrag widmet sich aus raum- und architektursoziologischer Perspektive der Frage, ob, und wenn ja, wie sich sakrale Gebäude digital erschließen lassen. Dazu werden zunächst einige Grundelemente von Architektur, insbesondere sakraler Architektur, vorgestellt. Dabei spielen die Gestaltung der Räume, ihrer Materialien und Objekte sowie deren körperliche Wahrnehmung beim Besuch einer Kirche eine zentrale Rolle (2.). Anschließend werden einige vorliegende Versuche der virtuellen Repräsentationen von Kirchengebäuden vorgestellt und daraufhin befragt, ob bzw. inwieweit es ihnen gelingt, ihre räumlich-dinglichen Spezifika erfahrbar zu machen. Lassen sich Kirchen in digitaler Form als solche erleben? (3.) Abschließend werden die Ergebnisse der Überlegungen noch einmal resümiert (4.).

2. Analoger Kirchenbesuch: Architektur als begehbarer Raum

Sakralbauten gehören nicht nur zu den ältesten architektonischen Artefakten der Menschheitsgeschichte, sondern werden mitunter gar als Ursprung von Architektur aufgefasst: „Der Ursprung der Architektur ist sakral. Das Bedürfnis des Menschen zu bauen manifestiert sich zuerst in der Errichtung von Gebilden sakraler Bestimmung, magischer, sakral-sexueller Bedeutung. Der erste Pfahl, ein Steinhaufen, ein aus dem Fels gehauener Opferblock sind die ersten Gebilde, menschengemachte Gebilde mit einer spirituellen Bedeutung, Bestimmung, sind Architektur." (Hollein, 1962; vgl. Humphrey/Vitebsky, 2002) Dabei können sakrale Bauten nicht als bloße Repräsentationen einer bereits zuvor bestehenden Institution Kirche angesehen werden. Vielmehr versichern sich Menschen ihrer Existenz als Gruppe durch die regelmäßige Versammlung an einem spezifischen Ort zunächst ihrer Zusammengehörigkeit. Durch die an einem spezifischen Ort wiederholt zelebrierten Rituale und religiösen Praktiken wird eine Gruppe von Gläubigen konstituiert, die auf andere eine ansteckende Wirkung auszuüben vermag, wodurch sich der Kreis der Gläubigen sukzessive erweitert. Aus dem ehemals lockeren Verbund kann so eine feste Glaubensgemeinschaft entstehen, die schließlich eine Institution Religion hervorbringt und in der Folge auch trägt, welche gänzlich ohne materielle Basis und örtliche Lokalisierung nicht ohne Weiteres Bestand haben kann: „Gewiß, ‚für den Heiligen ist alles heilig', und es gibt keinen scheinbar noch so profanen Ort, an dem sich der Christ nicht auf Gott besinnen könnte. Nichtsdestoweniger empfinden die Gläubigen das Bedürfnis, sich in Bauten und an Stätten, die der Frömmigkeit geweiht sind, regelmäßig in bestimmten Abständen zu treffen und zusammenzuscharen." (Halbwachs, 1985, 159)

Nur vor diesem Hintergrund der konstitutiven Rolle der Architektur für das Entstehen und den Bestand von Religion ist das zähe Ringen um den Erhalt von Kirchengebäuden trotz schwindender Kirchenmitgliederzahlen zu verstehen. Wäre der Ort dagegen beliebig und austauschbar und eine Kirche ein beliebiger Aufenthaltsraum, ein Gebäude wie jedes andere, ließen sich religiöse Rituale und Praktiken ohne Substanzverlust auch in Turn- oder Mehrzweckhallen vollziehen und ausüben. Gebaute Räume sind jedoch für bestimmte Handlungen, Praktiken und Tätigkeiten eigens erbaut worden. Ihre architektonische Formsprache weist zumeist darauf hin, welche Handlungen und Praktiken ihnen angemessen sind und welche nicht. Verlegt man die für bestimmte Gebäude vorgesehenen Praktiken in andere Räume, so lassen sich diese zwar weiterhin fraglos ausüben. Ablauf und Wirkung der religiösen Praktiken werden jedoch nicht in gleicher Weise zu organisieren bzw. erzielen sein wie in den exklusiv für diese Praktiken errichteten Gebäuden. Weil ein erbauter Raum grundsätzlich Einfluss auf das in ihm stattfindende Geschehen hat, ist es keineswegs beliebig, wo bestimmte Handlungen vollzogen werden.

Musiker wissen beispielsweise nur zu gut, dass es einen Unterschied macht, ob sie ihre Musik in einem Konzertsaal, einer Freilichtbühne, einer Kirche oder einem Fußballstadion darbieten. Obwohl scheinbar das immer gleiche Stück gespielt wird, ist es doch immer wieder ein anderes, schon allein bedingt durch die verschiedenen Aufführungsorte und deren Besonderheiten, die mehr Einfluss auf die Musikdarbietung ausüben, als zumeist eingeräumt wird, da man die materiell-dingliche Basis von Musik nur selten hervorhebt, sondern eher als immaterielles Phänomen verstanden wissen will. Doch der auf je spezifische Weise ausgerichtete, gebaute und gestaltete Raum verschiedener Größe hat grundsätzlich einen enormen Einfluss auf das in ihm stattfindende Geschehen, so dass er nicht als neutrale Bühne für die Aufführung menschlichen Tuns angesehen werden kann, von der keinerlei Effekte ausgehen. Da er Handlungen und Praktiken ermöglichen, erschweren oder gar verhindern, zu ihnen veranlassen, einladen oder von ihnen abraten kann, wird Raum vielmehr zum Akteur, der selbst etwas hervorzubringen vermag (vgl. Latour, 2007; Gieryn, 2002).

Michel Foucault (1975) hat in seiner intensiven Beschäftigung mit Strafprozeduren etwa gezeigt, dass die spezifische Überwachungsarchitektur des Panoptikons, die in Gefängnissen ebenso wie in Fabriken und Klöstern Anwendung gefunden hat, dazu in der Lage ist, disziplinierte Subjekte hervorzubringen, die sich einer vorgegebenen Ordnung fügen. Ebenso lässt sich zeigen, wie etwa Krankenhäuser und Schulen als Gebäude den gehorsamen Patienten bzw. Schüler (mit-)erschaffen, den es ohne sie so gar nicht geben könnte. Dieser Zusammenhang lässt sich ebenso auch für Kirchengebäude aufzeigen: „Kirchenbauten [...] haben ihre ganz eigene Affektivität, ohne die ein ‚Eindringen' des Glaubens in die Einzelnen schwer vorstellbar ist. Anders formuliert, erzeugen diese Gebäude die gläubigen Subjekte mit und sind natürlich ganz gezielt darauf angelegt." (Delitz, 2009, 79)

Auch wenn Räume keine determinierende Wirkung entfalten können, da auch Abweichungen von ihren materialisierten Handlungsaufforderungen und Verhaltensregularien grundsätzlich nicht ausgeschlossen werden können, wenn auch nicht die Regel sind, ist ihren Offerten und Suggestionen auf Dauer nur schwer zu entkommen aufgrund der ihnen eingeschriebenen Affektionen. Auch jenseits so eindeutiger Fälle wie der Überwachungs-, Kontroll- und Einsperrungsarchitektur, deren Imperativen man sich kaum entziehen kann, machen Räume Angebote, zu deren Annahme sie zumindest verführen.

Das Besondere an Architektur ist – etwa im Vergleich zu anderen Künsten (vgl. Böhme, 2013) bzw. Medien (vgl. Fischer, 2009) –, dass sie nicht nur von außen betrachtet, sondern auch betreten werden kann. Architektur schafft eine Differenz von Innen und Außen. Diejenigen, die in das Innen vordringen, umgibt sie mit einer Raumhülle. Notwendig für diese Erfahrung des Eintretens und des Verweilens in einem Raum ist ein Körper. Wenn wir als Menschen eine Kirche besuchen, so tun wir dies als körperlich-leibliche Wesen. Erst als solche sind wir dazu in der Lage, die besonderen Raumqualitäten eines spezifischen Raums zu erfassen. Unser Leib ermöglicht es uns, die visuellen, akustischen, olfaktorischen, materiellen und haptischen Dimensionen des Raums mit unseren Sinnesorganen wahrzunehmen und in uns aufzunehmen. Im Anschluss an die Phänomenologie kann von der besonderen Atmosphäre eines Raums gesprochen werden, die durch verschiedene architektonische Elemente erzeugt wird.

Für Kirchenräume wird dabei zumeist eine gewisse Erhabenheit des gesamten Gebäudes, ihre schiere Größe und Höhe, die in ihnen vorherrschende Stille, ein bestimmter Lichteinfall, die spezifische Akustik, der Charakter des „Numinosen" (Otto, 2014) als typisch ausgewiesen. Daneben sind es „bestimmte Insignien wie religiöse Symbole, Stilmerkmale, Fresken, Inschriften, die den Charakter" (Böhme, 2013, 150) kirchlicher Räume prägen. All dies zusammengenommen verleiht Sakralräumen ihre besondere Ausstrahlung, die gezielt einzusetzen versucht wird, wenn in ihnen kulturelle Ereignisse wie etwa Konzerte stattfinden. Lassen sich diese Besonderheiten sakraler Gebäude in den digitalen Raum transportieren?

3. Digitaler Kirchenbesuch: Architektur zur Ansicht

Seit einiger Zeit gibt es den Versuch, Sakralräume virtuell zu erschließen. Im Internet werden inzwischen Rundgänge durch Kirchen angeboten. Dabei wird auf die Möglichkeit verwiesen, dass sich ohne die Notwendigkeit und den Aufwand eines Raumwechsels eine Kirche von außen und innen auch zu Hause am Bildschirm besuchen lässt. Ein erster Kontakt mit dem dargebotenen Material (https://3drundblick.at/kirche/; https://reli-ethik-blog.de/virtuelle-kirchentouren/ [abgerufen am: 30.10.2023]) erinnert zunächst an das Durchblättern eines dreidimensionalen Bildbandes. Treibt man den Selbstversuch weiter und folgt einer der dargebotenen Reisen durch eine Kirche, so wird schnell klar, dass wir hier nicht körperlich einen Raum durchschreiten können, sondern nur in einem technisch vermittelten Sinne der Eindruck erweckt werden soll, dass wir dies tun. Die virtuell erschließbaren Kirchen gleichen dabei jedoch nicht einem Raum, sondern eher einer Benutzeroberfläche. Auch Erinnerungen an die Simulationen von Computerspielen werden wach, wenngleich deren virtuelle Räume technisch zumeist weitaus ambitionierter aufgebaut sind.

Beim Scrollen durch die digitalisierten Kirchengebäude wird deutlich, dass sich der gewollte Eindruck, uns selbstständig durch den Raum bewegen zu können, gerade nicht einstellt. Vielmehr werden einzelne Raumabschnitte sukzessiv näher an den Blick des virtuellen Besuchers herangezoomt, wenn wir mit der am PC angeschlossenen Maus entsprechende Bewegungen mit der Hand ausführen.

Die verschiedenen architektonischen Artefakte des Raums bieten dabei auffallenderweise keine Hindernisse, wie wir sie von einem analogen Besuch eines Kirchenraums kennen. Stattdessen fliegen wir ebenso körper- wie schwerelos – wie Engel – über Altäre und Sitzbänke hinweg, denen wir uns Zoom für Zoom, eher ruckhaft als gleitend, annähern können.

Die zur Verfügung gestellte Möglichkeit der Begutachtung des Raums von nahezu jedem Blickwinkel aus, erinnert dabei an die sehr zielgerichtete Besichtigung der digitalisierten Räume einer Bank durch eine Räuberbande – wie wir sie aus zahlreichen Filmen kennen –, die den Raum systematisch zu erkunden versuchen und sich mit den Gegebenheiten vor Ort vertraut machen, um einen reibungslosen Ablauf des nächsten geplanten Coups zu garantieren. Der Raum wird auf der Suche nach dort lauernden Gefahrenquellen abgescannt. Auch erinnern die zur Verfügung gestellten 3D-Aufnahmen an die Rund-um-Blicke, die auf „Google Maps" an einzelnen Hotspots dem Nutzer zur Verfügung gestellt werden.

Insgesamt unterscheidet sich der virtuelle Rundgang auch nicht von einem virtuellen Museumsbesuch, der einem vergleichbaren Aufbau folgt. Durch die digitale Erfassung werden Räume insofern einander angeglichen und standardisiert. Zwar ist verschiedenes zu sehen, aber die Art und Weise des Zugangs ist dieselbe. In allen Fällen wird das Raumerlebnis auf eine rein visuelle Wahrnehmung beschränkt. Alle anderen Sinne werden nicht oder kaum angesprochen. Was wir sehen, ist ein *Abbild* von Architektur, nicht Architektur. Der besondere Charakter von Räumen ergibt sich jedoch gerade aus der Anordnung der in ihm enthaltenen Objekte, den verwendeten Materialien und der ihnen anhaftenden Gerüche ebenso wie aus der schieren Größe der jeweiligen Räume, ihrer Höhe und Ausdehnung, des jeweiligen Lichteinfalls und der in ihnen vorherrschenden Temperatur, also ihres gesamten architektonischen Aufbaus, der sich dem im Raum bewegenden Körper vermittelt. Davon kann angesichts der virtuellen Repräsentationen der Kirchengebäude keine Rede sein. Insofern mag es zwar recht informativ sein, eine Kirche auf dem Bildschirm in 3D präsentiert zu bekommen, aber ein räumliches Gefühl und Erlebnis will sich nicht einstellen. Am Ende eines Rundgangs durch den virtuellen Kirchenraum ist man zwar durchaus informiert über die Gegebenheiten vor Ort, bleibt affektuell aber gänzlich unberührt.

Für das ausbleibende Raumerlebnis bei der rein visuellen Repräsentation des Kirchenraums durch seine Digitalisierung gibt es Gründe. Der erste ist bereits benannt. Er besteht darin, dass wir uns nicht tatsächlich als leibhaftige Wesen durch einen Raum bewegen, sondern dies nur mit Hilfe von Datensätzen zu simulieren versucht wird. Der zweite, eng damit zusammenhängende Grund besteht darin, dass die Simulation uns zwar einzelne Bestandteile des Kirchenraums vorzeigen kann, nicht aber in der Lage ist, die Atmosphäre oder Stimmung eines Raums zu erzeugen, da kein körperlicher Kontakt, keine Berührung mit den verwendeten Materialien stattfindet und sich auch der je besondere Lichteinfall offensichtlich nicht simulieren lässt. Den vorliegenden Beispielen gelingt es aus meiner Perspektive insgesamt nicht, die für einen kirchlichen Raum typische Atmosphäre des Numinosen zu erzeugen und die spezifischen architektonischen Gestaltungsprinzipien eines Kirchengebäudes – Lichtgebung, Akustik, bestimmte Materialien – zur Anwendung zu bringen, womit sie sich von anderen Gebäuden deutlich unterscheiden und damit als religiöser Raum mühelos erkennbar bleiben. Insofern können sie lediglich als *virtuell-visuelles Informationsmaterial* dienen, um sich vor Ort besser orientieren zu können – ähnlich wie bei virtuellen Besuchen anderer Gebäude.

Dass heute von einer neuen Wertschätzung und Rückkehr der Materialien gesprochen werden kann (vgl. Böhme, 2013, 151), hat m. E. genau damit zu tun, dass die virtuellen Surrogate der analogen Welt eine Sehnsucht nach materialen Räumen befördern, die sich nur *jenseits* der glatten Benutzeroberflächen unserer Bildschirme befinden, auf die wir täglich starren. Mit dem Einsatz bestimmter Materialien können gezielt bestimmte Wirkungen hervorgerufen werden, weil sie jeweils mit bestimmten Qualitäten assoziiert werden. Während Holz als warm wahrgenommen wird, gilt Stahl als kalt, Beton als abweisend und Stein als stabil. Chemische und physikalische Eigenschaften des Materials wird so ein spezifischer Charakter zugesprochen.

Eine besondere Rolle für Kirchenbauten spielt dabei zweifellos Stein: „Stein, wenn er sichtbar bleibt, lässt sein Volumen spüren und strahlt Festigkeit und Ruhe aus." (Böhme, 2013, 147) Um diese Eigenschaften entfalten zu können, ist jedoch die direkte Begegnung von Körper und Raum unerlässlich. Ohne sie entfällt auch die von dem Soziologen und Philosophen Arnold Gehlen sogenannte „Sollsuggestion", die besagt, dass die „Sachen selbst vorschreiben, wie man mit ihnen umgehen ‚soll'." Davon sind nach seiner Auffassung nicht nur Werkzeuge, sondern eben auch Gebäude betroffen: „In einem hochstilisierten Barocksaal bewegt sich niemand unbefangen; seinerzeit war dieser Stil auf ebenso barocke Verhaltensformen abgestimmt, die jetzt verschwunden sind, aber die Sollsuggestion ist geblieben – sie setzt sich in Gehemmtheit um, die modernen Besucher stecken die Hände in die Hosentaschen." (Gehlen, 2004, 26)

Was demnach also bleibt, ist die Aura des Saales, die weiterhin empfunden wird, eher aber Ersatzhandlungen auslöst, weil das adäquate Verhaltensrepertoire inzwischen in Vergessenheit geraten ist. Dass der nur digitale Besuch einer virtualisierten Kirche eine solche Wirkung zu entfalten in der Lage ist, ist dagegen zu bezweifeln. Damit aber ist der Raum auch kaum mehr als Akteur zu verstehen, da der Aufforderungscharakter zum Erleben und Handeln im Grunde wegfällt, der ihm sonst zukommt. Was bleibt, ist die Möglichkeit, einen von vielen Punkten in einem digitalen Raum anzuklicken, um ein Objekt näher heranzoomen zu können. Ist es Räumen durch die Arrangements von Objekten und deren spezifische Materialität normalerweise möglich, bestimmte Vorgaben zu machen für das in ihnen mögliche, erwünschte, ausgeschlossene oder unangemessene Verhalten, so entfällt in virtuellen Räumen auch diese affektuelle Qualität von Räumen, da der Körper sich nicht in vollem Umfang im digital erzeugten Raum befindet, sondern weiterhin auf einem Stuhl vor einem Bildschirm sitzt, so dass er zur Schnittstelle zwischen „virtuellem" und „realem" Raum wird (vgl. Schroer, 2006, 252–275).

Deshalb mag die Virtualisierung von Sakralräumen insgesamt zwar dazu beitragen, dass auch in gesellschaftlichen oder individuellen Krisenzeiten Möglichkeiten zum Aufsuchen von Kirchen erhalten bleiben. Insgesamt aber wird es sich bei der Virtualisierung von Kirchenräumen nur um ein Zusatzangebot handeln können, das die Begegnung mit ihren steinernen Vorbildern so wenig ersetzen kann wie das im Fernsehen übertragene Musikkonzert das vor Ort erlebte. Gerade das Angebot an virtuellen Räumen könnte aufgrund des vollkommen defizitären Erlebnisses der digitalen Besuche aber die Attraktivität der materialen Räume, die mit dem Körper aufgesucht und erfahren werden können, steigern und zu neuen Besuchen der Bauten animieren. Insofern kann der immer weitere Ausbau der Digitalisierung womöglich auch zu einer Wiederbegegnung mit der sperrigen Wirklichkeit der analogen Welt veranlassen. Während der Corona-Pandemie war eine tiefe Sehnsucht nach leiblichen Begegnungen in der analogen Welt im Allgemeinen und im gebauten Raum im Besonderen deutlich zu registrieren.

4. Conclusio

Das Ergebnis der vorangehenden Überlegungen zu Kirchengebäuden und ihren virtuellen Entsprechungen ist, dass sakrale Räume durch ihre digitalen Reproduktionen zwar zugänglich gemacht, nicht aber als adäquater Ersatz für die leibhaftige Begehung eines Kirchenraums angesehen werden können. Der notwendig defizitär bleibende Kirchgang vor dem Bildschirm des Personal Computers resultiert aus dem besonderen Charakter von Architektur als Kunstform oder Medium, der in der Simulation nur sehr unzureichend eingeholt werden kann, da Räume mit Hilfe von Computern zwar künstlich erstellt und mit den Augen von Bildschirmnutzern angesehen, nicht aber betreten werden können. Architektur erschließt sich vollends jedoch nur durch das Betreten von Räumen durch menschliche Körper, die diese mit all ihren Sinnen in sich aufnehmen. Aufgrund dieser Spezifik der Architektur bleibt die Begegnung mit ihr am Bildschirm unbefriedigend. Die typische Erfahrung der Begehung eines Gebäudes kann (zumindest bisher noch) nicht angemessen simuliert werden, da wir als Körper im virtuellen Raum nicht anwesend sind, sondern vor einem Bildschirm sitzend verharren, während wir durch Klicks und Doppelklicks einzelne Bilder aufrufen, die einen Raum zur Ansicht bringen sollen. Zumindest derzeit noch kommt eine solche Rezeption von Räumen dem Blättern in einem hochwertigen Bildband oder einem Katalog noch weit näher als dem tatsächlichen Besuch eines Kirchenraums. Räume anzuschauen ist etwas fundamental anderes, als Räume zu betreten.

Abgesehen von diesem grundsätzlichen Defizit virtueller Kirchengebäude mutet es zudem ein wenig paradox an, wenn in Zeiten der Bedrohung von Kirchengebäuden aufgrund mangelnder Nutzung virtuelle Entsprechungen erzeugt werden, so, als müssten heillos überfüllte Kirchenräume vor dem Ansturm der Massen geschützt werden wie die jahrtausendealten Höhlenmalereien mit Hilfe eines Nachbaus der sie bergenden Originalhöhle in unmittelbarer Nachbarschaft. Wenn es Kirchen dagegen mit dem Problem des Leerstandes zu tun haben, ergibt sich die Frage nach der Motivation für die Erschließung sakraler Gebäude im virtuellen Raum. Diese können ohne Zweifel eine Möglichkeit bieten, über das Gebäude anschaulich zu informieren, wenn schwer zugängliche Kirchengebäude aus politischen, ökologischen oder finanziellen Gründen nicht selbst aufgesucht werden können.

Im Unterricht in der Schule und der Lehre in der Universität können die digitalen Nachbauten kirchlicher Räume insofern einen wichtigen Platz einnehmen. Allerdings, wie weiter oben erläutert, immer nur als ein vorübergehendes Provisorium, da den digitalisierten Kirchenräumen nahezu alles fehlt, was einen Kirchenraum ausmacht. Dazu gehört auch, dass ein digitalisierter Kirchenraum gänzlich aseptisch daherkommt. Er hat keine Geschichte und kann diese auch nicht vermitteln, weil die verwendeten Materialien und die Einflüsse auf diese durch die langen Jahre der Nutzung der Räumlichkeiten weder sicht- noch fühlbar sind. Hinzu kommt, dass man die Räume zwar betrachten, in ihnen aber keine Handlungen vollziehen kann. Schon deshalb nicht, weil die dafür notwendigen anderen, in den bisher zu besichtigenden Raumsimulationen – in ebenso auffälliger wie erstaunlicher Weise – kaum vorkommen.

Wir klicken uns vielmehr durch einen weitgehend unbelebten Ausstellungsraum. Auch die für Kirchenbesucher typische Erfahrung der Begegnung mit anderen und die so zentrale Funktion der Kirche als Versammlungsort finden keinerlei Entsprechung im digitalen Raum der Kirchen. Stattdessen wird man vielmehr wie ein Gamer in einem Videospiel allein durch die Räume geführt, ohne darin je auf andere zu treffen, nicht einmal in Form von Spuren, die die anderen hier hinterlassen haben. Allenfalls trifft man auf einzelne Expert:innen, die Vorträge über verschiedene Aspekte des Kirchenbaus halten.

Aus den offensichtlichen Defiziten virtuell erschlossener Kirchengebäude ergibt sich die Frage, ob es das Ziel sein kann, eine bloße digitale Reproduktion derselben anzubieten. Die bloße Übertragung der „Realwelt" in die virtuelle entstammt den Anfängen des Internet-Zeitalters. Um einen tatsächlich attraktives Alternativangebot zu den herkömmlichen Kirchenbesuchen sein zu können, müsste wohl mehr erschaffen werden als ein blasses Abbild der imposanten Gebäude in der analogen Wirklichkeit. Insbesondere eine Generation, die durch Video-Games an ein hohes Niveau von computersimulierten Landschaften und Gebäuden gewöhnt ist, wird sich von weitgehend starren Bildern, ein wenig Zoom und dem ein oder anderen Rundumblick wohl kaum beeindrucken lassen. Dafür bedürfte es ambitionierterer Unternehmen, die die digitalen Möglichkeiten im vollen Umfang nutzen. Statt die möglichst detailgetreue Reproduktion der Gebäude erzielen zu wollen, wäre vielleicht eher über gänzlich neu gestaltete Kirchenräume nachzudenken, die – von den Bedürfnissen einer digitalen Generation nach spirituellen Erlebnissen oder Transzendenzerfahrungen ausgehend – die dafür angemessenen Räume erschafft, die am Ende womöglich ganz anders aussehen werden, als wir es von kirchlichen Gebäuden gemeinhin erwarten.

Literatur

Bauer, Katrin, Gotteshäuser zu verkaufen. Gemeindefusionen, Kirchenschließungen und Kirchennutzungen, Münster 2011.
Böhme, Gernot, Architektur und Atmosphäre, 2. Aufl. München 2013.
Delitz, Heike, Architektursoziologie, Bielefeld 2009.
Fischer, Joachim, Die Doppelpotenz der Architektursoziologie. Was bringt die Soziologie der Architektur – Was bringt die Architektur der Soziologie?, in: Ders./Delitz, Heike (Hg.), Die Architektur der Gesellschaft. Theorien für die Architekturtheorie, Bielefeld 2009, 385–414.
Foucault, Michel, Überwachen und Strafen. Die Geburt des Gefängnisses, Frankfurt a. M. 1975.
Frisch, Rainer, Umnutzungen von Kirchengebäuden in Deutschland. Eine kritische Bestandsaufnahme, Bonn 2008.
Gehlen, Arnold, Urmensch und Spätkultur. Philosophische Ergebnisse und Aussagen, Frankfurt a. M. 2004.
Gieryn, Thomas F., What Buildings Do, in: Theory and Society Vol. 31, No. 1 (Feb., 2002), pp. 35–74. Online: https://www.jstor.org/stable/658136 [abgerufen am: 30.10.2023].
Halbwachs, Maurice, Das kollektive Gedächtnis, Frankfurt a. M. 1985.
Hollein, Hans, Zurück zur Architektur (1962), https://www.hollein.com/ger/ Schriften/Texte/ Zurueck-zur-Architektur
Humphrey, Caroline/Vitebsky, Piers, Sakrale Architektur, Köln 2002.
Latour, Bruno, Eine neue Soziologie für eine neue Gesellschaft, Berlin 2007.
Otto, Rudolf, Das Numinose. Über das Irrationale in der Idee des Göttlichen und sein Verhältnis zum Rationalen, München 2014.
Schroer, Markus, Räume der Religion. Zum Wandel sakraler Architektur, in: Ders., Räume der Gesellschaft. Soziologische Studien, Wiesbaden 2019, 199–216.
Schroer, Markus, Virtuelle Räume, in: Ders., Räume, Orte, Grenzen. Auf dem Weg zu einer Soziologie des Raums, Frankfurt a. M. 2006, 252–275.

Raumerleben und Lernen im virtuellen Sakralraum. Psychologische Perspektiven

Carsten Gennerich

1. Einleitung

Die Frage nach dem Lernen in virtuellen Sakralräumen ist relativ neu. Sie resultiert aus virtuellen Kirchenraumdokumentationen (vgl. z. B. Schampaul, 2021), die von ihren audiovisuellen Merkmalen her im Zuge der Digitalisierung stark an Qualität gewonnen haben. Im Prinzip ist die Vergleichsperspektive von virtuellen und realem Raumerleben nicht völlig neu, insofern es audiovisuelle Kirchenraumerkundungen schon länger gibt. Weber (1992) verweist bei seinen Unterrichtsanregungen zur Kirchenraumpädagogik bereits darauf, dass die von ihm vorgeschlagenen audiovisuellen Medien nicht ganzheitlich sein können, weil relevante Dimensionen wie z. B. der Geruch nicht umfasst seien (Weber, 1992, 4).

Für die Gegenwart skizziert Palkowitsch-Kühl (2019a, 2019b; Palkowitsch-Kühl et al., 2018) die Möglichkeiten einer virtuellen Kirchenraumpädagogik. Die Methode der „virtuellen Realität" inkludiert dabei die Nutzung von VR-Brillen, die die Schüler:innen in die betrachtete Realität direkt hineinnehmen. Folgende Lerndimensionen könnten beschritten werden: Schüler:innen können selbst virtuelle Kirchenführungen erstellen und nehmen in einem digitalen Bearbeitungsschritt nicht nur notwendige Anonymisierungen vor (z. B. Personen und Autokennzeichnen verschleiern), sondern können auch auf die Helligkeit und Farbgebung über Bearbeitungssoftware Einfluss auf das Endprodukt nehmen (Palkowitsch-Kühl, 2019b, 29). Palkowitsch-Kühl (2019a, 5) weist dabei darauf hin, dass die virtuellen Kirchenführungen dabei nicht als Substitut für die leiblichen Begehungen zu verstehen seien, sondern als ergänzende Dimension der Raumaneignung. Dabei ginge es nicht nur um die archetektonische Dimension, sondern auch um die Option einer beobachtenden Partizipation an der religiösen Praxis anderer Menschen, die mithilfe von VR-Brillen mitunter grenzsensibel näherücken können (ebd., 5).

Deutlich wird an diesen Beispielen bereits, dass es beim Lernen im virtuellen Sakralraum nicht um einen Ersatz für einen realen Kirchenbesuch geht, sondern dass das Lernen mit und in virtuellen Sakralräumen eine eigene Qualität hat, mit der auch neue Lernchancen verbunden sind. Im Folgenden sollen die Dimensionen virtueller Sakralräume empirisch ausgelotet werden, um ihre Möglichkeiten und Grenzen im Kontext der Kirchenraumpädagogik besser abschätzen zu können.

2. Empirische Dimensionen des Erlebens und Lernens in virtuellen Sakralräumen

Die in diesem Artikel adressierte Fragestellung ist neu. Dementsprechend ist die Forschungslage im engeren Sinn sehr dünn. Es gibt jedoch bereits einige Forschung zu virtuellen Räumen, die ohne größere Probleme auf virtuelle Sakralräume übertragen werden können. Solche Forschung kann die Erkenntnislage zu virtuellen Sakralräumen hilfreich ergänzen. Im Folgenden werden die wichtigsten bisher untersuchten Wirkungsdimensionen virtueller (Sakral-)Räume mit den relevanten Befunden skizziert.

2.1 Besuchsmotivation für den physikalisch-realen Raum

Mit Blick auf die Motivation, das reale Gegenstück zum virtuellen Raum zu besuchen, sind die Interessen der Studien durchaus verschieden:

Erstens zeigen Katz und Halpern (2015), dass virtuelle Museumsbesuche im 3D-Modus die Motivation steigern, das Museum auch real zu besuchen. Ebenso zeigen De Canio et al. (2022), dass der virtuelle Besuch einer Lebensmittelproduktionsstätte als befriedigend erlebt wurde und das Vergnügen der virtuellen Besichtigung mit der Intention einhergeht, die Produktionsstätte real zu besuchen. Es ist nachvollziehbar, dass Museen und Produktionsstätten im Interesse des Marketings ein Interesse an realen Besuchen haben. Entsprechende Effekte dürften auch für virtuelle Modelle von Kirchenräumen angenommen werden.

Zweitens können die Interessen mit Blick auf die Besuchsmotivation jedoch auch genau anders herum gelagert sein. Caciora et al. (2021) thematisieren einen virtuellen Kirchenbesuch in der Perspektive nachhaltigen Tourismus' am Beispiel rumänischer Holzkirchen, die unter den hohen Besucherzahlen leiden. Es wird der Prozess der Entwicklung eines virtuellen Modells beschrieben, das letztendlich einen realen Besuch kompensieren kann, so dass die Besuchsintention reduziert wird. Voraussetzung für eine solche Wirkung ist, dass das Erleben des virtuellen Modells hinreichend befriedigend ist. Für eine relevante psychische Wirksamkeit virtueller Modelle in dieser Hinsicht gibt es einige instruktive Befunde: Ortet et al. (2022) zeigen, dass virtuelle Radtouren für Senior:innen eine Option sind. Sie werden als hochbefriedigend erlebt, wobei auf einem Ergometer real Tretbewegungen ausgeführt werden können (allerdings ohne Fahrtwind und Gerüche). Ludin et al. (2022) zeigen, dass virtuelle Modelle von Plätzen gut geeignet sind, Agoraphobien zu behandeln. Und Coelho et al. (2020) zeigen, dass demenziell erkrankte Menschen durch virtuelle Modelle (u. a. von Kirchenräumen) Erinnerungen wiedergewinnen können. All diese Beispiele zeigen, dass virtuelle Modelle auch als hinreichende Ersatzerfahrungen für das Erleben in realen Räumen konstruiert werden können.

2.2 Spirituelle Gefühle im virtuellen Sakralraum

Sakrale Räume können religiöse Gefühle auslösen und fördern. Dazu können Erfahrungen des Heiligen gehören oder das ästhetische Berührtwerden durch die Schönheit der Architektur oder der Kunstgegenstände im Gebäude. Bei Murdoch und Davies (2017) wurde diese Dimension bei einer realen vs. virtuellen Begehung untersucht. Bewertet wurden die spirituellen Gefühle, die bei der Begehung entstanden. Es zeigte sich, dass der Effekt der realen Kirche im Vergleich zum virtuellen Modell zwar minimal größer war, jedoch ohne statistisch signifikanten Unterschied. Aufschlussreich ist auch das Forschungsreview von Murdoch und Davies: Virtuelle Umgebungen werden ähnlich erfahren wie reale Gebäude. Farben, Licht, Räumlichkeit und Schönheit wirken im virtuellen Raum genauso wie im realen Raum. Besonders interessant ist dabei, dass einige der zitierten Befunde zeigen, dass mit Blick auf spirituelle Gefühle der architektonische Stil im Vergleich zur individuellen Besuchsmotivation relativ unerheblich ist. In diese Richtung geht auch der Befund von Riegel und Kindermann (2018b), die zeigen, dass hochreligiöse Schüler:innen die Kirchenbegehung besonders intensiv erleben und auch umfassendere Lerneffekte zeigen. Allerdings werden reale Kirchenbesuche in einer lokalen Kirche nach Kindermann und Riegel (2018a, 144) von allen Schüler:innen generell positiv erlebt. Es lässt sich daher annehmen, dass mit Blick auf spirituelle Gefühle ein virtuelles Modell nicht zwingend anders wirkt als ein realer Raum. Allerdings zeigt sich ebenso, dass ein realer Besuch einer Kirche ein mehrdimensionales Geschehen ist, zu dem zum Beispiel auch der Weg zur Kirche hin und zurück zählt, auf dem in einem ungezwungenen Rahmen Gespräche geführt werden können. Es ist daher nicht verwunderlich, dass ein Kirchenbesuch von allen Schüler:innen jenseits spiritueller Gefühle positiv(er) erlebt werden kann.

Gegenüber den Abstrichen, die bezogen auf Geruch, Sensorik und Motorik gemacht werden müssen, lassen sich mit Blick auf spirituelle und religiöse Gefühle auch einige Vorteile bzw. Erweiterungen virtueller Modelle benennen. Farbige Fenster in einer geosteten Kirche können über den Lichteinfall am Morgen eine besondere Atmosphäre schaffen und eine Ahnung des Heiligen schaffen (Dörnemann, 2014, 151). Das wird ein virtuelles Modell gut abbilden können. Denn das virtuelle Modell kann den richtigen Augenblick des Lichtes einfangen, der bei Exkursionen kaum zeitlich steuerbar ist. Studien zur Wirkung von Licht in einem virtuellen Kirchenmodell zeigen schon, dass im Vergleich der Bedingungen „natürliches Licht", „künstliches Licht" und beide Lichttypen kombiniert das natürliche Licht mit der positivsten Stimmung einhergeht (Kayhan et al., 2021). Ähnlich untersucht Mansour (2022) sakrale Orte in virtuellen Welten (second life). Sie zeigt experimentell, dass die Lichtgestaltung Einfluss auf die erlebten Gefühle im sakralen Raum nimmt. Ausgehend von der Annahme, dass Licht in der realen Architektur relevant für das Erleben des Heiligen ist, kann dies im Virtuellen quasi minutiös gesteuert werden. Das Erleben religiöser Gefühle könnte im virtuellen Kirchenraum also zumindest optimiert werden.

2.3 Einstellungen gegenüber virtuellen sakralen Räumen

Etwas allgemeiner lässt sich die Frage stellen, ob der „Besuch" eines virtuellen sakralen Modells zu ähnlich positiven Bewertungen bei Schüler:innen führt wie der reale Kirchenbesuch bei Kindermann und Riegel (2018a). Konkrete Studien gibt es hierzu noch nicht. Allgemein lässt sich jedoch auf der Basis vorfindlicher Literatur sagen, dass vor allem atmosphärische Eindrücke (z. B. Gegenwart anderer, sensorische Erlebnisse, Helligkeit und Farben) sich beim virtuellen Modell gegenüber dem realen Gebäude unterscheiden (Kuliga et al., 2015). Die Autoren verweisen in ihrem Literaturreview auch darauf, dass die Effekte virtueller Modelle sehr unterschiedlich sein können: Das virtuelle Modell kann genussvoll erlebt werden und zu einer höheren Wertschätzung des realen Gebäudes beim anschließenden Besuch führen. Oder aber, das virtuelle Modell wird teilnahmslos betrachtet bzw. weniger positiv erlebt (ebd., 364). Hier spielt sicherlich die Ausführung des Modells eine große Rolle und auch die Persönlichkeit des Nutzers, insofern religiös affine Schüler:innen relativ unempfindlich sind bezogen auf die genaue Gestalt des Gebäudes (vgl. Kindermann/Riegel, 2018a, 139).

2.4 Interaktion im virtuellen Modell

Natascha Bettin (2017) untersucht in ihrer Dissertation die Wirkung eines Synagogenbesuchs in einer Bildungsperspektive. Auch hier zeigt sich, dass der Besuch des Sakralraums Synagoge multidimensional ist, weil nicht nur der Sakralraum als Raum erfahren wird, sondern es zu interreligiösen Begegnungen mit entsprechenden Einstellungsänderungen kommt. Die interaktive Dimension ist hier ein entscheidendes Element. Bei einem Kirchenbesuch hängt die Bedeutung der Interaktion freilich vom didaktischen Ansatz ab. Performative Varianten (z. B. Choral singen, Andacht halten) einer Kirchenraumbegehung können im Modus „virtuelles Modell" möglicherweise im Anschluss an digitale Gottesdienste konstruiert werden. Studien, die die Partizipation an virtuellen Gottesdiensten erkunden, insbesondere im Zusammenhang mit der Corona-Pandemie, zeigen z. B., dass die Erfahrung der digitalen „Gottesdienstbesucher" positiv war, da sie am Gottesdienst zur gewünschten individuellen Zeit partizipieren konnten und auch die Möglichkeiten hatten, zu stoppen oder vor- und zurück zu spulen (Kruger, 2021). Bei einem 360 Grad-Modell, das mit einem Bildprogramm bearbeitet wird, lässt sich eine solche Erfahrung sicherlich nicht reproduzieren. Bemerkenswert ist jedoch, dass ein gelingender Gottesdienstbesuch keine Interaktion mit anderen Gottesdienstbesuchern voraussetzt und dass die Interaktion mit dem Liturgen eben liturgisch festgelegt ist, so dass die Partizipation bei digitalen Gottesdiensten befriedigend funktioniert.

Aufschlussreich sind auch virtuelle Simulationen realer Interaktionen, die belegen, dass Interaktionen mit virtuellen Avataren psychologisch ebenbürtig zu Interaktionen mit realen Menschen sein können. Slater et al. (2006) haben zum Beispiel Milgrims Gehorsamsexperimente virtuell wiederholt. In diesen Experimenten konnte in den 1960er-Jahren nachgewiesen werden, dass die Versuchspersonen durch die experimentell hergestellte Situation bereit waren, fremde Menschen qualvoll zu bestrafen, wenn ihnen das eine Autoritätsfigur nahegelegt hatte. Im virtuellen Experiment konnte die Situation nachgestellt werden mit dem Unterschied, dass im virtuellen Modell keinen realen Personen Elektroschocks zugefügt wurden. Vielmehr war die zu bestrafende Person ein virtuelles Modell, mit dem in der einen Experimentalgruppe schriftlich kommuniziert wurde und in der anderen dieses Modell auch gesehen und gehört werden konnte. Es zeigte sich, dass die Versuchspersonen in der Variante, dass ein virtuelles Modell gesehen und gehört wurde, genauso reagierten (subjektiv, verhaltensmäßig, physiologisch) wie die damaligen Personen gegenüber dem realen Modell. Sie zeigten zum Beispiel auf der physiologischen Ebene wie auch im berichteten Erleben starke Stresssymptome und brachen anders als in der rein schriftlichen Gruppe teilweise das Experiment ab. Die Interaktion mit einem virtuellen Avatar kann hier also eine reale Interaktion mit Blick auf die betrachteten psychologischen Wirkungen vollgültig ersetzen.

Insgesamt lässt sich, bezogen auf die Interaktionsdimension, festhalten, dass der Interaktion in virtuellen Modellen in Relation zu den genannten Beispielen zwar Grenzen gesetzt sind. Andererseits erlauben virtuelle Modelle auch eine lebensnahe Simulation realer Interaktionen sowie neue Formen der Interaktion, bei denen Barrieren von Raum und Zeit überbrückt werden können. Am Ende sind die Vor- und Nachteile von virtuellen Modellen in der Interaktionsdimension sicherlich von den intendierten Zielen abhängig.

2.5 Die Aneignung von Traditionswissen im virtuellen Modell

Architektur und Ausstattung repräsentieren Tradition, die kirchenpädagogisch mit dem Lebenshorizont der Menschen in Beziehung gesetzt werden soll (Boehme, 2020, 4). „Schüler:innen wissen sich hineingenommen in den geschichtlichen

Weg der Glaubensgemeinschaft, der sie ja zum größten Teil zumindest rein formal im Religionsunterricht auch angehören. Besonders durch Zeichen und Symbole werden im Kirchenraum religiöse Sprache und Tradition deutlich" (Sitzberger, 2017, 91). Sitzberger (ebd., 89) möchte entsprechend den Kirchenraum narrativ entfalten. Beim Besuch des Kirchenraums können daher biblische Geschichten kennengelernt und erinnert sowie Traditionswissen erworben werden. Auch ohne dass es dazu Studien gibt, ist anzunehmen, dass sich diese Lerndimension ebenso in und mit virtuellen Modellen realisieren lässt. Zumindest auf einer allgemeinen Ebene zeigen Münzer und Vali Zadeh (2016), dass in virtuellen Modellen, die eine selbstbestimmte Interaktion mit dem Modell zulassen, ein Wissen über das reale Gebäude erworben wird. Ein Trainingsprogramm mit einem virtuellen Modell kann dabei ein Mangel an Vorwissen kompensieren. Mit Blick auf die Wissensdimension des Religionsunterrichts dürfte entsprechend für virtuelle Sakralräume von vergleichbaren Lernmöglichkeiten und Lerneffekten ausgegangen werden. Bezogen auf individuelles Tempo und Differenzierung in alle Richtungen mag das virtuelle Modell sogar besser sein.

3. Zur prinzipiellen Vergleichbarkeit des realen Raumes mit dem virtuellen Raum

Jenseits der soweit vorgelegten Analyse von Einzelaspekten im Erleben virtueller Sakralräume lässt sich auch grundsätzlich fragen, ob reale und virtuelle Räume nicht doch ganz anders sind. Auch auf einer prinzipiellen und globalen Ebene erweist es sich – wie sich im Folgenden zeigt – als kaum möglich, klare Grenzen zu ziehen. Das sei anhand zweier unterschiedlicher Analyseperspektiven demonstriert.

(1) In der Theorie der Behavior Settings von Barker (1968) wird das „Behavior Setting" zur Analyseeinheit gemacht. Es „stellt eine funktionale Einheit einer physikalisch-räumlichen Anordnung und eines dazugehörigen funktionalen Verhaltensmusters dar. Zwar kann das Verhaltensmuster nur von Personen realisiert werden, dennoch bilden diese kein festes Element im Behavior Setting, sondern werden als austauschbare Träger der fest vorgegebenen Funktionsweisen betrachtet" (Faßheber, 1989, 261). Zum Beispiel stellt in einer Kirche der Altar eine physikalisch-räumliche Anordnung dar und es lässt sich beobachten, dass Menschen vor dem Altar Gebete verrichten. Das andächtige Verhaltensmuster lässt sich hier immer wieder beobachten, obwohl immer andere Menschen kommen und die Gelegenheit vor dem Altar zur Andacht wahrnehmen. Die Behavior-Setting-Theorie von Barker (1968) betrachtet Verhalten also extrapersonal in Form von Settings (z. B. Gottesdienst). Durch Personenselektion

und das Entgegensteuern bei Abweichungen werden die Programme der Settings erfüllt. Zum Beispiel kann für kleine Kinder bei einem Gottesdienst in einem Nebenraum ein Ersatzangebot bereitgestellt werden, so dass die Liturgie ohne Störungen vollzogen werden kann.

Die Theorie hat mehrere Anwendungsperspektiven. Beispielsweise beeinflussen unterbesetzte Settings das Partizipationsverhalten in Jugendgruppen. Es wird eine größere Notwendigkeit erlebt, Verantwortung zu übernehmen; zugleich gibt es aber auch mehr abweichendes Verhalten (Gennerich, 2018). Mit Blick auf virtuelle Settings ist das Konzept interessant, weil es von einer Passung von Verhaltensmustern und physikalischem Ort ausgeht. Es gibt also eine Passung von Kirchenraum und dem Abhalten einer Andacht, dem Sprechen eines Gebets und dem Zusprechen eines Segens. Es ist der Theorie nach davon auszugehen, dass performative Übungen im Religionsunterricht besser funktionieren, wenn sie im Kirchenraum durchgeführt werden. Mit Blick auf das religiöse Erleben ist es daher nicht unerheblich, inwiefern der virtuelle Kirchenbesuch als Behavior Setting verstanden werden kann. Blanchard (2004) argumentiert, dass virtuelle Gruppen bzw. Gemeinschaften den Charakter von Orten gewinnen, die im Anschluss an Barkers Konzept als virtual Behavior Settings verstanden werden können. Denn auch hier zeigen sich Phänomene, wie die einer Passung von Verhalten und Ort. Zum Beispiel sind über social media virtuelle Räume zu Lebensräumen heutiger Menschen geworden, in denen sich typische, wiederkehrende Verhaltensmuster ihrer Benutzer:innen herausschälen. So gibt es beispielsweise Chaträume, in denen sich Menschen mit bestimmten Interessen zum Austausch treffen. Die regelmäßigen Nutzer haben ein klares Bewusstsein über diesen Raum, wobei sich zu physikalisch-realen Settings vergleichbare Strukturen herausbilden: Auch hier gibt es leitende Personen, die Expertise bereitstellen oder andere unterstützen; oder es gibt Teilnehmende, die zum Thema des Chatraums in die Kommunikation eintreten etc. Freilich gibt es auch Eigenheiten des Besuchs virtueller Räume. Die Partizipationsmöglichkeiten hängen etwa von den technischen Merkmalen des genutzten Computers oder Mediums ab.

Die Argumentation Blanchards abkürzend kann hier festgehalten werden, dass sich virtuelle Räume für ihre Nutzer:innen als relevante und lebensweltlich reale Räume erweisen können. Ein grundsätzlicher Unterschied zwischen virtuellen und realen Räumen kann in dieser Theorieperspektive nicht konstruiert werden.

(2) In einer zweiten Perspektive lässt sich fragen, ob und inwiefern virtuelle Sakralräume identitätsrelevant werden können. Bei realen Kirchenräumen kann von einer identitätsprägenden Wirkung ausgegangen werden, vor allem, weil im Kirchenraum wichtige biographische Stationen durch die kirchlichen Rituale sinnstiftend durchlebt werden. Ein schulischer Kirchenbesuch ist hier im Vergleich deutlich begrenzter. Hinzu kommt, dass im Regelfall die Schüler:innen nicht hochreligiös sind. Es lässt sich daher infrage stellen, ob ein sakraler Raum

überhaupt „religiös" oder als relevant erfahren wird bzw. werden kann, sei er real oder virtuell zugänglich.

Studien zu Lieblingsorten Jugendlicher sind hier im Vergleich instruktiv. So fragt Gennerich (2017) nach bevorzugten Orten und Räumen. Von 795 befragten Jugendlichen finden nur 3 % Kirchengebäude sehr wichtig, Sportvereine und Sporthallen sind mit 32 % und 22 % Zustimmung zur Kategorie „sehr wichtig" um ein Mehrfaches bedeutsamer. Allgemein gilt dabei auf der Basis vorfindlicher Studien (vgl. Gennerich, 2017, 164), dass bevorzugte Orte für Jugendliche höchst identitätsrelevant sind. Denn sie leisten einen Beitrag zur Selbst-Regulation, stiften Freiheit und fördern die Selbst-Entwicklung. Mit Blick auf die mögliche Identitätsrelevanz und ihrer gleichzeitigen Fraglichkeit schlagen auch Palkowitsch-Kühl et al. (2018) vor, die Erkundungserfahrungen im sakralen Raum mit eigenen „Lieblingsorten" zu vergleichen (ebd., 12). Vor dem Hintergrund dieser Überlegungen zur möglichen Identitätsrelevanz von Orten sei in einem Folgenden gefragt, inwieweit virtuelle Sakralräume identitätsrelevant werden können.

Nach Gennerich (2010) lassen sich im Anschluss an Weick (1995) vier Prozesse differenzieren, über die Kirchenräume generell identitätsrelevant werden können:

1. Argumentieren: Dieser Prozess ereignet sich bei der Begründung der Bedeutung von Kirchenräumen im engeren Sinn, beispielsweise bei Diskussionen im Klassenraum. Argumentieren spielt jedoch auch in der Predigt eine Rolle, bei der der christliche Glaube sinnstiftend erschlossen und somit identitätsrelevant wird. Bezogen auf virtuelle Sakralräume hängt es folglich vom Design des Systems ab, ob und in welchem Grad dieser Prozess relevant werden kann.
2. Erwarten: Erwartungen fungieren wie auch das Argumentieren auf der kognitiven Ebene. Sie spielen sowohl im Klassenraum eine Rolle (z. B., wenn die Lehrperson von den SuS erwartet, dass sie sich auf eine Sinnperspektive, bezogen auf den Kirchenraum, einlassen) als auch im Kirchenraum, insofern Verhaltenserwartungen auch durch eine unterrichtliche Erschließungssituation nicht völlig außer Kraft gesetzt werden dürften (z. B. dass nicht über Christus gelästert wird). Jedoch unterscheidet sich der unterrichtliche Zugang völlig von einem liturgischen Zugang zum Kirchenraum bei einem Gottesdienstbesuch. Die Identitätsrelevanz dürfte auch hier wieder von der konkreten Gestaltung des virtuellen Raums und dem unterrichtlichen Arrangement abhängen. Wenn beispielsweise Palkowitsch-Kühl (2019b) vorschlägt, dass Schüler:innen eine virtuelle Kirchenführung erstellen, dann wird sicherlich eine Identifikation mit dem örtlichen Kirchengebäude gestiftet, weil unter anderem die Aufgabe „Kirchenführer" bereits mit der Erwartung eines wertschätzenden Zugangs zum Kirchengebäude einhergeht.
3. Verbindlichkeitsentwicklung: Commitment entwickelt sich, wenn Dinge freiwillig in der Öffentlichkeit getan werden und die Handlungen nicht rückgän-

gig gemacht werden können. Dieser Fall liegt vor, wenn die SuS in ihrer Freizeit einen Gottesdienst besuchen. Die Kirchenbegehung ist als Unterrichtssituation nicht freiwillig, so dass der Kirchenbesuch nicht als identitätsrelevant interpretiert werden muss. Das gilt auch für eine virtuelle Begehung, wenn sie unterrichtlich angeordnet wird. Anders ist dies sicherlich beim Aufsuchen virtueller Kirchenräume im Freizeitbereich (vgl. z. B. Second Life). Auch das Projekt „virtueller Kirchenführer" kann in dieser Beziehung zu Buche schlagen. Denn die Struktur der Aufgabe kann in ein freiwilliges Zusatzengagement übergehen, und für alle im Ort ist das Produkt des virtuellen Kirchenführers sichtbar. Entsprechend ist mit der Entwicklung von Commitment zum Kirchengebäude zu rechen. D. h., auch bezogen auf den Prozess der Verbindlichkeitsentwicklung können virtuelle Modelle wirksam werden. Es hängt an der konkreten Ausformung des Modells, an der Art des unterrichtlichen Einsatzes und dem weiteren Kontext der Begehung.

4. Die Kraft des Umweltsettings: Als vierten Prozess benennt Weick (1995) „manipulation" als Prozess. Umwelten können in einer Weise Verhalten nahelegen und erzeugen, der Menschen kaum entgehen können. Wo es eine Rolltreppe gibt, nutzen Menschen in der Regel diese Treppe in der vorgesehenen Richtung; ebenso setzt man sich nicht auf eine Rolltreppe, sondern bleibt stehen. Der Kirchenraum legt ebenso bestimmte Verhaltensmuster nahe, die sich in einem Passungsverhältnis zu den vorfindlichen Objekten realisieren (vgl. Barker, 1968; Blanchard, 2004). Gesegnet werden, beten und Andachten halten sind Tätigkeiten, die sich im Kirchenraum organisch ereignen können. Es ist daher nicht verwunderlich, wenn häufig darauf hingewiesen wird, dass der Kirchenraum performativ erschlossen werden sollte (Dörnemann, 2014, 230) bzw. dass im Kirchenraum liturgische Vollzüge exploriert werden sollten (Boehme, 2020, 6). Damit seien auch Sinnperspektiven verknüpft: „Werden im Kirchenraum kleinere liturgische Einheiten, wie etwa eine Segensfeier, abgehalten, so schult dies das Verständnis für die Bedeutung des Sich-Bekennens im religiösen Kontext" (Sitzberger, 2017, 91). An Artefakten sollen religiöse Handlungen im gemeinschaftlichen Kontext eingeübt werden (Roggenkamp, 2010, 153). Wenn davon ausgegangen werden kann, dass sich religiöse Vollzüge bei einem entsprechenden Design auch bei einer virtuellen Kirchenbegehung ereignen können, dann könnte ein virtueller Sakralraum auch in dieser Beziehung identitätsrelevant werden. Prinzipiell können z. B. Avatare im virtuellen Sakralraum religiöse Sinnstiftung provozieren. Sicherlich kann eine Handauflegung bei einem religiösen Vollzug mit ihren physiologischen Wirkungen nicht direkt reproduziert werden. Die berichteten, ins Virtuelle verlagerten Milgrim-Gehorsamsexperimente belegen jedoch, dass die virtuelle Dimension keinesfalls reale physiologischen Wirkungen ausschließt. Insgesamt kann daher eine Identitätsrelevanz virtueller Sakralräume nicht ausgeschlossen werden. Vieles dürfte abhängen vom technischen Design des virtuellen Raums und den in ihm programmierten Erfahrungsmöglichkeiten.

4. Schluss

Die Analysen bestätigen soweit die allgemeine Erkenntnis, dass Raumerleben und Lernen in virtuellen Modellen im Allgemeinen von verschiedenen Faktoren abhängen: der interne Zustand des Nutzers bzw. der Nutzerin, die Qualität des designten Systems und der Kontext, in dem die Interaktion mit dem Medium stattfindet (Kuliga et al., 2015, 373). Dies dürfte gleichermaßen eben auch für virtuelle Sakralräume gelten. Die referierten Befunde zeigen vor allem, dass verallgemeinernde Bestimmungen der Möglichkeiten und Grenzen virtueller Sakralräume nur begrenzt möglich sind, weil sich die technischen Möglichkeiten weiterentwickeln und die Lernmöglichkeiten differenziert nach den intendierten Lernzielen zu bewerten sind.

Literatur

Barker, Roger G., Ecological psychology. Concepts and methods for studying the environment of human behavior. Stanford 1968.

Bettin, Natascha, Lernen im Begegnungs- und Begehungsraum „Synagoge". Eine interdisziplinäre Evaluationsstudie im Rahmen qualitativ-quantitativer Einstellungsforschung. Dortmund: Dissertation der TU-Dortmund, Dortmund 2017.

Blanchard, Anita, Virtual behavior setting. An application of behavior setting theories to virtual communities, in: Journal of Computer-Mediated Communication, 9 (2004), 2, JCMC924; https://doi.org/10.1111/j.1083-6101.2004.tb00285x [abgerufen am: 04.11.2023].

Boehme, Katja, Kirchenraumpädagogik/Kirchenpädagogik, in: Zimmermann, Mirjam/Lindner, Heike (Hg.). Wissenschaftlich-Religionspädagogisches Lexikon im Internet (WiReLex), Stuttgart 2020. https://www.bibelwissenschaft.de/stichwort/200823/ [abgerufen am: 04.11.2023].

Caciora, Tudor/Herman, Grigore Vasile/Ilies, Alexandru/Baias, Stefan/Ilies, Dorina Camelia/Josan, Ioana/Hodor, Nicolaie, The use of virtual reality to promote sustainable tourism: A case ctudy of wooden churches historical monuments from romania. Remote Sensing, 13 (2021) 1758. https://doi.org/10.3390/rs13091758 [abgerufen am: 04.11.2023].

Coelho, Tiago/Marques, Cátia/Moreira, Daniela/Soares, Maria/Portugal, Paula/Marques, António/Ferreira, Ana Rita/Martins, Sónia/Fernandes, Lia, Promoting reminiscences with virtual reality headsets: A pilot study with people with Dementia, in: International Journal Environmental Research and Public Health 17 (2020), 9301; doi:10.3390/ijerph17249301.

De Canio, Francesca/Martinelli, Elisa/Peruzzini, Margherita/Cavallaro, Sara, Experiencing a food production site using wearable devices: The indirect impact of immersion and presence in VR tours, in: Sustainability 14 (2022), 3064. https://doi.org/10.3390/su14053064 [abgerufen am: 04.11.2023].

Dörnemann, Holger, Kirchenpädagogik: Ein religionsdidaktisches Prinzip – Grundannahmen – Methoden – Zielsetzungen, Berlin 2014.

Faßheber, Peter, Umweltbegriff und umweltbezogene Forschungsthemen in der Sozialpsychologie, in: Niedersächsisches Umweltministerium (Hg.), Natur und Geschichte, Hannover 1989, 258–266.

Gennerich, Carsten, Religiöses Lernen als Sinnkonstruktion: Bedingungsstrukturen in Schule und Gemeinde, in: Theo-Web. Zeitschrift für Religionspädagogik 9 (2010) 2, 85–99.

Gennerich, Carsten, Adolescent lifestyle groups, their favorite places and challenges for religious education: An empirical study in a rural area of Germany, in: Rothgangel, Martin/Brömssen, Kerstin v./Heimbrock, Hans-Günter/Skeie, Grit (Hg.), Location, space and place in religious education, Münster i. W. 2017, 163–183.

Gennerich, Carsten, Wegbleiben, Abmelden, Austreten: Religionspädagogische Bewertung und Möglichkeiten des Umgangs mit einem Krisenphänomen, in: Theo-Web. Zeitschrift für Religionspädagogik 17 (2018) 2, 63–96.

Katz, James E./Halpern, Daniel, Can virtual museums motivate students? Toward a constructivist learning approach, in: Journal of Science Education and Technology 24 (2015) 776–788. https://doi 10.1007/s10956-015-9563-7 [abgerufen am: 04.11.2023].

Kayhan, Ali Musab/Şahin, Arzu/Erkan, Ilker, The effect of types of light on people's mood using a church as an example in the virtual reality, in: Mental Health, Religion and Culture 24 (2021) 5, 504–518. https://doi.org/10.1080/13674676.2020.1850665 [abgerufen am: 04.11.2023].

Kindermann, Katharina/Riegel, Ulrich, Experiencing churches as spiritual and religious places: a study on children's emotions in church buildings during scholastic field trips, in: British Journal of Religious Education 40 (2018) 136-147.

Kruger, Ferdinand P., Descriptive empirical perspectives on participants' attitudes on virtual worship services kindle an ineluctable revisiting of ecclesial assumptions in a post-pandemic world, in: HTS Teologiese Studies/Theological Studies 77 (2021) 4, a7125. https://doi.org/10.4102/hts.v77i4.7125 [abgerufen am: 04.11.2023].

Kuliga, Saskia F./Thrash, Tyler/Dalton, Ruth C./Hölscher, Christoph, Virtual reality as empirical research tool – Exploring user experience in a real building and a corresponding virtual model, in: Computers, Environment and Urban Systems 54 (2015) 363–375.

Lundin, Johan/Lundström, Anders/Gulliksen, Jan/Blendulf, Joakim/Ejeby, Kersti/Nyman, Hedda/Björkander, Daniel/Hedman-Lagerlöf, Erik, Using 360-degree videos for virtual reality exposure in CBT for panic disorder with agoraphobia: a feasibility study, in: Behavioural and Cognitive Psychotherapy 50 (2022) 158–170. https:// doi:10.1017/S1352465821000473 [abgerufen am: 04.11.2023].

Mansour, Nesrine, The holy light of cyberspace: Spiritual experience in a virtual church, in: Religions 13 (2022) 121. https://doi.org/10.3390/rel13020121 [abgerufen am: 04.11.2023].

Münzer, Stefan/Vali Zadeh, Mahsa, Acquistion of spatial knowledge through self-directed interaction with a virtual model of a multi-level building: Effects of training and individual differences, in: Computer in Human Behavior 64 (2016) 191–205.

Murdoch, Matt/Davies, Jim, Spiritual and affective responses to a physical church and corresponding virtual model, in: Cyberpsychology, Behaviour and Social Networking 20 (2017) 11. https://doi.org/10.1089/cyber.2017.0249

Ortet, Cláudia Pedro/Veloso, Ana Isabel/Vale Costa, Liliana, Cycling through 360° Virtual reality tourism for senior citizens: Empirical analysis of an assistive technology, in: Sensors 22 (2022) 6169. https://doi.org/10.3390/s22166169

Palkowitsch-Kühl, Jens/Öger-Tunc, Esma/Leven, Eva-Maria, Glaube wird sichtbar: Wahrnehmung und Kommunikation von Glauben in unterschiedlichen mediatisierten Räumen des Lebens der Schüler/-innen, in: rpi-Impulse o. Jg. (2018) 3, 10–13.

Palkowitsch-Kühl, Jens, Nach Zeichnung, Dia und Film kommt VR: Religionspädagogische Erkundungen in virtuelle Welten durchführen und gestalten, in: Zeitsprung, o. Jg. (2019a) 2, 4–7.

Palkowitsch-Kühl, Jens, Das digitale Potential von Virtual und Augmented Reality für die Konfirmandenarbeit entdecken, in: Praxis Gemeindepädagogik o. Jg. (2019b) 2, 28–29.

Roggenkamp, Antje, Artefakte im Kirchenraum: Kirchenraumpädagogische Überlegungen. Theo-Web. Zeitschrift für Religionspädagogik 9 (2010) 2, 150–198.

Schampaul, Verena, Virtuelle Kirchenraumerkundung – auch nach Corona ein lohnenswerter Besuch, Stuttgart 2021. https://reli-ethik-blog.de/virtuelle-kirchentouren/ [abgerufen am: 23.03.2023].

Sitzberger, Rudolf, Biblisches Lernen im Kirchenraum, in: Österreichisches Religionspädagogisches Forum 25 (2017) 2, 85–93. DOI: 10.25364/10.25:2017.2.1.

Slater, Mel/Antley, Angus/Davison, Adam/Swapp, David/Guger, Christoph/Barker, Chris/Pistrang, Nancy/Sanchez-Vives, Maria V., A virtual reprise of the Stanley Milgram obedience experiments, in: PLos One e39 (2006) 1, 1–10.

Weber, Klaus Heiner, Heilige Räume – Gotteshäuser geben zu lernen: Anregungen zu einem Medienpaket für das 7.–10. Schuljahr, in: Forum Religion, o. Jg. (1992) 1, 4–13.

Weick, Karl E., Sensemaking in organizations. Thousand Oaks, CA 1995.

Geschichtswissenschaft und die Erforschung von (virtuellen) Räumen

Angela Schwarz

1. Annäherungen

Es ist wenig überraschend, dass für die Geschichte und ihre wissenschaftliche Erforschung lange die Zeit die zentrale Kategorie bildete. Das galt unabhängig vom jeweils zugrunde gelegten Geschichtsverständnis. Über viele Jahrzehnte hinweg wurde Geschichte positivistisch gedeutet als Synonym für Vergangenheit und damit alle der Gegenwart vorangegangenen Vorgänge, die die Menschheit betreffen. Neuer ist das Konzept von Geschichte als einem Konstrukt, das auf einer Auswahl von Aspekten der Vergangenheit basiert, die für Menschen einer Gegenwart jeweils bedeutsam sind, so dass es ihnen Orientierung im Heute und Morgen ermöglicht.[1] Entsprechend lange war in der historischen Forschung, die sich im 19. Jahrhundert etablierte, die Einordnung in einen zeitlichen Kontext, die zeitlichen Abläufe eines Vorher, Während und Nachher entscheidend. Geschichte zeigte sich danach beispielsweise in Chronologien, die verknüpft wurden mit der Idee einer evolutionären Entwicklung hin zu immer fortschrittlicheren, d. h. als besser verstandenen Verhältnissen. Dabei blieben konkrete Räume, also Orte des Geschehens, zwar nie völlig außer Acht, doch firmierten sie bis vor rund drei Jahrzehnten nicht als eigenständige Analysekategorie in der Erforschung historischer Prozesse.[2] Eine über die realen Orte hinausgehende Berücksichtigung von Räumen als Imaginationen oder Konstrukte wie beispielsweise das Heim als physisch-materieller Ort, als Netzwerk sozialer Beziehungen und Bedeutungen wurde von der Geschichtswissenschaft bis dahin kaum wahrgenommen oder als spezifische Raumzeitstruktur analysiert.[3] Noch

---

[1] Ein interessantes Beispiel für Letzteres, das im Titel zudem mit räumlichen Vorstellungen spielt und sie mit zeitlichen in Verbindung setzt, bildet die Arbeit von David Lowenthal über die sich wandelnden Funktionen, die die Vergangenheit für immer wieder neue Gegenwarten spielt (Lowenthal, 1985).

[2] Als einer der Ersten, der auf diese Kategorie hingewiesen hat, kann der US-amerikanische Humangeograph Edward Soja gelten (Soja, 1989), der sich dabei auf ein Werk des französischen Sozialphilosophen Henri Lefebvre aus dem Jahr 1974 bezog (Lefebvre, 1974; Schlögel, 2003; Koller, 2016, 73f.).

[3] Die geopolitischen Ansätze eines Carl Ritter, Friedrich Ratzel und Karl Haushofer zielten auf eine hochspezielle Verknüpfung von Raum und Geschichte ab, die nicht zuletzt aufgrund

weitaus mehr gilt dies für die Schaffung digital-virtueller Räume, die in den letzten Dekaden stark an Bedeutung gewonnen haben und auf vielfältige Weise auf praktisch alle Bereiche des Lebens ausstrahlen. Die Erforschung dieser Transformationen ist daher von mehr als nur akademischem Interesse.

Im Folgenden geht es darum, wie bedeutsam speziell virtuelle Räume der digitalen Welt inzwischen in der geschichtswissenschaftlichen Forschung tatsächlich sind, inwieweit sie zum Gegenstand und zur Analysekategorie erhoben wurden. Die Beantwortung dieser Frage bedarf einer etwas detaillierteren Einordnung in den Umgang dieser Disziplin mit Räumen generell. Das schließt die verschiedenen Charakteristika, Dimensionen, Ausrichtungen, Deutungen und Konstruktionen von Räumen mit ein. Darüber lässt sich die nachfolgend vorgestellte Annäherung der Disziplin an digitale virtuelle Räume generell und schließlich virtuelle Repräsentationen von historischen (Sakral-)Räumen besser einordnen und nachvollziehen.

2. Die Entdeckung des Raums

Raum anders zu denken, wird in der Geschichtswissenschaft zumeist mit dem Begriff des *spatial turn* verbunden. Dieser *turn* begann vor allem an der Wende in die 1990er-Jahre – ebenso wie in anderen geistes- und gesellschaftswissenschaftlichen Disziplinen –, den Zugang zu den Untersuchungsfeldern zu verändern. Eingebettet in eine Abfolge immer wieder neuer *Wenden* wie der vorangegangenen einer sprachlichen (*linguistic turn*) oder der nachfolgenden bildlichen Wende (*iconic* oder *pictorial turn*), einer auf Praktiken (*performative turn*) oder Objekte (*material turn*) bezogenen, hat die Hinwendung zum Raum neue Analysekategorien, neue Anwendungsbeispiele und eine neue Intensität inter- und transdisziplinärer Forschung initiiert (Bachmann-Medick, 2006, 284–328). Angesichts der breiten Rezeption in der Folgezeit hat das Wort von der Wende seine Berechtigung, obwohl die ihr zugrundeliegenden Theorien schon etwas länger vorlagen.

Der wohl wichtigste Gedanke liegt in der Deutung des Raums als sozial konstruiert. Henri Lefebvre hatte dazu bereits in den 1970er Jahren seine Theorie einer Produktion des Raums formuliert (Lefebvre, 1974).[4] Der marxistische Sozialphilosoph interessierte sich zwar besonders für die Städte, doch wollte er sein Konzept vom Raum als soziales Produkt auf alles von den durch Alltagspraxis

---

der ideologischen Weiterentwicklung in der Geopolitik des Nationalsozialismus als Vorläufer einer Wende in der Forschung ausscheiden.

[4] Man könnte die soziologischen Vorläufer noch weiter zurückverfolgen und Theorien von Fachvertretern wie Georg Simmel, Maurice Halbwachs und Pierre Bourdieu miteinbeziehen (Rau, 2017, 91–99).

geschaffenen und erlebten Kleinräumen bis zu den Großräumen, wie sie etwa Nationalstaaten oder Staatenverbünde bilden, angewandt wissen. Das Wahrgenommene, das Konzipierte und das Gelebte tragen für ihn wesentlich zur (Er-) Schaffung eines Raumes bei. Diese wiederum entsprächen den Praktiken, die sich in den Raum einschreiben, den Repräsentationen des Raums etwa in Entwürfen für ein Gebäude oder eine ganze Stadt, schließlich der Aufladung des Raums mit Bedeutung durch die Menschen, die den Raum (er-)leben. So wird der physisch-materielle Raum – überlagert von Vorstellungen, Bedeutungszuschreibungen und Praktiken – letztlich als spezifischer Raum erst konstruiert. Im Gegenzug wirkt der so hergestellte Raum zusammen mit den darin ausgeübten Praktiken auf die Entstehung und Transformation sozialer Beziehungen ein (Döring, 2010, 91f.; Bachmann-Medick, 2006, 291). Machtverhältnisse, Ideologien, Interaktionen, Vorstellungen und vieles mehr ließen sich danach aus dem Raum und aus Raumkonzepten ableiten. Räume erschienen somit als historische Objekte, die sich aus zahlreichen Blickwinkeln als kulturelle Konstrukte neu erschließen ließen.

Es dauerte einige Jahre, bis die Theorie in den Geistes- und Gesellschaftswissenschaften und speziell der Geschichtswissenschaft breiter rezipiert wurde. Wesentlich beeinflusst wurde diese Entwicklung von weitergehenden Überlegungen wie etwa jenen des US-amerikanischen Humangeographen Edward Soja in seinem Werk *Postmodern Geographies* aus dem Jahr 1989. Soja betonte nicht nur die Gleichwertigkeit von zeitlichen und räumlichen Zugängen des Menschen zu seiner Welt, sondern auch die Notwendigkeit, die Erzählung über die Vergangenheit zu verräumlichen (Soja, 1989, 234). Andere Konzepte ergaben sich aus der Anwendung solcher Forderungen, wie etwa durch den französischen Historiker und Philosophen Michel de Certeau. Er legte in einer soziologischen Studie von Alltagspraktiken wie dem Gehen, Sprechen, Wohnen, Kochen aus dem Jahr 1980 die Betonung auf den Raum als praktizierten Ort, auf eine Umgebung, die sich Menschen eigenständig vor allem über ihre Sinneswahrnehmung erschlössen. Im Miteinander an den jeweiligen Orten grenzten sich Menschen voneinander ab, könnten aber selbst trotz trennender Faktoren Verbindungen schaffen (de Certeau, 1980, 170–191).

Weitere wichtige methodisch-theoretische Anregungen für die geschichtswissenschaftliche (Raum-)Forschung entstammen den Arbeiten des Osteuropa-Historikers Karl Schlögel. An Lefebvre, Soja, de Certeau und andere anschließend konzentrierte er sich in seinem einflussreichen Band *Im Raum lesen wir die Zeit* (Schlögel, 2003; Schlögel, 2015), der im Jahr 2003 erschien, auf die Orte der Geschichte und ihre intensivierte Wahrnehmung über die Sinne. Die Verbindung der Gegenwart zur Vergangenheit werde über Orte hergestellt, an denen Spuren von Geschehnissen ablesbar seien. Selbst *verschwundene* Orte ließen sich erforschen, wenn sie Niederschlag in Quellen gefunden hätten, beispielsweise in alten Karten oder Gemälden, Adressverzeichnissen oder Plänen von nicht mehr sichtbaren Transportwegen. Gerade die Antworten auf die Frage nach geeigneten

Quellen oder, genauer, nach einem neuen Zugang zu bekannten Quellenarten boten wichtige Anregungen, nicht zuletzt in einer Zunft, der lange ein begrenztes Spektrum von Quellenkategorien und ein ebenso begrenztes Methodenrepertoire zu genügen schien. Trotz der Bemühungen, Zeit und Raum stärker zusammenzudenken, blieb Schlögels Zugang den realen Orten eng verbunden. Weder analysierte er räumliche Bedingungen, noch gelangten bei ihm Raumwahrnehmungen von Menschen vergangener Epochen oder ihre Möglichkeiten der Einflussnahme auf den gestalteten Raum in den Blick, so dass seine Arbeiten als „Schauplatzgeschichte" und „Wirklichkeitswissenschaft" beschrieben wurden (Rau, 2017, 110).

Nach den frühen Bestrebungen der Disziplin, sich dem Raum stärker anzunähern, hat die geschichtswissenschaftliche Raumforschung die Grundlinien des *spatial turn* inzwischen weit konsequenter auf vielfältige Themenfelder, Aspekte und Epochen anwenden können. Dabei wurde die Raumkonstruktion zudem in Beziehung zu anderen Kategorien wie soziale Zugehörigkeit, Geschlecht, Konfession usw. gesetzt und als relational hervorgehoben. Außerdem betonten verschiedene Arbeiten nachdrücklich, dass zwischen Ort und Raum unterschieden werden müsse.[5] Zahlreiche herausragende Beispiele lassen sich inzwischen dafür anführen, darunter die Erforschung von Gedächtnis- und Erinnerungsorten, die Verknüpfung von Raum, Zeit und Kommunikation sowie die Analyse des Prozesses, in dem aus einem realen Ort ein imaginärer Raum wird – um nur einige wenige herauszugreifen.

Das Konzept der Gedächtnis- oder Erinnerungsorte mag vom physisch gegebenen Raum ausgehen, lenkt das Augenmerk jedoch im Wesentlichen auf die Konstruktionen und Bedeutungsaufladungen in ihrer historischen Genese und Weiterentwicklung. An dieser Stelle spielen nicht mehr allein die Ergebnisse der geschichtswissenschaftlichen Forschung eine Rolle, vielmehr beginnt die Wissenschaft damit, sich mit populärkulturellen Aufladungen historischer Vorstellungen und deren Verhandlung in der Gesellschaft jenseits des rein akademischen Diskurses auseinanderzusetzen. Stark von der französischen Initiative beeinflusst, das kulturelle Gedächtnis der Nation und mit ihm eine französische Nationalidentität an geschichtsträchtigen Orten festzumachen (Nora, 1998; Nora, 1984–1992), entstand in Deutschland ein dreibändiges Werk mit vergleichbaren Erinnerungsorten für die Deutschen. Entscheidend für die Folgen des Raumkonzepts war die Tatsache, dass diese Räume des Erinnerns zwar physisch-materiell sein konnten wie Gebäude oder Landschaften, aber ebenso die Gestalt von Traditionen, Ritualen, Festen, Speisen, Slogans, Liedern oder anderen Phä-

---

[5] In diesem Kontext wesentlich sind die Arbeiten des Forschungsnetzwerkes „Social Sites – Öffentliche Räume – Lieux d'échanges (1300–1800)", zu denen unter anderem die grundlegenden Arbeiten zur Raumtheorie und ihrer Anwendung in einer dann so geprägten historisch-kulturwissenschaftlichen Raumforschung von Susanne Rau zählen (Rau, 2014; Rau/Schwerhoff, 2008; Rau/Schwerhoff, 2004).

nomenen einnehmen konnten, die in der Vergangenheit mit Bedeutung aufgeladen wurden und teilweise bis in die Gegenwart relevant blieben (Schulze/François, 2001). Das hierbei angewandte Begriffsverständnis sieht den Ort als Metapher, nicht als Schlüsselkategorie der Analyse.

Letzteres ist prominenter in dem Ansatz zu finden, von dem die Beiträge des Sammelbandes *Ortsgespräche* ausgehen, in dem der Raum den Ausgangspunkt für eine für jedes Fallbeispiel – beispielsweise das Telegraphennetz, die Architektur der Stadtvilla, die Eisenbahn oder das Auto – zu schreibende Kommunikationsgeschichte darstellt (Geppert/Jensen/Weinhold, 2005). Ein jüngeres Fallbeispiel mentaler Räume geht von der Fabrik als einem Raum aus, der durch Kommunikation, Praktiken und ihrer Vermittlung konstruiert wurde. Es waren Besichtigungstouren bürgerlicher Besucher und Besucherinnen im Übergang ins 20. Jahrhundert, die der Produktionsstätte Fabrik spezifische Konturen verliehen, die sich getrennt vom realen Raum und der dort ausgeführten Arbeitsprozesse herauskristallisierten und die Fabrik in eine Attraktion verwandelten. Dieser neu erschaffene mentale Raum konnte im Zeichen rapiden sozioökonomischen Wandels sozialstabilisierende Funktionen für das bürgerliche Besucherpublikum übernehmen (Mysliwietz-Fleiß, 2020).[6]

Diese Entwicklungen in der Geschichtswissenschaft eröffnen für die Erforschung von Sakralräumen vielfältige neue Zugänge. Die religiösen Räume lassen sich auf dieser Basis aus verschiedenen Perspektiven untersuchen, und zwar als
— Verknüpfung von Gegenwart und Vergangenheit,
— erlebter bzw. begangener Ort in der Vergangenheit,
— kulturelle oder soziale Konstruktion, die zudem im Verhältnis zu anderen relevanten Kategorien wie Geschlecht oder Religion bzw. Konfession analysiert werden kann.

Je nach Erkenntnisinteresse rücken dann immer wieder andere Aspekte und Zugänge in den Vordergrund, darunter
— der architektur- und der kunstgeschichtliche Zugang, bezogen auf den umbauten Raum,
— der sozialgeschichtliche in Entwurf, Bau und Nutzung durch je unterschiedliche Akteursgruppen (Kirchenvertreter/Laien, Ober- und Unterschicht),
— der wirtschaftsgeschichtliche, wenn die ökonomischen Aspekte eines Sakralraums für eine Gemeinde, eine Stadt oder eine Region im Vordergrund stehen sollen,
— der mentalitätsgeschichtliche in Bezug auf Vorstellungen, Denkmuster und Werte, die in Gestaltung und Nutzung eines als heilig eingestuften Ortes oder Raumes einflossen,

---

[6] Gleiches lässt sich selbstverständlich auch für Großräume wie ganze Bevölkerungen untersuchen (Gugerli/Speich, 2002). Eine ausgezeichnete Zusammenfassung der kulturwissenschaftlichen Wenden in aktualisierter Form findet sich in der „Docupedia Zeitgeschichte" (Bachmann-Medick, 2019).

– der kulturgeschichtliche im Rahmen von Praktiken, die von der Vorgabe von Ritualen bis zur widerständigen Aneignung des Sakralraums reichen konnten.

Neben den primären religiösen rücken vielfältige weltliche Nutzungen ins Blickfeld, bei denen je eigene Räume um den Sakralbau herum entstehen können, etwa als touristische Attraktionen oder außerschulische Lernorte. Die Aufmerksamkeit der Forschung sollte dabei neben dem Konstruktionsprozess in besonderem Maße der Wahrnehmung des spezifischen Raumes gelten.

3. Das Vordringen der Geschichtswissenschaft in den virtuellen Raum

Die Geschichtswissenschaft hat die virtuellen Räume der digitalen Welt noch viel später entdeckt als den Raum als Analysekategorie. Im Grunde nimmt die umfassendere und systematischere Erfassung von Geschichte im Virtuellen durch die Disziplin erst seit einigen Jahren an Fahrt auf, genügte es doch lange Zeit, das Leben von Menschen in Zeit und Raum in ihren konkreten (realen) Lebenswelten zu erforschen. Die Verwandlung dieser Verhältnisse und die Medienrevolution des späten 20. und frühen 21. Jahrhunderts, also die Prozesse der Globalisierung und der Digitalisierung, haben die (Lebens-)Welt so grundlegend transformiert, dass auch die Geschichtswissenschaft die Herausforderung angenommen hat, ihre Gegenstände, Zugänge und Methoden zu überdenken und sich näher mit den Spielarten dieser virtuellen Räume und ihren geschichtlichen Dimensionen auseinanderzusetzen.

Die fundamentale Änderung der Verhältnisse lässt sich mit einem Begriff von Hans Ulrich Gumbrecht als eine Verbreiterung unserer Gegenwart – und damit der Geschichte von morgen – bezeichnen, eine Folge der Virtualisierung im Verbund mit der Globalisierung von Objekten, Kommunikation, Ideen und einigem mehr. Für Gumbrecht hat mit der Lösung des Austausches von einem bestimmten physischen Ort der Körper seine Funktion als Bezugspunkt für die Wahrnehmung von Zeit und Raum verloren. Selbst die Spannung, die immer zwischen dem Heute und dem Gestern geherrscht habe, sei in einer Welt simultaner Gegenwarten und uns überflutender Vergangenheiten aufgehoben (Gumbrecht, 2015, 13–19).

Wesentliche Triebkraft dieses Wandels bildet die mediale Revolution, die vor allem die Digitalisierung angestoßen hat. Digitale Kommunikationstechnologien sorgen dafür, dass sich Menschen nicht nur jederzeit und überall miteinander verbinden können, sondern dass sie praktisch immer auf ein gigantisches Informationsangebot zugreifen können, sofern sie nur ein Smartphone in Reichweite haben. Über das Internet und speziell das World Wide Web stehen inzwischen ungeheure Datenmengen an Wissensbeständen per Mausklick oder Berührung des Bildschirms zur Verfügung. Über die verschiedenen Medien und Kommunikationsplattformen der digitalen Welt können Menschen unterschiedlichster Interessen und Herkünfte Inhalte einstellen, kommentieren und beeinflussen. Die Bandbreite reicht von der eigenen Webseite über YouTube-Kanäle, Facebookseiten, Subreddits, Instagram-Accounts oder TikTok-Botschaften bis hin zu Wikipedia-Artikeln oder eigenständigen Projekten zur Wissenspopularisierung. Darin spiegelt sich nicht nur ein gesteigertes Mitteilungsbedürfnis, sondern auch ein Interesse an Geschichte und an einem spezifischen Umgang mit ihr im virtuellen Raum. Über Online-Communities und ihre Praktiken werden wieder neue und eigene Räume im Sinne des *spatial turn* erzeugt, in diesem Falle in einer ohnehin bereits virtuellen Welt.

In der geschichtswissenschaftlichen Forschung findet sich bislang kaum Theoretisches, das die im virtuellen Raum angesiedelten Produktionsmechanismen, Aneignungspraktiken und ihre Stellung innerhalb der Geschichtskultur einordnen würde. Was es gibt, sind erste Kartierungen eines Feldes, das in seiner Genese, seinen Infrastrukturen und Praktiken sowie seinen Perspektiven eben *neu vermessen* werden muss (Koller, 2016). Hinzu kommen Arbeiten zu einzelnen Medien, Themen oder Projekten. Gerade der Umgang mit Geschichte in verschiedenen sozialen Medien wie Facebook, Instagram oder TikTok wurde bereits in den Blick genommen (Burkhardt, 2022; Danker/Schwabe, 2017; Logge, o. J.).[7] Andere Medien wie das digitale Spiel stehen schon etwas länger im Fokus der Geschichtswissenschaft und der Geschichtsdidaktik (Schwarz, 2010; Grosch, 2002). Auf inhaltlicher Ebene werden in sozialen Medien Debatten über Aspekte des Nationalsozialismus geführt sowie Projekte unterschiedlicher Ausrichtung und Bestandsdauer untersucht, beispielsweise Angebote zur Partizipation von Laien an der Erstellung von webbasierten Wissensbeständen oder die Auswirkungen der Digitalisierungsprozesse auf die Kuratierung von Sammlungen im 21. Jahrhundert (Neuer, 2021; Werner, 2021). Eine weitere Form der Verarbeitung historischer Sachverhalte im Internet bilden Zeit-Räume-Projekte einzelner Städte oder Regionen, die Räume unter Einbeziehung aller Interessierten virtuell gestalten.

So entwerfen digitale Spiele schon von den frühen Anfängen an Bilder von konkreten historischen Räumen, die aufgrund kontinuierlich verbesserter Technologie inzwischen längst überzeugend die Illusion einer Zeitreise vermitteln können (Schwarz, 2023, 93–105; Schwarz, 2012). Dabei nutzen Spiele, die für Unterhaltungszwecke produziert und nicht selten millionenfach verkauft werden, einen beachtlichen Teil der Basisinformationen, die ebenso in Spielen für Lernzwecke verwendet werden. Die dargestellten Räume bleiben jedoch in beiden Fällen Inszenierungen, unabhängig von dem Anspruch der Authentizität und

---

[7] Allein auf Instagram finden sich über 872.000 Einträge unter dem Hashtag „Geschichte"; Räume spielen dabei in unterschiedlichen Auslegungen eine Rolle (#geschichte, o. J.).

der reduzierten Distanz zwischen Betrachtenden und dem Betrachteten, die den Eindruck, in die Vergangenheit *einzutauchen*, zu verstärken scheinen.

Webbasierte Sammlungen von Wissensbeständen oder Quellenmaterialien, ob von Institutionen wie Universitäten, Bibliotheken, Archiven, Medienhäusern oder Privatpersonen initiiert und getragen, geben einem merklich erweiterten Kreis von Menschen nicht nur die Chance, historische Sachverhalte zu konsumieren, sondern offerieren nicht selten zugleich neue Partizipationsmöglichkeiten, etwa in Form der Einbringung eigenen Wissens oder eigener historischer Quellen. Diese Initiativen werten nicht nur das Subjekt als Ausgangspunkt etwa des Erinnerns auf, sondern können im virtuellen Raum dazu beitragen, mentale Räume neu zu kartieren. Das geschieht beispielsweise, wenn die Grenzen einer Region über Dialektmerkmale, Zechenstandorte oder typische Speisen in einem gemeinschaftlichen Vorgehen auf einer Webseite neu gezogen werden (Schwarz, 2024; Schwarz, 2019). Zeit-Räume-Projekte, die Geschichte in Geographie – meist auf Karten – übertragen, nutzen die virtuelle Erfassung zeitlicher Barken der Stadtgeschichte inmitten eines virtuell verfügbaren Stadtraums dazu, den analogen Raum zu spiegeln, mit Ereigniseinträgen zeitlich zu konturieren und mentale Räume, so wie Menschen sie an einem Ort zu verschiedenen Zeiten geschaffen haben mögen, aufzuzeigen. Projekte dieser Art sind seit einiger Zeit sehr populär, im Stadtmarketing ebenso wie in Bildungs- und Forschungskontexten (Siegerlandmuseum im Oberen Schloss/Universität Siegen, o. J.; United States Geological Survey, o. J.). Ihnen liegt die Vorstellung zugrunde, Teilnehmende zu Produzierenden und Konsumierenden von Daten in einem zu machen (Koller, 2016, 74).

Selbst wenn sich die ursprünglichen Erwartungen einer Demokratisierung des Umgangs mit Geschichte in einem umfassend partizipativen Web 2.0 nicht oder nur zum Teil erfüllt haben mögen, ist doch die enorm gestiegene Vielfalt an (populären) historischen Repräsentationen nicht zu übersehen. Die Herausforderungen an die Disziplin, sich intensiver mit ihnen als Reflexe unserer Geschichtskultur auseinanderzusetzen, haben sich folglich verstärkt und werden sich in Zukunft noch weiter verstärken (König, 2020).

4. Virtuelle Repräsentationen historischer (Sakral-)Räume und ihre Erforschung

Für die virtuellen Repräsentationen historischer Räume weltlichen ebenso wie sakralen Charakters ergibt sich daraus zunächst das Bild eines Mangels an systematischen Erschließungen und theoretischen Fundierungen des Phänomens. Eine solche Fundierung müsste immer auch die Produktions- und Distributionsbedingungen des Mediums bzw. des Formats miteinbeziehen, also konkret die ns und die Erforschung von (virtuellen) Räumen

Besonderheiten von virtuellen 2D- oder 3D-Modellen, 360 Grad-Aufnahmen, statischen und bewegten Bildern in Lernsoftware, Webseiten und digitalen Spielen zu Unterhaltungs- oder Lernzwecken usw. Einige dieser Medien und Formate können mit einem sogenannten Virtual Reality-Headset noch einmal intensiver, weil unmittelbarer wahrgenommen werden. Parallel dazu haben sich hybride Mischformen aus realer und virtueller Welt entwickelt, die sogenannte Augmented Reality, die sich etwa mit dem eigenen Smartphone umsetzen lässt. Ihnen allen ist gemein, dass sie einem wachsenden Bedürfnis nach größerer Anschaulichkeit und einer leicht verständlichen Repräsentation entsprechen. Dem liegt seit vielen Jahren ein anhaltender Trend nach Visualisierung zugrunde, der nicht nur Sichtbares und Bekanntes neu erscheinen lässt, sondern vor allem das nicht mehr Vorhandene oder nur in Teilen Bekannte aufgreift und sichtbar macht.

Einsichten in die Erstellungskriterien und ihre Auswirkungen auf die Rezipierenden gibt es nur wenige, da das Feld noch kaum untersucht ist. Es ist weder klar, welche Vorstellungen und Wissensbestände auf der Seite der Entwicklerinnen und Entwickler vorliegen, wenn diese virtuelle historische Sakralräume erschaffen, noch ist nachweisbar, wie das Gros der Spielenden die Angebote wahrnimmt und welche Auswirkungen dies auf vorhandene Geschichtsbilder hat. Unstrittig ist, um beim Beispiel der Sakralräume zu bleiben, dass virtuelle Modelle von Kirchen, Tempeln oder heiligen Stätten durch ihre Erzeugung räumlicher Eindrücke eine große Faszination ausüben können. Dies kann der Fall sein bei einem Rundumblick von 360 Grad-Aufnahmen, beim langen Blick auf die baulichen Strukturen im Innern eines Bauwerks in langsamer Abfolge oder ebenso bei einer rasanten Kamerafahrt durch Innenräume oder über die äußere Hülle eines Bauwerks oder seinen Standort hinweg. Gemein ist diesen Formen, dass sie Blickwinkel und Perspektiven erzeugen, die in der Realität nicht oder nur mit technischen Hilfsmitteln nachvollzogen werden können. Ebenso teilen sie das Merkmal, vom Ort unabhängig zu funktionieren. Beispielhaft sei auf den virtuellen Rundgang durch die Dresdener Frauenkirche verwiesen, der nach dem Wiederaufbau der Kirche in Form hochauflösender 360 Grad-Bilder bereitgestellt wurde (Anonymus, o. J.a). Viele weniger umfangreiche Projekte, die nicht selten im Zusammenhang mit wissenschaftlichen Forschungen entstehen, wie dies etwa im Falle der virtuellen Rekonstruktion der Neuen Synagoge in Breslau der Fall ist, bieten Teilansichten oder einzelne Einblicke (Anonymus, o. J.b).

Um den direkten Bezug zwischen dem virtuell rekonstruierten Sakralbau und seinen Betrachterinnen und Betrachtern zu verstärken, lassen sich sogenannte VR-Brillen einsetzen, die Bildanzeige und Blickrichtung unmittelbar über die Kopfbewegungen bei der Anwendung steuern.[8] Ein ausgezeichnetes Beispiel für eine so inszenierte Kirche ist die Software *Notre-Dame de Paris: Journey*

---

[8] Eine ähnliche Funktion bieten Tablet und Smartphone, die die Bewegungen und Drehungen des Geräts mit der Anzeigesteuerung auf dem Bildschirm verbinden.

Back in Time (2020) der Firma Ubisoft. Dieses kostenlose Angebot entstand nach dem Brand der Notre Dame de Paris im Jahr 2019 und basierte – mit leichten Abwandlungen – unmittelbar auf der Rekonstruktion der Kathedrale, die Ubisoft bereits zuvor für das digitale Spiel *Assassin's Creed Unity* (2014) geschaffen hatte.[9] Um das Angebot auch jenen Menschen zugänglich zu machen, die keine VR-Brille besitzen, extrahierte Ubisoft ein rund fünfminütiges Video aus der Anwendung und stellte dieses auf dem Videoportal YouTube ein. Das Video nutzt die VR-Unterstützung von YouTube und kann so auch ohne zusätzliche VR-Hardware Rundumblicke ermöglichen (Nutzer *Ubisoft*, 2020). Diese Umdeutung einer Rekonstruktion für ein reines Unterhaltungsmedium in ein Instrument der Wissensvermittlung ist bemerkenswert, für die Firma Ubisoft in den letzten Jahren aber nicht untypisch, wie die ebenfalls auf der Serie *Assassin's Creed* basierenden *Discovery Touren* seit 2018 belegen. In ihnen spielen verschiedene Arten von Sakralräumen ebenfalls eine Rolle.

Auf YouTube wurde das Angebot der virtuellen Besichtigung der Notre Dame de Paris vielfach kommentiert. Der beliebteste Kommentar formulierte eine Sicht, die eine nicht selten mit populären Geschichtsrepräsentationen verbundene Sehnsucht zum Ausdruck brachte: „Hope one day we can fully experience old times in VR with interactable environments and be able to talk to AI people from that time" (Nutzer *Ubisoft*, 2020, Kommentar von Nutzer *next_tim*, Kommentar-Nr. 1, Sortierung: Top-Kommentare). In Zukunft mögen virtuell nachgebildete Räume die Kulisse für die perfekte Zeitreise bieten, in der ‚Geschichte' buchstäblich begangen, mit allen Sinnen wahrgenommen und erlebt werden könnte, damit so die abstrakte und unwiederbringlich verlorene Vergangenheit wiederaufersteht – wobei sie eigentlich erst entsteht.

Es verwundert kaum, dass gerade digitale Spiele, die zudem mit Milliardenumsätzen über die Mittel für aufwendige und möglichst realitätsnahe Inszenierungen mit modernsten Technologien verfügen, für die virtuelle Repräsentation von historischen Räumen, darunter auch Sakralräumen, eine enorme Anziehungskraft entwickelt haben. Daher lohnt es sich, sie etwas genauer in den Blick zu nehmen. Einige Merkmale und Besonderheiten stechen besonders hervor.

So können digitale Spiele durch ihre audiovisuellen Inszenierungen von Orten und Räumen, die als in der Geschichte verankert präsentiert werden, einen sehr hohen Immersionsgrad erreichen. Vor allem die in einem Open World-Spiel gegebene Möglichkeit, mit einem Avatar Gebäude, eine Stadt oder ganze Landschaften – genauer deren Inszenierung nach den Vorgaben der Narration, der technischen Möglichkeiten und Vorstellungen der Entwicklerinnen und Entwickler – ‚begehen' zu können, erzeugt nicht nur den Eindruck einer Reise durch die Zeit, sondern auch durch den Raum, also den einer Ortsveränderung.

---

[9] Die Rekonstruktion basierte auf dem Erscheinungsbild der Kirche vor dem Brand von 2019, nicht etwa dem zur Zeit der Spielhandlung in der Französischen Revolution.

Die direkte Konfrontation von Spielfigur und Sakralbau in der Spielwelt bildet zweifellos die eindrucksvollste Form, in der Spielende im Virtuellen auf religiöse Bauwerke treffen. Zudem lassen sich diese Bauten oftmals frei erkunden, aus allen erdenklichen Perspektiven betrachten, darunter selbst solche, die in der Realität nicht vorstellbar wären, weil dort andere Bauten im Wege stehen oder das Erklettern der Gebäude aus verschiedenen Gründen unmöglich ist. Dadurch wird der Sakralbau zu einer touristischen Attraktion: Man kann sie anschauen, alle Details betrachten und in sich aufnehmen und in alten und neuen Ansichten Vertrautes entdecken, wiedererkennen, was im Bildgedächtnis einer Person gespeichert ist. So werden bedeutende – religiöse – Bauwerke zu historischen Markern und wiedererkennbaren Landmarken in einem Spiel (Schwarz, 2023, 96). Es ist der heutige touristische Blick, den die Spiele bedienen, wenn etwa eine Notre Dame de Paris auch im Jahr 1793 mit dem Vierungsturm erscheint, der erst Mitte des 19. Jahrhunderts errichtet wurde (*Assassin's Creed Unity*), wenn der Glockenturm des venezianischen Markusdoms 1488 freistehend gezeigt wird, obwohl er diesen Status erst im 16. Jahrhundert erreichte (*Assassin's Creed II*, 2009), wenn der Felsendom zu Jerusalem schon 1193 mit goldener Kuppel zu sehen ist, obwohl dieser erst Mitte des 20. Jahrhunderts vergoldet wurde (*Assassin's Creed*, 2007), oder wenn die Kathedrale von Havanna bereits um 1720 existiert, obgleich mit ihrem Bau erst über 20 Jahre später begonnen wurde (*Assassin's Creed IV: Black Flag*, 2013). Es ist bislang nicht systematisch erforscht, wie gut dieses Wiedererkennen bei den meisten Spielenden funktioniert; doch kann das über Jahre und viele Titel einer Reihe fortgesetzte Vorgehen als Indiz eines spürbaren Erfolges gelten.

Was Sakralbauten aber ganz eindeutig in Spielen wie denen der *Assassin's Creed*-Reihe nicht sind, sind Gebäude religiöser Praxis. Sie sind und bleiben – dem rein weltlichen Ansatz der Spielereihe folgend – Hüllen oder Fassaden, die nur äußerlich als Kirchen, Kathedralen, Tempel oder Ähnliches zu erkennen sind. Die Religionen, die sie repräsentieren, bleiben meist unsichtbar oder stereotyp. Somit bleiben die Bauten profan und tragen ihre sakrale Bedeutung allein in der visuellen Darstellung. Ihre eigentliche Bedeutung als Stätten der Durchführung religiöser Handlungen wird von den Spielen nahezu vollständig ausgeblendet.

Neben der Chance auf Wiedererkennung als zentralem Merkmal erfüllt die ‚Begehbarkeit' der sakralen Räume eine wichtige Funktion in der Erschließung virtueller Räume. Die Freude am Entdecken ungewohnter (Innen-)Ansichten – etwa über andere Kamerapositionen oder Kamerafahrten – lassen potenziell andere Bilder zu. Daraus können noch andere Aneignungsformen hervorgehen, die nicht zwingend etwas mit Wissenserwerb oder Lernzielen zu tun haben müssen. Gleichwohl, so ist zu vermuten, bleiben sie nicht wirkungslos.

Das ist mit einem weiteren Faktor verknüpft, den man als erhöhten Grad der Anschaulichkeit fassen könnte. Die Visualisierung historischer Sakralräume füllt Leerstellen im Wissen und in den Vorstellungen, da es im konstruierten Bild der

Spielwelt keine blinden Flecken geben darf. Detaillierte Repräsentationen erhöhen dann den Eindruck anschaulicher Bilder, die womöglich Fragen nach nicht visuell darstellbaren Elementen historischer Realität oder nach der Stimmigkeit der als Fakten präsentierten Details in den Hintergrund treten lassen. Entscheidend ist die Übereinstimmung mit populären Vorstellungen von einer Epoche oder von Geschichte als Abfolge rekonstruierbarer Fakten. Der Reiz ist groß, das – möglicherweise bereits – Bekannte anders oder neu zu entdecken, die audiovisuellen Darstellungen, die sogar aus der Nähe betrachtet werden können, als anschaulicher zu empfinden als zeitgenössische Einzelbilder oder schriftliche Quellen. Es bleibt jedoch ohne entsprechende Rezeptionsforschung unklar, wie genau die Wahrnehmungsprozesse und ihre Transfers aussehen.

Eine weitere wichtige Funktion taucht in anderen Spielformen auf. Während die zuvor aufgeschlüsselten Mechanismen vor allem Titel mit offenen Spielwelten nutzen, ist die zweite wesentliche Funktion von Sakralbauten hauptsächlich in Aufbauspielen und Strategiespielen zu finden, bei Letzteren in jenen Varianten, in denen Gebäude errichtet werden, um das Ziel der zumeist militärischen Vorherrschaft zu erlangen. Wann immer man in Spielen mit historischen Settings Gebäude errichten kann, um damit Spielfortschritt zu erzielen, sind auch Sakralbauten in der Gebäudeauswahl vertreten. In Spielereihen wie *Age of Empires* (seit 1997), *Sid Meier's Civilization* (seit 1991) oder *Anno* (seit 1998) soll ein Sakralbau dem historischen Setting einen Wiedererkennungswert verleihen. Die genannten Titel zeigen, wie wenig akkurat die Repräsentation sein muss, um diesen Zweck erfüllen zu können. Die stets quadratischen Kirchenbauten in einem *Cossacks: European Wars* (2000) sehen den historischen Vorbildern oftmals nur wenig ähnlich. Dennoch lassen sich die Westminster Abbey, die Notre Dame de Paris, der Dom zu Speyer, die Basilica di San Marco oder die Basilius Kathedrale eindeutig identifizieren und damit auch der jeweilige Staat, der als Spielpartei fungiert.

Wichtiger als diese Wiedererkennung ist aber die inhaltliche Funktion. Denn dem Gebäude entspricht eine genau definierte Funktion in der Spielsystematik, die mit einer inhaltlichen Aufladung verknüpft ist. Welche das genau ist, hängt von der Spielmechanik ab. In Echtzeitstrategiespielen – etwa in *Cossacks* oder den Teilen der *Age of Empires*-Reihe – dienen die Kirchen, Klöster oder Tempel dazu, religiöse Einheiten zu produzieren, deren Aufgaben im Spiel darin bestehen, eigene Einheiten zu heilen und mitunter auch gegnerische zu den eigenen Spielfarben zu konvertieren. Ebenso werden sogenannte ‚Technologien' in den Gebäuden entwickelt, die die Eigenschaften der religiösen Einheiten verbessern. Hier spielt die tatsächliche Religion wiederum keine Rolle, doch sind die Mechanismen für religiöse Inhalte wie Heilung – durch den Glauben – und Missionierung unlöslich gekoppelt an die sakralen Gebäude.

Mitunter kommt den Sakralbauten sogar noch eine unmittelbare Bedeutung als Bauwerk an sich zu. So schützen etwa Sakralbauten vom Typ ‚Tempel' im Spiel *Empire Earth* (2001) ihre unmittelbare Umgebung davor, von ‚Katastrophen' genannten Ereignissen heimgesucht zu werden, die von gegnerischen Spielfiguren des Typs ‚Prophet' ausgelöst werden können (Arnold, 2001, 134f.). Solche passiven Fähigkeiten sind in Aufbauspielen häufiger anzutreffen. So bietet eine ‚Kirche' in *Anno 1800* (2019) oder auch in der älteren Ausgabe *Anno 1404* (2009) nur die Erfüllung des Bedürfnisses nach ‚Kirche' für die Bevölkerung in den umliegenden Wohnhäusern an, was diese dann mit einem exakt festgelegten Plus an Menschen, Geld oder Zufriedenheit quittieren. Damit wird ebenfalls nur der heutigen Vorstellung Rechnung getragen, dass Religion in der inszenierten historischen Epoche für die Menschen einen hohen Stellenwert besaß.

Eine nochmals andere Intensität erhalten religiöse Bauten in Globalstrategiespielen wie *Sid Meier's Civilization VI* (2016) oder *HUMANKIND* (2021), in denen es darum geht, die Welt zu dominieren, etwa militärisch oder religiös. Daher symbolisieren die sakralen Bauten in solchen Spielen nicht nur den historischen Kontext und bilden die Einheiten aus, sondern erzeugen auch eine Ressource, die religiöse Stärke zählbar macht. Die visualisierten religiösen Bauten sind dagegen standardisiert. Selbst die Wahl der Religion bleibt folgenlos, sei sie an bekannte Vorbilder angelehnt oder sei sie frei erfunden.

Eine Besonderheit bilden in solchen Spielen die sogenannten ‚Weltwunder', die im Laufe der Spielhandlung errichtet werden können. Die Vorbilder liefern bekannte Bauwerke aus der gesamten Menschheitsgeschichte, von ‚Stonehenge' bis zum ‚Opernhaus von Sydney' ebenso wie Sakralbauten im engeren Sinne wie die ‚Basilius Kathedrale', die ‚Hagia Sophia', ‚Mont St. Michel' oder ‚Angkor Wat'. Diese wiederum geben spezielle Boni, die für mehr Ressourcen im religiösen Bereich sorgen oder unmittelbar die eigenen religiösen Einheiten verbessern. Solche Sakralbauten sind für das Erreichen des Spielziels einer religiösen Dominanz relevant. Ein erhöhtes Verständnis der jeweiligen Religion vermitteln sie kaum, nicht einmal, wenn Spielende die Bruchstücke an Informationen rezipieren, die die spielinternen Nachschlagewerke bereitstellen. Gleichwohl vermitteln sie unterschiedlich ausgeprägte Bilder von Religion und ihrem Niederschlag in architektonischen Zeugnissen, die eine wachsende Herausforderung für die aus der realen Welt abgeleiteten Vorstellungen bilden.

5. Einige Folgerungen

Das, was in virtuellen Räumen stattfindet, besitzt heute bereits große Ausstrahlungskraft auf alle erdenklichen Bereiche des sozialen Lebens. Wie sehr die Menschen die Erfahrungen in ihnen mit denen der *analogen* Welt in Einklang zu bringen versuchen, ist nicht nur eine bedeutsame Frage für Politik, Wirtschaft und Gesellschaft im Allgemeinen, sondern auch für Bildung und Forschung.

Für die Geschichtswissenschaft hieß es, vor der Annäherung an das Virtuelle zunächst den Raum in der Vergangenheit als ebenso relevant zu betrachten wie zuvor schon die Zeit. Die kulturwissenschaftliche Betrachtung des Raums hat der Disziplin anschließend verschiedene Kategorien von Räumen eröffnet, neben den physisch-geographischen auch sozial konstruierte, mentale und schließlich virtuelle Räume, die im Zuge der Digitalisierung geschaffen wurden. Alle Formen des Raumes hat die Geschichtswissenschaft inzwischen näher erkundet; doch gibt es noch viele Felder, die der systematischen Erforschung harren.

Das betrifft in besonderem Maße die Erforschung der virtuellen Räume. Vom Angebot an solchen Räumen, das zudem weiter wächst und sich auffächert, ist bisher bestenfalls eine Oberfläche gesichtet, nur ein kleiner Teil davon analysiert. Inhalte, Medien, Präsentationsformate, Akteursgruppen und ihre Interessen sind so vielfältig, dass die vorliegenden Arbeiten eher als Stichproben denn als großer Schritt auf dem Weg zu einer systematischen Kategorisierung und Erforschung gelten können.

Allein für ein einzelnes Medium wie das des digitalen Spiels tun sich – selbst bei einer Beschränkung auf sakrale Räume – so viele Fragen und Forschungsfelder auf, dass es eines interdisziplinär zusammengesetzten Forschungsverbundes bedürfte, um sie zumindest in der Breite der Aspekte angemessen erfassen zu können. Die wenigen angeführten Beispiele deuten darauf hin, dass Kirchen, Tempel, Moscheen und andere als heilig verehrte Stätten im Unterhaltungsmedium Spiel eher als schöne Fassade denn als Ort einer praktizierten Religion erscheinen.

Ob das auf breiter Quellenbasis bestätigt werden kann, wäre noch zu prüfen. Das gilt ebenso für die möglichen Gründe einer solchen Reduktion, die jenseits von Produktionsentscheidungen und technischen Rahmenbedingungen in der gegenwärtigen touristischen Erfahrung ebenso wie in einer fortschreitenden Säkularisierung liegen könnten.

Der Forschungsverbund, der dies für das digitale Spiel wie andere virtuelle Repräsentationen des Sakralen zu untersuchen hätte, müsste dabei die nach wie vor viel zu wenig konkret erforschte Frage miteinschließen, wie die produzierten Bilder, inszenierten Handlungen und Immersionsangebote von den Nutzerinnen und Nutzern in der Breite tatsächlich aufgenommen und in ihre Vorstellungs- und Lebenswelt integriert werden. Dass es zwischen realen und virtuellen Räumen ein reges Wechselspiel mit weitreichenden Folgen für die Gesellschaft gibt, eines, das sich künftig weiter intensivieren wird, dürfte in der dritten Dekade des 21. Jahrhunderts niemand mehr ernsthaft bestreiten.

Literatur

#geschichte, in: Instagram. Online unter: https://www.instagram.com/explore/tags/geschichte/ [abgerufen am: 01.03.2024].

Anonymus [o. J.a], Entdecken Sie die Frauenkirche von zuhause aus, in: Stiftung Frauenkirche Dresden (Hg.), Frauenkirche Dresden. Online unter https://www.frauenkirche-dresden.de/virtueller-rundgang [abgerufen am: 01.03.2024].

Anonymus [o. J.b], New Synagogue in Breslau: A Digital Reconstruction, in: Hochschule Mainz (Hg.), New Synagogue in Breslau/Wrocław. Virtual Research Environment für digital 3D reconstructions. Online unter https://www.new-synagogue-breslau-3d.hs-mainz.de/index.php/ [abgerufen am: 01.03.2024].

Arnold, Stefan B., Empire Earth [Handbuch zum Spiel], o. O. [2001].

Bachmann-Medick, Doris, Cultural Turns. Neuorientierung in den Kulturwissenschaften, Reinbek 2006.

Bachmann-Medick, Doris, Cultural Turns, Version: 2.0, in: Docupedia-Zeitgeschichte, 17.06.2019, DOI: 10.14765/zzf.dok-1389.

Burkhardt, Hannes, Geschichte und Erinnerungskulturen in den sozialen Medien. Potenziale und Grenzen für Erinnern und historisches Lernen, in: Reiter, Benjamin u. a. (Hg.), Erinnerung und kulturelle Bildung. Interdisziplinäre Perspektiven auf Geschichtskultur und zukunftsfähiges schulisches Lernen, Bamberg 2022, 97–115.

Certeau, Michel de, L'invention du quotidien, Bd. 1: Arts de Faire, Paris 1980.

Danker, Uwe/Schwabe, Astrid, Geschichte im Internet, Stuttgart 2017.

Döring, Jörg, Spatial Turn, in: Günzel, Stefan (Hg.), Raum. Ein interdisziplinäres Handbuch, Stuttgart 2010, 90–99.

Geppert, Alexander C.T./Jensen, Uffa/Weinhold, Jörn, Verräumlichung. Kommunikative Praktiken in historischer Perspektive, 1840–1930, in: Dies. (Hg.), Ortsgespräche. Raum und Kommunikation im 19. und 20. Jahrhundert, Bielefeld 2005, 15–49.

Grosch, Waldemar, Computerspiele im Geschichtsunterricht, Schwalbach/Ts. 2002.

Gugerli, David/Speich, Daniel, Topografien der Nation. Politik, kartografische Ordnung und Landschaft im 19. Jahrhundert, Zürich 2002.

Gumbrecht, Hans Ulrich, Unsere breite Gegenwart, 2. Aufl. Frankfurt a. M. 2015.

König, Mareike, Geschichte digital. Zehn Herausforderungen, in: Arendes, Cord u. a. (Hg.), Geschichtswissenschaft im 21. Jahrhundert. Interventionen zu aktuellen Debatten, Berlin/Boston, MA 2020, 67–76.

Koller, Guido, Geschichte digital. Historische Welten neu vermessen, Stuttgart 2016.

Lefebvre, Henri, La production de l'espace, Paris 1974.

Logge, Thorsten (Hg.), Social Media History. Geschichte auf Instagram und TikTok. Online unter https://smh.blogs.uni-hamburg.de/ [abgerufen am: 01.03.2024].

Lowenthal, David, The Past is a Foreign Country, Cambridge 1985.

Mysliwietz-Fleiß, Daniela, Die Fabrik als touristische Attraktion. Entdeckung eines neuen Erlebnisraums im Übergang zur Moderne, Wien/Köln/Weimar 2020.

Neuer, Johannes, Kuratieren im digitalen Raum – Beispiele aus der New York Public Library, in: Werner, Klaus Ulrich (Hg.), Bibliotheken als Orte kuratorischer Praxis, Berlin/Boston, MA 2021, 89–103.

Nora, Pierre, Les lieux de mémoire, 3 Bde., Paris 1984–1992.

Nora, Pierre, Zwischen Geschichte und Gedächtnis, Frankfurt a. M. 1998.

Nutzer Ubisoft, Ubisoft's Notre-Dame de Paris: Journey to the Past in VR, in: YouTube, 10.09.2020. Online unter htps://www.youtube.com/watch?v=zfY86nYVki0 [abgerufen am: 01.04.2024].

Rau, Susanne, Räume der Stadt. Eine Geschichte Lyons 1300–1800, Frankfurt a. M. 2014.
Rau, Susanne, Räume. Konzepte – Wahrnehmungen – Nutzungen, 2. Aufl. Frankfurt a. M./New York, NY 2017.
Rau, Susanne/Schwerhoff, Gerd (Hg.), Topographien des Sakralen. Religion und Raumordnung in der Vormoderne, München/Hamburg 2008.
Rau, Susanne/Schwerhoff, Gerd (Hg.), Zwischen Gotteshaus und Taverne. Öffentliche Räume in Spätmittelalter und Früher Neuzeit, Köln/Weimar/Wien 2004.
Schlögel, Karl, Im Raume lesen wir die Zeit. Über Zivilisationsgeschichte und Geopolitik, München/Wien 2003.
Schlögel, Karl, Räume und Geschichte, in: Günzel, Stephan (Hg.), Topologie. Zur Raumbeschreibung in den Kultur- und Medienwissenschaften, Bielefeld 2015, 33–51.
Schulze, Hagen/Étienne, François (Hg.), Deutsche Erinnerungsorte, 3 Bde., München 2001.
Schwarz, Angela, Regionale Geschichte im Netz: Erinnerungsraum, Untersuchungsgegenstand und Angebot für historisches Lernen, in: Rohrschneider, Michael/Geiss, Peter (Hg.), Historische Bildung regional: Konzepte – Orte – Institutionen, Göttingen (im Druck für 2024).
Schwarz, Angela, Geschichte in digitalen Spielen. Populäre Bilder und historisches Lernen, Stuttgart 2023.
Schwarz, Angela, Portale zur Landes- und Regionalgeschichte im Netz. Neue Zugänge, neue Akteursgruppen?, in: Westfälische Forschungen 69 (2019), 329–356.
Schwarz, Angela, Bunte Bilder – Geschichtsbilder? Zur Visualisierung von Geschichte im Medium des Computerspiels, in: Dies. (Hg.), „Wollten Sie nicht auch immer schon pestverseuchte Kühe auf Ihre Gegner werfen?" Eine fachwissenschaftliche Annäherung an Geschichte im Computerspiel, 2. Aufl. Münster i. W. 2012, 213–243.
Schwarz, Angela (Hg.), „Wollten Sie nicht auch immer schon pestverseuchte Kühe auf Ihre Gegner werfen?" Eine fachwissenschaftliche Annäherung an Geschichte im Computerspiel, Münster i. W. 2010.
Siegerlandmuseum im Oberen Schloss/Universität Siegen (Hg.), Zeit.Raum Siegen. Online unter: https://wiki.zeitraum-siegen.de/start [abgerufen am: 01.03.2024].
Soja, Edward W., Postmodern Geographies. The Reassertion of Space in Critical Social Theory, London/New York, NY 1989.
United State Geological Survey (Hg.), TopoView. Online unter https://ngmdb.usgs.gov/topoview/viewer/ [abgerufen am: 01.03.2024].
Werner, Klaus Ulrich, Räume kuratieren – Vom Lernort zum Coworking Space, in: Ders. (Hg.), Bibliotheken als Orte kuratorischer Praxis, Berlin/Boston, MA 2021, 215–250.

Virtuelle Sakralräume.
Perspektiven der Musikwissenschaft

Rainer Bayreuther & Kathrin Schlemmer

Für das Erleben von Musik in realen und virtuellen Räumen liegen neben wissenschaftlichen Betrachtungen, die in diesem Kapitel thematisiert werden, vielfältige praktische Erfahrungen aus der Zeit der Corona-Lockdowns vor. Das Bemühen vieler Veranstalter, Konzerte in den virtuellen Raum zu verlegen, war zum Teil sehr erfolgreich und kann unter anderem dazu beitragen, dass auch weit entfernte Konzerträume oder Ensembles virtuell erlebt werden können. Zwar sind inzwischen die meisten Konzertveranstalter zum regulären Konzertbetrieb zurückgekehrt, aber als zusätzliche Möglichkeit bleiben digitale Konzerte teilweise erhalten, prominent zum Beispiel die bereits vor der Pandemie eingerichtete „Digital Concert Hall" der Berliner Philharmoniker. Die Forschung, die auf diese Erfahrungen aufbaut und beispielsweise live und digital erlebte Konzerte vergleicht, steht in den Startlöchern, so dass weitere Erkenntnisse zu erwarten sind (s. bspw. Wald-Fuhrmann u. a., 2023).

Für die Bedeutung von Musik in virtuellen Sakralräumen wird im Folgenden versucht, Forschungsergebnisse jenseits der digitalen Konzertforschung heranzuziehen, die sich auf das Erleben von Musik in diesem Kontext beziehen lassen. Zunächst wird die Rolle von Musik beim Erleben von Sakralräumen anhand von Beispielen einführend betrachtet. Danach werden die Funktionen, die Musik und Sound beim Erleben von Filmen und Videospielen haben, beleuchtet, woraufhin im dritten Abschnitt besonders auf die Immersivität von Musik in Sakralräumen eingegangen wird. Der letzte Abschnitt beschäftigt sich mit didaktischen Perspektiven und beschreibt Forschungsergebnisse zur Rolle von Musik in Lernprozessen.

1. Musik an sakralen Orten

Klang und Musik sind für das Erleben von sakralen Orten seit je wichtig. In Tempeln und bei kultischen Handlungen wird üblicherweise extra für eine Klangkulisse gesorgt, und sei es, wenn der eigentliche heilige Moment still ist, nur in der transitorischen Phase. An archaischen Naturheiligtümern wird, so lange kein Kultus stattfindet, zwar keine Musik gemacht, aber man kann sie sich schlecht vollkommen lautlos vorstellen; zumindest Tierlaute oder Windgeräusche sind mit im Spiel. Im Detail gibt es religiöse und konfessionelle Unterschiede, die in modernen virtuellen Sakralraumdesigns auch artikuliert werden können. Bemerkenswerter aber sind einige gemeinsame Grundzüge: Die liminale Phase des religiösen Ereignisses wird mit Musik begleitet, um den ungeheuren Übergang von der innerweltlichen Kontingenz hin zur göttlichen Transzendenz fassbar und aushaltbar zu machen. In der Kernphase der Gottespräsenz schweigt die menschengemachte Musik und man lauscht den Lauten des Göttlichen selber, die in der Regel als sensibel, fragil, kaum vernehmbar vorgestellt werden. Dazu einige Beispiele:

(a) In der archaischen griechischen Religion ist die Anwesenheit eines Gottes nicht sichtbar, aber hörbar, allerdings nur indirekt. In Sophokles' Drama *Ödipus auf Kolonos* ist Antigone mit ihrem Vater Ödipus am Hügel Kolonos in der Nähe Athens unterwegs. Die Ahnung, dass sich ein göttlicher Ort in der Nähe befindet, bekommt Antigone nicht durch das Wissen um einen Kultort oder dessen Markierung durch einen Stein oder eine Feuerstätte (was erst in einer späteren und gewissermaßen kirchlichen Phase der Religion geschieht). Die Ahnung vom anwesenden Gott empfängt sie vom Gesang einer Nachtigall (vgl. Bayreuther, 2021).

(b) Das Judentum hat mit der Vorstellung von den Engeln, die auf der Bundeslade im Allerheiligsten des Tempels sitzen und das nie endende Sanctus singen (Jesaja 6,3), die liminale mit der präsentischen Phase verschmolzen. Die Engel sind selber göttliche Wesen, deren Laute nur durch äußerste Anstrengung und – infolge des Zutrittsverbots zum Allerheiligsten – nur in exklusiven Momenten gehört werden können. Sie sind aber nicht Jahwe selber und auch keine Stellvertreter. Wenn gemäß der jüdischen Schriften Jahwe selber auftritt, wie exemplarisch am Sinai, dann in vollkommener Lautlosigkeit; die Naturgeräusche von Gewitter, Vulkanausbruch und Erdbeben sind dann nur die dicht benachbarte liminale Soundscape.

(c) Das katholische Christentum hat die Vorstellung der immerwährend singenden Engel übernommen und zum – erstrebenswerten, aber unerreichbaren – Muster allen liturgischen Singens erhoben. (Bei Clemens von Alexandrien wird auch Christus selber als der ewige Sänger dargestellt in Überbietung der göttlichen Sänger Orpheus, Arion, Pan und anderen aus dem Griechentum; aber diese Vorstellung konnte sich im weiteren Verlauf des Christentums nicht durchsetzen.) Die Liminalität des katholischen Kultus wird wesentlich durch eine stimmliche Handlung gestaltet. In ihr ist zum einen konstitutiv, dass die heiligen Texte lautlich performt werden (wozu aber visuelle und taktile Handlungselemente treten), zum anderen, dass dieses auditive Handeln von einer geweihten Person vollzogen wird. Die geweihte Person kann wiederum andere Klangquellen weihen, namentlich eine weitere Person, aber auch nichtpersonale Klangquellen wie Orgeln oder Kirchen, Orte also, an denen dann befugterweise religiös musiziert werden kann.

(d) Das protestantische Christentum hat die Vorstellung eines wesenhaften Zusammenhangs von sakralen Räumen oder geweihten Klangquellen mit religiöser Musik zurückgewiesen. Musik ist nur noch Ausdruck des Glaubens oder eines religiösen Gefühls im Menschen. Weil dieses Klanggeschehen keinem realen göttlichen Sound – oder wenigstens einem Sound in äußerster Nähe zum Göttlichen – nachgebildet ist, ist es der Individualisierung und Kulturalisierung der ausdrückenden Instanz anheimgegeben (Bayreuther, 2021). Sakrale Räume haben gemäß dieser Vorstellung keine per se religiöse Klanglichkeit. Das Feld der musikalischen Möglichkeiten ist damit weiter und beliebiger. Es lässt sich eminent zielgruppenorientiert gestalten. Freilich ist das Ausdrucksgeschehen weiterhin in hohem Maß klangliches Geschehen, oft allerdings kombiniert mit körperlicher Bewegung.

2. Musik und Sound in Filmen und Computerspielen

Um sich dem Beitrag von Musik auf die Wirkung von virtuell präsentierten Sakralräumen anzunähern, bietet sich ein Rückgriff auf bestehende Forschung zur Wirkung von Musik im Film und in Computerspielen an. In beiden Kunstformen werden auf visueller Ebene sowohl reale als auch konstruierte Räume präsentiert.

Wie also wirkt Musik im Film, welchen Einfluss nimmt sie auf die Wahrnehmung des visuellen Geschehens? Laut Saskia Jaszoltowski und Albrecht Riethmüller besteht eine der Funktionen von Musik darin, „dass sie sich etablierten Klischees und bekannten Codes bedient, so dass schon nach den ersten Takten beim Vorspann klar sein kann, um welches Genre es sich bei dem kommenden Film handelt, ohne dass die Bilder darüber informiert hätten" (Jaszoltowski/Riethmüller, 2018, 22). In einem allgemeinen Sinn kann Musik folglich Orientierung bieten und eine grobe Kategorisierung ermöglichen. Eine Besonderheit der Musik ist, dass sie einerseits ein Teil der filmischen Szene sein kann (sogenannte diegetische Musik), andererseits aber auch über die Szene gelegt und damit nur für das Publikum wahrnehmbar sein kann (ebd., 23).

In ihrer umfassenden Filmmusik-Monografie benennt Claudia Bullerjahn die Ästhetik-Forscherin Zofia Lissa (1965) als die Erste, die den Versuch unternahm, „eine eigenständige Ästhetik einer Spezies funktionaler Musik gegenüber der einer autonomen Musik systematisch abzugrenzen" (Bullerjahn, 2016, 60). Lissa benennt insgesamt 13 verschiedene Funktionen von Musik im Tonfilm, die von Bullerjahn folgendermaßen zusammengefasst werden:

(1) Musikalische Illustration, (2) Musik als Unterstreichung von Bewegungen, (3) musikalische Stilisierung realer Geräusche, (4) Musik als Repräsentation des dargestellten Raumes, (5) Musik als Repräsentation der dargestellten Zeit, (6) Deformation des

Klangmaterials, (7) Musik als Kommentar im Film, (8) Musik in ihrer natürlichen Rolle, (9) Musik als Ausdrucksmittel psychischer Erlebnisse: a) Zeichen von Wahrnehmung, b) Repräsentation von Erinnerungen, c) Widerspiegelung von Phantasievorstellungen, d) Aufdeckung von Trauminhalten, e) Aufdeckung von Halluzinationen, f) Ausdruck von Gefühlen, g) Zeichen von Willensakten, (10) Musik als Grundlage der Einfühlung, (11) Musik als Symbol, (12) Musik als Mittel zur Antizipierung des Handlungsinhalts, (13) Musik als formal einender Faktor (ebd., 62).

Claudia Bullerjahn und Florian Hantschel (2018) fassen die Funktionen von Filmmusik etwas stärker zusammen und unterscheiden dabei vier Funktionen: die dramaturgischen, epischen, strukturellen und persuasiven Funktionen. Diese Funktionskategorien lassen sich grundsätzlich auf die Wirkung von Musik zur Begleitung virtueller Sakralraum-Präsentationen übertragen:

– *Dramaturgische Funktion*: In einem sakralen Raum könnte Musik eine gewünschte Atmosphäre erzeugen, etwa indem musikalische Parameter genutzt werden, die mit bestimmten Ausdrucksqualitäten in Zusammenhang stehen (vgl. Gabrielsson/Juslin, 2003). Bei einem festgelegten Rundgang unterstützt Musik möglicherweise die Spannungsentwicklung, z. B. durch den Einsatz von musikalischen Höhepunkten in Bezug auf das Tempo oder die Lautstärke bei dramaturgischen Höhepunkten oder durch „Abrundung einer Szene durch musikalische Schlusswirkungen" (Bullerjahn/Hantschel, 2018, 276).
– *Epische Funktion*: Mithilfe von Musik könnten Sinnbezüge zwischen verschiedenen Raumteilen oder Einrichtungsgegenständen hergestellt werden. Zudem kann Musik zum „Erwecken von spezifischen Assoziationen" (ebd.) etwa mit einem historischen oder geographischen Raum beitragen.
– *Strukturelle Funktion*: Musik könnte integrierend wirken, z. B. wenn die Präsentation einzelner Bilder oder Fotos durch Musik verbunden wird. Andererseits ist auch eine gliedernde Wirkung von Musik denkbar, indem verschiedene visuell präsentierte Themen durch Formabschnitte der Musik verdeutlicht werden. Eine Möglichkeit wären beispielsweise Änderungen der Instrumentation, des Tempos oder der Dynamik innerhalb des gleichen Stücks, je nachdem, in welchem Teil eines Sakralraumes man sich gerade befindet.
– *Persuasive Funktion*: Eine wichtige Funktion von Musik im Film besteht darin, dass sich das Publikum emotional in die dargestellten Personen einfühlt bzw. sich sogar mit ihnen identifiziert. In virtuellen Sakralräumen könnte sich infolge dieser Funktion der gefühlte Abstand eines Betrachters zum betrachteten Raum verringern, wodurch sich möglicherweise die Gedächtnisleistung für die wahrgenommenen Inhalte verbessert (ebd.).

In Bezug auf den Rezeptionsmodus ähnelt der Besuch virtueller Sakralräume dem Computerspiel noch etwas mehr als der Filmbetrachtung: Die Besuchenden nehmen eine aktive Rolle ein, wenn sie etwa bestimmte Orte im Raum gezielt ansteuern und beispielsweise vergrößern können, ähnlich wie es in einem Computerspiel möglich ist. Daher lohnt sich auch die Betrachtung der Forschungsergebnisse zu Videospielmusik.

Diese ergibt bislang, dass die genannten Funktionen von Musik im Film auch für Videospiele gelten, dass es darüber hinaus jedoch auch spezifische Funktionen von Videospielmusik gibt. Peter Moormann nennt in seiner Forschungsübersicht die schon angedeutete aktive Rolle der Spielenden, die bestimmte Klangereignisse durch ihr Spielverhalten auslösen können, als entscheidenden Unterschied: „Dies ist immer dann der Fall, wenn die Musik flexibel auf das individuelle Spielverhalten reagiert, indem sie etwa Informationen über Lebensenergie oder besondere Spielmodi – zum Beispiel Unverwundbarkeit – liefert, ankündigt oder warnt und im besten Fall sogar Leben retten kann, wenn sie – nur für die Spieler hörbar – auf die im Rücken herannahenden Feinde hinweist" (Moormann, 2018, 7). Moormann verweist auch darauf, dass Videospielmusik ein wesentlicher Faktor für einen individualisierten Spielverlauf sei (ebd.).

Es liegt auf der Hand, dass die Komposition von Videospielmusik sich von linear abgespielter Filmmusik unterscheidet und einen hohen Aufwand bedeutet. Häufig wird mit flexiblen Kompositionsmodulen gearbeitet, wobei der Kompromiss zu bewerkstelligen ist, dass die musikalischen Parameter wie z. B. Tempo, Dynamik oder Klangfarbe einerseits auf das Spielverhalten reagieren, andererseits aber noch als stimmig im Rahmen der Hintergrundmusik des Spiels empfunden werden (ebd.).

Für den Einsatz von Musik in virtuellen Sakralräumen lässt sich auf der Grundlage dieser Erkenntnisse schlussfolgern, dass eine Individualisierung des Erlebnisses durch einen adaptiv gestalteten Musikeinsatz gefördert werden könnte.

Da die Komposition einer extra entwickelten Musik sowohl für den Film als auch für das Videospiel aufwändig und entsprechend teuer ist, könnte eine Lösung für virtuelle Sakralräume darin bestehen, dass bestimmte Musikmodule für verschiedene Aspekte des Raums vorgesehen werden, die von Besuchenden ausgewählt werden. Damit wäre eine adaptive Gestaltung der Musik möglich, ohne dass sie wie im Videospiel direkt an die Bewegungen einer Figur im virtuellen Raum gekoppelt ist.

Für die Auswahl geeigneter Musik sind sowohl die Erkenntnisse der Emotionsforschung relevant, die über den Zusammenhang musikalischer Parameter mit ausgelösten Emotionen oder Stimmungen informieren (s. Bullerjahn, 2016), als auch die Ergebnisse musikhistorischer und -ethnologischer Forschung über den Einsatz von Kompositionen in religiösen Ereignissen jeglicher Form.

3. Immersivität und Interaktivität in Sakralräumen

Dass der Aufenthalt in virtuellen Räumen immersiv sein soll, ist so naheliegend wie berechtigt. Und dass der auditive Sinneskanal dabei entscheidend beteiligt ist, ist evident und in der Forschung gut belegt, wie die erwähnte Forschung zur Film- und Videospielmusik zeigt. Doch was steckt hinter dem oft benannten Kriterium, dass ein interaktiver virtueller Raum immersiv sein soll, dass man also in ihn eintauchen und in ihm möglichst selbstverständlich agieren können soll? Zwei grundsätzliche Dinge sind hier zu bedenken. Dabei zeigt sich, dass die Funktionen von Musik und Sound aus der Film- und Gameforschung in veränderter Gestalt wiederkehren.

Erstens ist und bleibt man sich beim Betreten eines virtuellen Raums bewusst, dass die Realität nun verschachtelt ist (Neitzel, 2012): Innerhalb der einen umfassenden Wirklichkeit existiert eine kleinere virtuelle Teilrealität, die weitgehend nach eigener Logik funktioniert, aber über ein recht komplexes Interface, das aus den technischen Schnittstellen des virtuellen Raums und der Person des Users insgesamt besteht, mit der gesamten Wirklichkeit verbunden ist. Wenn nun das Sounddesign die Zielsetzung verfolgt, den User immersiv in den virtuellen Raum zu involvieren, wird das Bewusstsein der doppelten Realität nicht eliminiert. Die Frage ist lediglich, ob die Zielsetzung ein möglichst tiefes Eintauchen in die virtuelle Teilrealität ist, so dass temporär die umfassende Realität weitgehend ausgeblendet wird; oder aber, ob eine eher flache Immersion angestrebt wird, so dass sich die virtuelle Realität mit der umfassenden in irgendeiner Weise verbindet.

Je nach Entscheidung in dieser Frage wird das Sounddesign unterschiedlich ausfallen. Ist möglichst tiefe Immersion intendiert, wird die virtuelle Geräuschkulisse möglichst audiorealistisch gestaltet werden: Die Böden, über die man geht, die Räume, in denen man sich aufhält und spricht, die Dinge, die man anfasst, werden nach ihrer tatsächlichen akustischen Impulsantwort mit Sound ausgestattet. Der Sound ist dann persuasiv insofern, als er die Illusion vermitteln soll, die virtuelle Tür und den virtuellen Brunnen für echt zu halten. Nicht nur Illusion, sondern auch der körperliche Gleichgewichtssinn (der vestibuläre Sinn) wird damit bespielt. Für den physiologischen Aspekt von Immersion ist er unerlässlich; fehlt er, wird vielen Usern beim Gang durch virtuelle Welten schwindlig und übel. In den Games der großen Produzenten von Videospielen wird das mit komplexen Engines und riesigem Rechenaufwand umgesetzt, die beim Design virtueller Sakralräume schon aus Budgetgründen kaum in Betracht kommen. Intendiert man eine flache Immersion, können die Sounds symbolisch bleiben. Die Verbindung zwischen einem bestimmten Element der virtuellen Realität und dem Sound werden dann nur erlernt, idealerweise schnell und intuitiv, und geben dem User eine spontane Rückmeldung, dass man tatsächlich gerade das und das tut oder dort und dort ist. Die persuasive Funktion nimmt dann den Umweg über einen kurzen Lern- und Gewöhnungsprozess, zu dem ein linear ablaufender Film keine Chance lässt, den aber eben Games und interaktive virtuelle Räume aufgrund der Wiederholbarkeit von Interaktionen bieten können.

Der zweite Ansatzpunkt ist die Möglichkeit, durch die Gestaltung des virtuellen Raums eine bestimmte Anmutung oder Assoziationen zu fördern. Hier eröffnet sich ein weites Feld.

(a) Der Sound kann assoziativ historische Informationen vermitteln, etwa indem in einem gotischen Raum Musik des 13. Jahrhunderts, in einem barocken Raum Musik des 17. Jahrhunderts erklingt. Man kann, wenn man sich in einer gotischen Kirche einem Altar nähert, der erst in barocker Zeit eingebaut wurde, von mittelalterlicher auf Barockmusik überblenden. Man kann, wenn man sich im virtuellen Raum der Orgel nähert, Orgelmusik erklingen lassen, vielleicht sogar eine Aufnahme der im originalen Raum eingebauten. Man kann sogar die Erkenntnisse raumakustischer Forschung nutzen, um den Klang des jeweiligen Raumes durch die Veränderung akustischer Parameter wie z. B. die Nachhallzeit mindestens anzudeuten (s. bspw. Meyer, 2015, für einen Überblick; sowie Baumann, 2011, als Beispiel für den Klang eines exemplarischen Werks in verschiedenen Aufführungsräumen). Nach diesem Muster kann Musik als historische Zusatzinformation für Raumsegmente, Gegenstände oder Handlungen im virtuellen Sakralraum eingesetzt werden. In den Kategorien der Filmforschung gesagt: Musik kann hier ihr episches Potenzial ausspielen. (Sounds übrigens ebenso, wenngleich eingeschränkter, weil der Informationsgehalt von Sounds weitgehend auf die physische Beschaffenheit der Klangquelle beschränkt ist; vgl. Bayreuther, 2019).

(b) Ganz anders kann bei der musikalischen Gestaltung vorgegangen werden, wenn intendiert ist, dass der User im virtuellen Sakralraum eine spirituelle Erfahrung machen soll. Die Aufgabe, eine spirituelle Dimension zu eröffnen, würde man hierbei komplett dem Klanglichen zuweisen; man könnte aber auch audiovisuelle Erlebnisse anstreben durch die Verbindung von Sound mit Licht- oder Farbeffekten. Welche kulturell eingeübten Standards der Klanggestaltung es hier gibt, zeigt wieder die breite Palette der Filmmusikkonventionen, die hier meist mit einem Ineinander von epischer, persuasiver und dramatischer Funktionalität arbeiten.

(c) Schließlich ist der orientierende Effekt von Sound auch bei flacher Immersivität nicht zu unterschätzen: Jeder Sound, den ein durchschrittener Raum oder ein angefasster Gegenstand vermitteln, eröffnet Assoziationen, wie groß und schwer ein Ding ist oder aus welchem Material und mit welcher Oberfläche es beschaffen ist. Anders gesagt, der Sound muss assoziativ die Informationen vermitteln, die in der umfassenden Wirklichkeit über die taktilen und olfaktorischen Sinne transportiert werden, im virtuellen Raum aber nicht bespielt werden. Hier ist die persuasive Funktion aus der Filmmusik in einem sehr elementaren Sinn am Werk. Die vermittelten Informationen evozieren bestimmte Anschlusshandlungen und schließen andere aus – welche genau, ist meist nur unscharf vorherzusagen und bedarf eines gewissen Aufwands an User-Experience.

(d) Jede Immersion vermittelt Handlungsoptionen, oder genauer: das Bewusstsein, im jeweiligen Moment zu bestimmten Handlungen oder zum Handeln überhaupt in der Lage und motiviert zu sein. Die Psychologie fasst das als Agency (Emirbayer/Mische, 1998). Agency ist ein höchst bedeutsamer Faktor dabei, sich in einer Umgebung wohl und heimisch oder aber fremd und verloren zu fühlen. Die Frage, wie das Sounddesign Agency vermitteln kann, ist bei allen genannten Dimensionen von Immersion zu stellen. Der Faktor Agency geht deutlich über die filmmusikalischen Funktionen hinaus. Er begreift sie alle in sich, stellt sie aber ihrerseits in den Dienst einer anderen Funktion, Lust und Mut zu eigener Aktivität zu entwickeln und selber Element des Tableaus zu werden.

4. Die Wirkung von Musik in Lernprozessen

Aus pädagogischer Perspektive ist die Frage nach der Wirkungsweise von Musik in Lernkontexten relevant für Nutzungserwägungen von Musik in virtuellen Sakralräumen. Mit der Nutzung von Musik haben sich, teilweise befördert durch Wunschdenken und Verallgemeinerung persönlicher Erfahrungen, vielfältige Hoffnungen auf positive Wirkungen auf das Lernverhalten und sogar die Intelligenz verbunden. Besonders bekannt ist der sogenannte Mozart-Effekt, der nach der Veröffentlichung eines Experiments zum räumlichen Denken (Rauscher et al., 1993) eine jahrzehntelange Fachdiskussion zu Transfereffekten von Musik ausgelöst hat. Die vermeintliche Intelligenzsteigerung durch bloßes Musikhören hat sich in Folgestudien zwar nicht in pädagogisch relevanter Größenordnung bestätigen lassen (Pietschnig et al., 2010), jedoch verweisen manche Studien immerhin auf einen kurzfristig stimmungsaufhellenden Effekt des Musikhörens (Thompson et al., 2001), der eine leichte Leistungssteigerung bewirken kann.

Im engeren Sinne relevant für Lernumgebungen, wie sie beim Besuch von virtuellen Sakralräumen gegeben sind, sind Studien, die die Wirkung von Hintergrundmusik betrachten. In ihrer Meta-Analyse haben Juliane Kämpfe, Peter Sedlmeier und Frank Renkewitz (2010) die Effekte von Hintergrundmusik auf verschiedene Leistungsindikatoren aus insgesamt 97 empirischen Studien zusammenfassend untersucht. Dabei zeigte sich, dass es keine verallgemeinerbare (positive oder negative) Wirkung von Musik auf diverse Leistungsbereiche gibt. Während sportliche Leistungen durch Hintergrundmusik verbessert werden, wird das Gedächtnis für gelesene oder visuell präsentierte Inhalte (etwa in der

Werbung) durch Hintergrundmusik tendenziell negativ beeinflusst. Ein positiver Effekt von Hintergrundmusik zeigte sich aber für die Stimmung und das emotionale Erleben (ebd.).

Warum sind Stimmung und ihre Beeinflussung durch Musik möglicherweise lernrelevant? Einerseits gilt für das Gedächtnis, dass es stimmungsabhängig ist: So konnten Linda Levine und Stewart Burgess (1997) zeigen, dass von einer gehörten Geschichte mehr behalten wurde, wenn sich die Lernenden in glücklicher Stimmung (im Gegensatz zu Ärger oder Traurigkeit) befanden. Weiterhin verweisen emotionspsychologische Studien darauf, dass die emotionale Wirkung von Musik ein relevanter Faktor bei der Erinnerung an vergangene Erlebnisse sein kann (Jäncke, 2008). Zudem legte Alf Gabrielsson (2011) in einer ausführlichen qualitativen Studienreihe dar, dass besonders intensive emotionale Erlebnisse, darunter auch transzendentale oder religiöse Erlebnisse, oft mit Musikhören verbunden sind.

Während die berichteten Befunde dafür sprechen, dass ein Besuchserlebnis eines virtuellen Sakralraums durch Hintergrundmusik dahingehend bereichert werden könnte, dass eine positive Stimmungsveränderung die Erinnerung fördert, muss gleichzeitig beachtet werden, dass die Wirkung von Hintergrundmusik auch vom Musikgeschmack der Hörenden abhängt und damit nicht verallgemeinert werden kann. So fand Juliane Völker (2021) heraus, dass selbst gewählte Musik sowohl positive als auch negative Emotionen im Laborversuch stärker induzieren kann als vorgegebene Musik. Ähnliches haben auch Studien mit der alltagstauglichen Methodik der Erlebnisstichprobe gezeigt.

Abschließend kann zu diesem nach wie vor intensiv bearbeiteten Forschungsgebiet gesagt werden, dass sich der Einsatz von Musik bei der Präsentation virtueller Sakralräume insbesondere dann zur Stimmungsmodulation eignen könnte, wenn die Möglichkeit einer Musikauswahl besteht, die dem persönlichen Musikgeschmack der Betrachtenden Rechnung trägt.

5. Fazit

Klang und Musik sind intrinsischer Bestandteil der religiösen Erfahrung an sakralen Orten. Oft sind die heiligen Orte selber klanglich gekennzeichnet. Die Übergangsphase von der profanen in die heilige Sphäre wird üblicherweise mit Musik begleitet. Allein diese Beobachtungen sprechen dafür, dass die auditive Dimension bei der Gestaltung virtueller Sakralräume unverzichtbar ist. Sie übernimmt, zusammenfassend gesagt, die Funktion, die prekäre sinnliche Wahrnehmbarkeit der heiligen Sphäre (etwa die Unsichtbarkeit Gottes) zu substituieren und zu umspielen.

Weil virtuelle Räume auf die beiden Dimensionen des auditiven und des visuellen Sinnes reduziert sind, greifen die Gesetzmäßigkeiten des audiovisuellen Mediums Film, erweitert durch die Forschungsergebnisse zur Rolle von Musik und Sound im interaktiven Medium Game. Einige Kriterien der Filmmusik sind recht einfach umzusetzen. Die modulare Soundscape in Games, die algorithmisch an die jeweilige Interaktion gekoppelt ist, ist hingegen nur aufwändig herzustellen. Ihre wesentliche Funktion, die fehlenden taktilen und vestibulären Sinneskanäle zu substituieren, kann mit geringerem Aufwand aber auch andeutungshaft und symbolisch realisiert werden.

Gerade wenn die beschriebenen Aufgaben von Musik und Sound in audiovisuellen Settings nur mit dem Mut zu Lücke und Andeutung bewältigt werden können, heißt das notwendigerweise, dass das sichere und sinnerfüllte Bewegen in virtuellen Sakralräumen ein Lernvorgang ist. Erlernt werden muss insbesondere der Zusammenhang zwischen der auditiven und der visuellen Ebene. Auch hier gelten Gesetzmäßigkeiten: diejenigen der musikpsychologischen Wirkungs- und Lernforschung. Aus der Not wäre eine Tugend zu machen. Erfahrungsprozesse sind stets auch Lernprozesse, und die sollten unterstützt anstatt behindert werden.

Trotz aller Schwierigkeiten, virtuelle Räume wie das Second Life oder aktuell das Metaverse zu etablieren, wird der Gang durch virtuelle Räume früher oder später ein normales Szenario der digitalen Welt sein. Viele technische Standards in diesem Szenario sind noch offen. Sicher aber ist, dass eng verzahnt mit dem visuellen der auditive Kanal bespielt wird. Genau das trifft auch auf religiöse Räume zu, und zwar auf reale wie auf virtuelle: Sie wollen das per se Unzugängliche zugänglich machen. Diese tiefliegende Koinzidenz religiöser Räume mit virtuellen Räumen überhaupt legt nahe, bei der audiovisuellen Gestaltung gründlich und forschungsgeleitet vorzugehen.

Literatur

Baumann, Dorothea, Music and Space. A systematic and historical investigation into the impact of architectural acoustics on performance practice followed by a study of Handel's Messiah, Frankfurt a. M. 2011.
Bayreuther, Rainer, Was sind Sounds? Eine Ontologie des Klangs, Bielefeld 2019.
Bayreuther, Rainer, Der Sound Gottes. Kirchenmusik neu denken, München 2021.
Bullerjahn, Claudia, Grundlagen der Wirkung von Filmmusik, 3. Aufl. Augsburg 2016.
Bullerjahn, Claudia/Hantschel, Florian, Musik im audiovisuellen Kontext: Film, Fernsehen, Video(spiel), in: Lehmann, Andreas/Kopiez, Reinhard (Hg.), Handbuch Musikpsychologie, Bern 2018, 247–271.
Emirbayer, Mustafa/Mische, Ann, What Is Agency?, in: American Journal of Sociology 103 (1998) 4, 962–1023.

Gabrielsson, Alf, Strong experiences with music. Music is much more than just music, Oxford 2011.
Gabrielsson, Alf/Juslin, Patrik, Emotional expression in music, in: Davidson, Richard/Scherer, Klaus/Goldsmith, Hill (Hg.), Handbook of affective sciences, Oxford 2003, 503–534.
Jäncke, Lutz, Music, memory and emotion, in: Journal of Biology (2008) 21; https://doi.org/10.1186/jbiol82.
Jaszoltowski, Saskia/Riethmüller, Albrecht, Musik im Film, in: Schramm, Holger (Hg.), Handbuch Musik und Medien, Wiesbaden 2018; https://doi.org/10.1007/978-3-658-21943-7_4-1.
Kämpfe, Juliane/Sedlmeier, Peter/Renkewitz, Frank, The impact of background music on adult listeners: A meta-analysis, in: Psychology of Music 39 (2010) 4, 424–448.
Levine, Linda/Burgess, Stewart, Beyond general arousal: Effects of specific emotions on memory, in: Social Cognition 15 (1997) 3, 157–181.
Lissa, Zofia, Ästhetik der Filmmusik, Berlin 1965.
Meyer, Jürgen, Akustik und musikalische Aufführungspraxis, 6. Aufl. Bergkirchen 2015.
Moormann, Peter, Musik in Computerspielen, in: Schramm, Holger (Hg.), Handbuch Musik und Medien, Wiesbaden 2018; online unter: https://doi.org/10.1007/978-3-658-21943-7_8-2.
Neitzel, Britta, Medienrezeption und Spiel, in: Distelmeyer, Jan/Hanke, Christine, Mersch, Dieter (Hg.), Game Over?! Perspektiven des Computerspiels, Bielefeld 2008, 95–114.
Pietschnig, Jakob/Voracek, Martin/Formann, Anton, Mozart effect – Shmozart effect: A meta-analysis, in: Intelligence 38 (2010) 3, 314–323.
Rauscher, Frances/Shaw, Gordon/Ky, Catherine, Music and spatial task performance, in: Nature 365 (1993), 611; online unter: https://doi.org/10.1038/365611a0.
Thompson, William/Schellenberg, Glenn/Husain, Gabriela, Arousal, mood, and the Mozart effect, in: Psychological Science 12 (2001) 3, 248–251; online unter: https://doi.org/10.1111/1467-9280.00345.
Völker, Juliane, Personalising music for more effective mood induction: Exploring activation, underlying mechanisms, emotional intelligence, and motives in mood regulation, in: Musicae Scientiae 25 (2021) 4, 380–398; online unter: https://doi.org/10.1177/1029864919876315.
Wald-Fuhrmann, Melanie/O'Neill, Katherine/Weining, Christian/Egermann, Hauke/Tröndle, Martin, The Influence of Formats and Preferences on the Aesthetic Experience of Classical Music Concert Streams, in: Psychology of Aesthetics, Creativity, and the Arts. Advance online publication, https://dx.doi.org/10.1037/aca0000560.

Digitale Architekturmodelle – Virtuelle Räume!? Synagogen in Deutschland – Eine virtuelle Rekonstruktion

Marc Grellert

Ausgangspunkt der nachfolgenden Überlegungen ist die These, dass digitale Modelle durch die Verwendung von Virtual Reality (VR) potenziell auch digitale Räume sind und diese Räume unter gewissen Umständen auch zu Erinnerungsräumen werden können. Entscheidend hierbei ist die Möglichkeit der Raumerfahrung, des Erlebens von Raumdimension wie Höhe, Weite, Enge etc. und der Vermittlung des Gefühls von Anwesenheit. Die Weiterentwicklung von Interfaces, Technologogien und Software im Bereich von VR haben auch im kulturellen Sektor in den letzten Jahren zu einer Vielzahl von VR-Installationen geführt. Im Kontext von Architektur ergeben sich mit VR so neue Möglichkeiten der Darstellung von nicht mehr vorhandenen Bauwerken, die im Vergleich aller bis dato existierenden Medien eine Raumerfahrung ermöglichen. Die Vermittlung des Gefühls von Anwesendsein kann in verschiedenen Kontexten gewinnbringend zum Einsatz kommen. Das gilt auch für die virtuelle Rekonstruktion von Synagogen, die in der NS-Zeit zerstört worden sind, und die seit 1995 an der Technischen Universität in Darmstadt erfolgen. Sie stehen im Fokus dieses Beitrags.

Am Anfang des Beitrags erfolgen zunächst prinzipielle Betrachtungen zu digitalen Modellen. Generell lassen sich zwei Modellarten unterscheiden. Erstens digitale Modelle, die ein Abbild realer Räume zeigen und diese mit automatisierten Verfahren wie Scannen oder SfM (aus einer großen Anzahl an systematisch aufgenommenen Fotografien erstellte Modelle) erfassen. Zweitens Modelle, die am Computer auf der Basis von Quellen manuell eingegeben werden. Hier werden in der Regel dreidimensionale Elemente erzeugt, beispielhaft eine Wand oder eine Stütze. Bei den automatisierten Verfahren dagegen werden nur die begrenzenden und sichtbaren Oberflächen erfasst, die dann wie eine Haut ein Bauwerk abbilden. Die weitere Betrachtung konzentriert sich auf die quellenbasierten, manuell im Computer eingegeben Architektur-Modelle in Form von virtuellen Rekonstruktionen. Basis jeglicher digitaler Modelle ist die Speicherung in Nullen und Einsen. Hierin liegt das eigentliche Potenzial. Denn je nachdem, welche Interfaces verwendet werden, können diese digitalen Modelle unterschiedlich sichtbar, fühlbar und erfahrbar gemacht werden.

Diese Visualisierungen und Materialisierungen von digitalen Architektur-Modellen lassen sich wiederum in zwei Gruppen einteilen: maßstäbliche und unmaßstäbliche Darstellungen. Bei den unmaßstäblichen Darstellungen wird die Architektur in verkleinerter Form präsentiert – etwa bei Renderings, virtuellen Kamerafahrten und Animationen oder haptischen Modellen, die in sogenannten Rapid-Prototyping-Verfahren aus den jeweiligen digitalen Datensätzen materialisiert werden. So kann hier von einer „Darstellung von Raum", kurz: von Raumdarstellung gesprochen werden. Dagegen erlauben maßstäbliche Darstellungen eine Raumerfahrung der simulierten Architektur. Maßstäblich meint die Erfahrung von Architektur in der Form, dass Raumdimensionen wie Höhe, Weite, Enge etc. realistisch erfahrbar und erlebbar sind. Möglich sind solche Formen der Raumerfahrung durch Virtual-Reality-Brillen. Die Weiterentwicklung dieser Brillen und der dahinterliegenden Technologogien und Softwarelösungen ist in den letzten Jahren enorm vorangeschritten und hat auch im kulturellen Sektor, zum Beispiel in Ausstellungen, zu einer Vielzahl von VR-Installationen geführt. Im Kontext von Architektur haben sich so neue Möglichkeiten der Darstellung von nicht mehr vorhandenen Bauwerken ergeben, die im Vergleich aller bis dato existierenden Medien eben diese immersive Raumerfahrung und die Vermittlung des Gefühls von Anwesenheit ermöglichen.

Es lassen sich bei den VR-Anwendungen prinzipiell zwei Anwendungsarten nach der Art der Involviertheit und dem Grad der Bewegungsmöglichkeit der Rezipient:innen unterscheiden. Erstens Anwendungen, die auf sogenannten Echtzeitmodellen beruhen und zweitens 360 Grad-3D-Panoramen. Echtzeitmodelle gestatten die freie, selbstbestimmte Navigation durch virtuelle Welten. 360 Grad-3D-Panoramen bieten dagegen nur die Möglichkeit, sich an einer Stelle oder entlang eines vorgegebenen Weges frei im Raum umzublicken. Die Echtzeitmodelle bedeuten Mehraufwand, da das Modell so optimiert werden muss, dass es in Echtzeit zu begehen ist. Auch ist der Betreuungsaufwand bei der Präsentation meistens höher, da die Navigation erläutert werden muss. Bei 360 Grad-3D-Panoramen können Räume zwar nur jeweils an einer Stelle passiv in seinen Dimensionen erblickt werden, dafür ist der Erstellungsaufwand minimal. Oft reichen 15 Minuten Arbeitszeit. Das bietet einen enormen Vorteil. Bei bereits bestehenden Rekonstruktionen kann mit der vertrauten Software gearbeitet werden und Modelle müssen nicht wie bei Echtzeitmodellen in eine Game Engine Software übertragen werden.

An der TU Darmstadt, FG Digitales Gestalten, und bei Architectura Virtualis sind in den letzten Jahren zahlreiche VR-Anwendungen entstanden. Auch die Projekte zu virtuellen Rekonstruktionen von Synagogen nutzen diese Möglichkeiten. Am konkreten Beispiel der Synagogen sollen die Betrachtungen digitaler Modelle nachfolgend vertieft werden.

Digitale Architekturmodelle

Seit 1995 Jahren werden Synagogen, die in der NS-Zeit zerstört wurden, an der Technischen Universität Darmstadt, Fachgebiet „Digitales Gestalten", virtuell rekonstruiert.[1] Hervorgegangen ist das Projekt aus einer Initiative des Autors. Ziel war und ist es, den kulturellen Verlust, die Schönheit der einst in Deutschland vorhandenen Synagogen-Architektur vor Augen zu führen, aber auch die städtebauliche Bedeutung der Synagogen für das Stadtbild in Deutschland zu würdigen und in Erinnerung zu rufen. Die Idee entstand nach einem Brandanschlag von vier Neonazis auf die Synagoge in Lübeck im Jahre 1994. Dem Anschlag auf die Lübecker Synagoge sollte damals mit dem Sichtbarmachen zerstörter Synagogen ein symbolisches Zeichen gegen Antisemitismus und anwachsendem Rechtsradikalismus entgegengestellt und gleichzeitig ein Beitrag zum Gedenken an den Holocaust geleistet werden. Angesichts eines vermehrt offen auftretenden und bedrohlicher werdenden Antisemitismus heutzutage – der versuchte Anschlag auf die jüdische Gemeinde in Halle am 9. Oktober 2019 und die antisemitische Welle nach dem Angriff der Hamas auf Israel am 7. Oktober 2023 sind hier herausgehoben zu nennen – hat das Projekt nichts an seiner gesellschaftlichen Aktualität verloren.

Rekonstruiert wurden bisher Synagogen aus Bad Kissingen, Bamberg, Bingen, Berlin, Darmstadt, Dortmund, Dresden, Frankfurt a. M., Geilenkirchen, Hamburg, Hannover, Kaiserslautern, Köln, Langen, Leipzig, Mannheim, Minden, Mutterstadt, München, Nürnberg, Paderborn, Petershagen, Plauen, Roth und Schwerin. Die Rekonstruktionen weiterer Synagogen sind in Arbeit. Im Jahr 2000 machte die Bundeskunsthalle in Bonn das Projekt zum Thema einer Ausstellung. Wie stellt man etwas aus, das nur „virtuell" vorhanden ist, war die damalige Herausforderung.[2] Aus der Bonner Ausstellung ging eine englischsprachige Wanderausstellung hervor, die in Israel, den USA sowie Kanada zu sehen war. Diese wurde überarbeitet und ist seit November 2021 dauerhaft im Hochbunker in Frankfurt a. M. installiert.[3] Anlässlich der Feierlichkeiten „1700 Jahre jüdisches Leben in Deutschland" konnte auch eine deutschsprachige Wanderausstellung produziert werden, die auf Anfrage beim Autor gezeigt werden kann.

Kern der Ausstellungen sind die virtuellen Rekonstruktionen der oben aufgeführten Städte. Sie veranschaulichen durch Projektionen, Animationen und Virtual-Reality die einstige Pracht der Synagogen. Begleitet wird dies durch physische Ausstellungselemente und Hintergrundinformationen zu der Entrechtung und Verfolgung von Jüdinnen und Juden im Dritten Reich, zu der Geschichte Jüdischer Sakralbauten von der Antike über das Mittelalter bis zum 20. Jahrhundert, aber auch zu der bildlichen Darstellung von Synagogen, die nach

---

[1] https://www.dg.architektur.tu-darmstadt.de/forschung_ddu/digitale_rekonstruktion_ddu/synagogen/index.de.jsp (letzter Abruf: 06.12.2023).
[2] https://www.bundeskunsthalle.de/ausstellungen/archivierte-ausstellungen/synagogen-in-deutschland.html (letzter Abruf: 06.12.2023).
[3] https://initiative-neunter-november.de/ausstellungen/#virtuelle_synagogen (letzter Abruf: 06.12.2023).

1945 in Deutschland errichtet wurden. In Ergänzung erzählen Jüdinnen und Juden aus Köln in filmischen Statements davon, was ihnen heute „Synagoge" bedeutet.

Das Synagogenprojekt hat viele Potenziale digitaler Modelle genutzt und eine Vielzahl der Möglichkeiten von Raumdarstellungen, also von nicht maßstäblichen Darstellungen, zur Anwendung gebracht. So existieren hochauflösende Bilder und Filme mit virtuellen Kamerafahrten durch die heute nicht mehr existenten Gebäude. Gleichzeitig hat sich das Projekt die Potenziale von Rapid Prototyping zunutze gemacht. Es entstanden aus den digitalen Modellen physische Schnittmodelle, die einzelne Synagogen jeweils von innen und außen zeigen. Als Materialien kamen in der Regel Kunststoff und Gips zur Anwendung. Für die neue Dauerausstellung des Jüdischen Museums Berlin – eröffnet 2021 – gelang es auch, neue Materialien einzusetzen. Vier Synagogen wurden im selektiven Laserschmelzverfahren (SLM), einem 3D-Druck-Verfahren, in Edelstahl gedruckt. Mit Hilfe von Drehtellern können Besucher:innen die Synagogen sowohl von außen wie von innen betrachten und sie Dank des robusten Materials auch anfassen.

Abb. 1: *Virtuelle Rekonstruktion der Synagoge Schwerin*

© 2023 Architectura Virtualis, Kooperationspartner der TU Darmstadt

Das Projekt der virtuellen Rekonstruktion zerstörter Synagogen hat neben den oben skizzierten Formen der Raumdarstellung auch VR-Anwendungen realisiert und damit Möglichkeiten der Raumerfahrung geschaffen. Bei der Dauerausstellung des Jüdischen Museums Berlin verbleibend, befindet sich unmittelbar neben den Edelstahlmodellen die Möglichkeit, drei der in Edelstahl gedruckten Synagogen auch mit Virtual Reality zu betreten. Es handelt sich um die Synagogen

Digitale Architekturmodelle

Hannover, Köln (Glockengasse) und Plauen. In einem 360 Grad-3D-Film werden diese Synagogen erlebbar. Zu Beginn der Darstellung einer jeweiligen Synagoge steht eine historische Fotografie, die das entsprechende Bauwerk von außen zeigt. Die gesamte Präsentation dauert sieben Minuten und ist mit Sprache unterlegt. Ziel war es, die Vorteile einer erläuternden Führung mit der Möglichkeit des freien Umblickens zu kombinieren, ohne die Museumsbesucher:innen mit der eigenständigen Navigation durch die Gebäude abzulenken. Die Besucher:innen sitzen auf Stühlen und erleben die Synagoge so, als ob sie in einer der Bankreihen säßen. Zwei VR-Installationen existieren, eine in deutscher Sprache, die andere in englischer. Auf einem Monitor werden zusätzlich die Blickbewegungen einer der Installationen übertragen und so erhalten ebenso Zuschauende einen Eindruck der Innenräume.

Abb. 2: *Virtuelle Rekonstruktion der Synagoge Plauen*

© 2023 TU Darmstadt, FG Digitales Gestalten

Auch in der Dauerausstellung in Frankfurt a. M. und in der Wanderausstellung zu dem Darmstädter Projekt sind die VR-Brillen fester Bestandteil. Ebenfalls kommen in einigen Städten, in denen eine virtuelle Rekonstruktion der dortigen Synagoge beauftragt wurde, neben Filmen auch VR-Brillen zum Einsatz, wie beispielsweise im hessischen Roth oder in Schwerin. In Nürnberg ist die VR-Anwendung fester Bestandteil des Stadtmuseums. Auch bei der virtuellen Rekonstruktion der mittelalterlichen Synagoge von Köln ist eine dauerhafte VR-Installation geplant. Zudem werden seit 2021 gemeinsam mit dem „World Jewish Congress" die Darmstädter virtuellen Rekonstruktionen am 9. November an ehemaligen Standorten gezeigt. Neben Großprojektionen kommen auch hier VR-Brillen zum

Einsatz. 2021 erfolgte dies an zehn, 2023 an vierzehn Standorten. Im Kontext dieser Veröffentlichung sind drei VR-Filme der Synagogen Schwerin, Plauen und Mannheim (Abb. 1-3) abrufbar.[4] Sie zeigen mit Schwerin und Mannheim zwei der wichtigsten Baustile bei Synagogen des 19. und 20. Jahrhunderts, nämlich Synagogen im neoislamischen Stil (Schwerin) und neoromanischen Stil (Mannheim). Plauen gehört zu einer Gruppe von Synagogen, die einen zeitgenössischen Stil – hier im Stil des Neuen Bauens – verkörpern.

Abb. 3: *Virtuelle Rekonstruktion der Hauptsynagoge Mannheim*

© 2023 Architectura Virtualis, Kooperationspartner der TU Darmstadt

Was alle Darmstädter VR-Anwendungen gemeinsam haben, ist, dass eine Sprecherin erzählt, was zu sehen ist. So werden unter anderem die zentralen Einrichtungsgegenstände – Toraschrein und Bima (Platz in einer Synagoge, von dem aus die Tora während des Gottesdienstes verlesen wird) – erklärt und kurz erläutert, was die Tora ist. Auch wird auf die unterschiedlichen Bereiche von Männern und Frauen hingewiesen und die jeweiligen Bereiche sind in VR dementsprechend erlebbar. Einige Anwendungen zeigen zusätzlich Bilder von erhaltenen Bauteilen der zerstörten Synagogen.

Mit der Verwendung von VR ist die Hoffnung verbunden, gerade bei einem jungen Publikum Neugierde für jüdische Kultur und für die Fragen aufzuwerfen, wie es kam, dass diese Bauwerke zerstört wurden und wo dies letztendlich hinführte. Es ist zu hoffen, dass dieses Gefühl der Anwesenheit, Neugierde und Empathie zugleich erzeugt, aber auch Empfinden von Fremdheit abbauen könnte,

---

[4] Diese finden sich auf der im Projekt zusammengestellten Karte mit virtuell besuchbaren Sakralräumen: https://www.uni-siegen.de/phil/sakralraumpaedagogik/karte.html (letzter Abruf: 04.12.2023).

da doch immer noch nur wenige Personen schon einmal in einer Synagoge gewesen sind. In dieser Form können die Besucher:innen unbefangen eine Synagoge betreten und werden vielleicht feststellen, dass vieles, was sie sehen, von ihrer Besichtigung anderer Gotteshäuser her vertraut ist. Das war auch die Motivation des Jüdischen Museums in Berlin, VR einzusetzen.

Letztendlich stehen wir aber erst am Anfang des Einsatzes von VR. Evaluationen sind notwendig, um die Bedeutung besser einschätzen zu können. Was das Thema der Synagogen von vielen anderen zerstörten Bauwerken unterscheidet, ist der besondere Umstand ihrer Zerstörung und die Einbettung in einen aktuellen Erinnerungsdiskurs, den Erinnerungsdiskus zum Holocaust. So lässt sich vielleicht auch von Erinnerungsräumen sprechen.

Literatur

Grellert, Marc, Virtual Reality im Kontext von Architektur und Digitaler Rekonstruktion – Überlegungen zu Potentialen, Grenzen, Randbedingungen bei Ausstellungen, in: Bienert, Andreas et al. (Hg.): Elektronische Medien & Kunst, Kultur und Historie: 25, Berlin 2018, 198–203.

Grellert, Marc (2021), Virtuelle Synagogen – Erinnerung und Bildung im digitalen Zeitalter, in: Bundeszentrale für politische Bildung (Hg.): Jüdischjes Leben in Deutschland (https://www.bpb.de/themen/zeit-kulturgeschichte/juedischesleben/343435/virtuelle-synagogen/ [abgerufen am: 30.10.2023]).

Grellert, Marc, „Immaterielle Zeugnisse – Synagogen in Deutschland. Potentiale digitaler Technologien für das Erinnern zerstörter Architektur", Bielefeld 2007.

Grellert, Marc, Rapid Prototyping in the Context of Cultural Heritage and Museum Displays – Buildings, Cities, Landscapes, Illuminated Models, in: Münster, Sander et al. (Eds.), 3D Research Challenges in Cultural Heritage II – How to Manage Data and Knowledge Related to Interpretative Digital 3D Reconstructions of Cultural Heritage. Basel/Cham 2016, 77–118.

Grellert, Marc, „[digitale] Modelle + [virtuelle] Erinerungsräume: Digitale Anwendungen in Museen – Ein Werkstattbericht", in: Rothstein, Anne-Berenike/Pilzweger-Steiner, Stefanie (Hg.), Entgrenzte Erinnerung: Erinnerungskultur der Postmemory-Generation im medialen Wandel, Berlin/Boston 2020, 135–190.

Umgang mit virtuellen Räumen in der Geographie(-didaktik)

Alexander Tillmann

Die Geographie versteht sich als eine Raumwissenschaft. Die Erforschung des Raumes, seiner Materialität, Struktur, Konstruiertheit, Wahrnehmung usw. findet dabei in sehr unterschiedlichen Ansätzen statt. Die Beschäftigung mit virtuellen Räumen bietet vielfältige Potenziale, Perspektiven auf Räume zu erweitern und den Zugang zu geographischen Konzepten zu erleichtern. Der Beitrag zum Umgang mit virtuellen Räumen in der Geographie(-didaktik) ist in zwei Abschnitte gegliedert. Der erste Abschnitt gibt einen kurzen Überblick über unterschiedliche Raumkonzepte und -begriffe der Geographie, die wie verschiedene „Brillen" oder „Scheinwerfer" je nach Forschungsfragen oder Untersuchung eines Gegenstands im Unterricht für unterschiedliche Betrachtungsweisen und Perspektiven genutzt werden. Der zweite Abschnitt zeigt Beispiele auf, bei denen virtuelle Räume aus verschiedenen didaktischen Zielsetzungen besucht, analysiert und genutzt werden. Dabei wird die Perspektive der jeweiligen Raumkonzepte reflektiert und der Frage nachgegangen, wie digitale Darstellungen von Räumen den Blick auf die realen Räume verändern.

1. Raumkonzepte der Geographie als verschiedene Perspektiven

Der Raum ist eines der zentralen Konzepte der Geographie. Dazu gehört die Entwicklung von Raumtheorien, die einschließlich absoluter, relativer und relationaler Konzeptionen von Raum unterschiedliche Ansätze zur Betrachtung von Raum hervorgebracht haben. Vereinfacht beschrieben unterscheiden sich eher naturwissenschaftlich geprägte, „realistische" Ansätze von eher sozialwissenschaftlich (humangeographisch), „konstruktivistischen" Ansätzen. Die naturwissenschaftlich geprägte physische Geographie untersucht beispielsweise Umweltveränderungen im Bereich von Relief und Boden und quantifiziert Sediment und Stoffflüsse in Flusseinzugsgebieten oder erforscht die Auswirkungen von Klimawandel und Landnutzug auf die Vegetation mittels Statistik und Prozessmodellierungen. Die Humangeographie untersucht Räume aus sozialwissenschaftlicher Perspektive. Zum Beispiel wird mithilfe von poststrukturalistischen

Ansätzen erforscht, wie sich die Neoliberalisierung des Städtischen in Diskursen und Praktiken sowie der gebauten Umwelt vollzieht. Einige geographische, interdisziplinäre Ansätze wie der Politischen Ökologie (Gottschlich et al., 2022) oder der Sozialen Ökologie (u. a. Becker/Jahn, 2006) nehmen bei der Analyse von Räumen gerade die unterschiedlichen Sichtweisen auf Räume in den Blick und betrachten den Raum sowohl als physische Realität als auch als Produkt menschlicher Aktivitäten und Vorstellungen.

Im Geographieunterricht werden Räume als Mensch-Umwelt-System anhand unterschiedlicher Konzepte untersucht. Ein Basiskonzept zur Analyse von Räumen ist dabei die Betrachtung des Raumes aus einer bestimmten Perspektive – wie ein Scheinwerfer, der bestimmte Aspekte und Eigenschaften eines Raumes beleuchtet und so als Gegenstände untersuchbar werden lässt (s. Abb. 1).

Abb. 1: Basiskonzepte der Analyse von Räumen im Schulfach Geographie (Otto, 2021, 21)

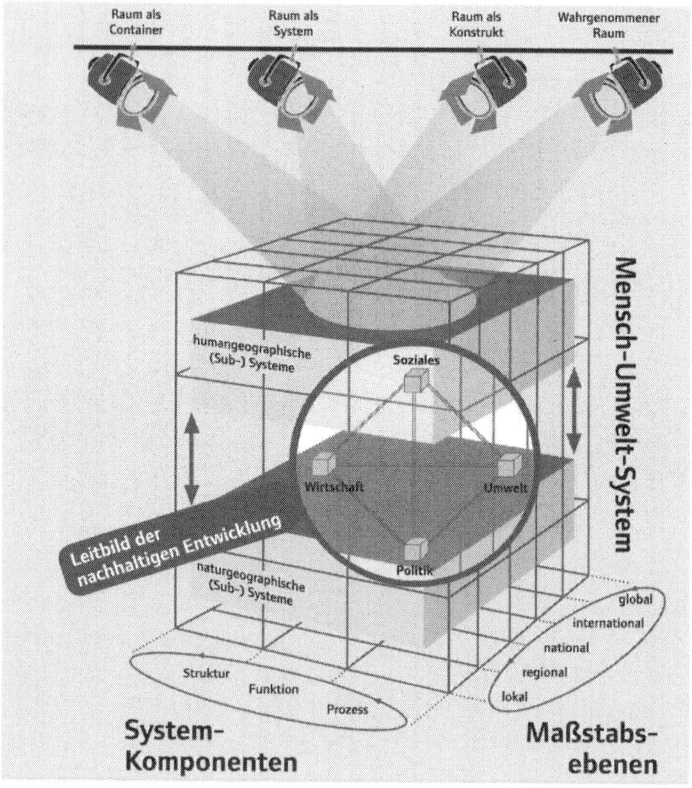

Räume werden sowohl durch ihre Materialität beschrieben als „Container" mit spezifischen Lagebeziehungen, als auch als komplexe Systeme aus natürlichen

Gegebenheiten und gesellschaftlichen Aktivitäten, als auch als Konstrukte aus der Perspektive ihrer sozialen, technischen und gesellschaftlichen Konstruiertheit sowie als subjektive Wahrnehmungsräume (Wardenga, 2002). Die für die Geographie zentrale „Kategorie Raum" wird in der Schulgeographie operationalisiert mit vier Raumkonzepten, bzw. mit deren vier sich ergänzenden Perspektiven auf Raum (DGfG, 2020, 11). Jede Perspektive weist dabei eine eigene Fragehaltung auf. Die Perspektiven überlagern sich teilweise, liefern aber auch sehr unterschiedliche Einsichten und ermöglichen so, mithilfe dieses gezielten Perspektivenwechsels, eine tiefgreifende geographische Analyse.

Untersuchungen des physisch-materiellen *Raumes als Container* (im Sinne eines „abgegrenzten" Raumausschnitts) fragen zum Beispiel danach, welche naturräumlichen (z. B. Niederschlag, Temperatur, Bodenbeschaffenheit) und anthropogenen Merkmale (Siedlungsdichte, Bebauungsart) im Raum charakteristisch sind.

Betrachtet man den physisch-materiellen *Raum als System*, so lassen sich Fragen danach stellen, welche Beziehungen zwischen Räumen bestehen oder zwischen den Elementen bzw. Faktoren im Raum. Aus dieser Perspektive lässt sich z. B. ein Modell zur Vorhersage von Hochwasserereignissen entwickeln, das die Faktoren Niederschlag, Boden und Vegetation in Beziehung setzt.

Mit der Konzeptualisierung des Raumes als mentalen Raum, als *Kategorie der Sinneswahrnehmung*, wird danach gefragt, wie Raum durch Individuen oder Gruppen wahrgenommen, was jeweils wahrgenommen und wie es (unterschiedlich) bewertet wird. Aus dieser Perspektive wird auch reflektiert, dass wir die Welt nicht als direkte Repräsentation der objektiven Realität wahrnehmen, sondern durch den Filter unserer Sinne und unseres Verstandes und dass unsere Wahrnehmung von den kulturellen, sozialen und individuellen Kontexten beeinflusst wird, in denen wir uns befinden. Schüler:innen untersuchen im Geographieunterricht unter dieser Perspektive zum Beispiel, wie Menschen den Bau eines Einkaufszentrums oder der Ausbau eines Flughafens subjektiv verschieden wahrnehmen und bewerten.

Betrachtet man den Raum unter dem „Scheinwerfer" *Raum als Konstrukt*, so wird der Raum in der Perspektive seiner sozialen, technischen und politischen Konstruiertheit aufgefasst, indem man z. B. danach fragt, wer aus welchen Interessen wie über bestimmte Räume kommuniziert und sie durch alltägliches Handeln fortlaufend produziert und reproduziert. Diese Perspektive geht davon aus, dass Räume „gemacht" werden und daher Ergebnisse von gesellschaftlichen Konstruktionsprozessen sind. In dieser Perspektive entstehen Räume durch materielle und symbolische Gestaltung und bilden dann, nicht mehr einem realistischen Raumbegriff folgend, sozial-kulturelle Gegebenheiten räumlich ab, sondern werden als Produkte sozialen Handelns von Subjekten thematisiert (vgl. Werlen, 2000). Bei dieser Betrachtungsweise geht es dann nicht darum, Handlungen oder Kommunikationen im Raum zu verorten, sondern Raum als Element von Handlung und Kommunikation zu fassen. Würde zum Beispiel ein Kirchenraum als begehbare VR-Anwendung konstruiert, wären unter dem „Scheinwerfer" Raum als Konstrukt Fragen relevant wie: Welche Ziele werden mit der VR-Anwendung von wem verfolgt? In welchem Zusammenhang steht die Anwendung mit den vorgesetzten Zwecken, dem angesprochenen Adressatenkreis und den gesellschaftlichen Diskursen rund um den Kirchenraum. Wie funktioniert der Prozess der Ontologisierung, und welche Effekte ergeben sich daraus für die Rezeption des konstruierten Raumbildes?

Im Geographieunterricht wird unter dieser Perspektive zum Beispiel erarbeitet, wie soziale Praktiken und Diskurse dazu beitragen, bestimmte Räume (z. B. Stadtviertel) als objektive Entitäten erscheinen zu lassen. Über die Analyse von Texten, Bildern, Karten etc. unterschiedlicher Herausgeber (z. B. Politik, Tourismuseinrichtungen, soziale Netzwerke) wird herausgearbeitet, wie mithilfe der Medien menschlich geschaffene oder konstruierte Räume als gegebene, feste Entitäten dargestellt werden, mit eigenen Eigenschaften und Regeln. Dabei wird reflektiert, dass die Ontologisierung bestimmter städtischer Räume z. B. als „gehoben" oder „heruntergekommen" dazu beiträgt, diese Wahrnehmungen zu verstärken und die Art und Weise, wie diese Räume vermarktet oder wie sie von Bewohnern und Besuchern erlebt werden, zu beeinflussen.

Diese vier vorgestellten Raumkonzepte bieten jeweils eine eigene Perspektive auf die Untersuchungsgegenstände. Zugleich sind sie auch Produkt der erkenntnistheoretischen Entwicklung des Fachs. So kann die Analyse anhand der Konzepte als komplementäre Nutzung paradigmatischer Zugänge verstanden werden, wobei jeweils paradigmatische Modelle der Räume (bzw. Realitäten) konstruiert werden (Weichhart, 2000).

2. Virtuelle Räume als Lernräume in der Geographiedidaktik

Der folgende Abschnitt zeigt Beispiele auf, bei denen virtuelle Räume aus unterschiedlichen didaktischen Zielsetzungen besucht, analysiert und genutzt werden. Dabei wird auch die Perspektive der jeweiligen Raumkonzepte reflektiert und der Frage nachgegangen, wie digitale Darstellungen von Räumen den Blick auf die realen Räume verändern.

2.1 Virtuelle Nachbildungen eines Landschaftsausschnitts

Zur Nachbereitung einer Exkursion mit Studierenden wird zur Erleichterung des Verständnisses für raum-zeitliche Prozesse der Landschaftsentwicklung eine virtuelle Nachbildung der Landschaft aufgesucht (s. Abb. 2) und als physisch-materieller Raum analysiert. Forschungsergebnisse legen nahe, dass der Umgang mit unterschiedlichen Darstellungsformen wie 2D- und 3D-Darstellungen das räumliche Vorstellungsvermögen verbessern und die Entwicklung von Vorstellungen räumlicher Zusammenhänge erleichtern können (vgl. Ishikawa/Kastens, 2005).

Abb. 2: Virtuelle Nachbildung eines Landschaftsausschnitts zur Erkundung in unterschiedlichen Maßstäben und Ansichten (eigene Bilder mit Programm Unity)

Die Anwendung ermöglicht es Studierenden, die zuvor im Gelände vor Ort identifizierten Landschaftselemente (z. B. Flussterrassen, Höhenzüge) in ihrer räumlichen Lage zueinander und ihrer Verteilung im Raum noch einmal durch immersives Erkunden aus unterschiedlichen Perspektiven wahrzunehmen. Zwischen einer Gesamtansicht in kleinem Maßstab (Abb. 2, links) und einer detaillierten Geländeansicht in beliebig großem Maßstab (Abb. 2, rechts) kann leicht gewechselt werden. Verschiedene Tools wie Kartenmarker und Höhenmesser bieten eine aktive Interaktion und topografische Analyse. Der Handlungsspielraum der Lernenden und Lehrenden wird durch die VR-Anwendung deutlich erweitert. Die darstellerische Genauigkeit, Interaktionsmöglichkeiten, stufenlos veränderbare Maßstäbe und Vielperspektivität können das Verständnis raumzeitlicher Strukturen und Prozesse betrachteter Systeme erheblich erleichtern. Die Studierenden berichten über Einsichten bei der Entdeckung von Lagebeziehungen von Landschaftselementen und äußern in Evaluationsgesprächen, dass der Zugang über VR noch einmal ein vollständigeres Bild der Verhältnisse im Gelände ermöglicht (Tillmann/Wunderlich, 2023).

Der virtuelle Raum wird also in diesem Beispiel unter der Perspektive „Raum als System" (vgl. Abb. 1) analysiert. Es werden Fragen nach Beziehungen zwischen den Elementen im Raum untersucht. Ziel der VR-Anwendung ist es, Studierende dabei zu unterstützen, ein adäquates mentales Modell der Landschaftselemente und ihrer Lage zueinander sowie ihrer raum-zeitlichen Einordnung und Genese zu entwickeln. Die digitale Darstellung des Raumes erweitert so den kognitiven Verstehenshorizont beim Blick auf die realen Räume.

2.2 Virtual Reality als emotionalisierende und produktive Methode

Um Schüler:innen für einen Unterrichtsgegenstand zu interessieren, emotional zu involvieren und für ein bestimmtes Thema zu sensibilisieren, kann die immersive Wirkung von Virtual Reality-Anwendungen genutzt werden. Als Immersion wird das visuelle und mentale Eintauchen in eine virtuelle Welt bezeichnet. Bei virtuellen Exkursionen haben Lernende das Gefühl, sich mitten in einer Szene zu befinden. Das VR-Erlebnis führt so zu hoher emotionaler Involviertheit. Der virtuelle Raum kann sogar als so realitätsnah empfunden werden, dass erlebte VR-Situationen als real verinnerlicht werden (Blascovich/Bailenson, 2011). Auf diese Weise kann zum Beispiel eine Raumanalyse mithilfe von Kartenarbeit und Datenauswertung ergänzt werden. Untersuchungen mit VR-Anwendungen legen dar, wie psychologisch wirkungsvoll virtuelle Exkursionen sein können (Markowitz et al., 2018).

Abb. 3: Virtuelle Exkursion mit frei verfügbaren 360 Grad-Bildern aus Google Maps/Street View

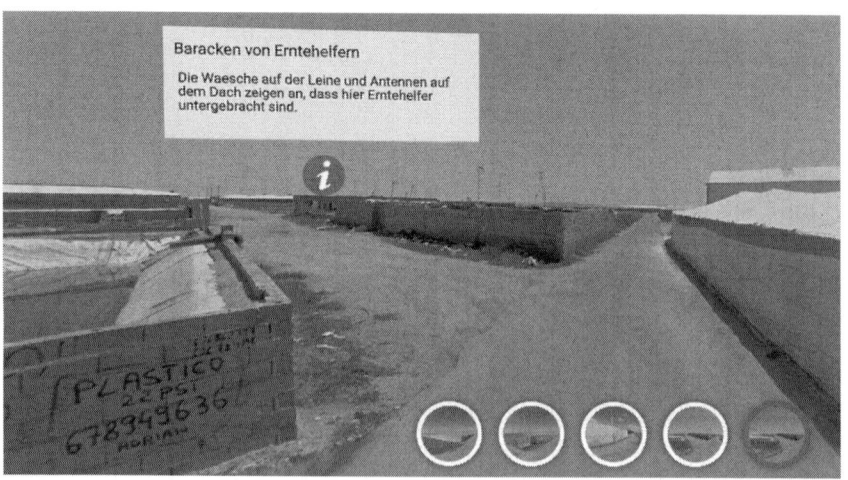

Zur Sensibilisierung für Nachhaltigkeitsziele bzw. für nicht nachhaltige Entwicklungen können von Schüler:innen mithilfe von frei verfügbaren 360 Grad-

Bildern (z. B. Google Street View) selbst virtuelle Exkursionen erstellt und für andere erlebbar gemacht werden (s. Abb. 3). In einem Unterrichtsprojekt zum Thema Gemüseanbau in El Ejido/Spanien integrieren Schüler:innen die 360 Grad-Bilder zu einer selbst zusammengestellten virtuellen Exkursion und versehen die Tour mit Zusatzinformationen zu den jeweiligen Szenen (s. u. Abb. 3 mit Informationen zur Unterbringung von Erntehelfern). Auf diese Weise werden Standorte immersiv erlebbar, wie hier die Einöde der Landschaft unter Plastikgewächshäusern. Regenrückhaltebecken sind Zeugen der Wasserknappheit in der Region. Notunterkünfte als sichtbare Spuren der Erntehelfer sind zwischen den Gewächshäusern auffindbar und geben Einblicke in den Alltag und die Arbeitsverhältnisse der Tagelöhner. Mit der Auswahl an Bild-Szenen und dem Zusammenstellen einer virtuellen Exkursion begeben sich Schülerinnen und Schüler auf eine sozial-ökologische Spurensuche im authentischen Kontext der realen 360 Grad-Aufnahmen. Die produktive Methode unterstützt so die Bewertung des Raumnutzungskonzepts aus Nachhaltigkeitsperspektive und führt gleichzeitig durch die Immersion der virtuellen Realität zu höherer emotionaler Involviertheit (vgl. Tillmann/Kersting, 2021).

Bei der Analyse des Gemüseanbaus wird der Raum als System unter ökologischen, sozialen und ökonomischen Perspektiven betrachtet, um so zu einer differenzierten Beurteilung der Nachhaltigkeit des Systems zu gelangen. Über den Vergleich der verschiedenen von Schüler:innen ausgearbeiteten virtuellen Exkursionen wird auch die unterschiedliche Wahrnehmung des Raums reflektiert. Jede Schüler:innen-Exkursion beinhaltet unterschiedliche Elemente und erzählt eine etwas andere Geschichte über den Raum. So thematisiert dieses Unterrichtsbeispiel zugleich die sozialwissenschaftlichen Perspektiven „Raum als Konstrukt" und „Raum als Kategorie" der Sinneswahrnehmung, die auch zu unterschiedlichen Bewertungen von Raumentwicklungen führen. Nicht zuletzt durch die Emotionalisierung durch immersive Erfahrungen kann sich der Blick der Schüler:innen auf den realen Raum insofern verändern, als der Raum als fragiles Ökosystem wahrgenommen wird und Praktiken des Gemüseanbaus als ökologisch und sozial/ethisch nicht vertretbar bewertet werden. Auf diese Weise können virtuelle Exkursionen Einstellungen, Wissen und Haltungen zum Raum und räumlichen Entwicklungen verändern.

2.3 Planspiele in VR

Planspiele werden im Geographieunterricht eingesetzt, um komplexe Probleme zu analysieren, Entscheidungen auszuhandeln und diese Entscheidungen hinsichtlich ihrer gesellschaftlichen, ökologischen, politischen und ökonomischen Wirkungen sowie ihrer ethischen Dimension zu reflektieren (Kersting/Tillmann, 2017). In einer konflikthaften Situation übernehmen die Schülerinnen und Schüler die Rollen der beteiligten Akteure und handeln entsprechend der

Perspektive ihrer jeweiligen Rolle. Konfliktkonstellationen können spielerisch durchlebt und anschließend reflektiert werden. So setzt die Methode mit der Rollenübernahme auf eine immersive Erfahrung zum Verständnis der Konflikthaftigkeit der durchlebten Situation und emotionalen Involviertheit der jeweils eingenommenen Perspektive. Planspielszenarien in Virtual Reality versprechen dabei durch die Immersion der virtuellen Räume Potenziale zu höherer emotionalen Involviertheit. Die Wahrnehmung, physisch in einer nicht-physischen Welt präsent zu sein, wird als Immersion bezeichnet (Freina/Ott, 2015) und könnte es Lernenden leichter ermöglichen, sich in eine Akteur-Rolle hineinzuversetzen.

Diese Vermutung wird gestützt durch den von Makransky und Petersen (2021) beschriebenen psychologischen Effekt des „Präsenz-Erlebens". Im Rahmen des ‚Cognitive Affective Model of Immersive Learning' (CAMIL) zeigen sie, wie höheres situationales Interesse und höhere Motivation auf die Wahrnehmung von sozialer und körperlicher Präsenz in VR zurückgehen. Man geht davon aus, dass die Wahrnehmung der körperlichen Präsenz in engem Zusammenhang mit der Selbst-Repräsentation steht (in VR zum Beispiel durch einen Avatar), die einen psychologischen Zustand beschreibt, in dem virtuelle (para-authentische oder künstliche) physische Objekte sensorisch oder auch nicht sensorisch als tatsächliche physische Objekte wahrgenommen werden (Lee, 2004).

Im Rahmen einer Expert:innenbefragung konnte gezeigt werden, dass für VR-basierte Planspiele vor allem die Wahrnehmung, vor Ort zu sein, und die stärkere Rollenübernahme Potenziale bieten (Mascher u. a., 2023). Die stärkere Rollenübernahme beim VR-gestützten Planspiel wird dabei im Zusammenhang mit der Selbst-Repräsentation gesehen, also der Verkörperung durch ein virtuelles Selbst, das als tatsächliches Selbst wahrgenommen wird. Aus geographiedidaktischer Perspektive bestehen konkrete Einsatzmöglichkeiten von VR beim Planspiel in der Phase des Briefings, um die Rollenübernahme immersiv zu gestalten, sowie in der Spielphase, um das Handeln in einer als authentisch wahrgenommenen Umgebung zu simulieren.

Wird in geographischen Planspielen über Raumnutzungskonflikte oder Standortentscheidungen verhandelt, so wird in der Debriefing-Phase eines Planspiels (Reflexion der Aushandlungsprozesse) der Raum als Konstrukt thematisiert. Fragen zur Reflexion des Planspiels lauten dann zum Beispiel, welche Akteure aus welchen Interessen wie über den Raum kommuniziert haben und welche Entscheidungen aufgrund einer bestimmten im Diskurs dominanten Konstruktion des Raumes getroffen wurden. Der virtuelle Raum wird in diesem Beispiel also aufgesucht, um einerseits die Rollenübernahme im Planspiel zu erleichtern und die emotionale Involviertheit zu verstärken, um damit ein tiefgreifenderes Verständnis für Räume als Konstrukt zu ermöglichen, die in dieser Perspektive als Produkte sozialen Handelns von Subjekten thematisiert werden.

Zusammenfassend lassen sich aus der Lehr- und Unterrichtspraxis verschiedene Dimensionen einer gewinnbringenden Nutzung virtueller Räume in der

Geographiedidaktik identifizieren. Im kognitiven Bereich kann zum Beispiel das Verständnis für die räumliche Verteilung und Lage bestimmter Landschaftselemente unterstützt werden und die virtuellen Räume zur besseren Orientierung beitragen. Im kommunikativen Bereich ermöglichen virtuelle Welten z. B. ein leichteres Hineinversetzen in eine bestimmte Akteurs-Rolle und unterstützen die damit einhergehende Perpektivenübernahme. Im methodisch-gestalterischen sowie personalen und sozialen Bereich können Interesse und Motivation durch eine stärkere emotionale Involviertheit gefördert werden. Die Beispiele dieses Beitrags sollen hierbei als Anregung zur weiteren Exploration der Potenziale virtueller Räume in Bildungskontexten dienen.

Literatur

Becker, Egon/Jahn, Thomas (Hg.), Soziale Ökologie: Grundzüge einer Wissenschaft von den gesellschaftlichen Naturverhältnissen, Frankfurt a. M. 2006.
Blascovich, Jim/Bailenson, Jeremy, Infinite Reality: Avatars, Eternal Life, New Worlds, and the Dawn of the Virtual Revolution, Hamburg 2011.
DGfG – Deutsche Gesellschaft für Geographie e. V. (Hg.), Bildungsstandards im Fach Geographie für den Mittleren Schulabschluss mit Aufgabenbeispielen, 10., aktualisierte und überarbeitete Auflage Deutsche Gesellschaft für Geographie e. V. 2020.
Freina, Laura/Ott, Michela, A., Literature Review on Immersive Virtual Reality in Education: State Of The Art and Perspectives, Bucharest (Romania) 2015. Online unter: https://doi.org/10.12753/2066-026X-15-020 [abgerufen am: 04.12.2023].
Gottschlich, Daniela/Hackfort, Sarah/Schmitt, Tobias/ Winterfeld, Uta von (Hg.), Handbuch Politische Ökologie: Theorien, Konflikte, Begriffe, Methoden, Bielefeld 2022.
Ishikawa, Toru/Kastens, Kim A., Why some students have trouble with maps and other spatial representations?, in: Journal of Geoscience Education 53 (2005) 2, 184–197.
Kersting, Philippe/Tillmann, Alexander, Landwirtschaft als Schlüsselfaktor für Entwicklung – ein kartengestütztes Planspiel zur Analyse von Raumnutzungskonflikten in Ghana, in: Praxis Geographie (2017) 12, 22–28.
Lee, Kwan Min, Presence, Explicated, in: Communication Theory 14 (2004), 27–50. Online unter: https://doi.org/10.1111/j.1468-2885.2004.tb00302.x [abgerufen am: 04.12.2023].
Makransky, Guido/Petersen, Gustav B., The Cognitive Affective Model of Immersive Learning (CAMIL): A Theoretical Research-Based Model of Learning in Immersive Virtual Reality, in: Educational Psychology Review 33 (2021), 937–958. Online unter: https://doi.org/10.1007/s10648-020-09586-2 [abgerufen am: 04.12.2023].
Markowitz, David M./Laha, Rob/Perone, Brian P./Pea, Roy D./Bailenson, Jeremy N., Immersive virtual reality field trips facilitate learning about climate change, in: Frontiers in Psychology (2018) 9. Online unter: https://doi.org/10.3389/fpsyg.2018.02364 [abgerufen am: 04.12. 23].
Mascher, Ulrike/Fernes, David/Tillmann, Alexander, Planspiel meets VR. Werkstattbericht einer Expert*innen-Erprobung des VR-gestützten Planspiels „Artificial Intelligence Act – Europe", GMW Dresden 2023 (im Druck).
Otto, Karl-Heinz, Die Verankerung von Bildung für nachhaltige Entwicklung (BNE) im Unterrichtsfach Geografie, in: Engagement Global (Hg.), Orientierungsrahmen für den Lernbereich Globale Entwicklung. Teilausgabe Geografie, Bonn 2021, 19–25.

Tillmann, Alexander/Kersting, Philippe, Mit Virtual Reality für Nachhaltigkeit sensibilisieren. Virtuelle Exkursionen als emotionalisierende und produktive Methode, in: Praxis Geographie (2021) 3, 32–35.

Tillmann, Alexander/Wunderlich, Jürgen, Forschendes Lernen – vor Ort und virtuell. Virtual Reality (VR)-Anwendungen im Kontext von Exkursionen am Beispiel der Mittelgebirgslandschaft Kellerwald/Edersee, in: GW-Unterricht 171 (2023) 3, 54–65. Online unter: https://doi.org/10.1553/gw-unterricht171s54 [abgerufen am: 04.12.2023].

Wardenga, Ute, Räume der Geographie. Zu Raumbegriffen im Geographieunterricht, in: Geographie Heute 23 (2002), 8–11.

Weichhart, Peter, Geographie als Multi-Paradigmen-Spiel. Eine post-kuhnsche Perspektive, in: Blotevogel, Hans-Heinrich/Ossenbrücke, Jürgen/Wood, Gerald (Hg.), Lokal verankert – weltweit vernetzt. 52. Deutscher Geographentag Hamburg, Tagungsbericht und wissenschaftliche Abhandlungen, Stuttgart 2000, 479–488.

Werlen, Benno, Sozialgeographie. Eine Einführung, Bern/Stuttgart/Wien 2000.

Teil II

Religionsbezogene & theologische Grundlagen

Das evangelische Kirchenraumverständnis und der virtuelle Kirchenraum

Georg Plasger

Der vorliegende Sammelband beschäftigt sich mit der virtuellen Erschließung von Sakralräumen. Und da ist zuerst die Frage zu stellen, ob aus evangelischer Sicht eine Kirche als solche bereits einen Sakralraum darstellt. In Kirchen (und auch in Gemeindehäusern z. B.) finden u. a. Gottesdienste statt, und diese Gebäude sind deshalb ganz allgemein und in der Außenwahrnehmung als sakrale Bauten sicht- und erkennbar. Aber ist aus der inneren evangelischen Perspektive ein Kirchengebäude bereits ein sakraler, sagen wir zunächst einmal: besonderer Raum, der als solcher eine theologische Würdigung und außergewöhnliche Rolle einzunehmen in der Lage ist? Hier ist zu sagen: So einfach und klar ist das nicht.

1. Wer und was ist Kirche aus evangelischer Sicht?

Kirche ist aus evangelisch-theologischer Sicht zunächst einmal nur personal zu verstehen. So formuliert Martin Luther in den ‚Schmalkaldischen Artikeln': „Es weiß gottlob ein Kind von 7 Jahren, was die Kirche sei, nämlich die heiligen Gläubigen und die ‚Schäflein, die ihres Hirten Stimme hören'." (Luther, 1986, 459) Hier wird die Kirche identifiziert als Schar der Glaubenden, die auf das Wort Gottes hören. Natürlich ist hier der Zusammenhang nicht der zwischen Menschen und Gebäuden – Luther wehrt sich hier gegen Zeremonien und Gewänder, die die Heiligkeit der Kirche ausmachen. Dagegen setzt er, dass die Heiligkeit der Kirche „im Wort Gottes und im rechten Glauben" (ebd., 460) besteht. Ein Gebäude ist hier nicht im Blick. Noch deutlicher formuliert die ‚Confessio Augustana': „Es wird auch gelehret, daß alle Zeit müsse ein heilige christliche Kirche sein und bleiben, welche ist die Versammlung aller Gläubigen, bei welchen das Evangelium rein geprediget und die heiligen sakrament lauts des Evangelii gereicht werden." (Die Augsburgische Konfession, 1986, 61) Auch hier ist ein personales Verständnis von Kirche erkennbar, allerdings ist hier auch die Raumdimension integral notwendig, weil ein Zusammenkommen (eine „congregatio", so die lateinische Fassung) einen Raum erfordert – und auch Predigt sowie Austeilung der Sakramente Raum benötigen. Ob aber dieser Raum bestimmten Anforderungen genügen muss, wird nicht weiter thematisiert: Prinzipiell ist dieses

Zusammenkommen innerhalb oder außerhalb von gemauerten Wänden denkbar. Ein Gebäude ist also nach lutherischem Grundverständnis für die Definition von Kirche theologisch zunächst einmal irrelevant.

Die reformierte Auffassung unterscheidet sich im Grundsatz nicht sehr viel davon. Im Heidelberger Katechismus etwa heißt es in der Antwort auf Frage 54: „Ich glaube, dass der Sohn Gottes aus dem ganzen Menschengeschlecht sich eine auserwählte Gemeinde zum ewigen Leben durch seinen Geist und Wort in Einigkeit des wahren Glaubens von Anbeginn der Welt bis ans Ende versammelt, schützt und erhält und dass auch ich ein lebendiges Glied dieser Gemeinde bin und ewig bleiben werde." (Heidelberger Katechismus, 2005, 166) Hier ist sowohl von der gesamten einen Kirche die Rede, die nicht direkt sichtbar ist, aber auch von der konkreten Versammlung. Damit ist auch hier die Frage des Gebäudes zunächst einmal nicht von Belang, weil die Versammlung von Menschen unabhängig von bestimmten Qualitäten oder Ausstattungsmerkmalen von Räumen zu denken ist.

2. Die Gestaltung von Kirchenräumen aus evangelischer Sicht

Wie sehen evangelische Kirchen von innen aus? Auf diese Frage ist keine einheitliche Antwort zu finden. Es gibt mittelalterliche, evangelisch genutzte Kirchen, die sich in ihrem Inneren nur unwesentlich von vergleichbaren Kirchen unterscheiden, die von römisch-katholischen Gemeinden genutzt werden. Und es gibt evangelisch genutzte Kirchen, die auf den ersten Blick ganz anders aussehen.

Um den „Typ" lutherische Kirchen zu verstehen, ist es notwendig, wiederum auf Luther zurückzugehen. Denn er kann mit seinen Invokavit-Predigten wirkungsgeschichtlich kaum überschätzt werden (Plasger, 2013, 83f.). Im Zuge der mit großem Rückhalt der Wittenberger Bevölkerung unter Leitung von Andreas Bodenstein aus Karlstadt (1486–1541) erfolgte Reform (Kotabe, 2005; Bubenheimer, 1979) beinhaltete auch die geordnete Entfernung von Bildern aus der Wittenberger Kirche. Das aber sorgte in Wittenberg für Unruhe. Der sich auf der Wartburg befindende Luther kam 1522 nach Wittenberg und sorgte mit seinen Invokavit-Predigten dafür, dass die Kirchen so blieben, wie sie waren.

Luther selber bekennt sich durchaus dazu bereit, Veränderungen in den Kirchen durchzuführen. Er kämpft – jedenfalls 1522 – auch nicht dafür, Bilder in den Kirchen beibehalten zu müssen, sondern er sieht in den Kirchenreformen eine andere Gefahr. Es könnten Kirchenreformen und damit auch Umgestaltungen der Kirchen so verstanden werden, dass dies notwendig zur Rechtfertigung des Sünders dazugehören würde, sozusagen eine notwendige Konsequenz des Glaubens darstelle. Dann aber träte wieder ein Werk an die Stelle des Glaubens.

> „Aus diesem allen sollt ihr nun merken, dass kein äußerliches Ding dem Glauben schaden mag, noch irgendeinen Nachteil zufügen könne; alleine darauf muß man Achtung haben, dass das Herz nicht an äußerlichen Dingen hange noch sich darauf wage. Solches müssen wir predigen und sagen und das Wort (wie gehört) wirken lassen." (Luther, 1937, 54)

Luther unterscheidet zwischen den äußerlichen Dingen und dem Glauben. Wenn es nun aber in Wittenberg Schwache gebe, die diese Unterscheidung zwischen dem Äußerlichen und dem Glauben nicht machen könnten, bestehe die Gefahr, Kirchenreformen und damit die Gestalt der Kirche als notwendig für den Glauben zu verstehen. Damit aber würde der Glaube zu einer äußerlichen Sache werden, die mit „richtig" oder „falsch" in einer bestimmten Frage identifiziert werden könnte.

Das Ergebnis dieser Invokavit-Predigten Luthers ist entscheidend für das Innere der lutherischen Kirchen. Denn die mittelalterlichen Kirchen wurden nicht verändert, sondern behielten Hochaltäre, Bilder und vieles andere bei – das alles sind äußerliche Dinge, die nicht zum Entscheidenden des Glaubens gehören.

Welche Rolle spielt dann die Ausgestaltung der Kirchen? Sie sind letztlich nur etwas Äußerliches. Und wenn die Gestalt der Kirche für Luther eine solch äußerliche Rolle spielt, ist es sogar problematisch, hier klare Bezüge zwischen der Gestalt und Gestaltung der Kirche und dem, was für evangelisch-lutherische Theologie wichtig ist, herzustellen. Zum Kern des Glaubens gehört das Gebäude und auch die innere Ausgestaltung der Gebäude gerade nicht.

In seiner berühmten Predigt zur Einweihung der Torgauer Schlosskirche im Jahre 1544 hat Luther eher beiläufig etwas zum Kirchenraum gesagt. Die „Einweihung" der Kirche bestehe darin, dass in ihr innerhalb der versammelten Gemeinde gepredigt werde – das sei entscheidend (Luther, 2015, 855). Der gesamte Duktus der Predigt besteht dann darin, den Raum als solchen zu relativieren, indem er letztlich auf seine Funktion reduziert wird: Kann der Gottesdienst „nicht unter einem Dach oder in einer Kirche geschehen, dann geschehe es auf einem Platz unter freiem Himmel, oder wo Raum dafür ist" (ebd., 859). Und weiter heißt es bei Luther:

> „Ebenso soll dieses Haus dieser Freiheit [sc. Die Schlosskirche zu Torgau; G.P.] entsprechend gebaut und bestimmt sein für die, die hier im Schloss und am Hof sind oder die sonst hereingehen wollen – nicht, dass man aus ihm eine abgesonderte Kirche mache, als ob sie besser sei als andere Häuser, wo man Gottes Wort predigt. Sollte es aber vorkommen, dass man in ihr nicht zusammenkommen könnte, könnte man auch draußen am Brunnen oder an einem anderen Ort predigen. Denn die Propheten haben den Tempel in Jerusalem nicht so hoch geachtet – vor allem weil die Hohepriester sie dort nicht ertragen wollten –, dass sie immer darin gepredigt hätten, sondern sie predigten, wie und wo es passte, so wie es in ihren Schriften zu lesen ist." (ebd., 859)

Damit wird letztlich die Uninteressiertheit zumindest Luthers für die Ausgestaltung von Kirchenräumen deutlich: Kirche ist personal als Versammlung der Glaubenden um Wort und Sakrament zu verstehen und als Gebäude nicht wirklich entscheidend. Mir ist nicht nachvollziehbar, wie Klaus Raschzok in der Interpretation der Predigt Luthers zu folgender Konklusion kommt: „Der Raum wird benötigt, um die Gottesbeziehung zu ermöglichen. Er verhält sich keinesfalls neutral zur Gottesbeziehung. Der Kirchenraum ist nicht nur Gehäuse für den sich von ihm losgelöst vollziehenden Gottesdienst, sondern bleibt selbstverständlich dazu erforderlich, damit es zu einem Gottesdienst kommt, der bis in die Tiefe der Herzen dringt." (Raschzok, 2020, 258f.) Hier liest Raschzok ein ihm selber wichtiges Thema in Luthers Predigt hinein – nach meiner Lektüre geradezu gegen Luthers Predigt.

Die reformierte Theologie und Kirche haben etwa im Blick auf Bilder viel deutlicher für die Veränderung von Kirchenräumen beigetragen als dies im Luthertum geschehen ist. Reformierte Kirchen zeigen sich bis heute im Regelfall bilderlos und ohne Hochaltäre (meistens gibt es nur einen Abendmahlstisch). Manche reformierten Kirchen sind umgestaltet worden und haben eine Bestuhlung mit Ausrichtung zur Kanzel gefunden, nicht mehr zum Altar hin.

Das hat zwei Implikationen – eine deutlich kritische, die die reformierte Tradition mit den lutherischen Kirchen eint, und eine eher gestaltende. Die eher kritische Dimension besteht in der Ablehnung der Heiligkeit des Kirchenraums.

> „Jeder Raum ist auch vom Menschen gestalteter Raum. Das gilt bereits für den natürlichen Raum, erst recht aber für den gebauten, und selbstverständlich auch für den Raum der Kirche. Für den evangelischen Kirchenraum war nun theologisch stets klar, dass er qualitativ von anderen Räumen nicht unterschieden ist. Insbesondere eignet dem Kirchenraum keine wie immer definierte Heiligkeit. Jede Definition eines heiligen Raumes müsste ja darauf hinauslaufen, Gottes Präsenz in irgendeiner Weise zu fixieren. Wo der Raum theologisch verstanden wird als Ort des Ergehens des Gotteswortes, wo und wann Gott will, ist jeder Vorstellung dieser Art der Riegel geschoben." (Zeindler, 2017, 38)

Diesem Zitat ist die reformierte Prägung deutlich anzumerken, insofern es die Gefahr der Nostrifizierung Gottes als wesentliches theologisches Argument anführt. In der Sache ist das allerdings durchaus „gemeinevangelisch".

Anders als im lutherischen Bereich gibt es nun aber in der reformierten Kirche und Theologie deutlich die Frage nach der Gestaltung des Kirchenraums. Anders als Martin Luther, dessen Theologie sich letztlich immer von der Dimension der Rechtfertigung bestimmt, ist beispielsweise Johannes Calvin stark an Gestalt und Gestaltung der sichtbaren Gemeinde interessiert; deutlich wird das z. B. am Verständnis der gegliederten Dienste in der Gemeinde (vierfaches Amt). Dieses Bild der 1564 gebauten und bereits 1567 zerstörten ersten reformierten Kirche in Lyon (Temple du Lyon, genannt Paradies) zeigt, dass sich der reformierte Kirchraum deutlich von einer mittelalterlichen Kirche unterschied. Im Mittelpunkt steht die Kanzel, die Sitzbänke sind halbkreisförmig ausgerichtet.

Das evangelische Kirchenraumverständnis und der virtuelle Kirchenraum   93

Viele reformierten Kirchen haben Züge dieses Verständnisses des Kirchenraums übernommen (Dreßler/Mertin, 2015).

Abb.: Das vermutlich von Jean Parassin 1569/70 gemalte Bild der ersten reformierten Kirche in Lyon zeigt eine Predigt mit Hochzeitsgesellschaft.

Was ist die „Theologie" dieses Kirchenraums? „Der Kirchenbau kann dem Ergehen des Gotteswortes [...] nur dienen. Und man muss diese Aufgabe zunächst einmal negativ fassen: Der Kirchenbau soll das Ergehen des Gotteswortes möglichst nicht behindern. Dieses Bestreben steht uns in den klassischen reformierten Kirchen deutlich vor Augen. Es sind Kirchen, die durch die Überzeugung gestaltet sind, dass jeder optische und akustische Sinnenreiz die Konzentration auf das Wort der Verkündigung stört und deshalb aus dem Kirchenraum fernzuhalten ist." (Zeindler, 2015, 38) Neben der Predigt ist auch die gemeinsame Feier des Abendmahls aus evangelischer Sicht kirchraumrelevant, so dass Matthias Zeindler mit Recht formuliert, „dass der evangelische Kirchenraum nicht allein als Raum des Hörens, sondern ebenso als Raum der gemeinschaftlichen Feier des Abendmahls zu gestalten ist. Auch historisch lässt sich übrigens zeigen, dass die beiden Brennpunkte von Verkündigung und Abendmahl – und die Frage ihrer richtigen Zuordnung – die evangelische Kirchenbaudiskussion seit ihren Anfängen weitgehend bestimmt haben." (Zeindler, 2015, 43)

3. Kirchengebäude als „Zeichen des Unverfügbaren"?

Trotz dieser deutlichen reformatorischen Perspektive, die die Heiligkeit von Kirchengebäuden deutlich kritisch sieht, gibt es im 20. und dann auch im 21. Jahrhundert ein gewachsenes Interesse am Raumkonzept von Kirchen in ästhetischer und nicht zuletzt auch in religionspädagogischer Perspektive. „Kirchenraumpädagogik bzw. Kirchenpädagogik bezeichnet das pädagogische Anliegen, in einer religiös und weltanschaulich pluralen Gesellschaft den Sinngehalt christlicher Kirchenräume verschiedensten Adressatengruppen unterschiedlichen Alters ganzheitlich mit erfahrungsorientierten Methoden nahe zu bringen." (Böhme, 2020, 1)

Nach unseren bisherigen Reflexionen wird der Begriff des „Sinngehaltes" seinerseits zu reflektieren sein. In der römisch-katholischen Kirche werden Kirchengebäude „geweiht" und stellen deshalb besondere Räume dar; werden sie nicht mehr als Kirchen gebraucht, werden sie konsequenterweise auch „entweiht". Das ist evangelischerseits nicht so. Was ist dann unter dem Sinngehalt zu verstehen? Aus architektonischen Eigenarten der reformierten Kirchen ist – wenn auch sparsam – hier so etwas zu sehen, etwa die Zentralität der Kanzel oder der Abendmahlstisch, vielleicht sogar das Nichtvorhandensein figürlicher Darstellungen. In lutherischen Kirchen ist das deutlich schwieriger. Natürlich werden auch hier Hinweise zu finden sein: Aufgeschlagene Bibel auf dem Altar bzw. Abendmahlstisch verweisen auf die aufgeschlagene Heilige Schrift, das Vorhandensein von Bänken und Stühlen bzw. der Abendmahlstisch darauf, dass die Kirche einem Zweck dient – nämlich der gottesdienstlichen Versammlung der Gemeinde etc. Es ist also durchaus in einer evangelischen Kirche möglich, einzelne Teile der Kirchenraumgestaltung als Hinweis auf theologische Grundentscheidungen zu sehen.

Aber es ist für mich deutlich die Frage zu stellen, ob darüber hinaus das Verständnis einer „Heiligkeit" von Kirchen evangelisch-theologisch akzeptabel ist. Dass Kirchengebäude von außen wie von innen zur Identitätsbildung von Orten und auch Menschen beitragen, dass sie als kulturelles Erbe bestimmter Epochen eine wichtige Funktion haben, ist sicherlich wahr – und auch von den Kirchen als Eigentümer von Kirchen mit zu bedenken. Das alles betont z. B. Klaus Raschzok in seinen Veröffentlichungen sehr deutlich und mit Recht. Das heißt, dass

Das evangelische Kirchenraumverständnis und der virtuelle Kirchenraum

auch außertheologische Faktoren für die Relevanz eines Kirchengebäudes vorhanden und deshalb auch ernst genommen werden müssen. Raschzok formuliert:

> „Evangelische Kirchenbauten können nicht allein von ihrer binnengemeindlichen Funktionalität her lediglich als ‚Gehäuse' der in ihnen gefeierten Gottesdienste verstanden, sondern müssen darüber hinaus auch mit ihrer besonderen Stellung im Spannungsfeld von Gesellschaft und christlicher Religiosität wahrgenommen werden. Über ihre religionsimmanente Funktion hinaus kommt ihnen als Zeichen des Unverfügbaren in einer zweckrational bestimmten Gesellschaft hohe symbolische Bedeutung zu, da sie über ihre binnengemeindliche Relevanz hinaus für die Interaktion zwischen Individuen, christlicher Religiosität und Gesellschaft eine entscheidende Rolle spielen." (Raschzok, 2010, 1)

Mein Problem mit Raschzoks Formulierung ist nicht sein Hinweis auf die Rolle des Kirchengebäudes über eine „binnengemeindliche Funktionalität" hinaus, sondern die Behauptung der Kirchen als „Zeichen des Unverfügbaren". Im weiteren Verlauf des zitierten Vortrags von Raschzok folgen dann noch Formulierungen, die diesen Satz theologisch noch weiter aufladen. So wird der Kirchenraum „zu einem konstitutiven Element" (ebd., 13) des Gottesdienstes, ja, er gewinnt religiöse oder spirituelle Qualität:

> „Je intensiver und dichter diese Spuren des Gottesdienstes, des Gebetes und der Christusgegenwart in einem Kirchenraum sind, umso machtvoller wird dieser Raum. Er ist wie mit Kraft aufgeladen. Heiliger Raum bezeichnet nach lutherischem Verständnis dann einen Raum, der der kontinuierlichen Gottesbegegnung der Gemeinde dient und von diesem Geschehen so stark durchdrungen ist, dass selbst der touristische Besucher außerhalb der Gottesdienste etwas in diesem Raum spüren und aufnehmen kann. Heiliger Raum meint damit, zu Christus gehörig, für ihn vorbehalten und für ihn ausgesondert zu sein, als Ort der Gemeinschaft der Heiligen, zu der alle Getauften gehören." (ebd., 17f.)

Dieser heilige Raum ist, so Raschzok, nicht heilig aufgrund einer Weihe, sondern aufgrund der Erfahrungen, die die Steine speichern und ausdrücken. Und auch wenn Raschzok diese gespeicherten Erfahrungen nicht explizit Zeugnisse Gottes nennt, so ist er von dieser Aussage doch nicht weit entfernt – und steht nach meinem Dafürhalten in einem diametralen Gegensatz auch zu Martin Luther. In meinen Überlegungen steht jetzt nicht die Frage im Vordergrund, warum Raschzok zu solchen Aussagen kommt und aus welchen theologischen Grundprämissen sie gespeist werden. Sondern eher, ob evangelischerseits Aussagen, die den Kirchenraum zu einem grundsätzlich auch theologisch herausgehobenen Raum machen, legitim sind.

Dass Kirchenräume besonders sind, dass sie im Horizont gegenwärtiger rein funktionaler und eher technischer Weltgestaltung auch Freiräume für Transzendenzerfahrungen (was immer das sein mag) sind, dass sie auch für in der Biographie von Menschen verhafteten Gottesaussagen eine Rolle mitspielen – all das hat Raschzok gut gesehen und beobachtet (wobei vielleicht auch das toxische Potenzial von Kirchenräumen etwas stärker hätte betont werden können). Aber letztlich vollzieht sich hier eine (römisch-katholisch beeinflusste?) theologische Überhöhung von Räumen, hinter der vielleicht apologetische Gründe stehen und wo ein kleiner Rettungsanker gesucht wird, die bleibende Wichtigkeit der Kirche angesichts ihrer gesellschaftlich schwindenden Relevanz festzuhalten.

4. Virtualität von Versammlungen

Der Begrifflichkeit der Sakralität einer Kirche ist evangelisch-theologisch also mit Skepsis zu begegnen: Wirkliche theologische Unterschiede bestehen zwischen einem Kirchengebäude und z. B. einer als Gottesdienstraum genutzten Lagerhalle nicht. Es bestehen deshalb konsequenterweise auch gar keine theologischen Bedenken, etwa Kirchenräume virtuell zu begehen. Und natürlich wird man religionspädagogisch in vielen Kirchen auch viel sehen – wobei auch hier sofort wieder zurückzufragen ist, ob Rückschlüsse aus vorhandenen Kirchen auf die Inhalte der Lehrtradition möglich sind. In den bewusst evangelisch(-reformiert) geprägten Kirchen ist das wohl einfacher als bei weitgehend unveränderten mittelalterlichen Kirchen: So bringen die in manchen lutherischen Kirchen vorhandenen Hochaltäre aus vorreformatorischer Zeit gerade nicht das lutherische Verständnis von Rechtfertigung oder auch vom Abendmahl zum Ausdruck. Und das liegt eben daran, dass das entscheidende Verständnis von Kirche personal ist.

In den evangelischen Kirchen wird deshalb im Blick auf die Virtualität weniger die Raumfrage, sondern eher die Handlungsfrage thematisiert. So gab es in den 90er-Jahren des 20. Jahrhunderts intensive Diskussionen zur Frage, ob Fernsehgottesdienste ein Ersatz für Präsenzgottesdienste sein könnten (eine entscheidende Frage lautete damals, ob die Gemeinde dadurch nicht zum Publikum [Daiber, 1995] degradiert werde). Dieselbe Frage entstand im Zusammenhang der Corona-Pandemie der letzten Jahre – und nicht zuletzt in den Online-Gottesdiensten während der Pandemie entstand die gegenwärtig immer noch intensiv diskutierte Frage nach dem virtuellen Abendmahl. Roman Winter formuliert in seinem abwägenden Urteil, das sich auf die lutherische Kirche und das virtuelle Abendmahl bezieht:

> „Die Reflexion über die verschiedenen Probleme des digital vermittelten Abendmahls hat einige unüberwindliche Hürden und andere der Kompensation offenstehende Veränderungen offenbart. Nicht alles lässt sich ins Digitale übertragen; einiges wird man wohl aufgeben, anderes modifizieren können. Mit pejorativen Voten ist indes vorsichtig umzugehen. Das Digitale und Virtuelle lassen sich nicht ohne weiteres disqualifizieren; es zeigt sich vielmehr, dass man in der Zukunft stärker durch solche Aspekte herausgefordert und dass man zur Offenheit für neue Lösungen gezwungen sein wird." (Winter, 2021, 257)

Im Zentrum der Anfragen an virtuelle Gottesdienste und auch beim virtuellen Abendmahl steht die Frage nach der Gemeinschaft – oder genauer: die Frage nach der Erfahrung der Gemeinschaft, weil virtuelle Dimensionen immer eine vermittelte Gemeinschaft bedeuten. Anders gesagt: Ist die personale Versammlung mit all ihren haptischen Dimensionen vollständig digital transferierbar? Wird der Mensch digital nicht doch reduziert – und sind deshalb virtuelle Gottesdienste nicht doch als defizitär zu betrachten? Es wird aber auch zu fragen sein, ob diese Vorbehalte nicht letztlich mehr Gewohnheiten widerspiegeln und in der Digital Non-Natives digitale Möglichkeiten und Chancen unterschätzen. Gerade beim Abendmahl wird man fragen müssen, ob evangelischerseits (nicht nur lutherischerseits) wirklich mehr Vorbehalte bestehen müssen als bei einem normalen Wortgottesdienst, weil ja das Sakrament nicht höher einzuschätzen ist als das Wort.

5. Alltägliche Öffnung evangelischer Kirchen

Die evangelischen Kirchen haben sich – aufgrund des oben skizzierten Hinweises auf die Funktion der Kirchen als Raum für Gottesdienste – eher schwergetan, ihre Kirchenräume alltäglich zu öffnen. Bis heute gibt es viele evangelische Kirchen, die tagsüber geschlossen sind. Aber warum sollte eine Kirche in der Woche geöffnet sein?

Zwei Gründe werden dafür wohl vor allem genannt. Der eine ist der historische und architektonische und steht insgesamt also eher für eine kulturelle Bedeutung. Dann ist die Öffnung der Kirchen eine Dienstleistung an die Öffentlichkeit – vielleicht auch mit musealem Charakter. Nun wird nicht jeder Kirchenraum in künstlerischer oder architektonischer Hinsicht so bedeutsam sein, dass Menschen aus diesen Gründen eine Kirche besichtigen.

Als zweiter Grund wird nicht selten genannt, dass Menschen hier zum Gebet, zur Stille oder aus anderen persönlichen Gründen kommen. Auch in manchen evangelischen Kirchen gibt es mittlerweile Kerzen, die im Gedenken etwa an Verstorbene etc. angezündet werden können – hier scheint aber eine theologische Reflexion dieser Praxis noch nicht erfolgt zu sein. Aber die Frage ist grundsätzlicher. Denn es bleibt aus evangelischer Sicht die Frage, inwiefern die individuelle Frömmigkeit und die Kirche als „Gottesraum" zueinander in Beziehung stehen. Da eine evangelische Kirche nicht geweiht ist und sie nicht als sakraler Raum verstanden wird, ist jede Auffassung, die Gottes Nähe dort stärker als andernorts erfahrbar versteht, nicht unproblematisch, weil sie Gott gleichsam in die Kirche hereinholt.

Historisch ist hier natürlich auf Aufklärung und Pietismus zu verweisen, die beide mit ihrer Betonung auf das Individuelle das Christentum auch evangelischer Provenienz verändert haben. Aber ist individuelle Frömmigkeit nicht letztlich in Gefahr, die konstitutive Sozialität von Kirche kleinzuschreiben und damit das Grundverständnis von Kirche als „Versammlung" doch auszublenden? Offene evangelische Kirchen lassen also mit ihrer Öffnung bereits die Frage nach dem Verhältnis zwischen individueller Erfahrung und dem Ort des Gottesdienstes im Kirchenraum stellen.

Die Frage ist deshalb auch hier zu stellen: Wozu dienen virtuelle Kirchenräume aus evangelischer Sicht? Lautet die Antwort: Wenn sie religionspädagogisch genutzt werden, um Unterschiede oder Besonderheiten etc. zu reflektieren und u. a. für den interreligiösen Dialog zu nutzen, spricht aus evangelischer Sicht nichts dagegen. Auch kulturelle Dimensionen kirchlichen Handelns können Gegenstand virtueller Beobachtung und Diskussion sorgen.

Deutlich komplexer ist natürlich die Frage nach virtuellen Versammlungen, die nicht direkt Gegenstand dieses Sammelbandes sind. Die religionspädagogische Aufarbeitung von Kirche als versammelter Gemeinde kann hier nicht beantwortet werden, ist aber als Perspektive evangelischen Kirchenraumverständnisses auf jeden Fall zu bedenken.

Literatur

Böhme, Katja, Art. Kirchenraumpädagogik/Kirchenpädagogik (2020), in: Das wissenschaftlich-religionspädagogische Lexikon im Internet www.wirelex.de (https://doi.org/10.23768/wirelex.KirchenraumpdagogikKirchenpdagogik.200823, pdf vom 15.09.2023).

Bubenheimer, Ulrich, Scandalum et ius divinum: Theologische und rechtstheologische Probleme der ersten reformatorischen Innovationen in Wittenberg 1521/22, in: ZSRG, Bd. 90 (1979), 263-342.

Daiber, Karl-Fritz u. a. (Hg.), Gemeinde als Publikum? Berichte, Analysen, Reflexionen zu einem Marburger Fernsehgottesdienst, Marburg 1995. Die Augsburgische Konfession, in: Die Bekenntnisschriften der evangelisch-lutherischen Kirche, 9. Aufl. Göttingen 1986, 33-137.

Dreßler, Sabine/Mertin, Andreas (Hg.), Einsichten. Zur Szenografie des reformierten Protestantismus, Solingen 2017. Heidelberger Katechismus, in: Plasger, Georg/Freudenberg, Matthias (Hg.), Reformierte Bekenntnisschriften. Eine Auswahl von den Anfängen bis zur Gegenwart, Göttingen 2005, 151-186.

Kotabe, Shinichi, Das Laienbild Andreas Bodensteins von Karlstadt in den Jahren 1516-1524, München 2005.

Luther, Martin, Acht Sermone, gepredigt in Wittenberg in den Fasten, in: Ders., Ausgewählte Werke, Bd. 4: Der Kampf gegen Schwarm- und Rottengeister, hg. v. Hans Heinrich Borcherdt u. Georg Merz, 2. Aufl. München 1937, 32-78.

Luther, Martin, Die Schmalkaldischen Artikel, in: Die Bekenntnisschriften der evangelisch-lutherischen Kirche, 9. Aufl. Göttingen 1986, 407-468.

Luther, Martin, Einweihung eines neuen Hauses zum Predigtamt des göttlichen Wortes, erbaut im Kurfürstlichen Schloss zu Torgau, in: Martin Luther - Deutsch-Deutsche Studienausgabe,

Band 2: Wort und Sakrament, herausgegeben und eingeleitet von Dietrich Korsch und Johannes Schilling, Leipzig 2015, 851–891.

Plasger, Georg, Das dynamische Verständnis reformierter Kirchenordnung, in: Wischmeyer, Johannes (Hg.), Zwischen Ekklesiologie und Administration. Modelle territorialer Kirchenleitung und Religionsverwaltung im Jahrhundert der europäischen Reformation, Göttingen 2013, 83–93.

Raschzok, Klaus, Das Konzept heiliger Räume aus lutherischer Sicht, in: Ders., Lutherische liturgische Identität. Zur Phänomenologie des liturgisch-räumlichen Erlebens, Leipzig 2020, 249–277.

Raschzok, Klaus, Die Sprache des Kirchenraumes (2010): https://www.ekmd.de/attachment/aa234c91bdabf36adbf227d333e5305b/1df89ed0489cb2689ed11df8035b9dade78b32db32d/Raschzok_Die_Sprache_des_Kirchenraumes.pdf; [abgerufen am: 11.8.2023].

Winter, Roman, Abendmahl digital empfangen? Überlegungen angesichts aktueller Herausforderungen durch Pandemie(n) und Digitalisierung, in: Kerygma und Dogma 67 (2021) 3, 235–259,

Zeindler, Matthias, Der Raum der von Gott Befreiten. Zur Theologie des Kirchenraums, in: Dreßler, Sabine/Mertin, Andreas (Hg.), Einsichten. Zur Szenographie des reformierten Protestantismus, Solingen 2017, 32–45.

Das katholische Kirchenraumverständnis und der virtuelle Kirchenraum

Klara Pišonić & Viera Pirker

Mit der topologischen Wende rücken in Bezug auf den Raumbegriff Organisationsformen des Nebeneinanders in das Blickfeld. Dabei spielt die Unterscheidung zwischen Orten und deren wechselseitige Beeinflussung eine zentrale Rolle. Martina Löw versteht den Raum als „(An)Ordnungen von Lebewesen und sozialen Gütern an Orten" (Löw/Sturm, 2005, 12f). Damit wird betont, dass „Räume sowohl auf der Praxis des Anordnens (als Leistung der wahrnehmend-kognitiven Verknüpfung als Platzierungspraxis) basieren, als auch eine gesellschaftliche Ordnung vorgeben" (ebd., 12f).

1. Ordnungen im katholischen Kirchenraum

Ordnungen im katholischen Kirchraum werden beispielsweise durch die Weihe beeinflusst. Die Weihe hat zur Folge, „dass diese (An)Ordnung festgelegt, der profanen Ordnung und Bestimmung entzogen und vor allem Gott in wesentlichen relationalen Dimensionen Raum gegeben wird" (Boehme, 2020). Über kirchenspezifische Raumordnungen und Einrichtungsgegenstände, die symbolisch wirkmächtig sind, werden menschliche und göttliche Bereiche einander zugeordnet, um Menschen mit Gott in Beziehung zu setzen (vgl. ebd.). So weisen katholische Kirchen in ihrer Ausstattung folgende Gegenstände (Prinzipalien) auf: Altar, Ambo, Tabernakel, Taufbecken, einen Ort des Bußsakramentes (z. B. Beichtstuhl), sowie Bilder und andere verehrungswürdige Gegenstände (vgl. Sekretariat der DBK, 2002, 15).

Der katholische Kirchenraum versteht sich als heilig, wobei nicht der Raum als solcher ‚heilig' ist, sondern durch die darin ausgeübten Praktiken und die darin angenommene Präsenz entsprechend verstanden wird. „Seine Sakralität gründet in der Heiligkeit der Versammlung und der durch sie vollzogenen Feier sowie in der Gegenwart Christi im eucharistischen Sakrament." (Sekretariat der DBK, 2003, 11)

> „Für diese gottesdienstliche Zweckbestimmung wird durch die Weihe der Kirchenraum dem beliebigen Zugriff durch Menschen entzogen. Profanum, Kult und Fanum (lat. Sakralbereich) werden einander in gestuften Relationen zugeordnet und fordern – auch für kirchenpädagogisches Handeln – entsprechende Handlungen und

Haltungen. Es ist die in liturgischen Handlungen gefeierte Gegenwart Gottes, die dem Kirchenraum eine Raumqualität zumisst, die ihm nicht allein durch subjektive Inszenierung, Interpretation oder Codierung zugesprochen, sondern durch sakramentalen Vollzug von Communio zwischen Mensch(en) und Gott realisiert wird." (Boehme, 2020)

Somit sind Kirchenräume nicht nur begehbare kulturelle Denkmäler einer Religion, sondern „liturgische Begegnungsräume, Gedächtnisspeicher des Glaubens, Räume öffentlichen Lebens und vernetzte Räume im intertextuellen Netzwerk lokaler Gefüge von Kirchen und Alltagsräumen" (Mendl/Sitzberger, 2023, 9).

2. Der Kirchenraum als Kultraum

Auf diese Beobachtungen aufbauend bezeichnen Hans Mendl und Rudolf Sitzberger Kirchen als Kulträume. „Ihre Reichhaltigkeit und besondere Tiefendimension beschränken sich nicht auf kulturgeschichtliche Größe, künstlerische Leistungen und kunsthandwerkliche Filigranität, sie zeigen sich vor allem in ihrer erfahrbaren Spiritualität." (Mendl/Sitzberger, 2023, 10) Auch wenn die in Kirchenräumen vorhandene Architektur und Kunst bestimmte Theologien reflektiert, erfährt ein sakraler Raum seinen tieferen Sinn erst durch die Feiernden des Ritus. „Bei einem Besuch des heiligen Raums außerhalb eines Gottesdienstes erschließt sich die Besonderheit des Raums in seinem Bezug zur religiösen Feier nicht zwangsläufig" (ebd., 10). Erst durch die Verwurzelung im Glauben und das regelmäßige Praktizieren und Feiern des Gottesdienstes erschließen sich einzelne Raumelemente, wie z. B. Altar, Kniebank und Tabernakel, im Zusammenhang beispielsweise mit der Transsubstantiation, Kommunion und Aufbewahrung der konsekrierten Hostien (vgl. ebd., 11). Gestaltungselemente eines Kirchenraums können somit vom Glaubenden als immanente Codes eines sakralen Raumes dechiffriert, zugeordnet und gedeutet werden, auch wenn diese „profan-nüchtern" (ebd., 11) erscheinen.

Mendl und Sitzberger kritisieren an diesem Punkt, dass die Erschließung heiliger Räume für Anders- bzw. Nicht-Gläubige nicht in vollem Umfang gewährleistet werden könne, wenn Exkursionen – und zwar aus Respekt denjenigen gegenüber, die den Raum für das Praktizieren eines Ritus nutzen – außerhalb der Gottesdienstzeiten stattfänden. Dabei stellen sie die Frage, wie etwas verstehbar werden könne, „das in seinem Handlungs- und Deutungszusammenhang nicht präsent und für viele auch nicht lebensgeschichtlich relevant ist" (ebd., 11).

Während Kirchenräume als aktive Kulträume fungieren, sind sie gleichzeitig aber auch Erinnerungsorte des kulturellen Gedächtnisses einer Religion wie auch des individuellen Gedächtnisses einzelner Personen (vgl. ebd., 11). Während Individuen Kirchenräume mit (emotionalen) Ereignissen verbinden, wie

z. B. Taufen oder Hochzeiten, erinnert die gesamte Kirchengemeinschaft im Gottesdienst das ‚letzte' Abendmahl und vergegenwärtigt die Mahlgemeinschaft im Heute. Schließlich kann auch (Lokal-)Geschichte über die Kirchenarchitektur, Kunst, aber auch durch überlieferte Geschichten in Erinnerung gerufen werden. Somit bringt der Kirchenraum verschiedene historische Dimensionen in die Gegenwart und verheutigt diese.

3. Die Vielfalt der VR-Kirchenräume

Virtuell bestehen schon viele Möglichkeiten und Anknüpfungspunkte für die Nutzung und Erstellung konfessioneller, auch katholischer Kirchenräume. Ilona Nord beschreibt bereits 2008 ein virtuelles Modell des Doms zu Siena, welches in der Ausstellung *Cybernarium Days* (2002) vorgestellt wurde. Dabei handelt es sich um Lichteffekte (künstliches Sonnenlicht und interne Lichtquellen), die den Raum naturgetreu wirken lassen. Diese Lichtmalerei, oft auch strategisch eingesetzt, dient als Metapher im Christentum, die als Erlösung und Auferstehung, sowie Präsenz Gottes gedeutet werden kann: Die Welt des Kirchenraums ist eine gedeutete, im Licht Gottes (durch die Fenster) bestehende Welt (vgl. Pirker, 2016). Auch in den geosteten Kirchenbauten ist häufig eine spezifische Ausrichtung zu finden, die die aufgehende Sonne durch die Fenster auf den Altarraum scheinen lässt (vgl. Nord, 2008, 12f).

3.1 Sinnliche Erfahrungen und Erprobungen

Licht sowie andere visuelle, auditive, taktile oder interaktive Dimensionen führen zu einer gewissen Stimmung bzw. Atmosphäre im Raum. Atmosphären können sehr leicht beeinflusst werden. Vergleichbar wäre dies z. B. dem Hören von Musik mit Kopfhörern im Bus, wodurch ein privater Hörraum entsteht und somit auch die Umwelt-Wahrnehmung der hörenden Person verändert wird (vgl. Nord, 2008, 123). Zusammenfassend entsteht keine Sinnreduktion, sondern eine Intensivierung und Erweiterung von Wahrnehmung.

Stimmungen im Raum können durch die sich entwickelnden VR-Technologien inzwischen zunehmend immersiver inszeniert werden. Das realitätsnahe Gefühl durch die Nutzung von VR-Umgebungen wird bereits in vielen Gaming-, aber auch Ausbildungsbereichen genutzt. Besonders dort, wo Trainingsmaßnahmen gefährlich sind (z. B. Flug- oder Operationssimulationen), lässt sich die Technik gewinnbringend nutzen; auch für pädagogische Professionalisierung werden inzwischen Klassensituationen in VR als Trainingsfeld entwickelt (vgl. Palkowitsch-Kühl, 2022, 118–123). Karsten Kopjar unternimmt früh schon das

Gedankenspiel, dass Liturgen und Liturginnen das eigene geistliche Handeln und Denken in virtuellen Settings lernen und trainieren könnten, sofern dafür ausgerichtete virtuelle Räume vorhanden seien. Dabei könnte der virtuelle Raum „Aufregung, Anspannung, handwerkliche Fehler und Abstimmungsprobleme" (Kopjar, 2013, 41) simulieren und so zur Verbesserung des Gottesdienstes beitragen. Auch wenn im liturgischen Handeln keine physischen Gefahren auf den Liturgen oder die Liturgin zukommen, muss eine predigende und Riten anleitende Person (mögliche) Werkzeuge kennen und ihre Auftrittswirkung üben, da Gottes Segen durch die liturgische Person zur Gemeinde dringt (vgl. ebd., 41).

3.2 Zwischen Immersion und Feier

Neben Vorstellungen, was VR leisten könnte, bestehen bereits vielfältige Angebote, die den katholischen Kirchenraum imitieren. Nicht im hohen Maße immersiv, aber virtuell machte im Jahre 1998 die virtuelle Kirche St. Bonifatius ihren Auftakt. Gelöst von physischen Räumen wurde die Kirche in *funcity.de* gegründet und „startete mit einer im Radio live übertragenen Namensgebung und Segnung durch Weihbischof Hans Georg Koitz, Hildesheim" (Gelhot/Lübke, 2018). Die „Bewohner" von *Funcity* feierten 20 Jahre lang in der Internetkirche Online-Gottesdienste und nahmen Online-Seelsorge in Anspruch. 2018 wurde das Projekt mit einem „Online-Profanierungs-Gottesdienst" (ebd.) beendet, da es nicht mehr möglich war, „ein gesichertes, verlässliches personelles Angebot sicherzustellen" (ebd.). In der Stadtübersicht von *funcity.de* kommt man jedoch immer noch über das Anklicken der Kirchendarstellung zu einem Vorraum, von dem aus noch aktive Angebote und Räume (z. B. Pfarrbüro, Kirchenraum, Kloster mit Oratorium und Bibliothek, ...) bespielt und erreichbar sind.

Nach dem gleichen Prinzip, nur in immersiver Ausführung, ist es auch in mit VR-Brillen begehbaren Räumen möglich, Gottesdienste abzuhalten. Während der Corona-Pandemie erfreute sich z. B. die *Virtual Reality Church*[1] einiger Aufmerksamkeit und auch Beliebtheit. Zu einer festgelegten Uhrzeit feiern Avatare, hinter denen reale Menschen stehen, gleichzeitig den Gottesdienst in einem virtuellen Kirchenraum. Es wird gemeinsam gesungen und gebetet. Es entsteht eine Art von Gemeinschaft im virtuellen Raum, auch wenn die Teilnehmenden tausende Kilometer voneinander entfernt sind. Auch wenn hier keine *face-to-face*-Kommunikation stattfindet, sondern durch die Avatare eine anonymisierte Kommunikation, *kann* diese Pseudonymität zwar zu Täuschung führen, aber auch zu größerer Ehrlichkeit beitragen (vgl. Nord, 2008, 101).

---

[1] Mehr zur VR-Church online unter: https://www.vrchurch.org [abgerufen am: 01.09.2023]. Mehr zum Gründer der VR-Church D. J. Soto online unter: https://www.wired.com/story/virtual-reality-church/ [abgerufen am: 30.10.2023].

Neben den interaktionsfähigen virtuellen Gottesdiensten nahm in den letzten Jahren die Aufmerksamkeit für gestreamte Gottesdienste an Häufigkeit zu. Auch wenn das eigene Mitmachen den anderen Stream-Zuschauer:innen verborgen bleibt, ist das Bewusstsein da, dass zur gleichen Zeit an unterschiedlichen Orten die Gemeindemitglieder die Messe feiern.

3.3 Die Fernsehübertragung als Modell der Teilnahmestruktur

Vom Prinzip her ähnlich wie ein *Streaming*, jedoch planvoller, ist der im Fernsehen übertragene Gottesdienst. Diese Variante von Gottesdienstübertragung folgt Richtlinien, wie unter anderem der Kirchenraum gefilmt und geschnitten wird, aber auch, welche Eindrücke zu welcher Zeit gezeigt werden, um bestimmte Stimmungen beim Publikum auszulösen.

> „Allein schon mit dem von der Architektur ausgelösten Raumgefühl (aufstrebende Vertikale, Strebepfeiler und Strebebögen, Gewölbenetz, überhöhter Kuppelraum, die kommunikationsfreundliche Schlichtheit eines modernen Raumes etc.) und der lichten Transparenz der Kirchenfenster hat der Kirchenraum seit alters her auf spezifische Weise immer wieder den in ihm versammelten glaubenden Menschen den Transzendenzbezug ihres Feierns (auf den verborgenen Gott hin) bewusst und sinnbildlich zeichenhaft erlebbar vor Augen gehalten. Mystagogische Bild-Regie kann diesen Gegebenheiten und symbolischen Linien nachspüren und so mit den ihr eigenen Mitteln Transzendenz-Erfahrung anstoßen und erschließen." (DBK, 2007, 107)

Dem katholischen Gottesdienst ist zu eigen, dass er die *Participatio actuosa* (lat. für „tätige Teilnahme") voraussetzt. Die DBK regelt in der Partikularform für *Verkündigung in Hörfunk und Fernsehen* Live-Übertragungen von Gottesdiensten wie folgt: „Messfeiern dürfen nur live und nur vollständig übertragen werden." Darauf aufbauend heißt es in den „Leitlinien für Gottesdienst-Übertragungen in Hörfunk und Fernsehen" der DBK weiter:

> „Soll durch die Übertragung eines Gottesdienstes die geistliche Teilnahme an diesem Ereignis ermöglicht werden, muss der Gottesdienst sowohl im Radio wie im Fernsehen und im Internet live und vollständig übertragen werden [...]. Nur die gleichzeitige und vollständige Übertragung wird der Würde des Anlasses voll gerecht und ermöglicht den Mitfeiernden zu Hause die intentionale Teilnahme an eben dieser gottesdienstlichen Feier. Dieses Prinzip wird auch durch kürzere, vorproduzierte Elemente nicht geschmälert, wenn sie in die Live-Übertragung als Gestaltungselement eingebaut werden." (DBK, 2007, 64)

Während in Deutschland Gottesdienstübertragungen in Hörfunk und Fernsehen klar geregelt sind, fehlt es einer notwendigen „Aufsicht" und Genehmigung in virtuellen Räumen (vgl. DBK, 1995). Dabei lässt sich die *Participatio actuosa* als Live-Ereignis durchaus in VR übertragen.

4. Kirchen als VR-Umgebungen

Wo die katholische Kirche in Deutschland im VR-Bereich investiert hat, sind professionelle 360 Grad-Ansichten ihrer Räumlichkeiten (z. B. die 360 Grad-Begehung des Hohen Doms zu Fulda). Die wohl bekannteste 360 Grad-Ansicht eines deutschen katholischen Kirchenraums ist bislang der Kölner Dom[2]. Diese ist abrufbar über den Desktop sowie mit einem VR-Headset und ermöglicht es, Orte der Kirche zu besuchen, die für physische Besucher:innen unzugänglich sind.

> „Das Dom-Projekt bietet eine neue, digitale Erfahrung der Kirchenraumerschließung und kann durch die Fokussierung auf Einzelheiten auch neue spirituelle Erfahrungen ermöglichen. Einen realen Besuch des Doms wird so nicht zu ersetzen sein, aber die Möglichkeit, eine[n] Kirchenrundgang [...] zu starten, kann faszinierend sein und Spaß machen." (irpblog, 2017)

Im Kontext der Kirchenraumerschließungen finden sich beispielsweise in der Meta Quest-Bibliothek (Sammlung von VR-Anwendungen für die VR-Brillen von Meta Quest) auch weitere VR-Formate, wie der 360 Grad-Film über den Brand von Notre Dame (Paris, 15.04.2019), der eindrucksvoll den Kirchenbau vorher und nachher, sowie den Wiederaufbau mit einer gewissen Dramaturgie zeigt.[3] Auch die Tatsache, dass schwer zugängliche Kirchen (finanziell teure Anreise, gefährliche Orte, o. Ä.) oder auch nicht mehr existierende Bauten anhand von Quellen virtuell wiederhergestellt und besucht werden können, gehört zu den Vorteilen von virtueller Realität. Dem Anschein nach divergieren jedoch die klassischen Hauptziele der Kirchenraumpädagogik mit dem virtuellen Kirchenraum. Hans Mendl fasst deren Ziele wie folgt zusammen:

> „(1) die kulturelle Gestalt des Christentums zu verstehen (kulturhermeneutische Alphabetisierung), (2) persönliche Erfahrungen mit dem überlieferten Glauben zu machen (erinnernde Entwicklung von Spiritualität) und (3) mit dem Raum der gottesdienstlichen Gemeinde vertraut zu werden (Beheimatung)" (Mendl, 2019, 146).

Nach Mendl kann der Mensch mit dem Kirchraum erst durch eine multiperspektivisch-sinnhafte Erschließung der Raumdimensionen in Beziehung gebracht werden. Auch wenn der reale Besuch einer Kirche nicht zu ersetzen ist, können die (immersiven) Bilder und Videos als virtuelle Erweiterungs-Dimension trotzdem in der traditionellen Kirchenraumpädagogik (z. B. im medienpädagogisch-

---

[2] Das 360 Grad-Projekt des Kölner Doms wurde finanziert und aufbereitet durch den WDR. Online unter: https://reportage.wdr.de/den-kolner-dom-in-360-grad-erleben [abgerufen am: 30.10.2023].

[3] Film-Trailer zu „Rebuilding Notre Dame" online unter: https://www.youtube.com/watch?v=JKnZmue656k&t=2s [abgerufen am: 04.09.2023].

partizipativen Projekt ‚Lebendige Steine'[4]) und Kirchenraumpraktiken (z. B. Zugänglichmachen des Raumes) Einzug finden und fruchtbar gemacht werden (vgl. auch Palkowitsch-Kühl, 2019, 5). Somit ergänzen die Erfahrung und das Sich-Befassen mit dem virtuellen Kirchenraum die klassische Kirchenraumpädagogik.

5. Fazit

Auch angesichts der bereits vorhandenen Vielfalt von virtuellen Kirchenräumen lassen sich resümierend für das katholische Kirchenraumverständnis folgende Thesen zusammenfassen:
— Das katholische Kirchenraumverständnis stellt den virtuellen Kirchenraum unter spezifische Herausforderungen. Das verborgene Wesen Gottes, das besonders im Tabernakel, aber auch in den verehrten Figuren und Reliquien, von deren Nähe die Gläubigen sich Heilung erhoffen, zum Ausdruck kommt und Gegenstand des Glaubensaktes ist, können in der virtuellen Dimension nicht erfasst werden. Nicht alle taktilen, auditiven, spirituellen und interaktiven Dimensionen sind auch virtuell in der Art erfassbar wie in einem realen Kirchenraum.
— Das katholische Kirchenraumverständnis des „heiligen Sakralraums" erfordert eine Zielklärung für die Erstellung und Nutzung einer jeweiligen VR-Umgebung. Zu bedenken ist insbesondere, ob eine VR-Erschließung den katholischen Kirchenraum als Kulturraum (mit dem Fokus auf Abbildungen von Architektur, Geschichte, Gestaltung) oder als sakralen Interaktions- und Versammlungsraum (samt der Möglichkeit, Gottesdienste in Echtzeit gemeinsam zu feiern, wie es in Radio-, Fernseh- und Streaming-Gottesdiensten stattfindet) anzielt. Technisch möglich, aber auch theologisch legitim wären beide VR-Kirchenraumumsetzungen.
— Die Ziele der Kirchenraumpädagogik (nach Mendl, 2019) erfordern aus katholischer Perspektive divergierende Konzeptionen für die Gestaltung eines virtuellen Kirchenraums. Verschiedene Traditionen der Kirchenraumpraxis und der Kirchenraumpädagogik können für die Gestaltung von VR-Umgebungen fruchtbar gemacht werden. Deshalb gilt der virtuelle Kirchenraum im katholischen Verständnis keinesfalls als Ersatz, aber als mögliche Erweiterungsdimension in der Kirchenraumpädagogik.

---

[4] Schulisches VR-Projekt zur Erschließung von Kirchenräumen mittels selbstständig erstellten 360 Grad-Aufnahmen. Mehr über das Projekt online unter: https://www.nordkirche.de/glaube/digitale-kirche/lebendige-steine [abgerufen am: 04.09.2023].

Das katholische Kirchenraumverständnis kann aufgrund der fehlenden physischen Präsenz nicht vollständig in virtuellen Kirchenräumen aufgehen. Dennoch bieten VR-Umgebungen viele der dargelegten Anknüpfungsmöglichkeiten. Außerdem: Dem kirchlichen Auftrag, die Botschaft Jesu zu verkünden, kann Kirche nur gerecht werden, wenn sie alle Mittel nutzt, um auf diese aufmerksam zu machen. „Jedes Medium ist auf seine Weise geeignet, die verkündete, gefeierte und gelebte Botschaft weiterzugeben. Es ist im Interesse der Kirche, für Entwicklungen offen zu sein, um einerseits der Eigengesetzlichkeit der Medien und andererseits der Einmaligkeit der christlichen Botschaft gerecht zu werden" (DBK, 2007, 14).

Die Wichtigkeit der Medienoffenheit unterstreicht auch der MDG-Trendmonitor 2020/21. Nicht nur kirchennahen, sondern auch kirchenfernen Menschen können religiöse und kirchliche Themen in virtueller Art (bewusst oder zufällig) sichtbar gemacht werden.

Literatur

Boehme, Katja, Art. Kirchenraumpädagogik/Kirchenpädagogik (2020), in: Das wissenschaftlich-religionspädagogische Lexikon im Internet, www.wirelex.de (DOI: 10.23768/wirelex.KirchenraumpdagogikKirchenpdagogik.200823).

Gelhot, Rainer/Lübke, Norbert, St. Bonifatius – Online-Kirche im Internet bei funcity.de (1998-2018). Erfahrungen von und Erkenntnisse über Seelsorge, in: euangel (2018) 2. Online unter: https://www.euangel.de/ausgabe-2-2018/aktuelles-projekt/st-bonifatius-online-kirche-in-funcityde/ [abgerufen am: 04.09.2023].

Irpblog, Digitaler Kirchenraum, 2017. Online unter: https://irpblog.org/2017/08/12/digitaler-kirchenraum/ [abgerufen am: 30.10.2023].

Kopjar, Karsten, Kommunikation des Evangeliums für die Web-2.0-Generation. Virtuelle Realität als Reale Virtualität, Berlin 2013.

Löw, Martina/Sturm, Gabriele, Raumsoziologie, in: Kessl, Fabian/Reutlinger, Christian/Maurer, Susanne/Frey, Oliver (Hg.), Handbuch Sozialraum, Wiesbaden 2005, 31–48 (URN: https://nbn-resolving.org/urn:nbn:de:0168-ssoar-59649-2 [abgerufen am: 30.10.2023]).

MDG-Trendmonitor – Religiöse Kommunikation 2020/21. Einstellungen, Zielgruppen, Botschaften und Kommunikationskanäle, Freiburg i. Br. 2021.

Mendl, Hans, Taschenlexikon Religionsdidaktik, München 2019.

Mendl, Hans/Sitzberger, Rudolf, Heilige Räume erleben und verstehen. Praxishandbuch Kirchenraumdidaktik, Babenhausen 2023.

Nord, Ilona, Realitäten des Glaubens. Zur virtuellen Dimension christlicher Religiosität, Berlin/New York 2008. (DOI: https://doi.org/10.1515/9783110210989).

Palkowitsch-Kühl, Jens, Nach Zeichnung, Dia und Film kommt VR. Religionspädagogische Erkundungen in virtuelle Welten durchführen und gestalten, in: ZeitspRUng 2 (2019), 4–7.

Palkowitsch-Kühl, Jens, Mit mixed realities (eine) andere Perspektive(n) wahrnehmen, in: Pirker, Viera/Pišonić, Klara (Hg.), Virtualität und Transzendenz. Theologische und didaktische Erkundungen, Freiburg i. Br. 2022, 117–132.

Pirker, Viera, Durchs Fenster in die Kirche. Kunst im Kirchenraum erschließen – Inspirationen aus der Kirchenraumpädagogik (Jahrgänge 9/10), in: Rellis (2016) 1, 34–37.

Pirker, Viera/Pišonić, Klara (Hg.), Virtualität und Transzendenz. Theologische und didaktische Erkundungen, Freiburg i. Br. 2022.

Pirker, Viera/Pišonić, Klara. Zum Einsatz von Virtual Reality in der Kirchengeschichtsdidaktik – Lernen digital erweitern, in: ZPT 74 (2022) 3, 311–325 (DOI: 10.1515/zpt-2022-0035).

Sekretariat der Deutschen Bischofskonferenz, Partikularnorm Nr. 8 der Deutschen Bischofskonferenz zu Canon 772 § 2 des Kirchlichen Gesetzbuches (CIC/1983) – Verkündigung in Hörfunk und Fernsehen, [KABl, 1995, 611–612].

Sekretariat der Deutschen Bischofskonferenz, Leitlinien für den Bau und die Ausgestaltung von gottesdienstlichen Räumen. Handreichung der Liturgiekommission der DBK, 6. Aufl. Bonn 2002.

Sekretariat der Deutschen Bischofskonferenz, Umnutzung von Kirchen. Beurteilungskriterien und Entscheidungshilfen (Arbeitshilfen, 175), Bonn 2003.

Sekretariat der Deutschen Bischofskonferenz, Gottesdienst-Übertragungen in Hörfunk und Fernsehen. Leitlinien und Empfehlungen (Arbeitshilfen, 169), 2. Aufl. Bonn 2007.

Das orthodoxe Raumverständnis und der virtuelle Kirchenraum

Yauheniya Danilovich

1. Kirchenraum als Subjekt der Theologie und als gemeinsames Theologisieren der Kirche

1.1 Den Raum durchbrechen: Kommunikation des Gottesreiches

In den dogmatischen Ausführungen nehmen orthodoxe Theolog:innen wenig Bezug auf den Kirchenraum. Der Kirchenraum an sich ist kein Objekt der Theologie, sondern ihr Subjekt – und zwar insofern, als dass sich das gemeinsame Theologisieren der Kirche über die Heilsgeschichte, über den Plan Gottes mit dem Menschen im Kirchenraum entfaltet. Dieses Theologisieren bezieht sich primär auf zwei Quellen – die Heilige Schrift und die liturgische Tradition, samt liturgischen Texten und liturgischer Ordnung.

Der Anspruch des orthodoxen Kirchenraums ist in erster Linie ein kommunikativer: das anbrechende Reich Gottes mit seinen Mitteln darzustellen, darüber zu kommunizieren oder diese Kommunikation bzw. dieses Erleben des anbrechenden Reiches Gottes zu unterstützen.

> „Der orthodoxe Christ, zu welcher Zeit und in welchen Umständen immer er auch lebt, wird beim Betreten des Tempels das Bewusstsein haben, dass hier das Königtum Gottes ist, gegenwärtig bereits, dass hier Christus da ist, in der sakramentalen Kommunion in seinem Fleische und Blute, in dem Evangelium, das der Priester verkündet, in dem Gebet der ganzen Kirche." (Meyendorff, 1963, 224f.)

Das Kirchengebäude stellt symbolisch das Universum dar, das von Gott verklärt bzw. vergöttlicht wird. Die innere Ausgestaltung des Kirchenraums ist die visuelle Erinnerung daran, dass Gott sich in der Menschengeschichte offenbart. Der Kirchenraum ist eine Ikone des Gottesreiches, sein Abbild.

> „Die Gläubigen, die an der Liturgie auf der Erde teilnehmen, bilden dadurch die Liturgie ab, die vor dem Throne Gottes im Himmel stattfindet. In diesem Sinne ist die Liturgie, die auf der Erde von den Gläubigen zelebriert wird, ein Abbild, eine Ikone der himmlischen Liturgie." (Danilovich, 2016, 169f.)

Das kirchliche Leben der Orthodoxie ist von der Liturgie geprägt. Ioan Moga betont, dass damit nicht nur die zentrale Bedeutung der Eucharistie (also der

Abendmahlsfeier) gemeint ist, „sondern die Tatsache, dass die gottesdienstliche, doxologische Dimension der Kirche das tragende Fundament für alle Bereiche des kirchlichen Handelns darstellt." (Moga, 2015, 117)

> „Die Identität der Orthodoxie besteht weder in einer Doktrin noch in einem Organisationssystem, sondern in der rechten Lobpreisung des Dreieinigen Gottes, die ihr Zentrum in der Eucharistiefeier, der Liturgie schlechthin hat, durch die eine im Namen Christi versammelte Gemeinde sein Leib, Kirche wird." (Kallis, 1989, IX)

Diese Selbstidentifikation der Orthodoxie primär über ihr liturgisches Leben ist auch für das orthodoxe Raumkonzept signifikant.

Im Folgenden wird in diesem Sinne auf die Funktionalität des orthodoxen Kirchenraums eingegangen und darauf, was im Kirchenraum stattfindet. Insofern soll auch die Erschließung des Kirchenraums von der Perspektive der Handlungen ausgehen.

1.2 Funktionalität des Kirchenraums: Feier des Gottesdienstes, Vollzug der Sakramente und Kasualien u. v. m.

Der orthodoxe Kirchenraum ist in erster Linie ein Ort, an dem die Gemeinde sich versammelt, um die Gottesdienste, insbesondere die Göttliche Liturgie zu feiern und die Sakramente zu empfangen. Die Göttliche Liturgie ist, so könnte man sagen, das zentrale Gottesdienstformat, weil in ihrem Rahmen das Sakrament der Eucharistie gefeiert und gespendet wird. Die Funktionalität des Kirchenraums ist insofern in erster Linie darauf ausgerichtet, dass die Göttliche Liturgie – mit dem Sakrament der Eucharistie – dort gefeiert werden kann.

Die formellen Anforderungen an den Kirchenraum sind eigentlich minimalistisch. So beschreibt es Ioan Moga in einem konfessionskundlichen Beitrag: „geweihter Kirchenraum, geostet. Auf dem Altartisch liegt das Antimension (Altartuch, auf dem die Grablegung Christi dargestellt ist und in das Reliquien eingenäht sind)." (Moga, 2015, 106)

Der Kirchenraum ist ein Raum des Gebets, nicht nur mit öffentlichem Charakter, sondern wohin Menschen mit eigenen privaten Gebetsanliegen kommen. So kann man in den Kirchen oft die Stellen sehen, wo eine Kerze angezündet werden kann – für die Lebenden oder Verstorbenen, vor einer Ikone oder im Zentrum der Kirche. Der Kirchenraum ist ein Ort, an dem auch diverse Kasualien vollzogen werden. Dazu gehört z. B. Panichida – das Gebet für die Verstorbenen, im orthodoxen Sprachgebrauch ‚Entschlafene' genannt.

Neben diesen liturgischen Funktionen können noch weitere dazukommen, insbesondere wenn die Räumlichkeiten der Gemeinde knapp sind. Derselbe Raum (außer dem Altarraum) kann auch für weitere nicht gottesdienstliche Zwecke genutzt werden, z. B. für das Kaffeetrinken nach dem Gottesdienst, für die Angebote der religiösen Bildung und sonstiges.

1.3 Verhältnis von Schrift und Tradition im Kirchenraum

In der Gestaltung des Kirchenraums lassen sich nicht nur biblische Ereignisse anhand von Darstellungen nachverfolgen, sondern auch der spezifisch orthodoxe Zugang zur Heiligen Schrift. Insofern kann der orthodoxe Kirchenraum auch unter dem Aspekt des Verhältnisses von Schrift und Tradition untersucht werden.

Der Text der Bibel ist „eine aufs höchste adäquate Widerspiegelung der reichen Erfahrung der neuen gottmenschlichen Realität [...], die uns in Jesus Christus offenbart wurde" (Ivliev, 2000, 74). Die Weitergabe dieser Erfahrung bildet aus orthodoxer Sicht die Tradition bzw. Heilige Überlieferung. Dazu gehören neben der Heiligen Schrift auch frühe christliche Bekenntnisse, Beschlüsse der Konzilien, kirchliche Kanones, Ikonen, liturgische Texte etc. Die Heilige Schrift stellt einen Teil der Offenbarung Gottes dar, zugleich hat sie eine Sonderstellung und eine außerordentliche Bedeutung innerhalb der Tradition, der Heiligen Überlieferung (Mihoc, 2005, 41; Florovsky, 1951, 196f.). Die Kirche bildet einen unabdingbaren hermeneutischen Rahmen für die Schriftauslegung. Zugleich gibt es in der Orthodoxie keinen einheitlichen Standpunkt bezüglich des Verhältnisses von Schrift und Tradition, etwa durch Beschluss eines der ökumenischen Konzile (Tsakalidis, 1988, 177–179).

Einige für das orthodoxe Kirchenraumverständnis wichtige Charakteristika des Verhältnisses von Schrift und Tradition sind u. a. der Zusammenhang und die Kontinuität zwischen dem Alten und Neuen Testament. Dabei bildet Christus die Mitte der Schrift. In ihm wird die Verbindung zwischen beiden Testamenten greifbar, er ist die Erfüllung der beiden Testamente (Florovsky, 1951, 190). Prägend für die Schriftauslegung ist die typologische Methode, der zufolge die Ereignisse aus dem Alten Testament Sinnbilder und Vorabbilder der neutestamentlichen Ereignisse sind.

Der Gottesdienst bildet dabei einen Knotenpunkt, an dem sich dieser hermeneutische Kreis von Schrift und Tradition entfaltet (Danilovich, 2018, 2). Einerseits sind die biblischen Texte ein expliziter Bestandteil des Gottesdienstes: So gibt es im Gottesdienst Schriftlesungen, Psalmen werden gebetet etc. Andererseits theologisieren weitere Bestandteile der Tradition wie liturgische Texte, Gebete, Ikonen über die biblischen Inhalte und legen diese aus. Im Rahmen des Gottesdienstes und entsprechend im Kirchenraum steht ein doxologischer Zugang zur Heiligen Schrift im Vordergrund. Dieser schließt an sich andere Möglichkeiten der Auseinandersetzung mit biblischen Texten, z. B. durch die Methode der historisch-kritischen Exegese, grundsätzlich nicht aus.

1.4 Ikonostase – nicht nur eine Bilderwand

Bemerkenswert ist, dass die Beschreibung des Kirchenraums an sich und seiner Bedeutung in den konfessionskundlichen Darstellungen aus orthodoxer Perspektive nur wenig Raum einnimmt. Viel intensiver geht man hingegen auf die Ikonen ein, die jedoch nicht wie Elemente des Kirchenraums behandelt werden, sondern als ein unverzichtbarer Teil der orthodoxen Theologie und Spiritualität sowie der Frömmigkeitspraxis, also als Teil der orthodoxen Tradition.

Im orthodoxen Kirchenraum gibt es eine Vielzahl von Elementen, denen Aufmerksamkeit geschenkt werden könnte. Im Folgenden wird exemplarisch ausführlicher auf die Ikonostase eingegangen, ein Element, das ein Spezifikum des orthodoxen Kirchenraums darstellt.

Die Ikonostase ist eine Bilderwand, die sich zwischen dem Schiff der Kirche und dem Altarraum befindet. Dabei ist es eine Frage der Perspektive, ob man in der Ikonostase ein trennendes oder ein verbindendes Element sieht oder beides gleichzeitig erlebt. Auf der Ikonostase findet man, je nachdem, wie aufwändig diese gestaltet ist, mehrere Reihen von Ikonen, die auf eine bestimmte Weise angeordnet sind. In der Mitte der Ikonostase befindet sich die Königstür (Heilige Pforte), eigentlich zwei Türen, die in bestimmten Momenten des Gottesdienstes oder auch des Kirchenjahres geöffnet sind und somit eine gewisse Durchlässigkeit zwischen dem Kirchenschiff und Altarraum schaffen.

Die Kirchenväter betrachteten die Altarwand als „die Grenze zwischen zwei Welten, nämlich der göttlichen und der menschlichen, der ewigen und der vorübergehenden Welt", halten Ouspensky und Lossky (1952, 60) fest. Die vereinigende Funktion sehen die beiden Theologen in dem Bild an sich, „das den Zustand des Weltalls schildert, wo jede Trennung überwunden ist, wo die Aussöhnung zwischen Gott und dem Geschöpfe und im Geschöpfe selbst verwirklicht wurde." (Ouspensky/Lossky, 1952, 60)

Wie bereits angedeutet, hat die Ikonostase eine bestimmte Grundordnung bezüglich der Reihen von Ikonen. In der obersten Reihe finden sich die Ikonen der Vorväter (Patriarchen von Adam bis Moses); sie stellt die alttestamentliche Kirche als Vorbild der neutestamentlichen dar (ebd., 60). Darunter befindet sich die Reihe der alttestamentlichen Propheten. Diese sind auf den Ikonen mit entfalteten Schriftrollen dargestellt, auf denen Texte aus ihren Prophezeiungen über die Menschwerdung Gottes zu sehen sind.

Im Zentrum jeder Ikonenreihe ist die Ikone von Christus oder eine Ikone mit Bezug auf die Menschwerdung Gottes zu finden. Die Christus-Ikone – sei es die Kreuzigung, das letzte Abendmahl oder gar die Ikone der Gottesmutter – gibt dem Betrachter einen hermeneutischen Schlüssel, indem sie auf eine Verbindung zwischen dem Alten und dem Neuen Bund verweist. Wenn sich in der Mitte der Prophetenreihe die Ikone der Gottesmutter „Zeichen" (Ikonentypus) befindet, gibt diese einen Hinweis auf die Verwirklichung der Weissagungen der Propheten. Frank M. Lütze führt dies am Beispiel des Ikonentypus „Unverbrennbarer Dornbusch" aus (2022, 200). Man könnte an dieser Stelle von einem hermeneutischen „Christus-Schlüssel" sprechen. Wenn etwas in der orthodoxen Tradition Fragen aufwirft, wie etwa ‚Warum gibt es Heiligenverehrung?' oder ‚Warum nimmt die Person Marias eine so herausragende Bedeutung ein?', soll man die Frage stellen: ‚Was hat das mit Christus zu tun?'

Unterhalb der Reihe der Propheten befinden sich die Feiertage. Auf den Ikonen dieser Reihe sind nicht nur bildhaft das Kirchenjahr dargestellt und die wichtigsten Feste – das sind in der Orthodoxen Kirche zwölf an der Zahl und das Fest der Feste: Ostern. Dabei handelt es sich um neutestamentliche Ereignisse, mit direktem (z. B. Verkündigung an Maria, Christi Geburt, Verklärung Christi) oder indirektem biblischen Bezug (Geburt Marias, Entschlafung Marias), die zugleich als Ereignisse der Heilsgeschichte gedeutet werden. Auch hier ist der „Christus-Schlüssel" anwendbar. Die Person Marias hat in der orthodoxen Tradition eine herausragende Bedeutung. Von ihr wird in liturgischen Texten fast ausschließlich in Bezug auf das Ereignis der Menschwerdung Christi gesprochen.

Die darauffolgende Reihe zeigt Ikonen der Gottesmutter und von Johannes dem Täufer, die sich im Gebet an Christus im Zentrum der Reihe wenden. Neben ihnen werden Engel und Erzengel sowie Heilige – „die Vertreter der Chöre der himmlischen und irdischen Heiligkeit" – (Ouspensky/Lossky, 1952, 63) dargestellt. Diese Reihe der Ikonostase nennt man auch Tschin, was ‚Ordnung' bedeutet. Es wird hier die Kirche – himmlische und irdische – in ihrem Gebet an Christus gewandt dargestellt.

Die untere Reihe der Ikonostase wird als ‚örtliche' Reihe bezeichnet. In ihrer Mitte befindet sich eine zweiflüglige Tür – die oben erwähnte Heilige Pforte oder Königliche Pforte. Durch die Königliche Pforte können nur Geistliche und nur zu bestimmten Momenten im Gottesdienst gehen. In der Regel sind auf der Königlichen Pforte Ikonen in bestimmter Ordnung angebracht. Eine klassische Verteilung ist die folgende: Im oberen Teil wird die Verkündigung der Geburt Christi dargestellt, darunter befinden sich die vier Evangelisten. Unmittelbar über der Königlichen Pforte ist das Abendmahl zu sehen. Diese Darstellung ist keinesfalls zufällig: Die Gläubigen empfangen das Sakrament der Eucharistie gerade an dieser Stelle, nachdem der Priester den Kelch mit den Gaben aus dem Altarraum durch die Königliche Pforte getragen hat.

An den Seiten dieser Pforte sind zwei große Ikonen zu finden: auf der rechten Seite aus der Betrachterperspektive die Christus-Ikone, während auf der linken Seite die Ikone der Gottesmutter zu sehen ist. Auf der nördlichen und südlichen Tür der Ikonostase erscheinen die Erzengel Michael und Gabriel oder die heiligen Diakone (z. B. Stephanus). Durch diese Tür dürfen dann auch die Altardiener den Altarraum betreten. Diese Reihe ist hinsichtlich der Ordnung sozusagen flexibel. „Die Ikonen sind gewöhnlich sehr verschieden, und ihre Wahl hängt

von den örtlichen Bedürfnissen und dem Charakter der betreffenden Kirche ab."
(Ouspensky/Lossky, 1952, 64)

1.5 Der Gottesdienst als Lernort? – Wie Kinder und Jugendliche den Kirchenraum erleben

In der orthodoxen Religionspädagogik wird dem Gottesdienst die Bedeutung eines wichtigen Lernortes zugesprochen (Danilovich, 2016, 147–151). Der Kirchenraum gehört implizit zu einem solchen Lernkontext dazu. Doch wie nehmen Kinder und Jugendliche den Kirchenraum wahr?

Einige empirische Eindrücke dazu bietet eine Untersuchung mittels Fragebogen unter Jugendlichen, die eine Sonntagsschule in Belarus besuchen. Den Ergebnissen zufolge werden der Kirchenraum und seine Elemente, insbesondere die Ikonen, von den Jugendlichen aktiv wahrgenommen. Für die Mehrheit der Befragten hat das Kirchengebäude der eigenen Gemeinde eine wichtige Bedeutung (Danilovich, 2016, 273). Die Aussagen „In der Kirche betrachte ich oft die Ikonen" und „Wenn ich eine Ikone betrachte, versuche ich zu begreifen, was darauf dargestellt wird" finden bei der Mehrheit der Jugendlichen (93,9 % und 91,9 % entsprechend) eine Zustimmung (ebd., 284f.). Bei einem weiteren Item ging es darum, ob die Ikonen den Jugendlichen dabei helfen, die Inhalte der Bibel besser zu verstehen. Die Mehrheit der Befragten (66 %) hat auf diese Frage mit „Ja, sie helfen dabei" geantwortet. Einem Viertel der Jugendlichen (25,1 %) helfen die Ikonen eher, die Bibel zu verstehen (ebd., 285f.) Diese ersten quantitativen Zugänge bedürfen allerdings einer weiteren qualitativen Untersuchung des Themas.

1.6 Ganzheitliches Erschließen, Dresscode und Co.

Der orthodoxe Kirchenraum lässt sich durch ein ganzheitliches inklusives Erlebnis erschließen, indem man den Raum auch während des Gottesdienstes mit allen Sinnen erlebt: Man nimmt z. B. im orthodoxen Kirchenraum unterschiedliche Körperhaltungen ein. Es wird gestanden, gesessen, niedergekniet, man bekreuzigt sich, man bewegt sich während des Gottesdienstes durch den Kirchenraum, man zündet Kerzen an. Man betrachtet und/oder küsst die Ikonen. Man nimmt den Geruch des Weihrauches wahr.

Das Erleben des Kirchenraums kann zugleich in Bezug auf etwa das Stehen oder Sitzen im Gottesdienst innerhalb der Orthodoxie variieren. Je nach Tradition der einzelnen orthodoxen Kirchen sind Sitzbänke vorhanden oder eben nicht. Während in den Kirchengebäuden der griechisch-orthodoxen Kirche Kirchenbänke gang und gäbe sind, sind sie in der russisch-orthodoxen Kirche ein eher seltener Gegenstand. Grundsätzlich ist hier festzuhalten: Die Präsenz von Sitzmöglichkeiten im Kirchenraum ist für das Heil des Menschen aus orthodoxer Perspektive nicht relevant.

Bezüglich der Kleiderordnung ist die Situation in den Gemeinden unterschiedlich und nicht überall gibt es Vorschriften. In russisch-orthodoxen Gemeinden tragen Frauen üblicherweise einen Rock oder ein Kleid (mindestens knielang) und eine Kopfbedeckung (z. B. einen Schal). Ansonsten ist der Dresscode für einen orthodoxen Gottesdienstbesuch nicht viel anders als für einen evangelischen oder katholischen Gottesdienstbesuch.

Wenn man insbesondere die Funktionalität des Kirchenraums in den Blick nehmen möchte, so kann man einen Kirchenbesuch mit einem Gottesdienstbesuch verbinden. Wenn es eine Kirchenführung sein soll, verabredet man sich am besten mit einem Priester der entsprechenden Gemeinde. Zu beachten ist, dass Kirchenräume besonders in der Diaspora meist nur zu den Gottesdienstzeiten geöffnet sind.

2. Spezifika der orthodoxen Kirchenräume in der deutschsprachigen Diaspora

2.1 Nutzung von Kirchengebäuden anderer Konfessionen

Wie bereits einleitend deutlich gemacht, stellt die Göttliche Liturgie einen wichtigen Aspekt des orthodoxen Lebens dar. In der orthodoxen Diaspora, d. h. auch in Deutschland, Österreich oder in der Schweiz, organisiert sich das kirchliche Leben primär rund um den Gottesdienst, um das liturgische Leben der Kirche, um den Vollzug der Sakramente. Während des Gottesdienstbesuches in einer Gemeinde in der Diaspora können einige Aspekte besonders betrachtet bzw. wahrgenommen werden, die im Unterschied zu der Situation der orthodoxen Gemeinden in den Ländern mit orthodoxer Mehrheit besonders markant sind. Charakteristisch ist in diesem Zusammenhang etwa die Nutzung der Kirchengebäude anderer Konfessionen.

Die Orthodoxie in der Diaspora verfügt nur über wenige ursprünglich im ‚klassisch orthodoxen' Stil gebaute Kirchen. Die Gemeinden lösen die Frage nach dem Kirchenraumbedarf auf unterschiedliche Weise. So werden etwa diverse Räumlichkeiten gemietet oder Kirchengebäude anderer Konfessionen genutzt – gastweise oder vollständig nach einem Erwerb. Insbesondere seit den 1990er-Jahren kommt es durch zwei Trends – sinkende Mitgliederzahlen in der evangelischen und katholischen Kirche und gleichzeitig steigende Zahlen der orthodoxen Christ:innen – verstärkt zur Umnutzung ehemals katholischer und evangelischer Kirchenräume durch orthodoxe Christ:innen.

Die Nutzung von Kirchengebäuden erlebte ebenfalls eine Entwicklung. Martin Illert weist darauf hin, dass bis zum Ende der 1990er-Jahre die gastweise Nutzung von Gemeinde- und Kirchenräumen üblich war (Illert, 2016, 181f.). Eine wichtige Vorbedingung war die Mitarbeit der orthodoxen Kirchen in der „Arbeitsgemeinschaft Christlicher Kirchen" (ACK). Die institutionelle Einbindung der Orthodoxie in der Ökumene erleichterte das Abschließen von Vereinbarungen vor Ort, so Illert (ebd., 182). Die ACK-Mitgliedschaft ist nämlich die Voraussetzung für eine solche Nutzung.

Bei einer solchen „Fremdnutzung" gibt es keine feste Regel, wie ein Raum zu einem orthodoxen Kirchenraum umgestaltet wird, sondern man improvisiert, und zwar mit Blick auf die Funktionalität des Raumes: Es soll möglich sein, dort die Göttliche Liturgie zu feiern bzw. weitere Sakramente zu spenden. Zu solchen unabdingbaren Elementen z. B. bei der Feier der Göttlichen Liturgie gehört ein Altartisch. Es kann auch ein beliebiger Tisch sein, auf dem das Antimension ausgebreitet werden kann. Das Antimension, d.h. das Altartuch, auf dem, wie gesagt, die Grablegung Christi dargestellt ist und in das Reliquien eingenäht sind, trägt die Unterschrift des Bischofs, der es geweiht hat. Für die Feier der Göttlichen Liturgie braucht man auch einen Rüsttisch, auf dem die liturgischen Gaben – Brot und Wein – vorbereitet werden. Dort, wo eigentlich die Ikonostase sein soll – werden zwei Ikonen, eine mit Christus und eine mit der Gottesmutter, aufgestellt.

2.2 Repräsentation und Zugehörigkeit

Im ersten Schulbuch für den orthodoxen Religionsunterricht in deutscher Sprache ‚Mit Christus unterwegs' stammen fast alle Abbildungen der Kircheninnenräume und Kirchengebäude aus Deutschland, da gerade solche Bilder der Kirchenräume für die Kinder einen Wiedererkennungswert haben. So erleben die Kinder ihr Orthodox-Sein. Das belegt eindrücklich auch das Buch ‚Die Kirche in meiner Seele […]', herausgegeben von Patricia Moga (Moga, 2022). Dort sind Texte und Zeichnungen von Kindern und Jugendlichen aus rumänisch-orthodoxen Gemeinden in der Diaspora (Deutschland, Luxemburg und Österreich) gesammelt. Auf den Bildern malen Kinder und Jugendliche auch den Kirchenraum ihrer Gemeinde. Auf zahlreichen Bildern sieht man hybride Formen, so etwa den Kirchenraum der Gemeinde „Sf Cuv. Parascheva" zu Gast in der Stephansstift-Kirche in Hannover oder den Kirchenraum der Gemeinde „Pogorârea Sfântului Duh" și „Sf. Cuv. Teodora de la Sihla" zu Gast in der Petruskirche in Konstanz (Moga, 2022, 62f.; 76f.).

Die Ikonostase als eine geschlossene Bilderwand mit mehreren Ikonenreihen und Heiligen Pforten gibt es dort nicht. Dennoch sieht man wesentliche Elemente der Ikonostase, nämlich aufgestellte Ikonen, primär die von Christus und der Gottesmutter, aber auch andere. Die Nutzung der Kirchenräume anderer Konfessionen durch orthodoxe Gemeinden zieht Ciprian Burlăcioiu als Beispiel heran, an dem er die Hybridisierung der Orthodoxie in der Diaspora kritisch veranschaulicht (Burlăcioiu, 2022, 112).

Auf vielen Bildern im Buch ist der Kirchenraum mit Leben gefüllt. Da passiert etwas, es werden Handlungen vollzogen: Man sieht Menschen beim Singen oder Vorsprechen des Glaubensbekenntnisses, man sieht eine Taufe, man sieht brennende Kerzen, man sieht Kinder beim Empfang der Heiligen Gaben. Der Kirchenraum wird von Kindern und Jugendlichen somit nicht nur in Bezug auf seine Ausstattung wahrgenommen, sondern auch hinsichtlich der dort vollzogenen Handlungen. Eventuell machen auch gerade diese Handlungen einen Raum zu einem Kirchenraum, so etwa eine Aussage des neunjährigen Nocolae Pop:

„Ich gehe in die Kirche, um die Heilige Kommunion zu empfangen, denn nur so bleibt Jesus immer bei mir und hilft mir, freundlich zu meinen Mitmenschen zu sein und gleichzeitig gesund zu bleiben. Mir gefällt es in der Kirche, dass man beten und singen kann." (Moga, 2022, 130)

Besonders ist das Buch auch insofern, als dass es mehrsprachig ist. Neben den Texten in deutscher Sprache sind die meisten Texte von Kindern und Jugendlichen auf Rumänisch verfasst. Es lässt sich daher vermuten – und das gilt wohl nicht nur für rumänisch-orthodoxe Kinder und Jugendliche –, dass Glaube und konfessionelle Zugehörigkeit nicht nur auf Deutsch, sondern in der Herkunftssprache erlebt und kommuniziert werden. Das bedeutet, dass die Sprache der religiösen Erfahrungen sich von der Unterrichtssprache Deutsch unterscheiden kann. Was bedeutet das für die Kommunikation der Inhalte im Religionsunterricht?

Dieser Aspekt ist u. a. in Bezug auf die Frage nach der Zugehörigkeit relevant: Orthodoxie ist somit nicht etwas, was nur in Griechenland, Russland oder Serbien zu Hause ist, sondern auch Teil der religiösen Landschaft im deutschsprachigen Raum. Zum anderen ermöglicht dies eine besondere Perspektive auf das Elementare im orthodoxen Gottesdienst. Dieses Elementare ist auch ohne eine ‚klassische' Kulisse wie etwa eine hohe Ikonostase umsetzbar. So ist in vielen Gemeinden in der Diaspora eine mobile Sammlung an Nötigstem die Realität, wie etwa eine klappbare, tragbare Ikonostase aus Pappe. Dies kann den Blick auf das Wesentliche schärfen und zugleich ein Gespräch über die Ähnlichkeiten initiieren.

Die Situation der Diaspora ist jedoch nicht nur deswegen interessant. Zwar relativiert und schwächt sie die Bilder einer ästhetischen und prunkvollen Orthodoxie. Es zeigt sich aber auch, dass für ein vollwertiges liturgisches und spirituelles Leben ein Gebäude mit goldenen Kuppeln nicht unbedingt erforderlich ist. Weniger ist ausreichend. Weniger ist vielleicht sogar besser, um einen orthodoxen Lifestyle zu prägen? So lässt sich auch dazu beitragen, dass die Bilder der Orthodoxie in dieser Hinsicht differenzierter werden. Außerdem kann so stärker für die (unsichtbare) Präsenz der Orthodoxie in Deutschland sensibilisiert werden.

3. Digitale Erschließung des Kirchenraums

Für die Orthodoxie ist es nicht charakteristisch, eine scharfe Grenze zwischen dem Heiligen und dem Profanen zu ziehen. Das betrifft auch den Kirchenraum. Die Feier der Göttlichen Liturgie oder andere Gottesdienstformate umfassen alle Betenden, unabhängig davon, in welcher Ecke des Kirchenraums man sich befindet bzw. ob vor oder hinter der Ikonostase.

Dennoch gibt es nicht für alle die Möglichkeit, den Raum vollumfänglich vor Ort zu erschließen. Für einen ‚regulären' Gottesdienstbesucher sowie grundsätzlich für die Frauen ist der Altarraum in der Regel nicht zugänglich. Dort dürfen sich nämlich normalerweise nur die Priester und Altarhelfer befinden.

Die Ikonostase ist in den Gemeinden unterschiedlich groß. Viele Handlungen im Altarraum sind aufgrund dieses Kirchenraumelementes für die Gottesdienstbesucher nicht sichtbar. Zusätzlich schafft die Ikonostase oft eine akustische Hürde: Die Ausrufe der Geistlichen aus dem Altarraum sind im Kirchenschiff nicht immer gut wahrzunehmen, es sei denn, es werden spezielle akustische Maßnahmen (Lautsprecher) eingesetzt.

Eine digitale Raumerschließung bietet die Chance, den Kirchenraum umfänglicher zu erschließen und z. B. hinter die Ikonostase zu blicken. Dies gilt nicht nur für die weiblichen Personen im Gottesdienst, sondern für alle Menschen, die sich beim Gottesdienstbesuch sonst vor allem im Kirchenschiff befinden. Bei einer digitalen Kirchenraumerschließung ist der Betrachter nicht in einem echten Kirchenraum anwesend, sondern es geht um die Wahrnehmung der Abbildung dieses Kirchenraums. Auch wenn digitale Repräsentationen des Kirchenraums einen Eindruck vermitteln bzw. beabsichtigen, den Eindruck zu vermitteln, im Kirchenraum präsent zu sein, so ist doch der Betrachter nicht leiblich real in dem digital begehbaren Raum anwesend. Digitale Erschließung ermöglicht somit nur eine modellhafte Auseinandersetzung mit dem Kirchenraum und seinen Gegenständen.

Im Folgenden werden im Online-Format verfügbare Möglichkeiten vorgestellt, die bei der Kirchenraumerschließung in didaktischen Zusammenhängen nutzbar sein können.

3.1 Mediale Möglichkeiten für Kirchenerschließungen

Bilderdatenbank „Orthphoto"

Die Internetseite von Orthphoto (https://www.orthphoto.net/ [abgerufen am: 06.11.2023]) bietet eine Sammlung von Bildern zum Thema Orthodoxie aus 80 Ländern. Die Profi- und Hobbyfotograf:innen laden auf dieser Webseite Fotos hoch, die u. a. nach thematischen Kategorien oder Ländern gesucht werden können. Unter den thematischen Kategorien sind viele, die mit dem Kirchenraum und der Kirchenarchitektur in Zusammenhang stehen, beispielsweise ‚architecture – churches' oder ‚interior – iconostasis' (https://www.orthphoto.net/categories.php?id_jezyk=1 [abgerufen am: 06.11.2023]).

Die Grenzen für die didaktische Erschließung liegen darin, dass die Bilder nicht immer beschriftet sind und nicht immer nähere Informationen zum Ort oder Kontext enthalten. Ohne sich mit der orthodoxen Tradition auszukennen, kann es schwierig sein, die Bilder kontextuell einzuordnen. Dennoch lohnt es sich, auf der Webseite zu stöbern. Einerseits kann man die Vielfalt des orthodoxen Christentums in unterschiedlichen Ländern wahrnehmen und andererseits auf das immer wieder identifizierbare Gemeinsame aufmerksam werden.

ZDF-Gottesdienst

Einmal im Jahr werden orthodoxe Gottesdienste aus Gemeinden der verschiedenen orthodoxen Bistümer in Deutschland im deutschen Fernsehen (ZDF) übertragen, in der Regel am ersten Sonntag im Mai. Diese Gottesdienste werden komplett oder überwiegend in deutscher Sprache gehalten. Ein solches Format bietet die Möglichkeit, den orthodoxen Gottesdienst und die Spezifika des Kirchenraums in seiner unmittelbaren liturgischen Funktionalität kennenzulernen. Darüber hinaus erhält man Einblicke in den Altarraum, was sonst vor Ort nicht immer möglich ist. Die Gottesdienstübertragung ist dann in der ZDF-Mediathek verfügbar und kann immer wieder abgerufen und angeschaut werden. (https://www.zdf.de/gesellschaft/gottesdienste/orthodoxer-gottesdienst-124.html [abgerufen am: 06.11.2023])

Dabei ist zu beachten, dass eine solche Gottesdienstübertragung in einem für Medienzwecke vorgesehenen Format stattfindet. Dieses Modellhafte soll im Lernprozess reflektiert werden. So erlebt man z. B. den Gottesdienst in anderen orthodoxen Gemeinden meist nicht in deutscher Sprache.

Webseiten der Diözesen und Gemeinden

Auch die Webseiten der Diözesen und Gemeinden bieten weitere Möglichkeiten, Einblicke in orthodoxe Kirchenräume zu gewinnen. Die Webseiten sind in der Regel zweisprachig, wobei die Herkunftssprache in der Regel dominiert bzw. die meisten Informationen nur auf Russisch, Rumänisch, Griechisch etc. veröffentlicht werden. Nikolaj Thon hält fest, dass die primäre Adressatengruppe der Webseiten nicht die deutsche Öffentlichkeit ist, sondern die eigenen Gemeindeglieder bzw. orthodoxe Gläubige. So liegen auch die Schwerpunkte bei den Informationen auf Praktischem: Gottesdienstplan, Kalendarien, spirituelle Texte, Ikonen (Thon, 2016, 163). Wenn Informationen in mehreren Sprachen verfügbar sind, so ist es darauf zurückzuführen, dass orthodoxe Gemeinden mehrsprachig und multinational zusammengesetzt sind. Das Deutsche ist demnach eine Sprache, die in diesem Sinne eine Integrationsfunktion erfüllt.

Die Entwicklung der Gemeinden geht mit der Geschichte eines Kirchenraums einher. Auf manchen Webseiten findet man neben der Geschichte der Gemeinde auch die Geschichte des Kirchenraums bzw. des Kirchengebäudes (http://www.rok-stuttgart.de/index.php/de/menu-video/2050-stuttagert-reliquien-de-nov-2022.html [abgerufen am: 06.11.2023]).

Landkarte der virtuell erschließbaren (orthodoxen) Kirchen

Das Projekt „Virtuelle Sakralraumerschließung" an der Universität Siegen hat als eines der Projektziele eine digitale Karte erstellt, in die virtuell begehbare Kirchen unterschiedlicher Konfessionen, Moscheen, Synagogen und Tempel eingetragen sind und die so per Link besucht werden können. (unter: https://www.uni-siegen.de/phil/sakralraumpaedagogik/karte.html?lang=de [abgerufen am: 30.10.2023]). Dort findet sich auch die Rumänisch-orthodoxe Holzkirche in Bonn, die für 9- bis 12-jährige Schüler:innen didaktisch erschlossen ist, aber auch ohne die didaktische Anleitung und die eingefügten Erklärungen besucht werden kann. Intendiert ist, diese Karte mit Links zu weiteren virtuell besuchbaren Sakralräumen stetig auszubauen, so dass zukünftig dort hoffentlich auch weitere orthodoxe Kirchen zu finden sind.

3.2 Was gewinnt man und was geht verloren bei der digitalen Erschließung der Kirchenräume? – Ausblick und Perspektiven

Die meisten orthodoxen Gemeinden in Deutschland befinden sich in urbanem Raum, in den größeren Städten. Die Möglichkeiten eines Kirchenraumbesuchs sind deshalb nicht für alle Schulen optimal, denn viele Schulen sind im ländlichen Raum situiert. Eine digitale Kirchenraumerschließung bietet gerade für diese Zielgruppe sowohl für den orthodoxen Religionsunterricht als auch für den Religionsunterricht anderer Konfessionen und Religionen viele Vorteile:

Durch die digitale Erschließung von orthodoxen Kirchen, wie sie z. B. auf der Plattform der Uni Siegen (s. o.) angeboten werden, sind die Kirchenräume virtuell zum noch besseren Raumeindruck auch mit VR-Brillen zugänglich. Bei einem virtuellen Besuch kann so die Ansicht vergrößert, es können Wandbilder herangezoomt und unterschiedliche Perspektiven im Raum eingenommen werden. Die Digitalität schafft auch einen kommunikativen Raum, um sich mit dem Kirchenraum modellhaft zu befassen. Im Hinblick auf orthodoxe Kirchenräume bekommt man außerdem Eindrücke zum Beispiel vom Raum hinter der Ikonostase oder von bestimmten Details im Kirchenraum, die im realen Gottesdienst bzw. beim direkten Begehen des Kirchenraums nicht möglich wären.

Die digitale Kirchenraumerschließung hat allerdings auch Grenzen bezüglich der umfassenden Wahrnehmung des Raumes. Denn zum Erleben des Raumes gehören nicht nur die Wände und Bilder, also dessen Architektur, sondern auch Gerüche (Weihrauch), Temperatur, sich selbst und die eigene Stimme im Raum wahrnehmen usw. Nach einem orthodoxen Gottesdienst bleibt der Raum wörtlich an einem haften, wenn man etwa nach Hause kommt und immer noch dem Weihrauchgeruch in der eigenen Kleidung nachspürt. Dieses Nachspüren macht Appetit auf den nächsten Besuch und bewirkt Neugier, sich mit den sakralen Räumen näher zu befassen. Ob das auch digitale Zugänge in dieser Weise ermöglichen, bleibt offen.

Literatur

Burlăcioiu, Ciprian, Migration und Diaspora in der Orthodoxie. Eine Annäherung, in: Materialdienst „Konfessionskundliches Institut Bensheim". Informationen – Analysen – Berichte zu Katholizismus, Orthodoxie, Anglikanismus, Freikirchen, Weltökumene. Ausgabe 73 (2022) 3, 109–115.

Danilovich, Yauheniya, Art. Biblisches Lernen im christlich-orthodoxen Religionsunterricht (2018), in: Das wissenschaftlich-religionspädagogische Lexikon im Internet www.wirelex.de (https://doi.org/10.23768/wirelex.Biblisches_Lernen_im_christlichorthodoxen_Religionsunterricht.200298, PDF vom 29.10.2023).

Danilovich, Yauheniya, Religiöses Lernen im Jugendalter. Eine internationale vergleichende Studie in der orthodoxen und evangelischen Kirche, Göttingen 2016.

Florovsky, Georges, Offenbarung und Deutung, in: Richardson, Alan/Schweitzer, Wolfgang (Hg.), Die Autorität der Bibel heute. Ein vom Weltkirchenrat zusammengestelltes Symposium über „Die biblische Autorität für die soziale und politische Botschaft der Kirche heute", Zürich 1951, 184–205.

Illert, Martin, Die Nutzung evangelischer Gottesdiensträume durch orthodoxe Christen in Deutschland, in: Bremer, Thomas/Kattan, Assaad Elias/Thöle, Reinhard (Hg.), Orthodoxie in Deutschland, Münster i. W. 2016, 179–184.

Ivliev, Ianuari, Die Macht der Kirche und die Auslegung der Bibel. Eine orthodoxe Perspektive, in: Dunn, James D. G. u. a. (Hg.), Auslegung der Bibel in orthodoxer und westlicher Perspektive, Tübingen 2000, 73–79.

Kallis, Anastasios (Hg.), Liturgie. Die Göttliche Liturgie der Orthodoxen Kirche. Deutsch – Griechisch – Kirchenslawisch, Mainz 1989.

Keller, Kerstin (Hg.), Mit Christus unterwegs, 1/2: Das orthodoxe Schulbuch, München 2016.

Lütze, Frank M., Orthodoxie als Thema in evangelischen Lehrplänen. Bestandsaufnahme und Optionen, in: Simojoki, Henrik/Danilovich, Yauheniya/Schambeck, Mirjam/Stogiannidis, Athanasios (Hg.), Religionsunterricht im Horizont der Orthodoxie. Weiterführungen einer Ökumenischen Religionsdidaktik, Freiburg i. Br. 2022, 195–203.

Meyendorff, Johannes, Die orthodoxe Kirche gestern und heute, Salzburg 1963.

Mihoc, Vasile, Basic Principles of Orthodox Hermeneutics, in: Mayordomo, Moisés (Hg.), Die prägende Kraft der Texte. Hermeneutik und Wirkungsgeschichte des Neuen Testaments, Stuttgart 2005, 38–64.

Moga, Ioan, Die Orthodoxe Kirche, in: Oeldemann, Johannes (Hg.), Konfessionskunde, Paderborn/Leipzig 2015, 75–129.

Moga, Patricia (Hg.), Die Kirche in meiner Seele. Wie rumänische orthodoxe Kinder aus Deutschland, Österreich und Luxemburg Gott und die Kirche sehen, Bukarest 2022.

Ouspensky, Léonide/Lossky, Vladimir, Der Sinn der Ikonen, Bern u. a. 1952.

Schmemann, Alexander, Eucharistie. Sakrament des Gottesreiches, 2. Aufl. Freiburg i. Br. 2012.

Tsakalidis, Georg, Der Religionsunterricht in Griechenland. Seine geschichtliche Entwicklung, seine kirchliche, gesellschaftliche und rechtliche Situation, seine theologischen und pädagogischen Konturen, Hamburg 1988.

Das jüdische Raumverständnis von Synagogen und der virtuelle Synagogenraum

Albertina Oegema & Esther Graf

1. Einleitung: Die Unterschiedlichkeit virtuell verfügbarer Synagogen

In Deutschland gibt es verschiedene Projekte und Initiativen, die aktuelle, ehemalige und zerstörte Synagogen virtuell erschließen und der Öffentlichkeit zugänglich machen. Besonders hervorzuheben ist ein langlaufendes Projekt an der TU Darmstadt, im Fachgebiet Digitales Gestalten. Dieses Projekt beschäftigt sich seit 25 Jahren mit der virtuellen Rekonstruktion von Synagogen, die während der NS-Zeit zerstört wurden, sowie der von mittelalterlichen und barocken Synagogen.[1] Ihr Video mit der virtuellen Rekonstruktion der ehemaligen Synagoge in Köln (Glockengasse) ist online verfügbar.[2] Daneben werden auf „360grad-denkmale.de" im Rahmen eines großen Projekts des Leopold-Zunz-Vereins virtuelle Repräsentationen von fünf aktuellen und ehemaligen Synagogen, ggf. zugehörigen Friedhöfen und rituellen Reinheitsbädern (hebr. Mikwa) und einem jüdischen Friedhof in Sachsen-Anhalt gezeigt.[3] Verschiedene andere Initiativen haben die aktuellen und ehemaligen Synagogen in Bochum, Erfurt, Essen, Kronach (sowie verschiedene Mikwen in der Umgebung dieser Stadt), Leipzig und Saarbrücken virtuell erschlossen.[4] In Anbetracht sakralraumpädagogischer Prinzipien hat das Projekt „Digitale Repräsentationen von Sakralbauten und digitale Sakralraumpädagogik" an der Universität Siegen kürzlich eine digitale Repräsentation der Synagoge in Mannheim erstellt.[5]

---

[1] https://www.dg.architektur.tu-darmstadt.de/forschung_ddu/digitale_rekonstruktion_ddu/synagogen/index.de.jsp [abgerufen am 19.01.2024].
[2] https://www.bpb.de/themen/zeit-kulturgeschichte/juedischesleben/343435/virtuelle-synagogen/ [abgerufen am 19.01.2024].
[3] https://360grad-denkmale.de/virtuelle-rundgaenge/synagogen-sachsen-anhalt/ [abgerufen am 19.01.2024].
[4] https://www.jg-bochum.de/Synagoge/index.htm; https://juedisches-leben.erfurt.de/jl/de/service/mediathek/panoramen/129996.html; https://www.essen-360grad.de/panoplayer_18/synagoge_01_player.php; https://synagoge-kronach.de/3d-rundgang/; https://www.youtube.com/watch?v=1HaYgkNzg1Q; https://artsandculture.google.com/story/VAVhAAeVzSIwgw [abgerufen am 19.01.2024].
[5] https://sakralraeume.sites.phil.uni-siegen.de/Mannheim/ [abgerufen am 19.01.2024].

Die virtuellen Rundgänge in diesen Synagogen sind unterschiedlich gestaltet. Mit ihrer virtuellen Rekonstruktion der Synagoge in der Kölner Glockengasse betont das Projekt der TU Darmstadt vor allem die einstige Pracht der Innen- und Außenseite dieser Synagoge als Zeichen gegen Antisemitismus und anwachsenden Rechtsradikalismus. Während ihr Video eine rein passive Begehung des Gebäudes anbietet, ermöglichen andere digitale Repräsentationen den virtuellen Besucher:innen, sich selbstständig durch den Synagogenraum bzw. die -räume zu bewegen. Meistens steht der Gebetsraum der Synagoge im Zentrum der Begehung. Die Repräsentationen fokussieren sich auf den Tora-Schrein, das Vorlesepult und die Empore als wichtigste Elemente dieses Raums; aber manchmal werden auch, wenn vorhanden, zusätzliche Elemente wie das Ewige Licht, die Menora und die Gebotstafeln berücksichtigt. Nur bei einigen Synagogen werden ggf. zusätzliche Räume gezeigt, ausführlich in der virtuell repräsentierten Synagoge in Mannheim (Sporthalle, Mikwa, Gemeindesaal, Küchen, etc.). Die vorliegenden Erklärungen der dargestellten Synagogenräume sind sehr unterschiedlich ausgeprägt: Teilweise gibt es keine (Köln, Essen), manchmal werden Räume und Bereiche kurz benannt (so die der Synagogen in Sachsen-Anhalt, außer Halle an der Saale; teilweise liegen ausführliche Erläuterungen vor (Bochum, Halle an der Saale, Leipzig, Mannheim und Saarbrücken). Solche Erläuterungen sind zu empfehlen, damit Besucher:innen virtueller Räume verstehen können, wie eine Synagoge „funktioniert" und welche jüdisch-theologischen, religionsgeschichtlichen und sozialen Bedeutungen ihre Räume, Raumelemente und Dekorationen haben.

Die mannigfaltige Möglichkeiten, welche Räume, Raumelemente und Dekorationen in einer Synagoge wie gezeigt und erklärt werden, werfen Fragen auf, welche Räume und Elemente als primär bedeutsam für das Raumkonzept einer analogen Synagoge gelten und worin dies begründet ist, im Sinne der folgenden Fragen: Welche Räume und Bereiche gibt es in einer Synagoge und wozu dienen sie? Aufgrund welcher jüdisch-theologischen, religionswissenschaftlichen bzw. sozialen Prinzipien ist der Gebetsraum einer Synagoge eingerichtet? Was bedeuten die verwendeten Gegenstände, Symbole und Dekorationen innerhalb und außerhalb einer Synagoge? Wie können Unterschiede in der räumlichen Einrichtung, im Baustil und in den Symbolen der Synagogen aus historischer Sicht erklärt werden?

Dieser Beitrag befasst sich mit diesen Fragen. Sein Ziel ist es, durch eine Analyse des Raumkonzepts einer analogen Synagoge die Bedeutung dieses Konzepts für die virtuelle Erschließung einer Synagoge zu berücksichtigen. Anschließend werden die folgenden Dimensionen des synagogalen Raumkonzepts analysiert: die Synagoge als Versammlungsraum (2.), die Tora-Bezogenheit des Synagogenraums (3.), die Tempel-Bezogenheit des Synagogenraums (4.), die Bildlosigkeit des Synagogenraums (5.) und der Ausdruck der sozialen Verhältnisse im Synagogenraum (6.). Der Beitrag schließt mit einem Ausblick (7.) zur Bedeutung des synagogalen Raumkonzepts für die virtuelle Repräsentation von Synagogen.

2. Die Synagoge als Versammlungsraum

Jede Gemeinde, die mindestens zehn im religiösen Sinn erwachsene Männer (im liberalen Judentum auch Frauen), den sogenannten Minjan, aufweist, ist nach jüdischem Gesetz verpflichtet, einen Raum zur Abhaltung des Gottesdienstes einzurichten. Dies kann, abhängig von den finanziellen und von durch das Umfeld bestimmten Möglichkeiten, entweder ein Betraum innerhalb eines bestehenden Hauses oder ein eigens zu diesem Zweck errichtetes Synagogengebäude sein (Keßler, 2008, 41). Der international bekannte Begriff für den jüdischen Sakralbau, dem Pendant zu Kirche und Moschee, ist „Synagoge". Dieser Terminus leitet sich von altgriechisch συναγωγή (synagōgē) ab und lautet im Lateinischen *synagoga*. Im Wortsinn bedeutet συναγωγή „Versammlung" und spiegelt damit die Multifunktionalität der Synagoge wider: Sie ist Bet-, Lern- und Versammlungsort zugleich. Auch die hebräische Bezeichnung *Beth haKnesset* (dt. Haus der Versammlung) verweist darauf. Die jiddische Bezeichnung „Schul" betont die Synagoge als Lernort.

Synagogen entstanden in der Zeit des Zweiten Tempels nach der Rückkehr der Juden aus dem Babylonischen Exil (6. Jh. v. d. Z. – 70 n. d. Z.). In epigraphischen, literarischen und archäologischen Quellen aus hellenistischer, römischer und byzantinischer Zeit (3. Jh. v. d. Z. – 7./8. Jh. n. d. Z.) sind Synagogen – als Verweis sowohl auf die Versammlung einer Gemeinde als auch auf das Gebäude dieser Versammlung – in Galiläa, Judäa, auf der Golan-Höhe sowie auch in der Diaspora (u. a. in Alexandrien, Delos, Ostia und Dura-Europos) belegt (Hachlili, 2013, 6–10, 13–16; Künzl, 1988a, 48–59). Der Hauptzweck der Synagoge war das Vorlesen der Tora, ihr Studium sowie das Gebet. Sie diente jedoch auch anderen Zwecken: Sie war u. a. Sammelplatz für soziale und politische Zusammenkünfte, Sammlungs- und Verteilungsort von Spendengeldern, Herberge und Gericht. Mikwen (rituelle Bäder) und Zisternen wurden regelmäßig in ihrer Nähe gefunden (Hachlili, 2013, 16–17). Im Hinblick auf ihre Funktion als Versammlungsraum bestand der Grundriss der antiken Synagoge aus einer Halle, die durch Säulen in ein Hauptschiff und Seitenschiffe unterteilt war. In dieser Halle waren gestufte Bänke entlang der Wände aufgestellt, sodass die versammelten Menschen dem Vorlesen aus der Tora, Vorträgen sowie politischen und sozialen Diskussionen folgen und sich an ihnen beteiligen konnten (ebd., 43–45, 220–222).

Zur Zeit des Zweiten Tempels existierten diese Synagogen neben dem Tempel in Jerusalem. Erst nach der Zerstörung des Zweiten Tempels gewannen die Synagogen an Bedeutung. Denn das Vorlesen der Tora, ihr Studium und das Gebet in der Synagoge entwickelten sich als Ersatz für den Opferkult im Tempel. Der Tempel in Jerusalem war das Hauptheiligtum der Juden und gleichzeitig religiöses, politisches und ökonomisches Zentrum. Er war der mit Mauern gebaute Nachfolger des Stiftzeltes (hebr. Mischkan). Dort wurde ursprünglich im Allerheiligsten des Tempels die Bundeslade mit den Gebotstafeln aufbewahrt. Nach der Zerstörung des Ersten Tempels 587/586 v. d. Z., als die Bundeslade und ihre Gebotstafeln verloren gegangen waren, blieb dieses Allerheiligsten leer. Im Unterschied zu Synagogen bildeten die täglichen Tieropfer und die sonstigen Opfergaben einen zentralen Teil des Tempelkults. Nur Priester und Leviten durften im Tempel dienen, und der Zutritt zum Allerheiligsten war nur einmal im Jahr am Jom Kippur dem Hohepriester gestattet. Im Gegensatz zum Tempel konnten Synagogen überall gebaut werden, und auch nicht-priesterliche Juden und Jüdinnen nahmen aktiv an Gottesdiensten und Zeremonien teil. Daher waren Synagogen speziell auf die sozialen und religiösen Bedürfnisse der örtlichen Gemeinschaft ausgerichtet (ebd., 5–6).

Im Mittelalter verbreiteten sich die Synagogen in Europa. In Mittel- und Osteuropa (Aschkenaz), insbesondere im Rheinland, siedelten sich Jud:innen an, die als aschkenasisch bezeichnet werden, während die auf der arabisch geprägten Iberischen Halbinsel (Sepharad) als Sefarden bezeichnet werden. Im aschkenasischen Bereich stammten die ältesten Synagogen aus dem 11. Jahrhundert (Worms, Köln und Speyer); sie wurden entweder als einfache Saalbauten ohne Stützen oder als zweischiffige Räume errichtet. Im sephardischen Raum entwickelten sich die Synagogen von mehrschiffigen Gebäuden mit Hufeisenbögen im Stil der Almohadenzeit (wie die später zur Kirche Santa Maria la Blanca umgewandelte Synagoge in Toledo) zu Saalbauten mit Stuckaturen im Mudéjar-Stil (Córdoba) (Künzl, 1988b, 61–62, 69–75). Im Unterschied zu den mittelalterlich sephardischen Synagogen, die sowohl von der islamischen als auch von der christlichen Architektur beeinflusst waren, hatten aschkenasische Synagogen mit ihren Giebeln und Satteldächern eher einen profanen Charakter, der jedoch immer wieder wegen des Einsatzes christlicher Bauleute mit christlich geprägten Architekturelementen vermischt wurde. Dieser profane Baustil entsprach ihrer Mehrzweckfunktion als Haus des Gottesdienstes, als Versammlungsraum, Lehrhaus und Gerichtsort (Künzl, 1988b, 64, 71–72, 75; Paulus, 2008, 52, 53).

In den nachfolgenden Jahrhunderten setzte sich dieser „Profanbau" durch, nicht zuletzt deshalb, weil die Behörden sich bemühten, Synagogen nicht als solche in Erscheinung treten zu lassen (Mühlinghaus, 1988, 125–126). Synagogen wurden oft als Mehrzweckgebäude errichtet, die nicht nur dem Gottesdienst dienten. Synagogale Steinbauten im 16. und 17. Jahrhundert in Polen besaßen beispielsweise Innungsstuben, in denen jüdische Handwerker zusammenkamen. Da die polnischen Juden eine eigene Gerichtsbarkeit hatten, gab es zuweilen auch einen Gefängnisraum oder einen Pranger. Der massive und geschlossene Außenbau dieser Synagogen, einschließlich eines Attika-Abschlusses mit Schießscharten, ähnelte einer Festung, in der sich die jüdische Bevölkerung z. B. in Zeiten von Kosakenüberfällen oder anderen Notsituationen verschanzen und verteidigen konnte (Künzl, 1988c, 92). Auch Synagogen im 17. und 18. Jahrhundert in Deutschland waren oft Gemeinde- und Schulgebäude zugleich und hatten oftmals eine Mikwa und einen Hof (Mühlinghaus, 1988, 115). Synagogen in klei-

Das jüdische Raumverständnis und der virtuelle Synagogenraum 129

nen jüdischen Gemeinden in dieser Zeit dienten nicht nur als Kultgebäude, sondern gleichzeitig auch als Wohnhaus für Gemeindebedienstete und als Schule. Deswegen sind sie äußerlich oft nicht von Wohnhäusern zu unterscheiden (Hammer-Schenk, 1988, 158).

Obwohl sich der Baustil der Synagoge seit dem 19. Jahrhundert verändert hat und oftmals keinen profanen Charakter mehr aufweist (vgl. Abschnitt 5.), blieb die Mehrzweckfunktion der Synagogen bestehen. Bis heute werden Synagogen als Mehrzweckgebäude errichtet. Wie die neu erbauten Synagogen in Berlin (Fasanenstraße 79/80, 1959), Frankfurt a. M. (Savignystraße 66, 1986) und Mannheim (Rabbiner-Grünewald-Platz, F3, 1987) zeigen, haben diese Synagogen den Character eines Gemeindezentrums. Der Betsaal der Synagoge ist Teil eines größeren Gebäudes, in dem sich auch eine Mikwa, eine Küche für die Zubereitung milchiger und eine für die Zubereitung fleischiger Speisen, eine Bibliothek und ein oder mehrere Bildungsräume sowie Versammlungssäle befinden. Für soziale Aktivitäten gibt es außerdem einen Clubraum, einen Treffpunkt für Senioren, eine Turnhalle und/oder ein Restaurant (Korn, 1988, 312, 324; https://www.jg-bochum.de/Synagoge/index.htm [abgerufen am 19.01.2024]). Im Jüdischen Gemeindehaus in Berlin ist sogar der Betsaal der Synagoge als Mehrzwecksaal eingerichtet, der sowohl für weltliche als auch für religiöse Zwecke genutzt werden kann. Bei weltlichen Veranstaltungen kann der Tora-Schrein in einer apsisartigen Nische versenkt werden (Korn, 1988, 302). Auch für die Nachkriegssynagogen in Deutschland gilt daher, dass die Gemeinschaft bildende und Identität ermöglichende Funktion ihrer Gemeindezentren ebenso wichtig ist wie die religiöse (Knufinke, 2008, 100).

3. Die Tora-Bezogenheit des Synagogenraums

Das synagogale Raumkonzept zeigt eine starke Bezogenheit auf die Tora. Elementar für das jüdische Verständnis ist, dass der Synagogenraum weder eingeweiht noch entweiht werden kann. Jedoch spielt Heiligkeit eine wichtige Rolle bei der Errichtung, Finanzierung, bei Verkauf oder Zerstörung einer Synagoge (Keßler, 2007, 78–85). In Bezug auf die Tora leiten einige Juden die Heiligkeit der Synagoge aus dem Text der Tora ab, während andere meinen, dass die Heiligkeit von den Gegenständen in der Synagoge, insbesondere der Tora-Rolle stamme. Nach einer dritten Ansicht sei einer Synagoge eine „Heiligkeit der Ehre" eigen, die aus dem Dienst der Gebote stamme (ebd., 86). Da die Heiligkeit mit dem ersten Gebet in einer neuen Synagoge initiiert wird, gilt ein als Synagoge errichtetes Gebäude, in dem noch kein Gebet stattgefunden hat, nicht als heilig (ebd., 86).

Für jede Synagoge ist notwendig, dass sie mindestens eine Tora-Rolle besitzt, aus der an jedem Schabbat und an Feiertagen gelesen wird. Jede bis heute mit der Hand auf Pergament geschriebene Tora-Rolle beinhaltet die Fünf Bücher Moses, die eingeteilt in Wochenabschnitte in einem Jahreszyklus komplett gelesen werden, und zwar Jahr für Jahr als Ausdruck ihrer Wichtigkeit. Die Tora stellt den Nukleus des Judentums dar und wird deshalb mit hohem Respekt behandelt. Sie ist in Synagogen zum Schutz und als Zeichen der Heiligkeit mit einem Tora-Mantel, einer Tora-Krone oder Tora-Aufsätzen sowie mit Tora-Schilden geschmückt. Der Tora-Mantel, der meist aus kostbarem Material gefertigt ist und auf dem oft eine Krone, Gesetztafeln oder Löwen dargestellt sind, dient sozusagen als Bekleidung der Tora-Rolle. Eine Krone oder zwei Tora-Aufsätze (hebr. Rimonim) in Form kleiner Krönchen schmücken die beiden hölzernen Rollstäbe der Tora-Rolle. Diese Krone und Krönchen als Tora-Aufsätze, immer aus edlen Metallen gefertigt, sind mit Glöckchen versehen, die klingen, wenn die Tora-Rolle aus dem Tora-Schrein geholt und zum Vorlesepult (hebr. Bima) getragen wird. Die Rolle wird häufig mit Tora-Schilden (hebr. Tass) umhängt, die an die Brustplatte des Hohepriesters erinnern und die Gesetztafeln darstellen (Keßler, 2008, 44).

Die zentrale Bedeutung der Tora für die Synagoge wird in der räumlichen Gestaltung des synagogalen Innenraums deutlich. Der Tora-Schrein, in dem die Tora-Rolle(n) aufgestellt werden, bildet den ersten elementaren Einrichtungsgegenstand einer Synagoge. Ein solcher Schrein, der Aron haKodesch (aschkenasisch, „die heilige Bundeslade") bzw. Hechal (sephardisch, „Heiligtum") genannt wird, kam in Gebrauch nach der Zerstörung des Zweiten Tempels im Jahr 70 n. d. Z. als fester Bestandteil einer Synagoge (Hachlili, 2013, 163–198, 221). Er befindet sich jeweils an der Jerusalem zugewandten Wand einer Synagoge, in Deutschland also an der (Südsüd)Ostwand. Der oft aufwendig dekorierte Schrein kann entweder die Form eines in eine Wandnische oder Apsis eingebauten Schreins haben oder ein freistehender Schrank aus Holz sein (Keßler, 2007, 43, 46; Keßler, 2008, 42–43). Ein Vorhang (hebr. Parochet) hängt vor dem Schrein, manchmal hinter den geschlossenen Türen des Schreins. Nur während eines Gottesdienstes, wenn aus der Tora vorgelesen wird, wird der Vorhang zur Seite gezogen, der Tora-Schrein geöffnet und die Tora-Rolle(n) daraus entnommen. Bei der Öffnung des Schreins werden Gebete gesprochen und die Gemeinde erhebt sich dazu aus Respekt (Keßler, 2007, 45). In aschkenasischen Synagogen werden diese Gebete von einem Stehpult (hebr. Amud), das rechts neben oder mittig vor dem Tora-Schrein aufgestellt ist, gesprochen (Keßler, 2008, 45).

Der zweite elementare Einrichtungsgegenstand einer Synagoge ist das Vorlesepult, die Bima (dt. Bühne), auch Almemor/Almemar (aschkenasisch) bzw. Teva und Migdal (sephardisch) genannt (Keßler, 2007, 46). Dieses Pult, auf dem während des Gottesdienstes aus der Tora vorgelesen wird, ist meist eine um einige Stufen erhöhte, rechteckige oder polygonale Plattform, die an der östlichen Seite eine schräg gestellte, mit einem Tuch bedeckte Platte (hebr. Schulchan) zur

Ablage der Tora-Rolle hat (Keßler, 2008, 44). Im Mittelalter entwickelte sich die Bima zu einem integralen architektonischen Bestandteil des Synagogenraums. In aschkenasischen Synagogen wurde die Bima in der Mitte des Raums aufgestellt, in sephardischen Synagogen entweder in der Raummitte oder an der Wandmitte der Westseite (Künzl, 1988b, 62, 72). Räumlich bedeutet dies, dass die Tora aus der Mitte der Gemeinde vorgetragen wird.

Mit dem Einzug der jüdischen Aufklärung, einer Bewegung, die in den 1770er- und 1780er-Jahren in Berlin und Königsberg entstand und sich von dort in ganz Europa ausbreitete, in den religiösen Bereich veränderte sich in liberalen Gemeinden auch die räumliche Aufteilung des Synagogenraums. Unter dem Einfluss des Predigtortes im christlich-protestantischen Gottesdienst wurde die Bima in der Reformbewegung des 19. Jahrhunderts an die Ostwand verschoben und zusammen mit dem Tora-Schrein in einer Estrade integriert (Hammer-Schenk, 1988, 206–207; Cohen-Mushlin/Thies, 2012, 93). Diese räumliche Änderung führte dazu, dass in Reformsynagogen die Gemeindemitglieder als unwissende Zuhörerschaft betrachtet wurden. Die Erbaulichkeit des Gottesdienstes stand in diesen Synagogen im Zentrum (Cohen-Mushlin/Thies, 2012, 93).

Höhepunkt des jüdischen Gottesdienstes, der vor allem aus Gebeten und Gesängen besteht, ist die Tora-Lesung: Der Tora-Schrein wird durch ein Gemeindemitglied geöffnet, woraufhin der Kantor die Tora-Rolle(n) aus dem Schrein nimmt und sie an ein Gemeindemitglied übergibt bzw. selbst im Arm hält. Der Kantor zeigt die Tora-Rolle(n) der Gemeinde und rezitiert das Gebet Schma Jisrael (hebr. „Höre, Israel"). Danach trägt ein Gemeindemitglied die Tora-Rolle(n) in einer feierlichen Prozession zur Bima, wo ein anderes Gemeindemitglied den Mantel von der Tora-Rolle nimmt (Keßler, 2008, 43–44). Das Vorlesen aus der Tora, das von Segenssprüchen begleitet wird, findet in Richtung des geöffneten Tora-Schreins statt, also symbolisch in Richtung Jerusalem. Als weiteren Ausdruck der Heiligkeit hat das Vorlesen den Charakter eines Sprechgesangs (hebr. leijnen). Auch wird ein Tora-Zeiger (hebr. Jad) zum Lesen aus der Tora-Rolle genutzt, sodass die Heilige Schrift zum Schutz nicht mit bloßen Fingern berührt wird. Jeder ist befugt, aus der Tora zu lesen, der es gelernt hat. In der Regel übernimmt jedoch ein ausgebildeter Kantor (hebr. Chasan) diese Aufgabe. In orthodoxen Gemeinden ist es in jedem Fall nur Männern vorbehalten, während in liberalen Synagogen auch Frauen (Kantorin bspw.) aus der Tora lesen dürfen.

Die zentrale Bedeutung der Tora für das synagogale Raumkonzept wird durch die Sitzordnung der Gemeindemitglieder betont. In aschkenasischen und sephardischen Synagogen sind die Sitze in der Längsachse der Synagoge angeordnet oder – in größeren aschkenasischen Synagogen – auch in östlicher Richtung (Künzl, 1988b, 62; Keßler, 2008, 42, 45). Es ist verboten, zwischen der Bima und dem Tora-Schrein zu sitzen, weil man dadurch dem Tora-Schrein den Rücken zuwendet und der Eindruck entstehen könnte, dass der Kantor sich auf der Bima vor dem hier Sitzenden verneigt, statt vor Gott (Keßler, 2007, 53). Die längsachsige Anordnung hat den Vorteil, dass die Gemeindemitglieder das Vorlesen der Tora auf der Bima gut sehen und hören können. Das Vorlese-Ritual findet also im räumlichen Zentrum der Synagoge statt. Die Anwesenden müssen sich jedoch um 90 Grad drehen, um die Öffnung des Tora-Schreins sehen zu können, und in dessen Richtung zu beten.

Diese räumliche Bi-Polarität des Synagogenraums wurde in Reformsynagogen aufgelöst, indem aufgrund der Verlegung der Bima an die Ostwand alle Sitzplätze in Reihen dem Osten zugewandt wurden. Schrein und Bima bildeten daher ein liturgisches Zentrum und konnten mit einem Blick erfasst werden (Keßler, 2008, 45–46).

4. Die Tempel-Bezogenheit des Synagogenraums

Die Erwartung des Wiederaufbaus des Jerusalemer Tempels ist im Judentum zu einer messianischen Hoffnung geworden, was bedeutet, dass nach jüdischer Vorstellung der Tempel erst dann wieder aufgebaut wird, wenn der Messias kommt. Diese Verlagerung trug dazu bei, dass die Synagoge als sakraler Ort an Bedeutung zunahm, da seit 70 n. d. Z. (Zerstörung des Zweiten Tempels) nur noch Synagogen existieren. Ihre Ausstattung nimmt daher an verschiedenen Stellen Bezug auf den Jerusalemer Tempel.

Die Grundform des Synagogenraums wird von religiösen Jud:innen auf den Tempel bezogen. Der Tora-Schrein entspricht dem Allerheiligsten des Tempels; der Vorhang vor dem Schrein korrespondiert mit dem Vorhang, der das Allerheiligste im Tempel vom Heiligen trennte; und die Bima steht in Bezug zum Opferaltar im Tempelhof (Keßler, 2007, 40). Die Bezeichnungen Aron haKodesch („die heilige Bundeslade") und Hechal („Heiligtum") betonen diese Tempelbezogenheit des Tora-Schreins. Die Säulen oder Pilaster, die oft Teil der Ädikula des Tora-Schreins sind und ihr Gebälk oder ihren Giebel tragen, werden als Symbol der Säulen Jachin und Boas betrachtet, die vor der Vorhalle des Salomonischen Tempels standen (1 Kön 7,21) (Keßler, 2008, 43). Da die Tora-Rollen in einem Tora-Schrein an der Jerusalem zugewandten Ostwand aufbewahrt werden, ist die Gebetsrichtung vorgegeben. Symbolisch steht dies dafür, dass man in Richtung des zerstörten Jerusalemer Tempels betet (Keßler, 2007, 42). Manchmal wurde vorgeschlagen, die Fenster einer Synagoge auf der Jerusalem zugewandten Seite anzubringen, damit die Betenden sich innerlich nach Jerusalem ausrichten können (ebd., 64). Einem kleinen Rund- oder Rundbogenfenster (Misrach-Fenster) oben in der Ostwand kann auch diese Funktion zukommen, die Gebetsrichtung anzudeuten (ebd., 111–112, 231–232).

In den meisten Synagogen befindet sich vor dem Tora-Schrein eine Hängelampe, das Ewige Licht (hebr. Ner Tamid). Dieses Licht erinnert an die siebenarmige Menora im Tempel, die dauerhaft mit Olivenöl gespeist wurde (Ex 27,20;

Lev 24,2), sodass sie immer brannte. Es galt als ein Symbol für die Gegenwart Gottes in Israel, wird aber auch als spirituelles Licht gesehen, das vom Tempel ausstrahlt (ebd., 63–64). Obwohl eine Synagoge im Gegensatz zum Tempel nicht als die irdische Wohnung Gottes betrachtet wird, glauben fromme Jud:innen, dass seine Präsenz während des Gottesdienstes und des Tora-Studiums auch hier gegenwärtig sei (ebd., 87–88). Durch die Aufstellung einer oder mehrerer siebenarmiger Menora(s) im Bereich des Tora-Schreins wird die Menora im Tempel nochmals ins Gedächtnis gerufen. Häufig befindet sich auch eine Chanukkia im Bereich des Tora-Schreins: ein achtarmiger Leuchter (mit einem zusätzlichen neunten Arm). Dieser Leuchter, der während Chanukka, dem jüdischen Lichtfest, angezündet wird, erinnert an das Ölwunder bei der Wiedereinweihung des Tempels durch die Makkabäer (164 v. d. Z.), als die Menora mit einem kleinen Gefäß Öl acht Tage lang brannte, obwohl es eigentlich nur für einen Tag ausreichte.

Der Einsatz von Musikinstrumenten war der Liturgie im Tempel vorbehalten. In Synagogen ist diese traditionell untersagt. Nach der spättalmudischen Tradition (Babylonischer Talmud, Arachin 10b–11a) war der Tempelgottesdienst bspw. musikalisch bereichert durch eine Magrepha, eine „Tempelorgel". In Erinnerung an den Verlust des Tempels wollten religiöse Juden und Jüdinnen diese Orgelmusik nicht in ihren Synagogen nachahmen. Stattdessen wurde der Kantor im jüdischen Gottesdienst musikalisch durch einen (Knaben-)Sopran und einen Bass begleitet, die den Klang bestimmter Instrumente mit der Stimme imitierten (Cohen-Mushlin/Thies, 2012, 101, 105). Erst die Reformsynagogen führten die Orgel unter dem Einfluss des protestantisch-christlichen Gottesdienstes wieder in ihre Liturgie ein und bauten sie oft oberhalb des Tora-Schreins ein (Bayer, 2007, 466–468; Cohen-Mushlin/Thies, 2012, 101–103, 105–107). Da orthodoxe Juden und Jüdinnen diese Innovation ablehnten, wird in Synagogen mit einem orthodoxen Ritus keine Orgel, sondern ausschließlich vokale Musik in einem Gottesdienst verwendet. Liberale und orthodoxe Synagogen haben hier ein grundlegend unterschiedlich musikalisches Verständnis.

In Synagogen findet sich manchmal die Erinnerung an die Zerstörung des Zweiten Tempels (70 n. d. Z.) im „Gedenken der Zerstörung/Ruine" (hebr. Secher Churban). Laut dem Babylonischen Talmud (Traktat Baba Batra 60b) sollte kein jüdisches Gebäude, sei es ein Privatbau oder sei es eine Synagoge, vollständig, also fertig gebaut sein, bis der Tempel wiedererrichtet ist. Damit die Gläubigen an die Zerstörung des Tempels denken, sollte daher ein Teil des Gebäudes, der beim Betreten sichtbar ist, im Rohzustand belassen werden (Keßler, 2008, 78). Dies könnte beispielsweise ein ungeweißtes Stück einer Wand sein (Gwoździec, 1640) oder ein Teil der ansonsten glatten Wand, der rau verputzt bleibt (Dornum, 1841, rekonstruiert 1991) (Keßler, 2007, 223). Obwohl Synagogen meistens sehr prachtvoll dekoriert und ausgestattet sind, was im jüdischen Religionsgesetz sogar gefordert wird (ebd., 61), findet man manchmal solche bewusst im Rohbau belassenen Stellen in Synagogen.

5. Die Bildlosigkeit des Synagogenraums

Charakteristisch für das synagogale Raumkonzept ist seine Bildlosigkeit. Diese wurde stark vom jüdischen Bilderverbot geprägt. Nach dem zweiten Gebot hat Gott es untersagt, Gottesbilder zu fertigen, „noch irgendein Abbild von etwas, was oben im Himmel, was unten auf der Erde oder was im Wasser unter der Erde ist" (Ex 20,4; ZB 2007/2019). Obwohl dieses Gebot niemals wörtlich verstanden, sondern im Hinblick auf die Möglichkeit der Götzenabbildung ausgelegt wurde, hat es die Zulässigkeit von figurativen Dekorierungen in Synagogen eingeschränkt (Keßler, 2007, 60). Außerdem wurde die Zulässigkeit der Dekorierung in Anbetracht der Konzentration der Betenden in Frage gestellt, d. h.: Da die Betenden sich ohne äußere Ablenkung auf ihre Gebete konzentrieren sollen, wurde die Bemalung von Wänden und selbst des Tora-Schreins als mögliche Behinderung ihrer Konzentration gesehen (ebd., 60, 62).

Die Bildlosigkeit hat sich im Laufe der Baugeschichte von Synagogen allmählich entwickelt. Während der Zeit des Zweiten Tempels wurden keine figurativen Bilder in Synagogen dargestellt, aber ab dem zweiten und insbesondere im dritten und vierten Jahrhundert n. d. Z. blühte die figurative Kunst in Synagogen auf. Aufgrund der sich verändernden politischen, wirtschaftlichen und sozialen Umstände wurde nun figurative Kunst geduldet, solange sie nicht zum Götzendienst anregte (Hachlili, 2013, 223). Um ihre Synagogen zu verzieren, entwickelten die Jud:innen ein reiches Repertoire an figurativen Darstellungen, insbesondere in Fußbodenmosaiken. Diese Darstellungen umfassten jüdisch tempelbezogene und rituelle Symbole (z. B. Menora, Tora-Schrein, Schofar), Tier-, Pflanzen- und Menschenmotive (z. B. Löwen, Adler, Weinstock), geometrische Motive (z. B. Rosetten) sowie auch illustrierte Bibelgeschichten und -Figuren (z. B. die Bindung Isaaks, der Exodus, König David) und die Abbildung des paganen Tierkreises als Symbol des jüdischen Kalenders (ebd., 285–472). In der späteren Geschichte einigten sich die rabbinischen Kodifikatoren und Decisoren jedoch darauf, dass menschliche Figuren, Wesen und Tiergestalten, die Ezechiel am Thronwagen Gottes erschaute, nicht im Bereich des jüdischen Gottesdienstes dargestellt werden dürften. Obwohl es Ausnahmen gab (wie die aufwendigen Malereien in den Holzsynagogen in Polen im 16.–18. Jh.; s. Künzl, 1988c, 97–98), wurde im Großen und Ganzen auf figurative Darstellungen in Synagogen verzichtet (Mühlinghaus, 1988, 119–120).

Zur Verschönerung der Synagogen wurden daher andere dekorative Motive und Symbole verwendet. Auch hier zeigt sich die starke Tora-Bezogenheit des synagogalen Raumkonzepts. Meistens sind auf dem Vorhang des Tora-Schreins oder oberhalb des Schreins die beiden Gesetzestafeln dargestellt. Die Zehn Gebote werden entweder mit den ersten zwei hebräischen Worten jedes Gebots oder noch symbolischer mit den ersten zehn Buchstaben des hebräischen Alphabets angezeigt. Wenn die Gesetzestafeln auf dem Tora-Schrein dargestellt sind, versinnbildlichen sie für die Gemeinde Gottes die Tora, die in diesem Tora-Schrein aufbewahrt wird. In modernen Synagogen können die Gesetzestafeln oder symbolische Verweisungen darauf auch an anderen Stellen innerhalb und außerhalb der Synagoge dargestellt sein. In der neuen Synagoge in Bochum (2008) sind die Zehn Gebote (symbolisiert mit hebräischen Lettern) auf der Innenseite der Tür zum Gebetsaal zu sehen (https://www.jg-bochum.de/Synagoge/index.htm [abgerufen am 19.01.2024]), während das neu erbaute Jüdische Gemeindezentrum an der Savignystraße 66 in Frankfurt a. M. (1986) einen turmartigen Anbau in Form der Gebotstafeln aufweist (Korn, 1988, 307, 324). Die häufige Verwendung von hebräischen Zitaten aus dem Tanach (Hebräische Bibel) innerhalb und außerhalb der Synagogen unterstreicht die wichtige Rolle, die Gottes Wort innerhalb der jüdischen Gemeinde spielt.

Mit anderen Symbolen wird im Synagogenraum die jüdische Identität der Gemeinde und ihre Bezogenheit zum Tempel und zum Volk Israel betont. Seit dem 19. Jh. kommt der Davidstern oft in und auf Synagogen vor, sowohl an der Außenseite der Synagoge als auch innerhalb des Gebäudes (z. B. in Bonn-Poppelsdorf, 1902; in Stuttgart, 1951/1952). Manchmal ist sogar der Grundriss der Synagoge (Hexagramm) vom Davidstern inspiriert (so in Karlsruhe, 1971) (Knufinke, 2008, 103). Mit dem Davidstern drückt eine Gemeinde ihre jüdische Identität aus. Die Menora wird neben ihrer Funktion als Gegenstand im Bereich des Tora-Schreins auch als Symbol auf dem Vorhang des Tora-Schreins, an Wänden, Türen und auf der Fassade der Synagoge verwendet (z. B. in Essen, 1959). Sie erinnert an die Menora im Jerusalemer Tempel, dient aber auch generell als Symbol für Licht und Hoffnung (Korn, 1988, 307). Schließlich beziehen sich Synagogen stark auf die Symbolik der zwölf Stämme Israels; insbesondere die Löwen, die die Gesetzestafeln auf dem Tora-Schrein oder den Schrein selbst flankieren und schon in antiken Synagogen dargestellt sind, kommen oft vor und werden als Symbole für den Stamm Juda gesehen (Hachlili, 2013, 436–447). Die symbolische Verwendung der Zahl Zwölf (z. B. zwölf Säulen, Fenster) kann ebenfalls an die Zwölf Stämme erinnern (Keßler, 2007, 65).

Allgemein gesehen, spiegeln die in Synagogen verwendeten Stilformen jüdische und nicht-jüdische Perspektiven auf die gesellschaftliche Stellung der jüdischen Bevölkerung wider. Dies wird besonders im 19. Jh. im aschkenasischen Judentum deutlich. Zuvor hatten aschkenasische Synagogen eher einen profanen Charakter und vermieden jegliche Nachahmung von Kirchenarchitektur (Künzl, 1988b, 64; Mühlinghaus, 1988, 125–126). Als Folge der jüdischen Reformbewegung im 19. Jh. änderte sich dies. Einerseits wurden arabisch-maurische Stilformen (wie Hufeisenbögen, Gesimse und kuppelartige Aufsätze) verwendet, um dem jüdischen Kultbau einen eigenen Charakter zu verleihen. Dieser Baustil drückte das neu gewonnene Selbsbewusstsein der Jud:innen in der christlichen Umwelt aus, bot aber auch der nicht-jüdischen Bevölkerung Anlass, die Fremdartigkeit und orientalische Herkunft des jüdischen Volkes zu betonen (Hammer-Schenk, 1988, 194–202, 204, 219; Müller, 2008, 80–83). Andererseits entwickelte sich in der Reformbewegung der Trend, den Synagogenbau dem zeitgenössischen Kirchenbau anzugleichen. Dies sollte ausdrücken, dass sich die Jud:innen als Teil des deutschen Volkes betrachteten und Deutschland als ihre Heimat ansahen. Jüdische Architekten, insbesondere Edwin Oppler, versuchten, die Innen- und Außenansicht der Synagogen an die deutsche, meist romanische Kirchenarchitektur anzupassen. Dies zeigt sich z. B. in der Verwendung von einem kreuzförmigen Grundriss, von Türmen, Rosenfenstern und Rundbögen (Hammer-Schenk, 1988, 205–207, 214–216, 219–237; Müller, 2008, 83–86).

Im Nachkriegsdeutschland haben architektonische und dekorative Raumelemente innerhalb und außerhalb von Synagogen eine zusätzliche Bedeutungsebene gewonnen. Die jüdische (und deutsche) Auseinandersetzung mit der Schoa diente als Anlass, die anhaltenden historischen Risse, Schnitte und Brüche in der deutsch-jüdischen Geschichte im Synagogenbau zu reflektieren. So wurde beispielsweise im neu erbauten Jüdischen Gemeindehaus Berlin (Fasanenstraße 79/80, 1959) die noch erhaltene Vorderfront der im November 1938 zerstörten Synagoge integriert. Das freistehende Hauptportal der ehemaligen Synagoge und eine hohe Säule mit Überresten dieser Synagoge bewahren die Erinnerung an sie und sollen eine mahnende Wirkung haben (Korn, 1988, 301–302, 312–313). Oder: Im neuen Jüdischen Gemeindezentrum in Frankfurt a. M. (Savignystraße 66, 1985) dienen ein durchlaufender „Bruch" (Knick) im Foyerbereich sowie Risse in den stilisierten Gesetzestafeln neben dem Haupteingang symbolisch als Erinnerung und Mahnung an die Brüchigkeit der deutsch-jüdischen Beziehungen. Drei stilisierte Menora-Darstellungen über dem Haupteingang stehen diesen Rissen als Zeichen des Lichts und als Symbol der Hoffnung gegenüber (ebd., 307, 324–325). Diese beiden Synagogen sind Beispiele für die erinnernde und mahnende Funktion im Kontext des Synagogenbaus seit 1945.

6. Ausdruck der sozialen Verhältnisse im Synagogenraum

Das synagogale Raumkonzept drückt soziale und religiöse Verhältnisse innerhalb der jüdischen Gemeinde aus. Bereits in der Spätantike sind sowohl archäologisch-baulich als auch literarisch-textlich Ehrenplätze in Synagogen bekannt, an denen führende Mitglieder einer Gemeinde, z. B. die Ältesten, die Rabbiner und Lehrer, Platz nahmen (Hachlili, 2023, 217–220; Keßler, 2007, 52–53). Im Mittelalter wurde von Rabbinern, wie von Maimonides, festgelegt, dass Ehrenplätze für bedeutende Gemeindemitglieder (den Rabbiner, den Vorstand) an der Ostwand positioniert werden sollten. Sitzplätze in der Nähe zum Tora-Schrein galten nämlich als wertvoller. Diese bedeutenden Mitglieder saßen daher neben oder mit dem Rücken zum Schrein und blickten auf die Gemeinde (Keßler, 2007,

53, 203–204). Es war lange Zeit üblich (obwohl von vielen Rabbinern abgelehnt) und für die Finanzierung der Synagoge unerlässlich, dass Gemeindemitglieder Sitzplätze kaufen konnten, wobei diejenigen mit besserer Sicht und näher an der Ostwand höhere Preise zu entrichten hatten. Die „Armenbank", auf der ärmere Mitglieder kostenlos Platz nehmen konnten, befand sich an der Westwand oder in der Nähe des Eingangs (ebd., 54, 204). In einigen Synagogen saßen die Trauernden links neben der Tür (ebd., 204). Diese Praxis zeigt, wie die Werte, welche die jüdische Gemeinde auf Bildung und sozioökonomischen Status legte, in der Sitzordnung zum Ausdruck kamen und mit der Tora-Bezogenheit des synagogalen Raumkonzepts verknüpft waren.

Sehr entscheidend für das synagogale Raumkonzept war und ist die Sitzordnung aufgrund des Geschlechts. In antiken Synagogen saßen Männer und Frauen wahrscheinlich gemischt (Hachlili, 2013, 579–580), doch dies änderte sich im 13. Jh., als separate Bereiche für Frauen und Mädchen, auch als „Frauensynagoge" bezeichnet, errichtet wurden. Die Geschlechtertrennung hatte zum Ziel, die mögliche Ablenkung der Männer und Jungen durch die Anwesenheit der Frauen und Mädchen zu verhindern (Keßler, 2007, 204–205, 342). Während sephardische Synagogen Emporen für Frauen und Mädchen nutzten, wurden in aschkenasischen Synagogen separate Anbauten errichtet, in denen die Frauen durch kleine, lukenähnliche Fenster den Ablauf des Gottesdienstes der Männer mitverfolgen konnten. Vermutlich gab es hier eine Vorbeterin, die vorne saß und die Frauen durch den Gottesdienst führte (Künzl, 1988b, 62, 72; Paulus, 2008, 52–53). Erst im 16. und 17. Jh. entstanden auch in aschkenasischen Synagogen Emporen für Frauen (Künzl, 1988b, 67; Künzl, 1988c, 89–106; Keßler, 2008b, 58–60). Die Geschlechtertrennung änderte sich im Reformjudentum des 19. Jh.; in Anlehnung an den christlich-protestantischen Gottesdienst saßen Frauen nicht länger separat auf einer Empore, sondern konnten im Erdgeschoss Platz nehmen. Obwohl Männer und Frauen anfangs noch getrennt im rechten bzw. linken Teil des Gebetsraums saßen (Hammer-Schenk, 1988, 206), wurde diese Trennung später ganz aufgehoben. Daher sitzen Männer und Frauen in heutigen liberalen Synagogen gemischt. Orthodoxe Synagogen halten jedoch bis heute an der Geschlechtertrennung zwischen Männern/Jungen und Frauen/Mädchen fest, und zwar durch die Nutzung von Emporen, Trennwänden (hebr. Mechitza) und/oder separaten Sitzreihen.

Die räumliche Geschlechtertrennung spiegelt sich außerdem in den Kleidungsvorschriften, dem Verhalten und der aktiven Teilnahme von Männern und Frauen in der Synagoge wider. Da Frauen nach dem jüdischen Religionsgesetz (hebr. Halacha) nicht zur Teilnahme am Gottesdienst verpflichtet sind, besuchten sie Synagogen im frühen Mittelalter wahrscheinlich nur zu besonderen Anlässen. Die Einführung von Frauenbereichen spiegelt somit ihre gestiegene Teilnahme (Künzl, 1988b, 62; Paulus, 2008, 52–53; Keßler, 2007, 205). Gemäß der Halacha sind Männer verpflichtet, beim Betreten einer Synagoge eine Kopfbedeckung (hebr. Kippa) als Symbol ihrer Demut vor Gott zu tragen, während Frauen dazu nicht verpflichtet sind. Nach jüdischem Gesetz müssen Männer an Wochentagen (außer am Schabbat und an biblischen Festtagen) während des Morgengebets Gebetsriemen (hebr. Tefillin) am linken Arm und auf der Stirn tragen sowie ihren Kopf mit einem Gebetsschal (hebr. Tallit) bedecken. Außerdem dürfen nur Männer ehrenamtliche Funktionen während des Gottesdienstes ausüben, als Kantor aus der Tora vorlesen oder Rabbiner sein. Mit der Aufhebung der räumlichen Geschlechtertrennung durch die Reformbewegung im 19. Jh. hat sich auch die sozial-religiöse Gleichstellung von Frauen und Männern in liberalen Gemeinden allmählich durchgesetzt, sodass Frauen seit der zweiten Hälfte des 20. Jahrhunderts dort die gleichen halachischen Rechte wie Männer haben.

In den meisten Synagogen werden Sitzplätze nicht nach dem Alter der Teilnehmenden zugeordnet. Jungen und Mädchen sitzen bei den Erwachsenen. Es gab jedoch in einigen Synagogen speziell für Kinder reservierte Plätze. In Niederstetten gab es beispielsweise drei Bankreihen für Kinder hinter der Bima, während die Jungen in Vreden (1808) unter der Empore, nahe der Westwand, und die Kinder in Gütersloh (1765) im nordöstlichen Bereich, neben dem Tora-Schrein, Platz nahmen. Obwohl die Kindersitzplätze in verschiedenen Bereichen der genannten Synagogen eingerichtet sind, haben sie gemeinsam, dass sie sich meist in der Mitte unter der Aufsicht der Erwachsenen befinden (Keßler, 2007, 204). Während Kinder in früheren Zeiten an Gottesdiensten teilnahmen und wahrscheinlich sogar durch den Saal liefen, schränkte die Reformbewegung des 19. Jh. ihre Beteiligung ein. Da die Reformer ihren Gottesdiensten, ähnlich wie in Kirchen, einen ordentlichen Eindruck verleihen wollten, legten sie in ihren Ordnungen (§4) von 1879 und 1928 fest, dass Kinder unter fünf Jahren, mit einigen Ausnahmen, nicht in die Synagoge mitgebracht werden durften (ebd., 132–133). Die heutige Praxis in liberalen jüdischen Gemeinden zeigt deutlich, dass man diese Verbote überwunden hat.

Last but not least kommt im Synagogenraum die zeitübergreifende Verbindung zwischen den heutigen Gläubigen und den vorherigen Generationen zum Ausdruck. Eine Gedenktafel im Gebetsraum oder anderswo im Synagogengebäude zeigt die Namen und Lebensdaten der verstorbenen Gemeindemitglieder. Im Judentum ist es üblich, am Sterbetag (jid. Jahrzeit) herausragender Personen sowie der Eltern zu gedenken. Manchmal wird auch an Brüder, Schwestern, Söhne, Töchter und Ehepartner erinnert (Rabinowitz, 2007, 271). Als Teil der Trauerrituale rezitieren die Angehörigen des bzw. der Verstorbenen ein Jahr lang am Ende jedes Gottesdienstes das Kaddisch, das Gotteslob-Gebet. Diese Doxologie – gekennzeichnet durch Lobpreisungen und Verherrlichungen Gottes sowie einen Ausdruck der Hoffnung auf die baldige Errichtung seines Reiches auf Erden –, soll stehend in Richtung Jerusalems rezitiert werden (Avenary/Millen, 2007, 695–696). Außerdem gibt es in den Nachkriegssynagogen in Deutschland an verschiedenen Stellen innerhalb und außerhalb des Gebäudes Gedenksteine und -tafeln, die die Erinnerung an die während der Zeit des Nationalsozialismus ermordeten Gemeindemitglieder und an die zerstörten Synagogen lebendig halten (Korn, 1988, 301). Die Raumkonzeption der Synagoge hat also auch eine starke zeitübergreifende und sozial-emotionale Dimension.

7. Ausblick

In diesem Beitrag haben wir gezeigt, dass das Raumkonzept der Synagoge verschiedene Dimensionen umfasst. Die Synagoge dient als Versammlungsraum; ihre Einrichtung ist stark auf die Tora und den Jerusalemer Tempel bezogen. Ihre bildlose Dekoration hat religiöse, gesellschaftliche und historische Gründe, und ihre Struktur spiegelt zeitübergreifende soziale und religiöse Beziehungen innerhalb der Gemeinde wider. Unsere geschichtlichen Überblicke haben verdeutlicht, dass das synagogale Raumkonzept nicht universell ist, sondern in verschiedenen Epochen und Regionen unter sich ändernden religiösen, sozialen und politischen Umständen unterschiedlich verstanden wurde. In diesem abschließenden Ausblick fragen wir, welche Bedeutung dieses Raumkonzept für die virtuelle Repräsentation von Synagogen haben könnte.

Wie zu Beginn betont, haben Synagogen innerhalb der jüdischen Gemeinde immer eine Mehrzweckfunktion erfüllt. Sie sind Bet-, Lern- und Versammlungsort zugleich. Es ist daher empfehlenswert, auch zusätzliche Räume der Synagoge, sofern vorhanden, zu zeigen und ihre Funktion im jüdischen Leben zu erklären. Natürlich gestaltet sich dies bei gegenwärtigen Synagogen, die noch als solche genutzt werden, einfacher als bei ehemaligen oder zerstörten Synagogen. Die meisten heutigen virtuellen Repräsentationen konzentrieren sich auf den Gebetsraum der Synagoge, während einige digitale Repräsentationen die Mikwa (in Wörlitz; an verschiedenen Orten in der Nähe von Kronach) oder den Friedhof (in Gröbzig, Halle an der Saale, Köthen) zeigen, ohne aber die Rolle dieser Bereiche im Judentum zu erläutern. Die virtuelle Repräsentation der Synagoge in Mannheim (vgl. 3.7 Grellert) bietet das beste Beispiel dafür, wie unterschiedliche Räume des Synagogenkomplexes und ihre Funktionen erklärt werden können. Der virtuelle Rundgang durch den Gebetsraum, die Mikwa, die Turnhalle, den großen Saal, den Innenhof sowie die koscheren Küchen verdeutlicht, dass eine Synagoge nicht nur das religiöse Zentrum einer jüdischen Gemeinde bildet, sondern auch wichtige soziale Zwecke erfüllt.

Für das synagogale Raumkonzept ist die Zentralität der Tora besonders wichtig. Es ist daher notwendig, den Besucher:innen bei ihrem virtuellen Rundgang zu erklären, wie in den verschiedenen synagogalen Raumeinrichtungen das Vorlesen aus der Tora im theologischen und liturgischen Mittelpunkt der Gemeinde steht, und wie dies in der jeweiligen Synagoge zum Ausdruck kommt. Um einen Einblick in das lebendige Judentum zu ermöglichen, könnten, sofern technisch und finanziell möglich, Erklärungen durch visuelles und auditives Material ergänzt werden. Dafür eignen sich Bilder des geöffneten Tora-Schreins, der aufbewahrten Tora-Rollen und ihres Schmucks. Auch kurze Videoclips könnten genutzt werden, um zu zeigen, wie während eines Gottesdienstes der Tora-Schrein geöffnet wird, die Tora-Rollen entnommen und in einer feierlichen Prozession zur Bima gebracht werden und wie der Kantor mit einem Sprechgesang aus der Tora vorliest. Die virtuell repräsentierten Synagogen in Bochum, Halle an der Saale, Leipzig, Mannheim und Saarbrücken geben unterschiedliche Einblicke in die technischen Möglichkeiten. Auf jeden Fall ist es empfehlenswert, angesichts der zentralen Bedeutung der Tora für das Raumkonzept der Synagoge Besucher:innen auf Darstellungen der Zehn Gebote in der Synagoge hinzuweisen und eine Tora-Rolle geöffnet zu zeigen, Übersetzungen der hebräischen Texte anzubieten und kurze Erklärungen zu ihrer Bedeutung bereitzustellen.

Daneben ist das Raumkonzept der Synagoge stark auf den ehemaligen Tempel in Jerusalem bezogen. Da Besucher:innen virtueller Synagogen im Gegensatz zu analogen Synagogen keinen räumlichen Bezug zu den Himmelsrichtungen herstellen können, ist es wichtig, sie explizit auf die östliche Ausrichtung der Synagogen in Deutschland und die jüdisch-theologische Bedeutung dieser Ausrichtung hinzuweisen. Auch andere tempelbezogene Gegenstände und Symbole wie die Menora, die Chanukkia und das Ewige Licht sollten berücksichtigt werden, ebenso wie die jüdisch-theologische Deutung des Grundrisses und der Raumgestaltung der Synagoge (Tora-Schrein, Vorhang, Bima). Es sollte jedoch nicht nur auf positive Bezüge zum Tempel fokussiert werden, wie es virtuelle Repräsentationen der Synagogen bisher tun (sofern darauf hingewiesen wird), sondern auch auf Bezüge zum Verlust des Jerusalemer Tempels. Dies könnte sich in kleinen dekorativen Unvollständigkeiten im Synagogenraum und/oder der Entscheidung (oder Nicht-Entscheidung) für Orgelmusik während des Gottesdienstes zeigen. In Bezug auf Letzteres ließe sich Besuchern bei ihrem virtuellen Gang, wenn technisch und finanziell möglich, durch auditive Musikaufzeichnungen der musikalische Charakter des Gottesdienstes in den jeweiligen Synagogen nahebringen und in die liturgischen Praktiken des Judentums einordnen.

Synagogen sind heutzutage fast bildlos; aber dieser Aspekt des synagogalen Raumkonzepts und ihr jüdisch-theologischer Hintergrund finden in den derzeitigen virtuell repräsentierten Synagogen keine Beachtung. Nur gelegentlich werden jüdische Symbole benannt und erklärt (etwa in Bochum oder Halle an der Saale). Wenn Symbole vorhanden sind, ist es empfehlenswert, sie zu erläutern, sodass Besucher:innen virtuell zu besichtigender Synagogen einen Einblick erhalten in die Art und Weise, wie der Synagogenraum die jüdische Identität der Gemeinde ausdrückt und Bezüge zur Tora, dem Tempel und dem Volk Israel herstellt. Außerdem sollte der verwendete Baustil beachtet werden. Der Baustil einer Synagoge ist nicht nur prachtvoll, wie das anfangs erwähnte Projekt an der

TU Darmstadt betont, sondern drückt auch jüdische und nicht-jüdische Sichtweisen auf die gesellschaftliche Stellung der jüdischen Bevölkerung aus. Dies wird in virtuell repräsentierten Synagogen bisher nicht erklärt. Eine Erläuterung würde Besucher:innen deutlich machen, wie sich die gesellschaftliche Stellung der jüdischen Bevölkerung historisch entwickelt hat. Wenn vorhanden, sollten Bauelemente, die sich mit der während der NS-Zeit erfolgten Zerstörung von Synagogen und der Ermordung der jüdischen Bevölkerung auseinandersetzen, in den virtuellen Rundgang einbezogen werden. Dadurch könnten Besucher:innen zu einer empathischen und kritischen Selbstbetrachtung angeregt werden, entsprechend der erinnernden und mahnenden Wirkung dieser Bauelemente.

Die Widerspiegelung sozialer und religiöser Beziehungen im synagogalen Raumkonzept sind in virtuellen Repräsentationen von Synagogen bisher kaum thematisiert, meist nur in Bezug auf die Geschlechtertrennung (z. B. Halle an der Saale). Eine Erklärung der Sitzordnung könnte virtuelle Präsentationen den Besucher:innen jedoch durchaus einen Einblick in den sozialen und religiösen Aufbau einer jüdischen Gemeinde geben, auch zeitübergreifend. Bei einem virtuellen Besuch ist – im Unterschied zu einem Besuch einer aktuellen Synagoge vor Ort – die persönliche Begegnung mit jüdischen Mitgliedern nicht möglich. Mit technischen Hilfsmitteln wie z. B. Videos, in denen Gemeindemitglieder sich vorstellen und von ihrem Leben in der jüdischen Gemeinde erzählen, könnte dies jedoch virtuell geboten werden. Die digitale Repräsentation der Synagoge in Mannheim ist ein gutes Beispiel dafür, wie aufschlussreich es wäre, wenn nicht nur der Kantor (Bochum, Saarbrücken) oder der Rabbiner (Leipzig) auftritt, sondern auch jüdische Männer, Frauen, Jungen und Mädchen der Gemeinde erscheinen und zu Wort kommen. Dies zeigt die Vielfalt der jüdischen Gemeindemitglieder und deren Erfahrungen und bietet damit Identifikationsmöglichkeiten für verschiedene Gruppen von Besucher:innen in einer virtuellen Synagoge, auch für Kinder. Im Gegensatz zu einem physischen Besuch vor Ort braucht eine virtuelle Repräsentation der Synagoge freilich andere Wege, ihre Besucher:innen auf geschlechtsspezifisches Verhalten in der Synagoge hinzuweisen. So fordert die Synagoge in Halle an der Saale ihre männlichen Besucher auf, ihre „digitale Kippa" aufzusetzen.

Virtuelle Repräsentationen von Synagogen bieten ein großes Potenzial für interreligiöse Begegnung und religiöses Lernen. In einer Zeit erneut zunehmenden Antisemitismus und Rechtsradikalismus könnten jüdische Gemeinden nicht-jüdischen Besucher:innen auch virtuell eine Gelegenheit bieten, die Vielfältigkeit der jüdischen Religion und Tradition kennenzulernen, jüdischen Gemeindemitgliedern digital zu begegnen und Vorurteile abzubauen. Ein Besuch der virtuellen Art, für den keine Voranmeldung aus Sicherheitsgründen nötig ist und der nicht per se Rücksicht auf reale Gebetszeiten und Feiertage nimmt (an denen ein physischer Besuch einer Synagoge mit Führung nicht möglich ist), wird die Möglichkeiten zur interreligiösen Begegnung erleichtern. Mit Hilfe medialer Techniken können textlich, visuell, auditiv und digital-interaktiv Informationen sowie Erfahrungen von Synagogenmitgliedern genutzt werden, um Besucher:innen bei ihrem virtuellen Rundgang anzusprechen und ihnen umfänglich Orientierungen anzubieten.

Literatur

Avenary, Hanoch/Millen, Rochelle L., Kaddish, in: Berenbaum, Michael/Skolnik, Fred (Hg.), Encyclopaedia Judaica, Band 11, 2. Aufl., Detroit, MI, 2007, 695–698.
Bayer, Bathja et al., Organ, in: Berenbaum, Michael/Skolnik, Fred (Hg.), Encyclopaedia Judaica, Band 15, 2. Aufl., Detroit, MI, 2007, 466–468.
Cohen-Mushlin, Aliza/Thies, Harmen H. (Hg.), Synagoge und Tempel. 200 Jahre jüdische Reformbewegung und ihre Architektur – Synagogue and Temple. 200 Years of Jewish Reform Movement and Its Architecture. Kleine Schriften der Bet Tfila. Forschungsstelle für jüdische Architektur in Europa 4, Petersberg 2012.
Hachlili, Rachel, Ancient Synagogues – Archaeology and Art. New Discoveries and Current Research. Handbook of Oriental Studies / Handbuch der Orientalistik 105, Leiden/Boston 2013.
Hammer-Schenk, Harold, Die Architektur der Synagoge von 1780 bis 1933, in: Schwarz, Hans-Peter (Hg.), Die Architektur der Synagoge, Frankfurt a. M./Stuttgart 1988, 157–285.
Keßler, Katrin, Ritus und Raum der Synagoge. Liturgische und religionsgesetzliche Voraussetzungen für den Synagogenbau in Mitteleuropa. Schriftenreihe der Bet Tfila. Forschungsstelle für jüdische Architektur in Europa 2, Petersberg 2007.
Keßler, Katrin, Jüdischer Gottesdienst und die Synagoge, in: Cohen-Mushlin, Aliza/Thies, Harmen H. (Hg.), Synagogenarchitektur in Deutschland. Dokumentation zur Ausstellung „… und ich wurde ihnen zu einem kleinen Heiligtum …" – Synagogen in Deutschland. Schriftenreihe der Bet Tfila. Forschungsstelle für jüdische Architektur in Europa 5, Petersberg 2008a, 41–46.
Keßler, Katrin, Die Barocksynagogen des 17. und 18. Jahrhunderts, in: Cohen-Mushlin, Aliza/Thies, Harmen H. (Hg.), Synagogenarchitektur in Deutschland. Dokumentation zur Ausstellung „… und ich wurde ihnen zu einem kleinen Heiligtum …" – Synagogen in Deutschland. Schriftenreihe der Bet Tfila. Forschungsstelle für jüdische Architektur in Europa 5, Petersberg 2008b, 57–62.
Knufinke, Ulrich, Neue Synagogen in Deutschland nach 1945, in: Cohen-Mushlin, Aliza/Thies, Harmen H. (Hg.), Synagogenarchitektur in Deutschland. Dokumentation zur Ausstellung „… und ich wurde ihnen zu einem kleinen Heiligtum …" – Synagogen in Deutschland. Schriftenreihe der Bet Tfila. Forschungsstelle für jüdische Architektur in Europa 5, Petersberg 2008, 97–108.
Korn, Salomon, Synagogenarchitektur in Deutschland nach 1945, in: Schwarz, Hans-Peter (Hg.), Die Architektur der Synagoge, Frankfurt a. M./Stuttgart 1988, 287–343.
Künzl, Hannelore, Der Synagogenbau in der Antike, in: Schwarz, Hans-Peter (Hg.), Die Architektur der Synagoge, Frankfurt/Stuttgart 1988a, 45–60.
Künzl, Hannelore, Der Synagogenbau im Mittelalter, in: Schwarz, Hans-Peter (Hg.), Die Architektur der Synagoge, Frankfurt/Stuttgart 1988b, 61–87.
Künzl, Hannelore, Europäischer Synagogenbau vom 16. bis zum 18. Jahrhundert, in: Schwarz, Hans-Peter (Hg.), Die Architektur der Synagoge, Frankfurt a. M./Stuttgart 1988c, 89–114.

Mühlinghaus, Gerhard W., Der Synagogenbau des 17. und 18. Jahrhunderts, in: Schwarz, Hans-Peter (Hg.), Die Architektur der Synagoge, Frankfurt a. M./Stuttgart 1988, 115–156.

Müller, Hans Martin, Synagogen und der Historismus des 19. Jahrhunderts, in: Cohen-Mushlin, Aliza/Thies, Harmen H. (Hg.), Synagogenarchitektur in Deutschland. Dokumentation zur Ausstellung „… und ich wurde ihnen zu einem kleinen Heiligtum …" – Synagogen in Deutschland. Schriftenreihe der Bet Tfila. Forschungsstelle für jüdische Architektur in Europa 5, Petersberg 2008, 79–86.

Paulus, Simon, Synagogenarchitektur im Mittelalter und der frühen Neuzeit, in: Cohen-Mushlin, Aliza/Thies, Harmen H. (Hg.), Synagogenarchitektur in Deutschland. Dokumentation zur Ausstellung „… und ich wurde ihnen zu einem kleinen Heiligtum …" – Synagogen in Deutschland. Schriftenreihe der Bet Tfila. Forschungsstelle für jüdische Architektur in Europa 5, Petersberg 2008, 47–56.

Rabinowitz, Louis Isaac, Yahrzeit, in: Berenbaum, Michael/Skolnik, Fred (Hg.), Encyclopaedia Judaica, Band 21, 2. Auflage, Detroit, MI, 2007, 21:271.

Das muslimische Moscheeraumverständnis und der virtuelle Moscheeraum[1]

Ayşe Almıla Akca

1. Einleitung

Unter den über 2.600 Moscheen in Deutschland gibt es viele, die virtuell präsentiert werden und zugänglich sind: Seit den Corona-Maßnahmen haben lokale Moscheen vermehrt ihre Online-Angebote ausgebaut (Tabti, 2020, 2) und verfügen über Webpräsenzen oder Social Media-Konten (Munsch/Herz, 2022, 121). Insbesondere größere Moscheen nutzen „aufwendige Corporate Designs und Homepages mit unterschiedlichen Features wie Video-Streaming, Online-Chats, Wissensportalen und Fotogalerien" (Tabti, 2020, 5). Zahlreiche Moscheen teilen Fotos aus ihren Moscheeräumen wie das Islamische Zentrum Stuttgart[2] auf ihrer Website oder die Islamische Gemeinde der Bosniaken in Ulm auf ihrem Facebook-Konto.[3] Manche Moscheen streamen auch Predigtveranstaltungen und religiöse Feiern in den eigenen Räumen live bzw. stellen die Video-Aufnahmen über Plattformen wie Youtube und über Social Media-Konten zur Verfügung (Tabti, 2020, 7–10). Gerade mitgliederstarke Moscheen stechen hier hervor, wie die Webseite der Şehitlik-Moschee[4] in Berlin bezeugt oder der Youtube-Auftritt der Rastatter Mevlana-Moschee[5] zeigt.

Alle diese Formate geben einen gewissen Einblick in die jeweiligen Moscheeräume. Doch bisher sind nur wenige Moscheen virtuell umfassend erschlossen und bieten beispielsweise Rundgänge an. Diese wurden nicht nur technisch unterschiedlich realisiert, sondern weisen auch verschiedene bildlich-filmische, erzählerische, optische und auditive Features auf. So kann man eine rein optische 360 Grad-Panoramabesichtigung der Zentralmoschee Duisburg[6] unterneh-

---

[1] Diese Publikation basiert auf Forschungen, die mit Mitteln des Bundesministeriums für Bildung und Forschung (BMBF) im Rahmen der Nachwuchsforschungsgruppe "Islamische Theologie im Kontext: Wissenschaft und Gesellschaft" am Berliner Institut für Islamische Theologie/Humboldt-Universität zu Berlin gefördert wurden (Förderkennzeichen: 01UD1907Y).
[2] https://islamisches-zentrum-stuttgart-e-v.jimdosite.com/ueber-uns/ [abgerufen am: 06.09.2023].
[3] https://www.facebook.com/igbdulm/ [abgerufen am: 06.09.2023].
[4] https://sehitlik-moschee.de/videos/ [abgerufen am: 06.09.2023].
[5] https://www.youtube.com/@igmgrastatt [abgerufen am: 06.09.2023].
[6] https://www.ditib-du.de/panorama-360/ [abgerufen am: 06.09.2023].

men, die sich auf einen menschenleeren Hauptgebetssaal sowie auf die Außenfassade konzentriert. Bei der Penzberger Moschee[7] auf Youtube sieht man hingegen auch Gläubige beim gemeinschaftlichen Gebet im lichtdurchfluteten Hauptgebetssaal oder kann visuell in die Wandornamente eintauchen, während eine männliche Stimme aus dem Koran rezitiert. Zwischendurch hört man eine Person aus dem Off einige Moscheefeatures erklären, während beispielsweise Schuhe der Moschee-Besucher:innen am Eingang des Gebetssaals gezeigt werden. Bei der virtuellen Präsentation der Zentralmoschee Köln[8] auf Youtube folgt man einer Frau bei einer ausführlichen Moscheeführung. Die Kamera zeigt die Moschee großzügig von außen wie innen und nimmt unterschiedliche Aufnahme-Perspektiven ein. Darüber hinaus begleitet man als Zuschauer:in auch eine Person beim Gebetsruf von der Galerie im Hauptgebetssaal oder wird durch die rituelle Waschung für das Gebet gelotst, die im moscheeeigenen Waschraum für Männer durchgeführt wird. Dabei sind fast alle Sequenzen mit Instrumentalmusik untermalt. Die 3D-Interaktiv-Führung durch den Gebetssaal der Emir-Sultan-Moschee in Darmstadt[9] ist dagegen mit Storypunkten ausgestattet, die zu den hochwertigen zoombaren 3D-Panorama-Fotos kurze Erklärsequenzen in Textform anbieten, aber keine Bilder der Waschräume, Versammlungsräume, des Moscheehofs, der Küchen oder Teestuben zur Verfügung stellen.

Diese Beispiele verweisen bereits auf unterschiedliche Möglichkeiten, die Moscheen virtuell zu präsentieren und zu repräsentieren sowie das Format für Lernprozesse wie Aufklärung und Öffentlichkeitsarbeit zu nutzen. Dabei bieten die Moscheeträger audiovisuelle Features an, womit das Raumerlebnis kanalisiert wird und auch Einblicke in verschiedene religiöse Praxen in Moscheen möglich werden. Für das religiöse Lernen eröffnet die virtuelle Erschließung von Moscheeräumen somit religionsdidaktisch ausbaufähige Werkzeuge. Zugleich zeigen die Beispiele, dass es neben dem Gebetssaal auch andere relevante Räume und Raumfeatures gibt, die durchaus in die virtuelle Repräsentation miteinbezogen werden können. An dieser Stelle setzt der vorliegende Beitrag an. Denn: Welche Räume und Features einer Moschee braucht es für die virtuelle Erschließung aus islamisch-theologischer Hinsicht? Wie konstituieren sich theologische Moscheeraumkonzepte der *analogen* Moschee? Welche Bedeutung haben hierbei performative und soziale Aspekte, und spielt *Sakralität* eine Rolle? Was könnte für die virtuelle Repräsentation leitend sein?

Zu den Raumkonzeptionen des virtuellen Moscheeraums, insbesondere in islamisch-religionspädagogischer bzw. praktisch-theologischer Perspektive, gibt es in der deutschsprachigen Forschung noch keine einschlägigen Studien. Gewisse Hinweise geben jedoch Forschungen zur digitalen und filmischen Repräsentanz von Moscheen sowie zur digitalen religiösen Praxis. Erwähnt werden

---

[7] https://www.youtube.com/watch?v=VcwAtT8ozPM [abgerufen am: 06.09.2023].
[8] https://www.youtube.com/watch?v=Bju_zycPzMA [abgerufen am: 06.09.2023].
[9] https://3d.zdf.de/moschee-islam-gebetshaus/ [abgerufen am: 06.09.2023].

sollte an dieser Stelle, dass der englische Begriff „Virtual Mosque" irreführend sein kann, da mit ihm ein Verständnis von Moschee als *virtueller Community Space* einhergeht. Darin werden auch Videos mit Predigten oder Texte zu unterschiedlichen Themen aus einer religiösen Perspektive zur Verfügung gestellt, womit die Bedeutung der Moschee als Lehr- und Lernort unterstrichen wird.[10]

Eine äquivalente Entwicklung gibt es ebenso im deutschsprachigen Raum: Die „Muslimische Gemeinschaft NRW" hat während der Corona-Pandemie auf ihrem Youtube-Kanal 5 bis 15 Minuten lange Kurzvideos unter dem Namen „Die virtuelle Moschee" präsentiert, in denen Dr. Mouhanad Khorchide, Professor für islamische Religionspädagogik an der Universität Münster, in einem Gebetssaal im Stil einer Predigt zu Themen wie Dankbarkeit oder Nächstenliebe spricht.[11] Untersuchungen zur Frage von Moscheeraumfeatures auf solchen virtuellen Community-Plattformen und digitalen Predigten aus Deutschland sind mir während der Recherche nicht bekannt geworden.

Forschungsergebnisse zur Rolle des materialen Moscheeraums in Bezug auf Autorität und Authentizität im Zusammenspiel von personalen und materialen Raumakteuren liegen jedoch in Bezug auf technisch hochwertig erzeugte Videos von digitalen Predigten in Moscheen im US-amerikanischen Kontext mit globaler Reichweite vor: Günther argumentiert, dass durch den nuancierten Einsatz bestimmter Aufnahmewinkel, räumlicher Features sowie audiovisueller Situationen in diesen Videos Autorität durch Authentizität erzeugt werde: Beispielsweise erlauben manche Aufnahmen nur den Blick des Zuschauers oder der Zuschauerin auf den Predigenden auf einer Kanzel von der Seite. Oder im Video nicht-sichtbare Besucher:innen der Predigtveranstaltung reagieren hörbar auf bestimmte Etappen der Predigt (durch z. B. lautes Sprechen von Eulogien oder *Amen*-Rufen). So werde die Imagination der Zuschauer:innen angekurbelt, sich wie in der Moschee zu fühlen, was wiederum als Zeichen von Authentizität gedeutet wird (Günther, 2023, 69–71).

In Ergänzung zu den bisher genannten funktionellen Repräsentationen halte ich die filmisch-videographische Virtualität ebenfalls für bedeutsam, da in ihnen Visionen zu Moscheen und Moscheekulturen sichtbar werden. Laut Ömer Alkin, Kölner Medien- und Kulturwissenschaftler, der abendfüllende Spielfilme seit den 2000er-Jahren systematisch auf die Konstruktion von Moscheeräumen untersucht, sind die „meisten Filme [..] durch eine ästhetische Praxis gezeichnet, die darin besteht, die Räume in den Moscheen als düstere Handlungsorte zu entwerfen" (Alkin, 2022, 236). „Grundsätzlich", schreibt er, „bleibt für nahezu alle Filme eine Inszenierungsstrategie vorherrschend, die durch den Einsatz von *low key light* (starke Schattierungen [Schattenmalerei, also *chiaroscuro*], relativ viele dunkle Bildbereiche, Konturlichter) geprägt ist" (ebd., 236; Hervorhebungen

---

[10] Z. B. die Webseite: https://www.virtualmosque.com/ oder https://www.islamic-relief.org.uk/resources/virtual-mosque/ [abgerufen am: 06.09.2023].

[11] https://www.youtube.com/@muslimischegemeinschaftnrw6014/videos [abgerufen am: 06.09.2023].

und Klammern im Original). Die architekturräumlichen Formen der Repräsentanz von Moscheen seien dabei der jeweiligen filmischen Erzählung geschuldet, die überwiegend diskursmächtige Themen rund um Muslim:innen und Islam aufgreifen, sich also im Wesentlichen zwischen „Radikalisierungsdrama", Unterdrückung und „CultureClash" bewegen (ebd., 231). So werden städtebaulich sichtbare Neubau-Moscheen mit hoher Decke, großzügigen Gebetssälen und lichtdurchfluteten Räumen als Orte eines „offenen Islams" inszeniert, während die dunklen und beengten Moscheeräume der oftmals für Moscheezwecke umgebauten Gebäude „im Hinterhof" für einen „radikalisierten Islam" stehen (ebd., 236–242). Diese Binarität bilde keine entsprechende moscheekulturelle Vielfalt ab, so wie auch die Multifunktionalität der Moschee beispielsweise als Ort der Versammlung oder als Lernort räumlich-visuell selten filmisch übertragen werde (ebd., 241–242). Solche ästhetisch-fiktionale Konstruktionen videographischer Erzählungen prägen Imaginationen des virtuellen Moscheeraums mit.

Zuletzt ist darauf hinzuweisen, dass weltweit die virtuelle Erschließung von Moscheen hauptsächlich in der Intersektion von historisch-archäologischer Forschung, Cultural Heritage Studies und Computing Sciences untersucht wird. So gibt es bereits zahlreiche Studien zu *Virtual Realities* (VR) von Moscheen, ihrer technischen Machbarkeit und zur Kulturrekonstruktion (z. B. Imran/Masud, 2020; Al Sabban/Fatani, 2018). Dabei wird angeführt, dass VR-Moscheen bezwecken, über museale Konservierung und Simulation hinaus weitreichende Raum- und Körpererlebnisse zu generieren (Imran/Masud, 2020, 422–423). Durch diese angezielte Erfahrungsebene kommen auch theologisch und religionspädagogisch relevante Überlegungen zur Raumkonzeption ins Spiel, die Albarazy näher untersucht hat. Aus der intensiven Analyse von weltweit verfügbaren VR-Moscheen schlussfolgert er, dass diese nur dann religiöse Bedeutung erhalten, wenn diese Plattformen sinnstiftend („purposefulness") gestaltet sind (Albarazy, 2022, 61). Diesen Sinn sieht er insbesondere durch einfache, aber doch wirkungsvolle menschliche Interaktionen verwirklicht, die den Erfahrungen in analogen Moscheen nachgeahmt sind, wie beispielsweise „educational interactions in which people read the Quran and make Du'a'[12] together, social activities as people gather together to talk and socialize, and even technology-based activities as people watch videos together" (ebd., 61). Ziel einer VR-Moschee müsse es daher sein, eine Umgebung abzubilden, die der „essence" einer Moschee nicht fremd sei. Hierzu zählt er räumlich-gestalterisch eine hohe Kuppel und Rundfenster, die Licht einlassen und so einen „spiritual value" zur Atmosphäre beitragen (ebd., 61). Er spricht explizit von dekorativen Holzgittern sowie Spiegelungen und Schatten derselben im Hauptraum. Konkret soll ein Raum fürs Gebet ganz in schwarz gestrichen sein, damit sich virtuelle Besucher:innen besser auf

---

[12] Arab. Begriff für Fürbitten und Segenswünsche.

das Gebet konzentrieren können (ebd., 65). Räumlich-funktionell nennt er bescheiden einen nicht näher bestimmten Hauptraum sowie mehrere begehbare Funktionsräume für beispielsweise „reading, gathering, watching, meditating", auf denen Aufschriften und Symbole wie *Bismillah* (arab. ‚im Namen Gottes'), *Allah* (arab. ‚Gott') oder *Koran* zu sehen sein sollen (ebd., 63). Ein Teppich als Symbol der Wiedererkennung der Moschee im VR-Raum soll als Cursor dienen. Zusätzlich stellt sich Albarazy „touch and vibration sensors" vor, die die Interaktion von Menschen in der VR spürbar machen sollen (ebd., 65). Die mit einer solchen „MetaMosque" hergestellte virtuelle Moschee könne das Entstehen einer inklusiven, öffentlichen, virtuellen Gemeinschaft mit ganzheitlichen („holistic") Erfahrungen begünstigen, während sie gleichzeitig die physikalischen Grenzen einer Moschee überwinden würde, ohne sie zu ersetzen (ebd., 67). Ohne sie explizit als solche zu kennzeichnen, stellt Albarazy's Masterarbeit aus Kanada einen ersten Entwurf zur theologischen Raumkonzeption von Moscheen für die virtuelle Repräsentation dar.

Insgesamt ist festzuhalten, dass in der aktuellen deutschsprachigen und internationalen Forschung – soweit mir bekannt geworden – religions- und gemeindepädagogische Perspektiven zum virtuellen Moscheeraum inklusive der so erzeugten religiösen Erfahrungen oder Erlebnissen noch kaum entdeckt worden sind. Daher ist auch der Status theologischer Moscheeraumkonzeptionen mit Blick auf die virtuelle Erschließung von Moscheeräumen weitgehend unbekannt. Insofern ist dieser Beitrag der erste seiner Art, der sich mit diesem Thema aus praktisch-theologischer Perspektive beschäftigt und ein grundlegendes Ziel verfolgt: Zunächst platziert er die Moschee und die Moscheeräume als besondere Religionsstätten von Muslimen und Musliminnen in ihren zeitgenössischen deutschen Kontext und fragt danach, auf welche religiösen und sozialen Bedürfnisse sie antworten. Anhand dessen legt er ein fundiertes theologisches Raumkonzept von Moscheen als Orte der Anbetung sowie als Orte der Versammlung und Gemeinschaft in Deutschland vor. Zum Schluss versuche ich einen Ausblick darauf, welche Bedeutung diese Raumkonzepte für die Präsentation im virtuellen Raum haben (können) bzw. inwiefern das vorgestellte Moscheeraumkonzept leitend für die virtuelle Erschließung der Moscheeräume sein kann.

2. Theologische Moscheeraumkonzepte

2.1 Eine Annäherung aus praktisch-theologischer Perspektive

Die heutige Moscheenlandschaft in Deutschland ist in ethnisch-sprachlicher, sozioökonomischer, architektonisch-städteräumlicher, exegetisch-praktischer und sozial-karitativer Hinsicht vielfältig (Ceylan, 2014; Akca, 2020; Rückamp, 2021;

Becker, 2021; Akca, 2021; Alkin/Bayrak/Ceylan, 2022; Karakoç/Behr, 2022). Das bedeutet, dass es eine gewachsene Diversität der religiösen und nicht-religiösen Performativität im Moscheeraum, in der architektonischen Raumgestaltung im Allgemeinen sowie in der Raumpositionierung von Gegenständen gibt. Dieser Aspekt ist relevant, weil islamisch-theologische Raumkonzeptionen nicht zeit- und raumloser sowie universeller Natur sein können. Vielmehr stellt sich der theologische Charakter erst im Zusammenspiel von Normen, Wissen und Praxis in gesellschaftlichen Zusammenhängen her. Eine relevante Theologie spricht den Menschen in seinem Hier und Jetzt und in seiner Lebenswelt an, hat also mit unterschiedlichen Sozialisationen, Erfahrungen und Möglichkeiten der jeweiligen Akteur:innen zu tun.

Was eine Moschee ist, definiert sich somit weder über ihre rekonstruierte historische *Urform*, wie es bisweilen versucht wird ,noch indirekt über die normativen ritualrechtlichen Bestimmungen, die es beispielsweise für den Ort/Platz des Gebets gibt. Auch reicht es nicht, aus schriftlichen Quellen wie der koranischen Offenbarung oder der prophetischen Tradition kontextlos Bestimmungen abzuleiten oder historisch gewachsene Moscheearchitekturen mit bestimmten Raumgegenständen als überzeitlich zu charakterisieren und ihnen so eine theologische Bedeutung für heute zu geben. Was eine Moschee ist, geht über das Verständnis der Moschee als physisch begehbarer, real existierender Raum hinaus, da sie mehr ist „als die Ansammlung" (Rückamp, 2021, 16) der Elemente, die typischerweise den Gebetsraum ausmachen wie z. B. die Teppiche, die Kanzel, die Gebetsnische, das Minarett oder die Lesepulte. Jenseits des Gebetsraums bzw. des zentralen Gebetssaals, woran man zunächst denken könnte, wenn man an Moschee denkt, gibt es weitere Moscheeräume wie die Waschräume, das Minarett, den Moscheevorhof, die Frauenräume oder die Teestube, die ebenfalls eine theologische, nämlich sozial-religiöse Bedeutung haben. Insbesondere ist zu unterstreichen, dass eine präskriptive Sakralität der Moschee nicht einmalig durch einen bestimmten Akt (wie z. B. Weihung des Gebäudes) zugewiesen werden könnte. Stattdessen erhält die Moschee ihre Sakralität durch ihre stetige Nutzung als Ort, in dem Menschen beten, sich versammeln, Gottes gedenken, für das Wohlgefallen Gottes Gutes tun und andere religiöse Praxen durchführen.

Die Moschee und ihre Raumkomponenten sind „als Produkt einer Synthese des Handelns der in den Moscheen verkehrenden Menschen" (Rückamp, 2021, 16–17) oder kurz als „performatives Objekt" (Bayrak, 2022, 76) zu betrachten. Theologische Raumkonzeptionen müssen daher den Blick auf die synchrone und diachrone Praxis richten. Erst so kann das miteinander verflochtene Verhältnis von normativ konstruiertem und gelebtem Moscheeraum aufgedeckt und der Sinn der jeweiligen (Raum-)Praxis vor dem Horizont theologischer Plausibilisierung eruiert werden.

Muslimisches Leben in Deutschland ist im abrahamitischen Vergleich noch sehr jung, so wurde die älteste noch erhaltene Moschee in Deutschland 1927/28 als Wilmersdorfer Moschee in Berlin eröffnet. Moscheen in Deutschland sind Selbstorganisationen der überaus diversen muslimischen Communities, die Teil der deutschen Migrationsgeschichte sind und deren Beheimatungsprozesse noch andauern (Pfündel/Stichs/Tanis, 2021). Moscheen reflektieren somit nicht nur Migrations- bzw. Konversionsbiografien mitsamt dem theologischen Binnendiskurs, sondern auch soziale Integrationsverläufe und kommunale Zugehörigkeitsnarrative (Bayrak, 2022).

Den größten Anteil an der muslimischen Bevölkerung machen die Gruppen aus, deren Präsenz auf die Arbeitsmigration seit den 1960er-Jahren aus der Türkei und aus dem ehemaligen Jugoslawien sowie in geringeren Anteilen aus Marokko und Tunesien nach Westdeutschland zurückgeht. Neben den Anwerbeabkommen für Arbeit in der Produktion sind auch Studium, sichere Lebensbedingungen, Heirat und politisches Asyl Gründe für die Einwanderung von Muslim:innen. Zudem leben in Deutschland auch Muslim:innen, die vor Krieg, Gewalt und Diskriminierung geflüchtet sind, deren Anzahl sich im letzten Jahrzehnt nochmal markant erhöht hat. Weiterhin gibt es eine immer größer werdende Anzahl von zum Islam konvertierten bzw. in Deutschland heimischen Muslim:innen.

So ergibt sich in den Communities und dementsprechend in den Moscheen nicht nur ein breites Spektrum an sprachlichen, religiösen, politisch-historischen und kulturellen Bezügen. Die jeweiligen Moschee-Besucher:innen unterscheiden sich auch in sozialer, wirtschaftlicher sowie rechtlicher Hinsicht. Hinzu kommen regionale bzw. städteräumliche Unterschiede: In größeren Städten haben sich zentral gelegene Moscheen mit vielen religiösen Diensten und religiösem Personal neben kleineren Stadtteilmoscheen für bestimmte Zielgruppen etabliert. Hier sind auch Moscheen kleinerer ethnisch-sprachlicher Gruppen zu finden. Moscheen in mittelgroßen und Kleinstädten bzw. auf dem Land decken dagegen einen umfangreicheren Radius ab und sind zugleich in personeller, religiöser und finanzieller Hinsicht eingeschränkter. Neben wenigen Ausnahmen sind Moscheen in Ostdeutschland erst in jüngster Zeit häufig von Menschen in prekären Lebensverhältnissen (z. B. Geflüchteten-Status, Studierende) gegründet worden und verfügen über wenig finanzielles und soziales Kapital (Akca, 2021, 20–21, 33–34). Demgegenüber können Moscheen in Westdeutschland oftmals ein über Generationen gewachsenes Moscheeleben aufweisen, in dem reichhaltige religiöse und soziale Dienste möglich sind (ebd., 29–33).

Letztere blicken auf eine jahrzehntelange Präsenz in deutschen Städten zurück, wo die Arbeiter:innen unter großem persönlichen Engagement provisorisch eingerichtete Gebetsräume in Fabriken, Arbeiter-Wohnheimen und Lagerräumen zu Familienmoscheen ausgebaut haben. Diese im öffentlichen Diskurs als „Hinterhofmoscheen" abgewerteten „Migrationsmoscheen" (Bayrak, 2022, 76) verfügen über multifunktionale Räume, die für Gebete, für Unterricht, für Andacht, für sozialen Austausch, als Waschräume, Kantinen und Küchen, für solidarisches Miteinander und Kulturpflege genutzt wurden und noch werden. Bereits die ersten Moscheevereine stellten Zimmer und kleine Läden zur Vermietung, die kulturell-religiöse Utensilien zum Verkauf anboten. Angebaute Teestuben wurden als Barbier-Ecken, für soziale Beratung und als geselliger Treffpunkt genutzt. Mit der Jahrtausendwende öffneten sich Moscheen auch ausdrücklich für ihre nichtmuslimische Umwelt, engagieren sich seitdem im interreligiösen und kommunalen Dialog und suchen nach Möglichkeiten der differenzierten Zielgruppenarbeit und Kooperation (Schmid/Akca/Barwig, 2008, 245–259). Bayrak erkennt in dieser Geschichte eine „Beweglichkeit" der Moscheen in der Migration und attestiert diesen Moscheen die Fähigkeit, „sich jeder Lebenslage und dem Bedarf der Nutzer:innen sowie der ständigen Anpassungsfähigkeit in das urbane Sozialgefüge mit ihren Funktionsangeboten entsprechend zu transformieren" (Bayrak, 2022, 76). Anschlussfähig ist diese gewachsene Moscheekomplex-Kultur zudem an die im Zeitalter des islamischen Modernismus untergegangene Moscheetradition, die neben den Gebetssälen, Lernnischen und Waschräumen auch Platz für Volksküchen, Hostels, Wohnungen, Bibliotheken, asketische Praxis und Heilung bot (türk. *külliye*, arab. *kullīya*, dt. ‚Gesamtheit').

Besonders bedeutsam ist, dass sich Moscheen sukzessive von *Männermoscheen* in den 1970er-Jahren zu *Familienmoscheen* ab Mitte/Ende der 1980er-Jahren entwickelt haben. Die ersten Moscheen waren hauptsächlich von Männern für religiöse und soziale Bedürfnisse von Männern aufgebaut worden. Um auf Bedarfe von muslimischen Frauen aufmerksam zu machen, haben sich innerhalb von Moscheen Frauenabteilungen und Frauenvorstände etabliert, und vermehrt sind Gebetsmöglichkeiten für Frauen eingerichtet worden (Yaşar, 2013; Nas, 2011; Bayram/Medeni, 2022). In fast allen muslimischen Strömungen beten Männer und Frauen gemeinsam, aber getrennt. Die Gebetssäle können dabei ad hoc mit einem Vorhang geschlechtergetrennt werden – meistens Männer vorne, Frauen hinten –, oder es werden eigene Frauengebetsräume mit separatem Eingang eingerichtet (Yaşar, 2013, 86–87). Die Raumstruktur befriedigt im unterschiedlichen Grad die lokalen Bedürfnisse nach Inklusion sowie eigenständiger Praxis von Frauen als Betende, Lehrende, Seelsorgende und Predigende: So können Frauen in separaten Frauengebetsräumen eigene Gebetseinheiten mit weiblicher Gebetsleitung sowie fraueneigene religiöse Praxen durchführen, freitags und an Feiertagen an den gemeinschaftlich begangenen Gebeten teilhaben oder Frauen seelsorgerische Dienste anbieten. In gemeinsam genutzten Gebetssälen ist dies aufgrund der beengten Raumverhältnisse kaum möglich. Gemeinsam genutzte Gebetssäle ermöglichen allerdings an religiösen Feiern ein Miteinander im religiösen Erleben (Akca, 2020, 240).

Ein wichtiger Aspekt ist, dass Moscheen in Deutschland selbstfinanzierte Vereine sind, so dass die Gestaltung der Moscheeräume neben dem sozialen und kulturellen Kapital insbesondere vom ökonomischen Kapital der Moschee-Besucher:innen und des Moscheevereins abhängig ist. So können finanzstarke Gemeinden ihre Räume aufwändiger gestalten mit Kronleuchtern, Ornamenten,

Wandkacheln, technischem Equipment, Kalligrafien, sanitären Einrichtungen, Küchen, Podesten usw. Andere wiederum müssen sich mit einem Raum mit Teppich begnügen. Dies ist auch gültig für die seit den 1990er-Jahren entstandenen Repräsentativbauten bzw. für die Renovierung und Erweiterung von bestehenden Räumen. Das Zusammenspiel von Finanzen, Kultur und Sozialem bestimmt auch, inwieweit sich ästhetisch-soziale Raumentwürfe realisieren lassen. Diese umfassen heimatliche Vorstellungen wie die einer umfassenden klassisch-osmanischen Moscheekomplex-Architektur oder die des dekorativ-ästhetischen Mogulstils, aber auch Ideen eines pragmatisch-asketischen Raums mit Fokus auf religiösen Wissenserwerb. Es entstehen auch neue autochthone Traditionen wie z. B. Moscheen im Schwarzwaldstil oder in Glasarchitektur. Ebenfalls sind schon umwelttheologisch inspirierte Entwürfe zu beobachten, die Moscheen als „grüne" Moscheen mit erneuerbarer Energie oder sparsamem Wasserkreislauf entwerfen (Abu El-Khair, 2021).

Es ist deutlich geworden, dass Moscheen in Deutschland sozio-architektonische Gebilde sind, die mehr sind als nur Räume für den dezidiert religiösen, respektive sakralen Zweck. Sie sind Orte „gelebter Gemeinschaft" (Nas, 2011, 275), in denen das religiöse wie auch soziale und kulturelle muslimische Leben kulminiert und theologische Diskurse gelebt werden. Der theologische Gehalt von Moscheeräumen reflektiert somit einerseits muslimische Lebenswelten und religiöse Sinn- und Bedeutungswelten sowie andererseits migrationshistorische Funktionen von Moscheen und stadträumliche Gegebenheiten. Die praktisch-theologische Bedeutung ergibt sich aus dem Verständnis, dass Moscheen als sozialkaritative, kulturelle und unterrichtliche Räume gleichermaßen situiert werden. Ihre „Multifunktionalität und die identitätsstiftende Wirkung der Moschee als sozialer, religiöser und kultureller Raum" (Karakoç, 2022, 632) schreibt sich somit in die theologische Charakteristik der Moschee ein.

Entsprechend vielfältig sind die Gründe, warum Menschen Moscheen aufsuchen und wie sie die Räume nutzen und gestalten: auf der Suche nach Anbindung an Gemeinschaft, Geselligkeit und Austausch, aber auch zum Erwerb von religiösem Wissen, zur Verrichtung der Gebete und anderer religiöser Praxen. In Moscheen kann man selbst predigen oder Predigten anhören, religiöse Fest- und Gedenktage feiern, seelsorgerischen Beistand oder Lebenshilfe anbieten bzw. erbitten, zugleich sich auch solidarisch bei Fragen zu Wohnen, Arbeit oder Kindererziehung (vor allem auch nichtreligiöser Art) austauschen. In Moscheen vollziehen Muslim:innen religiöse Trauungen, praktizieren die Riten bei Todesfällen, Beerdigungen und Gedenktagen, treffen aber auch Freund:innen, kochen gemeinsam und organisieren karitative Dinge.

Diese Beispiele verweisen darauf, dass Moscheen Orte der individuellen und gemeinschaftlichen religiösen Praxis und zugleich Orte der Geselligkeit und Gemeinschaft sind. Daraus ergeben sich zwei Typen in der theologischen Moscheeraumkonzeption, die für die virtuelle Erschließung relevant sein können und die im Folgenden ausgeführt werden.

2.2 Moscheen als Orte des Anbetens und die Gebetssäle

Die deutsche Bezeichnung „Moschee" ist etymologisch mit dem arabischen Begriff *masǧid* (ausgesprochen „masdschid", türk. *mescit*, bosn. *mesdžid*) verbunden (Pfeifer et al., 1993).[13] *Masǧid* wiederum ist das Lokativnomen zum Verb *saǧada* ‚sich niederwerfen', ‚sich niederwerfen in der Absicht, etwas anzubeten, etwas zu verehren'. *Masǧid* ist somit ‚der Ort, an dem der Mensch sich (zur Verehrung, zur Anbetung) niederwirft', das heißt im übertragenen Sinne, dass der Mensch hier zu Gott betet (Koran 7: 29–31, 9: 107). Während im frühesten Wirken des Propheten Muhammad in Mekka noch die eigenen Wohnstätten als Gebetsstätten dienten, wurde nach der Auswanderung nach Medina die Wohnung von Muhammad auch zur ersten *masǧid* erklärt, auf der später die berühmte Prophetenmoschee errichtet (Behrens, 2013) und so die Tradition eines öffentlichen Gebäudes für das Gebet etabliert wurden.

In Körperbewegungen äußert sich dieses Gebet so, dass jede:r Muslim:in in Gebetsrichtung vor dem transzendenten Gott zunächst steht, dann sich verbeugt, später kniet, sich niederwirft und schließlich auf dem Boden sitzt. Dabei rezitiert er oder sie leise oder hörbar aus der Offenbarung, lobt und preist Gott, dankt und ruft Gott an und – nicht abschließend – bittet für sich selbst und andere (*duʿāʾ*). Diese bodennahe Gebetspraktik erfordert eine entsprechende Beschaffenheit des Untergrundes: Die Gebetssäle in Moscheen und teilweise auch bereits der Eingangsbereich der Moschee ist mit Teppichen ausgelegt und darf nicht mit Straßenschuhen betreten werden. Dies ist auf die ritualrechtliche Bestimmung über den Ort des Gebets zurückzuführen, der frei (rein) von Verunreinigungen sein muss (s. u. 2.3). Daher befinden sich am Eingang Schuhregale. Zu den Voraussetzungen des Gebets gehört die rituelle körperliche Reinigung, so dass es in der Moschee immer separate Waschräume für Männer und Frauen gibt. Des Weiteren besagt eine andere Gebetsbestimmung, dass der Körper bedeckt sein muss, weshalb vor dem Eingang auch Regale mit Tüchern und Überwürfen zur Verfügung stehen.

Die Geste des Sich-Niederwerfens verweist darauf, sich körperlich auf die ultimativ niedrigste Stufe zu begeben, um dann in sitzender Stellung vor Gott zu verharren. Es steht gegenbildlich zum Erhöhen Gottes, was auf den Menschen als Gott untertäniges Wesen verweist, das auf Gott angewiesen ist. Im Laufe der Geschichte wurden für den Gebetssaal der Moscheen hohe Kuppeln und Galerien entwickelt, um diese Gefühle symbolhaft zu ermöglichen.

Die genannten Praktiken bis zur Niederwerfung fassen die Abläufe der zentralen Gebetsform (arab. *ṣalāh*; türk./bosn. *namaz*) zusammen, die rituellen Charakter hat. Diese Gebete können sowohl einzeln als auch in der Gemeinschaft zu

---

[13] Die ältesten Belege im Dt., niederrhein. *misschida* (Mitte 14. Jh.), frühnhd. *meesgitt* (um 1400), schließen sich an span. *mezquita* an, welches seit 1100 belegt ist. Die heutige Schreibweise und Aussprache zeigen zugleich den Einfluss von frz. *mosquée*.

verschiedenen Zeiten und bei unterschiedlichen Gelegenheiten in Moscheen oder woanders ausgeführt werden. Beispielsweise ist das fünfmalige Gebet am Tag ein ṣalāh-Gebet, dessen Verrichtung in allen islamischen Strömungen jedem Muslim und jeder Muslimin ab der Pubertät vorgeschrieben ist. Beim gemeinschaftlichen Gebet beten die Menschen in geschlossenen Reihen nebeneinander hinter einem Gebetsleiter, durch den der Ablauf synchron ist. In der Moschee zeigt das Teppichmuster im Gebetssaal häufig die Gebetsreihen und -positionen an. In Gebetssälen findet man in Regalen, Podesten oder Schränken auch immer Utensilien, die für die Gebete herangezogen werden können (aber nicht müssen): kleine Gebetsteppiche, die für die Gebete ausgelegt werden können; Gebetsketten für das Gotteslob am Ende des Gebets; oder auch Koranausgaben für die Rezitation. Um die Akustik in der gesamten Moschee zu gewährleisten, sind Mikrophone und Lautsprecher installiert.

In allen muslimischen Strömungen hat sich das Freitagsgebet als eine für die Gemeinschaft der Gläubigen ritualrechtlich verpflichtende Versammlung herauskristallisiert. Dabei umfasst die Verpflichtung männliche, freie Erwachsene. Für Frauen ist die Teilnahme fakultativ. Aus dieser Tradition heraus haben sich in Deutschland die ersten Moscheen gebildet – als Orte, an denen die muslimischen Arbeitsmigranten und Studenten freitags das gemeinschaftliche Gebet abhalten können.

Darüber hinaus gibt es im religiösen Kalender zwei hohe Festtage: Das Ramadanfest zum Ende des Fastenmonats Ramadans (arab. ʿĪd al-fiṭr; türk. *Ramazan bayramı*; bosn. *Ramazanski bajram*) sowie das Opferfest (arab. ʿĪd al-aḍḥā; türk. *Kurban bayramı*: bosn. *Kurban-bajram*), die ebenfalls jeweils mit einem ṣalāh-Gebet begangen werden. Im Fastenmonat Ramadan selbst gibt es nach dem Fastenbrechen am Abend die *tarāwīḥ*-Gebete, welche zwar freiwilliger Natur sind, aber ebenfalls in Gemeinschaft ausgeführt werden. Traditionell sind gerade diese Gebete im Ramadan auch von Frauen frequentiert, während die Teilnahme von Frauen an den Freitagsgebeten unterschiedlichen Konjunkturen unterlag und erst in der Moderne wieder stärker nachgefragt wird (Katz, 2014, 113–115, 261–265).

Spezifisch wird im Koran die Kaaba in Mekka als *al-masǧid al-ḥarām* (z. B. 2: 196; 5: 2) betitelt, was in der deutschen Übersetzung mit „geschützte Gebetsstätte" wiedergegeben wird und eine herausragende Bedeutung hat. Die Gebetsrichtung zur „geschützten Gebetsstätte" hat sich bis heute weltweit in allen Gebetsstätten aller muslimischen Strömungen gehalten. Während bei Neubauten Moscheen bereits beim Bau nach Mekka hin ausgerichtet werden, ist dies in den allermeisten Moscheen in Deutschland nicht der Fall, da diese nicht als solche errichtet wurden. Hier ist die Gebetsrichtung daher anhand der Teppichmuster erkennbar. Die Gebetsreihen können nämlich schräg zu den Wänden verlaufen, was anhand der Teppichmuster deutlich gemacht wird. Explizit ist die Gebetsrichtung in den Gebetssälen durch die ‚Gebetsnische' (*miḥrāb*) an derjenigen

Wandseite, die Richtung Kaaba zeigt. Sie ist als Gebetsort für den Leiter des gemeinschaftlichen Gebets reserviert.

Gemeinschaftlich ausgeführten, ritualrechtlich verpflichtenden Gebeten steht ein Gebetsleiter vor, der sich vor den Reihen der Gläubigen befindet. Aus dieser Tätigkeit leitet sich die Bezeichnung Imam ab, da *imām* wörtlich ‚der, der vorne steht' heißt. Die Gebetsnische kann, muss aber nicht dekoriert sein. Sehr einfach gehaltene Nischen haben lediglich ein kleines Zeichen an der Wand oder nur ein Mikrophon. Aufwändig gestaltete Nischen sind gekachelt, unterscheiden sich farblich von der übrigen Wand und/oder dem Teppich oder sind bisweilen auch in die Wand hineingetunnelt. In der Gebetsnische oder kurz davor sitzen die Gebetsleiter zur (kleinen) Predigt, dann mit dem Gesicht der Gemeinde zugewandt. Wer Gebetsleiter ist, kann indes ad hoc entschieden werden. Theologisch ist damit kein Amt, keine offizielle Hierarchie oder eine Ausbildung verbunden. Allerdings gibt es in manchen Moscheen einen langen Umhang als spezielle Kleidung des Gebetsleiters während des Ritualgebets, welches in der Moschee aushängt (meistens beim Eingang zum Gebetssaal). Insbesondere in Moscheen, in denen keine hauptamtlichen Imame tätig sind, werden die Gebete (und auch die Predigten oder der Unterricht) von entsprechend gebildeten Muslimen abwechselnd geleitet. Die Gebetsnische als Ort des Gebetsleiters steht daher auch für eine dialogische religiöse Autorität, die von verschiedenen Mitgliedern der Gemeinde eingenommen werden kann.

Ein wichtiger Raumgegenstand ist die Kanzel (*minbar*), die links oder rechts von der Gebetsnische platziert ist. Von hier aus spricht der Prediger (und selten auch die Predigerin) die Freitags- und Festtagspredigten, die sogenannte *ḫuṭba*. Hierbei handelt es sich um eine stärker regulierte Form der religiösen Rede im Gegensatz zu informellen Predigten (wie *waʿẓ*), die vor und nach den *ṣalāh*-Gebeten, im Ramadan zu *tarāwīḥ* oder zu anderen Gelegenheiten gehalten werden. Bei diesen Predigten hängt es von den Personen ab, ob sie hierfür die Kanzel benutzen oder beispielsweise vor der Gebetsnische oder mitten im Raum sitzen.

Im Gebetssaal selbst gibt es darüber hinaus weitere Raumgegenstände: An den Wänden und Ecken stehen, wie bereits erwähnt, Regale oder Schränke mit Büchern und Gebetsutensilien, an den Seiten sind Stühle für körperlich beeinträchtigte Menschen aufgestapelt, die bei Bedarf aufgestellt werden. Mikrophone und Lautsprecher sind installiert. Die Fenster, Wände und die Kuppeldecke können Verzierungen aufweisen, aber keine bildlichen Darstellungen von Menschen. Historisch sind (oftmals verfremdete) Darstellungen von Tieren, Pflanzen, Natur oder Himmelskörpern durchaus zu finden, doch sind geometrische Figuren und Muster üblicher. Diese symbolisieren die Ewigkeit Gottes und/oder die Verflechtung allen Seins. Kalligrafien sind ebenfalls zu sehen, die den Gottesnamen und den Prophetennamen aufweisen, sowie je nach islamischer Strömung auch die Namen seiner zwei Enkelsöhne Hassan und Hussain, seiner Tochter Fatima, der ersten vier (rechtgeleiteten) Kalifen Abū Bakr, ʿUthmān, ʿUmar, ʿAlī sowie die Namen der *12 Imame*. Teilweise können die Wände auch mit arabischen Lobpreisungen und Gottesdank wie Subhanallah (*subḥāna 'llāh*) oder Alhamdulillah (*al-ḥamdu li-llāh*) verziert sein. Häufig findet man die Formel Bismillah (*bi-smi 'llāh*, dt. ‚im Namen Gottes') über dem Eingang zum Gebetssaal. In zu Moscheen umgebauten Gebäuden bleiben Gebetssäle auch oft ohne Zierde und weiß.

Moscheen ohne separate Frauenräume nutzen Raumtrenner in Holzgitter-Ornament, aus blickundurchlässigen Vorhängen, Stellwänden oder Schiebetüren. In Anlehnung an heimatliche Vorbilder sollen die Gebetssäle viel Licht und Helligkeit erlauben und sind daher – wo möglich – mit großen Fenstern ausgestattet. Dunkelheit und trübes Licht sind nicht gern gesehen. Große Neubau-Moscheen verfügen auch über ein Podest oder eine kleine Galerie im Gebetssaal. Von hier aus erklingt der Gebetsruf (*aḏān*) und der Gebetsaufruf (*iqāma*). Das Minarett, das sich außen an der Moscheefassade befinden oder separat als Turm erbaut sein kann, wird in Deutschland sehr selten zum Gebetsruf verwendet. Viele Moscheen haben kein Minarett oder nur ein Zier-Minarett. Insbesondere der Aspekt der Verzierungen der Wände im Gebetssaal ist von den finanziellen und kulturellen Möglichkeiten der Moschee abhängig.

In Moscheen mit architektonisch separaten Frauenräumen sind diese als Galerie oder Empore über dem Gebetssaal, als eigene Etage im Gebäude, im Nebenraum zum Gebetssaal oder in einem Nebengebäude verwirklicht. Allen ist gemeinsam, dass sie mehrere Unterschiede im Vergleich zum Hauptgebetssaal aufweisen: Zum einen verfügen sie nicht über eine Kanzel, eine Gebetsnische und auch nicht über ein Podest oder eine Galerie. Frauen können zwar nach allen vier sunnitischen Rechtsschulen anderen Frauen vorbeten, doch tun sie dies nicht durch eine prominente Hervorhebung der weiblichen Gebetsleiterin. Diese betet in der vordersten Reihe neben ihrer Gebetsgemeinschaft. Eine Gebetsnische ist daher immer nur den männlichen Gebetsleitern vorbehalten.

In den Frauenräumen gibt es auch keine Kanzel, da Predigerinnen in der Regel nicht von der Kanzel predigen. Auch die aufwändigen Wandverzierungen fehlen hier. In den Galerien oder auf Emporen ist der Blick auf die Wandverzierungen und die Decke möglich, der Blick auf den Gebetssaal unten jedoch eingeschränkt. So wird verhindert, dass die Männer im unteren Gebetssaal die Frauen auf der Empore sehen können. Mit technischen Mitteln wird aus dem Gebetssaal in die Frauenräume übertragen, so dass die Frauen auditiv am Geschehen im Gebetssaal teilhaben können. Teilweise sind auch Beamer installiert, so dass der Blick auf den Predigenden möglich sein kann (Akca, 2020, 204). Frauenräume sind indes multifunktionaler ausgerichtet als Männergebetssäle. Während Teestuben oder Versammlungsräume in Moscheen von Männern als Lehr- und Lernort genutzt werden (und nicht unbedingt der Gebetssaal), richten Frauen die für sie ausgewiesenen Gebetsräume gleich als Gebets-, Lehr- und Lernräume ein. So sind hier sehr häufig Tische, Stühle, Tafeln und Lernpodeste zu finden.

Ein ritualrechtlicher Hinweis (keine Bestimmung!) besagt, dass gemeinschaftlich ausgeführte Gebete mehr Gotteslohn einbringen als die allein verrichteten. Dies schreibt sich habituell bereits früh in die religiöse Sozialisation insbesondere von Männern ein. Für Frauen wird manchmal genau der umgekehrte Hinweis herangezogen: Nicht das Gemeinschaftsgebet in der Moschee, sondern das allein verrichtete Gebet zu Hause soll den Frauen mehr Gotteslohn einbringen, besagt ein Ausspruch, der dem Propheten in den Mund gelegt wird. Obgleich dieser Hinweis schon seit der frühesten Zeit hinterfragt und zurückgewiesen wurde, zeigt er sich weiterhin beharrlich. In Deutschlands Moscheen dagegen ist ein Ausschluss von Frauen aus dem Gebetsgeschehen in der Moschee kaum durchführbar, da Frauen integraler Bestandteil des Gemeindelebens sind und für ihr Recht auf Raum kämpfen. Dennoch kann aufgrund des allgemeinen Platzmangels, insbesondere an den Festtagen, nicht immer die weibliche Teilnahme garantiert werden, auch wenn separate Frauenräume eingerichtet wurden (ebd., 240).

Erwähnenswert ist, dass in allen Räumen (Hauptgebetssäle, Frauenräume, Versammlungsräume oder – falls vorhanden – Bibliotheksräume) arabische Koranausgaben in verschieden großer Schrift, Übersetzungen der ungefähren Bedeutungen ins Deutsche, Türkische, Bosnische, Urdu usw. sowie exegetische Schriften und Hadith-Sammlungen ausliegen. Moscheen bieten die Möglichkeit, den Koran auf Arabisch zu rezitieren und auch die Bedeutungen zu lernen. Dabei liegen die Koranausgaben nur selten unzugänglich in Vitrinen aus. In der Regel haben sie keinen ausgewiesenen Platz, können auch einfach übereinandergestapelt sein. Lediglich auf dem Boden sollten sie nicht gelegt werden.

2.3 Zur Frage der Sakralität von Moscheen und ritualrechtliche Bestimmungen

Im allgemeinen Sprachverständnis und -gebrauch gelten Moscheen als ‚besondere Orte'. Dies betrifft insbesondere den Gebetssaal. Allerdings wird diese Besonderheit nicht explizit durch einen bestimmten religiösen Initialakt hergestellt. Das heißt, dass es keine spezielle Weihe oder Segnung für den Ort der Moschee, des Gebäudes oder für bestimmte Raumgegenstände an sich gibt. In der Theologiegeschichte hat sich jedoch das Verständnis entwickelt, wonach Menschen, Dinge und Orte gleichermaßen gesegnet und segensreich sein können, wodurch an Orte und Tätigkeiten Tabus und Voraussetzungen gebunden werden. Die Moschee unterliegt als Ort des Gebets ritualrechtlichen Bestimmungen, wenn es um die Voraussetzungen der Gültigkeit eines Ritualgebets geht oder umfassender um wünschenswerte Handlungen im zwischenmenschlichen Miteinander, insbesondere in Bezug auf die Geschlechter-Interaktion in der Moschee. Sakralität und Profanität sind indes nicht präskriptiv; die Sakralität der

Moschee wird erst mit der religiösen Praxis hergestellt, die in ihr und mit ihr ausgeübt wird. Die Heiligkeit einer Moschee misst sich also an der Frequenz der in ihr verrichteten Anbetungen wie ṣalāh-Gebete, Koranrezitationen, Gottesgedenken (ḏikr) und andere religiös-karitative Praktiken. Damit entsteht eine „temporäre Sakralisierung des Raumes" (Stöckli, 2020, 54). Die so konstatierte Heiligkeit der Moschee wiederum wird herangezogen, um weitere wünschenswerte Handlungen und Unterlassungen zu rechtfertigen.

Dies betrifft in erster Linie die Bekleidungspraktiken: Auch wenn außerhalb der Moschee religiös definierte Bekleidungsregeln nicht eingehalten werden, sollen Gläubige in der Moschee ihren Körper vollständig bekleiden, d. h. auf kurze Kleidung verzichten und Haut-/Haarpartien bedecken, wenn sie die Moschee betreten. Diese Praxis korrespondiert mit den ritualrechtlichen Bestimmungen, den Körper teilweise oder ganz zu verdecken. Beim Gebet gilt es für Frauen, den ganzen Körper außer Gesicht, Hände und Füße zu bedecken. Bei Männern gibt es eine mehrstufige Unterscheidung: Nach der obersten Stufe bedeckt der Mann ebenfalls den ganzen Körper mitsamt dem Oberteil des Kopfes, die unterste Stufe umfasst den Körper vom Nabel bis zum Knie (Reidegeld, 2021, 275).

Hier setzt auch die ritualrechtlich relevante Minimalanforderung für den Moscheeraum an. Die Bestimmungen zum Gebet werden dabei auf die Moschee als Ort des Gebets übertragen und das Verständnis von Reinheit (ṭahāra) spielt die maßgebliche Rolle: Dabei betrifft nur die Regel, dass der Gebetsort (physisch) rein sein muss durch die Absenz von verunreinigenden Dingen (naǧāsāt), den Ort an sich. Denn nur Menschen können in den „Zustand der größeren Unreinheit" (ǧanāba) fallen (ebd., 174), so dass der Moscheeraum indirekt betroffen ist. Inwiefern Menschen die physische wie rituelle Reinheit lediglich für das Gebet aufweisen müssen, aber nicht für den Besuch der Stätte an sich, ist weiterhin Gegenstand kontroverser Debatten. Ferner muss ausgeschlossen sein, dass verunreinigende Dinge wie Blut, Sperma oder Urin den Gebetsort berühren. Uneinigkeit herrscht bei der Frage, ob bei ǧanāba-Zustand eine Moschee besucht oder durch sie hindurchgegangen werden darf (ebd., 176, 183; Akca, 2020, 229–232).

Für die Gebets-Körperpraktiken braucht es reine, saubere und zugängliche Plätze. Daher werden für das Gebet ausgewiesene Plätze in der Moschee mit Teppichen ausgelegt, welche nicht, wie gesagt, mit Schuhen – und oftmals auch nicht barfuß – betreten werden dürfen. Schuhregale und einen entsprechenden Hinweis haben manche Moscheen direkt vor dem Eingang der Gebetssäle, andere wiederum bereits am Haupteingang der Moschee.

Insgesamt bleibt festzuhalten, dass über ritualrechtliche Regelungen zum Gebet hinaus der Moscheeraumgestaltung keine Grenzen gesetzt sind. Inwiefern diese für die virtuelle Repräsentation von Relevanz sind oder relevant werden könnten, bleibt Gegenstand weiterer Studien.

2.4 Moscheen als Orte der Versammlung und der Gemeinschaft

Bereits in den vorhergehenden Unterkapiteln ist hervorgetreten, dass die Charakteristik der Moschee als Ort der Anbetung nicht vom Ort der Versammlung zu trennen ist. Die zentrale Zeit der Versammlung ist der Freitag zur Mittagszeit (daher auch der arabische Name des Freitags als „Tag der Versammlung"). Schon lange wurde unterschieden zwischen einer Moschee, in der man diese Freitagsversammlung abhält, und einer Moschee, in der diese nicht stattfindet. Im Arabischen heißen erstere Moscheen daher auch Freitagsmoscheen (ǧāmiʿ, ausgesprochen „dschami", zu ǧamaʿa „sich versammeln"). Ziel war es, dass die muslimische Gemeinde an einem zentralen Ort zusammenkommt, das Mittagsgebet miteinander verrichtet und lokale Angelegenheiten bespricht, die mit einer Predigt abgeschlossen werden. Daher verfügen diese Moscheen über die Insignien des Gemeinschaftsgebets, nämlich die Gebetsnische des Gebetsleiters und die Kanzel. In Moscheen ohne diese *Freitagsfunktion* fehlen sie hingegen. Im Arabischen wie im südasiatischen Raum gibt es nach wie vor diese Unterscheidung, während die türkische und jugoslawische Säkularisierung im 20. Jahrhundert diese Tradition aufgebrochen hat: In jeder Moschee kann das Freitagsgebet gehalten werden, was sich in der jeweiligen Bezeichnung für Moschee auch widerspiegelt: Entsprechend der *Versammlung* heißen im Türkischen Moscheen *cami* (ausgesprochen „dschami"), im Bosnischen *džamija* (ausgesprochen „dschamija"), im Arabischen hingegen *masǧid*.

Diese Praxis hat sich durch die dominante türkischstämmig muslimische Bevölkerung einerseits und die Gründung von Moscheen entlang ethnisch-sprachlicher Grenzziehungen andererseits auch in Deutschland etabliert. So ähnlich ist das für Österreich ebenfalls festzustellen. In so gut wie jeder Moschee können Freitagsversammlungen abgehalten werden. Bemühungen, eine Zentralmoschee mit einem freitäglichen gemeinsamen Gebet zu installieren, sind alle gescheitert, in der Regel aufgrund von Raumknappheit und Vielsprachigkeit. Theologische Gründe spielten so gut wie keine Rolle.

Versammlung bedeutet, Gemeinschaft herzustellen. Dies ist nicht nur in Bezug auf das Ritualgebet wichtig, auch andere religiöse Praxen werden in Gemeinschaft ausgeführt: Gemeinschaftliches Gottesgedenken (*ḏikr*) mithilfe von Gebetsketten, das andächtige Musizieren oder Trance-Tanzen in der Gemeinschaft können ebenfalls in den Gebetssälen (oder auch in den anderen Moscheeräumen) durchgeführt werden. Besonders wichtig ist die Versammlung der Gläubigen im Fastenmonat Ramadan. So versammeln sich die Menschen zum *Iftar* – zum allabendlichen Fastenbrechen – und schließen so gemeinsam das Fasten ab. Sowohl das Fasten als auch das Fastenbrechen sind religiöse Praktiken. Der Mensch teilt das Fasten und das Fastenbrechen zusammen mit anderen Menschen und nutzt hierzu alle verfügbaren Räume und den Moscheehof. Gemeinsames Essen (und bei Bedarf das Fastenbrechen) ist auch darüber hinaus essenzieller Bestandteil des Gemeindelebens der Moschee, wie bei interreligiösen Treffen sowie religiösen Fest- und Gedenktagen und Moscheefesten zu sehen ist. Essensgabe und Gastfreundschaft haben theologischen Sinn, daher sind die Moscheeküchen und Kantinen in Moscheen bedeutende Räume der Gemeinschaft (Beinhard-Köhler, 2022, 156; 161–162).

In Moscheen verkehren spezifische Zielgruppen. Frauen und Frauenräume wurden bereits in 2.2 ausgeführt. Ein wichtiger Faktor sind Angebote für Jugendliche, Jugendgruppen und Jugendabteilungen mit ihren eigenen Jugendräumen (Behr/Kulaçatan, 2022, 108–110). Diese Räume – falls vorhanden – sind nach den jeweiligen Bedürfnissen von Jugendlichen meist auch von diesen selbst hergerichtet. Im abrahamitischen Vergleich gibt es keine spezielle religiöse Praxis der religiösen Mündigkeit für Muslim:innen im Jugendalter wie die Konfirmation oder Bar/Bat Mizwa. Jugendräume in Moscheen verfügen daher über keine bestimmten Raumkomponenten oder spezifisches Rauminventar. Das Engagement muslimischer Jugendlicher ist innerhalb von Moscheen indes recht hoch (Schröter/Calmbach, 2020, 14-15; 18). Jugendräume sind Zeugen einer die Jugend wertschätzenden, inklusiven und nachwuchsfördernden Moscheekultur, die es dringend braucht. Als Garantinnen eines vitalen Moscheelebens und einer zukunftsfähigen Gemeinschaft sind Jugendräume daher sozial-theologisch von größter Bedeutung.

Organisiert wird diese Gemeinschaft durch den lokalen Moscheevorstand, der seine Räume als Vorstandsräume o. Ä. unter dem Dach der Moschee hat. Diese Räume mögen auf den ersten Blick keine theologische Bedeutung haben. Doch sie stehen für das autonome Management der lokalen Moscheegemeinschaft; hier im Kleinen bereits werden religiöse Angelegenheiten diskutiert, implementiert oder abgelehnt, müssen religiöse Prinzipien ausgehandelt und ausgeführt werden. Hier wird die Gemeinschaft als Selbstorganisation geführt. Moscheen können zwar Teil einer islamischen Landes-, Regional- oder Bundesorganisation sein, dennoch besitzen sie umfangreiche lokale Befugnisse und eine weitreichende theologische Autonomie. Die Verwaltungsräume zeugen von dieser graduellen Unabhängigkeit.

3. Ausblick

In diesem Beitrag habe ich dafür argumentiert, dass die theologische Moscheeraumkonzeption praktisch-theologisch ausgerichtet sein muss. Als sich soziohistorisch wandelnder, religiös-sozial-kultureller Lebensraum entfaltet die Moschee ihre Wirkung als Akteurin in der analogen Praxis, sprich: in der Praxis von

Menschen im physisch erfahrbaren Moscheeraum in Deutschland. In dieser Perspektive wurden die Moschee und ihre Raumfeatures als Orte der Anbetung und als Orte der Versammlung und Gemeinschaft situiert. Im Folgenden wird ein kurzer Ausblick auf die sich daraus ergebende Bedeutung für die virtuelle Repräsentation von Moscheeräumen versucht.

Wenn die technische Machbarkeit dies zulässt, sollte eine virtuelle Erschließung der Moscheeräume in Deutschland alle die im zweiten Abschnitt ausgeführten Räume und Raumfeatures berücksichtigen. Denn sie haben allesamt einen theologischen Sinn, der sich zudem nicht im menschenleeren Raum erschließen lässt. Die Frage ist also nicht, ob die im und mit dem Raum durchgeführte religiöse Praxis Teil der Repräsentation sein kann. Vielmehr muss man sich entscheiden, wie divers an Personen und detailreich an auditiven und visuellen Features die Repräsentation sein soll.

Dieser Beitrag hat bei den Moscheeraumkonzepten die visuelle Wahrnehmung in den Vordergrund gerückt. Aber die nichtvisuelle sinnliche Wahrnehmung des Raums ist genauso wichtig. Eine Moschee ist ein Gebäude, das verschiedene sinnliche Aspekte anspricht, die auditiv und visuell vermittelt werden: seien es die Kalligrafien an den Wänden, seien es die schönen Koranrezitationen, die gemeinsamen Fürbitten, die interaktiv gestalteten Predigten, das gemeinsame Musizieren oder das Lachen von Kindern und das Gemurmel von Senior:innen in den Räumen der Moschee. Virtuell könnten selbst die Düfte, die aus den Moscheeküchen und den Kantinen zu den Festessen, den religiösen Gedenktagen oder bei interreligiösen Zusammenkünften aus der Moschee herausströmen, dargestellt werden.

Die Diversität der Moscheeräume betrifft als prominentes Beispiel die Repräsentation des Gebetsraums: Tritt bei geschlechtergetrennten Gebetsräumen der Gebetssaal für Frauen genauso in Erscheinung wie der Gebetssaal für Männer? Letzterer verfügt – wie ausgeführt – über jene Rauminsignien, die für das Ritualgebet und die Gemeindeversammlungen notwendig sind und daher einen Einblick in das zentrale religiöse Geschehen geben. Als pädagogische Erfahrung ist jedoch anzuraten, den Blickwinkel aus den Frauenräumen bzw. Frauenemporen ebenfalls in die Rundgänge zu integrieren.

Blickwinkel ist ein gutes Stichwort: Denn Authentizität und Erfahrung sind ein wichtiges Gut, das sich durch eine Stand- oder Frontalaufnahme kaum erleben lässt. Verschiedene Aufnahmewinkel und Perspektiven eignen sich, um bei den virtuell eine Moschee betretenden Zuschauer:innen das Sich-Hineinfühlen in den Raum zu ermöglichen.

Bisherige virtuelle Repräsentationen sind naturgemäß auf die gemeinschaftlichen Ritualgebete fokussiert. Eine Integration von verschiedenen religiösen Praxen könnte die Vielfalt an islamischen Praktiken und spirituellen Erfahrungen zeigen – wie beispielsweise den Gebetsruf von der Galerie im Gebetssaal, das Fastenbrechen in den Moscheevorhöfen, die Festgebete in allen verfügbaren Räumen der Moschee oder auch künstlerische Praktiken wie Marmorieren und

Musizieren in den Jugendräumen sowie Predigten von Frauen in den Frauensequenzen.

Die zu Beginn dieses Beitrags aufgeführten Beispiele virtueller Repräsentationen von Moscheeräumen zeigen fast ausschließlich Erwachsene. Doch Moscheen sprechen in großem Maße Kinder und Jugendliche an und stellen für sie positive Orte dar, die virtuell möglicherweise stärker als andere Alterskohorten angesprochen werden. Aus zweierlei Gründen ist es m. E. angebracht, dass die virtuelle Moscheeraumrepräsentation Räume der Kinder und Jugendlichen wie auch Räume mit Kindern und Jugendlichen abbildet: Zum einen sind bei der religionspädagogischen Erschließung des virtuellen Moscheeraums insbesondere Kinder und Jugendliche angesprochen. Zum anderen gilt: Wer repräsentiert ist, befasst und identifiziert sich stärker mit der gegebenen Thematik, was für konstruktive Lernprozesse positiv ist. Da Digitalität für die heranwachsende Generation fast schon einen Naturzustand darstellt, ist es unabdingbar, ebendiese Generation in ihrem digitalen Nutzungsverhalten zu fokussieren.

Islamrechtlich ist der Aspekt der Reinheit wesentlich. Ein Prophetenausspruch besagt, dass Reinheit den halben Glauben ausmache. Warum sollten daher Waschräume und die dazugehörige Praxis, also die (kleine) Waschung nicht die virtuelle Repräsentation bereichern? Zur Reinheit gehört es auch, die Teppiche und die Schuhregale nicht zu übergehen. Mit dem Ausziehen der Schuhe vor dem Betreten des Gebetsraums oder der Gesamtmoschee verbindet sich in der Regel ein markanter Einschnitt, der zu einer gewissen Intimität mit dem Gebetsraum führen kann, was möglicherweise auch virtuell hergestellt werden könnte.

Regelungen wie zur Reinheit und auch zur Körperbedeckung könnten im Zusammenhang mit dem Besuch der virtuellen Moschee relevant werden, wenn die Menschen nicht körperlich-physisch, sondern virtuell vor Ort sind. Tatsächlich spielen auch solche Fragen eine Rolle, die die religiöse Praxis im virtuellen Moscheeraum betreffen: Das Betreten eines Gebetssaals erfordert neben der rituellen Reinheit auch die freiwillige Verrichtung eines kurzen „Gebetsraum-Gebetes": Gelten diese Bestimmungen auch für das virtuelle Betreten? Wenn eine Koranrezitation erklingt, braucht es eine entsprechende Bedeckung des Körpers: Erfordert die virtuelle Koranrezitation dies ebenfalls? Bei Predigten und Fürbitten gibt es interaktive Sequenzen wie das Sprechen von *Amen* oder des Segensgrußes: Soll die virtuelle Audienz ebenfalls an den entsprechenden Stellen reagieren? Bei diesen Fragen hat die islamisch-theologische Gelehrsamkeit noch keinen Konsens gefunden; sie werden allerdings mit der zunehmenden Digitalisierung von Gesellschaft und Religion sowie der islamischen religiösen Praxis immer relevanter.

Daran schließt sich folgender Aspekt an: Noch ist nicht geklärt, auf welche Bedürfnisse der virtuelle Moscheeraum antwortet und welche theologische Plausibilität sich daraus ergibt. Welche Funktionen soll der virtuelle Moscheeraum erfüllen? Albarazys Entwurf einer VR-Moschee, in der religiöse Praktiken durchgeführt werden (können), zeigt bereits, dass im Anschluss an bisher mögliche virtuelle Rundgänge von Moscheeräumen Nutzer:innen auch Anfragen an aktive religiöse Teilhabe stellen könnten.

Die virtuelle Repräsentation von Moscheeräumen in Deutschland schließt an drei spezifische Entwicklungen an: (1) Neben der visuellen Präsenz von Moscheen als ein Weg der öffentlichen lokalen Sichtbarkeit und Kontaktaufnahme mit Fotos, Panorama-Aufnahmen, Kontaktdaten und kurzer lokaler Geschichte dient sie auch der Aufklärung über die Grundlagen der islamischen Religion in Geschichte, Konfession und Praxis in einer mehrheitlich nichtmuslimischen Gesellschaft. Zugleich stellt sie Informationen für muslimische Lebensweisen wie aktuelle lokale Gebetszeiten, Ernährungsratgeber oder Gemeinschaftszusammenkünfte zur Verfügung. (2) Die virtuelle Präsentation von Moscheeräumen baut auf die mehrere Jahrzehnte umfassende akustische bzw. audiovisuelle Vermittlung von religiösem Wissen durch Predigten und religiöse Beratung auf, die im globalen Kontext bereits rege untersucht wurde. Hier kommen Beispiele der *Virtuellen Moschee* wie auch das Streamen von Predigten ins Spiel. (3) Virtuell sind Moscheen weltweit bereits durch Filmkultur, Virtual Reality und nicht zuletzt durch Gaming vielfältig repräsentiert. Das bedeutet, dass auch Sehgewohnheiten von potenziellen virtuellen Nutzer:innen eine Rolle spielen.

Bisherige Entwürfe der virtuellen Repräsentation sind insbesondere als Teil der Öffentlichkeitsarbeit von muslimischen Communities zu sehen, die – wie eingangs genannt – unterschiedlich ausgestaltet sein können. Es dominiert allerdings eine Tendenz zu enzyklopädischen Erklärvideos und Storypunkten sowie zur Herstellung einer *Universalität* der jeweiligen Moschee, deren lokale Identität virtuell kaum erfahrbar ist – weder visuell-räumlich noch in den Textsektionen. So wird selten die stadträumliche Umgebung mitaufgenommen oder die jeweilige Baugeschichte aufgegriffen. Auch die lokale Ausgestaltung und Bewertung findet keine Erwähnung. Zudem ist die virtuelle Repräsentation noch ausschließlich auf Repräsentativbauten mit dekorativen Gebetssälen, hohen Kuppeln, teilweise sogar Minaretten ausgerichtet. Die vielen kleinen Moscheen, die gar nicht als solche erbaut, sondern für die jeweilige Moscheenutzung umgebaut, angepasst und erweitert wurden, sind virtuell nur auf den moscheeeigenen Social-Media-Kanälen oder Webseiten zu erspähen. Für virtuelle Rundgänge sind diese weitaus interessanteren Gebäude noch nicht erschlossen. Was aus Moscheeführungen bekannt ist, könnte auch hierbei gelten: „Migrationsmoscheen" sprechen ästhetisch wenig die Erwartung an einen Prachtbau an, zeigen somit kaum die als schön empfundenen Seiten der islamischen Religion. Dies korrespondiert auch oftmals mit dem eigenen Empfinden in Bezug darauf, was eine würdige Religionsstätte ist. In einer Gesellschaft, in der die Präsenz von Muslim:innen und ihrer Räumlichkeiten nicht immer selbstverständlich ist, wird daher Wert auf das ästhetische Empfinden gelegt. Aber sowohl aus religionspädagogischer Sicht als auch in der Perspektive des gesellschaftlichen Zusammenhalts ist es notwendig, ein Bewusstsein für die Geschichte der jeweiligen Moscheen herzustellen und so das lokale Geworden-Sein der Gemeinde und ihrer Räumlichkeiten vor Augen zu führen. Eine praktisch-theologische Einbettung kann hier helfen, religionspädagogische Perspektiven konzeptionell zu integrieren und die sozio-historische religiöse Geschichte der jeweiligen Moschee zu reflektieren. Dies kann Anlass für Empfindungen der Zugehörigkeit, der Verwurzelung und der Hoffnung sein, die theologisch an Bedeutung gewinnen können.

Literatur

Abdel-Rahman, Annett, Die Partizipation von Frauen in Vorständen der Moscheegemeinden – eine Bestandsaufnahme, in: Borchard, Michael/Ceylan, Rauf (Hg.), Imame und Frauen in Moscheen im Integrationsprozess. Gemeindepädagogische Perspektiven, Göttingen 2011, 95–104.

Abu El-Khair, Baraa, „Imara – Moscheen und Umweltschutz". Moscheegemeinden als Akteurinnen nachhaltiger Entwicklung. AIWG-Praxisperspektiven. Akademie für Islam in Wissenschaft und Gesellschaft, Frankfurt a. M. 2021.

Akca, Ayşe Almıla, Moscheeleben in Deutschland. Eine Ethnographie zu islamischem Wissen, Tradition und religiöser Autorität, Bielefeld 2020.

Akca, Ayşe Almıla, Muslimisches Leben in Ost- und Westdeutschland – Unterschiede und Gemeinsamkeiten in der religiösen Infrastruktur und im muslimischen Engagement, in: Stenske, Leonie/Bioly, Tom (Hg.), Muslimisches Leben in Ostdeutschland, Leipzig 2021, 20–42. Open-Access: https://ul.qucosa.de/api/qucosa%3A75859/attachment/ATT-0/ [abgerufen am: 22.09.2023].

Al Sabban, Reem/Fatani, Marwan A., Using Multimedia in Documenting and Archiving the Islamic Architectural Heritage of the Holy Mosque Area in Makkah City, Saudi Arabia, in: Passerini, G. (Hg.), Islamic Heritage II. Architecture and Art, Southampton 2018, 63–74.

Albarazy, Alaa, MetaMosque – Envisioning the Mosque as a Virtual Public Space. Virginia Commonwealth University 2022. https://scholarscompass.vcu.edu/etd/6985 [abgerufen am: 22.09.2023]

Alkin, Ömer, Islam im Migrationskino – Moscheen im Modus des Films. Culture Clash, Radikalisierungsdrama und Normalisierungsphantasien, in: Alkin, Ömer/Bayrak, Mehmet/Ceylan, Rauf (Hg.), Moscheen in Bewegung. Interdisziplinäre Perspektiven auf muslimische Kultstätten der Migration. Unter Mitarbeit von Hayriye Kapusuz und Gökçe Saatçi, Berlin/Boston 2022, 225–249.

Alkin, Ömer/Bayrak, Mehmet/Ceylan, Rauf (Hg.), Moscheen in Bewegung. Interdisziplinäre Perspektiven auf muslimische Kultstätten der Migration. Unter Mitarbeit von Hayriye Kapusuz und Gökçe Saatçi, Berlin/Boston 2022.

Bayrak, Mehmet, Die multiperspektivische Analyse von Migrationsmoscheen. Bewegungsarchitekturen, in: Alkin, Ömer/Bayrak, Mehmet/Ceylan, Rauf (Hg.), Moscheen in Bewegung. Interdisziplinäre Perspektiven auf muslimische Kultstätten der Migration. Unter Mitarbeit von Hayriye Kapusuz und Gökçe Saatçi, Berlin/Boston 2022, 75–111.

Bayram, Canan/Medeni, Elif, Und plötzlich waren sie weg! Exklusionsmechanismen aus Moscheen im Zuge der Covid-19-Pandemie, in: LIMINA – Grazer theologische Perspektiven 5 (2022) 1, 164–199.

Becker, Elisabeth, Mosques in the Metropolis. Incivility, Caste, and Contention in Europe, Chicago/London 2021.

Behr, Harry Harun/Kulaçatan, Meltem, DITIB Jugendstudie 2021. Lebensweltliche Einstellungen junger Muslim:innen in Deutschland, Weinheim/Basel 2022.

Behrens, Marcel, „Ein Garten des Paradieses" – Die Prophetenmoschee von Medina, Würzburg 2007.

Beinhauer-Köhler, Bärbel, Moscheeküchen. Materielle Kultur und soziale Praxis, in: Alkin, Ömer/Bayrak, Mehmet/Ceylan, Rauf (Hg.), Moscheen in Bewegung. Interdisziplinäre Perspektiven auf muslimische Kultstätten der Migration. Unter Mitarbeit von Hayriye Kapusuz und Gökçe Saatçi, Berlin/Boston 2022, 147–173.

Ceylan, Rauf, Cultural Time Lag. Moscheekatechese und islamischer Religionsunterricht im Kontext von Säkularisierung., Wiesbaden 2014.

Günther, Christoph, Conceptualizing Contemporary Audiovisual Daʿwa, in: Akca, Ayşe Almıla u. a. (Hg.), Practices of Islamic Preaching. Text, Performativity, and Materiality of Islamic Religious Speech, Berlin/Boston 2024, 61–74.

Imran, Md. Masood/Masud, Minar, Virtual Heritage of the Saith Gumbad Mosque, Bangladesh, in: Kaiser, M. Shamim, u.a. (Hg.), Proceedings of International Conference on Trends in Computational and Cognitive Engineering. Proceedings of TCCE 2020, Singapore 2020, 417–429.

Karakoç, Betül, Moschee als pädagogischer Raum. Ein erweiterter Blick auf die religiöse Bildung und Erziehung in Moscheegemeinden, in: Aslan, Ednan (Hg.), Handbuch islamische Religionspädagogik, Teil 1, Göttingen 2022, 631–656.

Karakoç, Betül/Behr, Harry Harun, Moschee 2.0. Internationale und transdisziplinäre Perspektiven, Münster/New York 2022.

Munsch, Chantal/Herz, Kathrin, Blickweisen auf Moscheen im Forschungsprozess. Über die Konstruktion von Forschungsergebnissen in migrationsgesellschaftlichen Kontexten, in: Alkin, Ömer/Bayrak, Mehmet/Ceylan, Rauf (Hg.), Moscheen in Bewegung. Interdisziplinäre Perspektiven auf muslimische Kultstätten der Migration. Unter Mitarbeit von Hayriye Kapusuz und Gökçe Saatçi, Berlin/Boston 2022, 113–145.

Nas, Özlem, Die Rolle der muslimischen Frauen in den Moscheegemeinden. Erfahrungswelten muslimischer Frauen in der Moschee als sozialer Raum, in: Borchard, Michael/Ceylan, Rauf (Hg.), Imame und Frauen in Moscheen im Integrationsprozess. Gemeindepädagogische Perspektiven, Göttingen 2011, 275–281.

Pfeifer, Wolfgang et al., Artikel „Moschee", in: Etymologisches Wörterbuch des Deutschen (1993). Digitalisierte und von Wolfgang Pfeifer überarbeitete Version im Digitalen Wörterbuch der deutschen Sprache, www.dwds.de/wb/etymwb/Moschee [abger. am 22.09.2023]

Pfündel, Katrin/Stichs, Anja/Tanis, Kerstin, Muslimisches Leben in Deutschland 2020 – Studie im Auftrag der Deutschen Islam Konferenz. Forschungsbericht 38 des Forschungszentrums des Bundesamtes, Nürnberg: Bundesamt für Migration und Flüchtlinge 2021.

Reideged, Aḥmad A., Handbuch Islam. Die Glaubens- und Rechtslehre der Muslime, 4. Aufl. Kandern 2021.

Rückamp, Veronika, Alltag in der Moschee. Eine Feldforschung jenseits von Integrationsfragen, Bielefeld 2021.

Schmid, Hansjörg/Akca, Ayşe Almıla/Barwig, Klaus, Gesellschaft gemeinsam gestalten. Islamische Vereinigungen als Partner in Baden-Württemberg, Baden-Baden 2008.

Schröter, Jörg Imran/Calmbach, Marc, Engagementbereitschaft bildungsnaher muslimischer Jugendlicher und junger Erwachsener in Deutschland. Ergebnisse einer quantitativen Studie des Instituts für islamische Theologie/Religionspädagogik der Pädagogischen Hochschule Karlsruhe in Kooperation mit dem SINUS-Institut Berlin, Karlsruhe 2020.

Stöckli, Lucia, Moschee-Neubauten. Institutionalisierung, Bedeutung und Sichtbarkeit in England und der Schweiz, Bielefeld 2020 [Dissertation 2014].

Tabti, Samira, Moscheegemeinden im Netz: Neue Chancen in der Corona-Zeit? Eine Expertise für den MEDIENDIENST INTEGRATION, Bochum 2020. Online-Publikation: https://mediendienst-integration.de/fileadmin/Dateien/Moscheegemeinden_im_Netz_Expertise_Samira_Tabti.pdf [abgerufen am: 22.09.2023].

Yaşar, Aysun, Frauen und Frauenbild in der islamischen Theologie, in: Rothgangel, Martin/Aslan, Ednan/Jäggle, Martin (Hg.), Religion und Gemeinschaft. Die Frage der Integration aus christlicher und muslimischer Perspektive, Göttingen 2013, 83–89.

Der sakrale Raum im Hinduismus. Grundlegende Fragen zur Übertragung ins Virtuelle

Gerald Kozicz & Max Frühwirt

Das übergeordnete Thema „Der virtuelle Sakralraum" muss im Kontext des Hinduismus als Anregung verstanden werden, sich zuallererst mit dem Raumbegriff und Raumverständnis zu befassen und diesen bestmöglich zu definieren. Grundlegende Überlegungen erscheinen durchaus angebracht, wenn man die Standardwerke zu hinduistischer Architektur dahingehend durchleuchtet. Sowohl die Arbeiten von Adam Hardy (2007) als auch die mehrbändige „Enzyclopedia of Indian Architecture" (Meister et al., 1986) betrachten den Hindu-Tempel primär von der formalen Seite. Die Besprechungen der Architektur darin sind weitgehend analytisch und deskriptiv in Bezug auf die architektonische (Außen-)Form, die Grundrissgestaltung, basierend auf dem Mandala-Rasterplan, und die Kategorisierung der Gestaltungselemente. Der Frage der Essenz des Raums, die im konkreten Zusammenwirken von Raumgestaltung und ritueller Funktion sichtbar wird, wird nicht nachgegangen. Auch Stella Kramrisch (1946), die, aus der performativen Kunst kommend, sich als Erste mit dem Hindu-Tempel umfassend auseinandergesetzt hat, hat sich vorwiegend mit den religiösen Grundlagen und dem Symbolgehalt der Komponenten der Tempelarchitektur inklusive der für die Durchführung der Riten notwendigen Ausstattung auseinandergesetzt, jedoch keinen einzigen konkreten Raum hinsichtlich seiner Qualitäten exemplarisch analysiert oder erklärt. Die grundlegende Frage nach Gestalt und Bedeutung des Sakralraums bleibt weitgehend offen – dazu liefern auch die aus Publikationen Dritter entnommenen und beigefügten Grundrisse keine Antwort.

Woher diese Vernachlässigung des Raums in der theoretischen Auseinandersetzung mit hinduistischer Architektur? Ist der Raum nebensächlich oder gar irrelevant? Wir beantworten diese Frage hier einleitend mit „gewissermaßen ja". Warum wir diese provokant anmutende These vorneweg aufstellen, ergibt sich aus dem folgenden Versuch der Rekonstruktion einer Architekturgeschichte und dem sich daraus ableitbaren Wesen(tlichen) des Raums, ohne dessen Kenntnis eine Übertragung der Architektur ins Virtuelle zwar eine exzellente technische Leistung darstellen kann, die aber die Qualität des Sakralen kaum erfahrbar machen würde.

Die Kernfrage ist also: Was ist der hinduistische Sakralraum und worin definiert er sich? Eine Teilantwort liegt jenseits der Architekturtheorie. Es ist der

Begriff „Hinduismus". Geprägt erst in der Kolonialzeit, stellt er eine Zusammenfassung verschiedener religiöser Strömungen dar, die untereinander große Überschneidungen haben und um unterschiedliche Gottheiten aufgebaut sind: um Shiva, Vishnu, den Sonnengott Surya oder Devi, *die* Göttin als Prinzip des auf die weibliche Energie hin ausgerichteten Shakti-Kultes. Diese haben eines gemeinsam: ein streng orthodoxes, sozial-religiöses Gefüge mit der Kaste der Brahmanen im Zentrum. Brahmanen und auch Brahmaninnen erfüllen die Funktion der Priesterschaft, verwalten die Tempel und bestimmen sämtliche rituelle Handlungen. Man muss also sinngemäß anstelle von hinduistischem Tempel oder Sakralraum von einem brahmanischen sprechen. Den Tempel und vor allem den Raum ohne die Einbeziehung des Brahmanentums zu betrachten würde am Kern der Sache vorbeigehen.

Tatsächlich ist im gegebenen Kontext der wesentliche Aspekt des Raums seine Funktion als Ritualraum, in der die Verehrung der Gottheit im Zentrum steht und in dem jegliche Handlung (*puja*) von Priester oder Priesterin (*pujari*) bestimmt und begleitet und damit auch kontrolliert wird. Die Funktion des Versammlungsraums wie in Christentum, Judentum oder Islam ist nicht Teil des Programms – zumindest nicht essenziell. Der Raum selbst steht im Hintergrund, bildet Handlungsrahmen viel mehr als Handlungsraum. Dies lässt sich auch sehr deutlich aus den Ursprüngen der brahmanischen Architektur ableiten, die zwar in Objektform nicht mehr erhalten sind, sich aber deutlich anhand der frühesten im Nordwesten des indischen Subkontinents noch erhaltenen Tempel nachzeichnen lassen.

1. Vom Altar zum Schrein

Der Ursprung des brahmanischen Tempels liegt im Opfer- und Feuerkult und hat als zentrales Element eine rituell gereinigte Zone oder/und einen Altar. Die Opferstelle ist von zentraler Bedeutung, sowohl räumlich wie auch soziokulturell – und damit auch der Priester oder die Priesterin. Das kommt nur zu deutlich im Begriff „Veden/vedisch" zum Ausdruck, der die frühe brahmanische Kultur vor der Etablierung der oben genannten brahmanischen Ausrichtungen Shivaismus, Vaishnavismus, Surya- und Shakti-Kulte bezeichnet und sich direkt von *vedi* ableitet, dem Sanskrit-Begriff für „rituell gereinigter Altarbereich". Genauer gesagt, müsste man also von „neo"-brahmanischen Tempeln sprechen. Die Ausformung der neo-brahmanischen Richtungen geschah während der Gupta-Zeit (frühes 4. bis spätes 6. Jh.), und aus der Spät- und Post-Gupta-Zeit (6.–7. Jh.) stammen auch die ältesten, erhaltenen Tempelbauten.

Die Bedeutung des Altars und sogar die Bauweise wurden bereits von der Kunsthistorikerin Stella Kramrisch ausführlich beschrieben, allerdings nur anhand von Texten. Wie die architektonische Entwicklung des Tempels aus dem Altar heraus konkret ablief und wie die Bedeutung des Altars hier in einem neuen Kontext weitergeführt wurde, wurde von Kramrisch weitgehend ausgeklammert und von anderen ebenso. Das Fehlen archäologischer Funde macht die Angelegenheit zugegebenermaßen zwar schwierig, allerdings sind in der Peripherie des brahmanischen Kulturraums einige frühe Tempel erhalten, anhand derer sich die Entwicklung gut nachvollziehen lässt. Eine dieser peripheren Regionen ist das Kullu-Tal, das am Südhang des ersten Gebirgszuges der Himalaya-Kette endet; chronologisch fallen die frühesten noch erhaltenen Tempel mit einer Datierung ins 8.-9. Jh. unter die ältesten kontinuierlich als Kultstätten genutzten Sakralbauten des indischen Subkontinents. Sie stellen eine besondere Subkategorie des klassischen nordindischen Tempeltypus dar, des durch seinen

Abb. 1: Der Gauri-Shankara-Tempel von Jagatsuk. Djurovka (Bild: Kozicz)

gekurvt zusammenlaufenden Turm (*shikhara*) charakterisierten Nagara-Tempels. Die Besonderheit, welche die Subkategorie kennzeichnet und anhand derer wir im Folgenden die Architekturgeschichte rekonstruieren wollen, ist der Größenfaktor. Die Kategorie umfasst kleine Tempel, die alle Komponenten der Nagara-Architektur beinhalten. Sie sind aufgrund ihrer Größe allerdings nicht betretbar. Aber gerade dadurch tritt das Wesentliche des Raums umso deutlicher hervor.

Doch bevor wir uns mit den räumlichen Qualitäten auseinandersetzen, vorab eine Beschreibung des am besten erhaltenen Tempels dieser Kategorie: der Gaurishankara-Tempel von Jagatsukh (vgl. Abb: 1). Der Tempel besteht aus vier architektonischen Abschnitten. Über einem dreiteiligen Sockel (*pitha*) erhebt sich die Kultkammer mit quadratischem Grundriss. Darüber folgt der Turm mit dem gerippten Abschlussstein (*amalaka*) mit einem Sockel, der einst mit einer Vase gekrönt gewesen sein muss, die allerdings heute fehlt. Als eigenständiger Bereich kann der von einem Vordach und zwei Stützen definierte Bereich vor der Kultkammer angesehen werden. Das Vordach ist eine formale wie auch konstruktive Verlängerung der Decke der Kultkammer. Auf dem Vordach ruht der gegen den Turm gelehnte Frontispiz (*shukanasa*) mit einer Darstellung der drei Köpfe Shivas im runden Zentralfeld. Alle diese Elemente sind standardisierte Bestandteile der Tempelarchitektur. Auch einzeln und im Detail betrachtet, scheinen sie dem klassischen Muster und Aufbau zu folgen.

Das Gesamtkonzept folgt den strengen Regeln der Symmetrie. An den drei Außenseiten der Kultkammer befindet sich jeweils eine Aedicula, eine säulenartige Umrahmung von Nischen oder Fenstern, mit einer Gottheit in stehender Haltung und in einem architektonischen Rahmen. Bei den Gottheiten handelt es sich um Brahma, Surya und Vishnu – also Gottheiten, von denen zumindest zwei ihre eigene Verehrungskultur haben. Dieser architektonische Rahmen der Aediculae spiegelt die Ornamentik und Gestaltung des *shikhara*-Turms darüber wider und entspricht damit dem fraktalen Gestaltungsgrundsatz der Nagara-Architektur, der auf der Wiederholung der gleichen Elemente in verschiedenen Maßstäben basiert. Gleichzeitig tritt hier ein wesentliches Prinzip der visuellen Sprache in den Vordergrund, nämlich der Zusammenhang von Gottheit und Architektur: Gottheiten werden fast immer in architektonischem Rahmen dargestellt. Die Architektur war von Anfang an fester Bestandteil der Ikonographie und visuellen Sprache. Wo sie vernachlässigt wurde, geschah dies nicht aus Willkür, sondern aus dem Zusammenhang mit dem abgebildeten Thema.

Bei Betrachtung des Tempels unter den genannten Umständen fällt eine Abweichung von der Symmetrie allerdings schnell auf: eine Art Wasserspeier (*pranala*) an der Nordseite des Sockels an oberster Stelle, also auf Höhe der Grundfläche der Kultkammer. Der Tempel selbst ist Richtung Westen orientiert; der Speier befindet sich damit in der Frontalansicht auf der linken Seite. Dieser

Auslass ist durchaus funktional, da Kultobjekte rituell mit Flüssigkeiten – Öl, zerronnener Butter, Milch oder Wasser – übergossen werden. Diese werden durch den Speier abgeleitet.

Die Gesamthöhe des Tempels beträgt 4,65 m. Der quadratische Grundriss der Kultkammer misst 92 x 92 cm und hat eine einfache Steinplatte als oberen Abschluss. Der Name des Tempels weist bereits auf die Gottheiten hin, denen der Tempel geweiht ist: Gauri-Shankara ist ein Synonym für Parvati und Shiva, als Paar auch meist als Uma-Maheshvara bezeichnet. Eine Darstellung des Paares in der klassischen Pose mit Parvati, auf dem linken Oberschenkel Shivas sitzend, befindet sich als Stele in der Kultkammer. Der Gott ist hier, wie schon am *shukanasa*, mit drei Köpfen dargestellt. Die Stele ist an die Rückwand gelehnt und blickt in Richtung Öffnung, steht aber nicht im Zentrum des Raums und damit des Raumprogramms – und es ist auf Basis der vorliegenden Daten nicht möglich zu sagen, ob die Stele auch ursprünglich in der Kammer platziert war. Im Zentrum der Kammer steht ein Lingam, das phallische Symbol Shivas, mit Sockel (*yoni pitha*) und damit die symbolische Vereinigung von weiblichem und männlichem Prinzip. Wie der Sockel des Tempels ist auch der Sockel des Lingams mit einem Speier ausgestattet, und wie dieser zeigt er nach Norden. Wie die Aediculae der drei Außenseiten für die dort platzierten Gottheiten bildet der Gesamttempel hier die Hülle des Lingams. Der Rahmen der Öffnung zum Kultraum ist gleichzeitig Bildrahmen für den Lingam.

Der Lingam steht religiös-ideologisch wie auch räumlich-geometrisch im Mittelpunkt. Die Übereinstimmung der vertikalen Achse des Lingams mit der des Tempels verdeutlicht dies. Für das Verständnis des Gesamtkonzepts ist es aber der *yoni-pitha*-Sockel, der für uns hier von Bedeutung ist. Es ist nicht nur die Übereinstimmung der Ausrichtung der beiden Sockel nach Norden, sondern auch die identische Form, die den Schlüssel zum Verständnis des Wesens des Gaurishankara-Tempels darstellt. Der Sockel des Tempels ist quasi ein *yoni-pitha*-Sockel, auf dem die Kultkammer und deren architektonische Hülle ruhen. Der Tempel ist wie ein Hut über den Sockel gestülpt – die Analogie zu einem überdachten Altar ist nur zu offensichtlich, wenn man den Lingam nicht als eingestelltes Objekt betrachtet, sondern den Tempel als um den Lingam herum aufgebaut.

Der Sockel des Tempels bietet die erhöhte und purifizierte Altarfläche, auf der das zentrale Kultobjekt für die Verehrung zugänglich gemacht wird. Der Raum als solcher ist die purifizierte Zone, die durch die um die Öffnung am Türrahmen angebrachten Symbolelemente als solche definiert und auch reingehalten wird. Hier muss auf eine Abweichung zwischen dem Gaurishankara-Tempel und dem Standardkonzept bei vergleichbaren Tempeln hingewiesen werden. Bei allen anderen Tempeln dieses Typus befinden sich an beiden Seiten des Rahmens Darstellungen der Flussgottheiten Ganga und Yamuna sowie Darstellungen von Wächtergottheiten, die mit der Totenwelt assoziiert sind.

Sie sind eine eindeutige Metapher für eine Schwelle zu einer „anderen Dimension". Am Gaurishankara-Tempel fehlen diese figürlichen Darstellungen. Am Gaurishankara-Portal ist lediglich der Kirttimukha-Kopf über dem elefantenköpfigen Ganesha, dem Sohn von Shiva und Parvati, angebracht. Ansonsten umrahmen Ornamente die Öffnung. Der Türrahmen und die Öffnung sind nicht nur räumlich die Schnittstelle zwischen Vor-Raum und Sanctum, sondern verbinden die beiden Sphären über die visuelle Ebene auch ideologisch. Sie stellen die perfekte Ausformulierung einer Schwelle dar.

2. Rituelle Interaktion und Raum

Der Gaurishankara-Tempel verdeutlicht, worum es im Wesentlichen geht. Nach außen hin stellt der Tempel ein hochkomplexes Gebilde dar, eine perfekt proportionierte Hülle mit fein ausgeführten Ornamenten und besetzt mit drei Aediculae um Gottheiten, die hier in den shivaitischen Kontext integriert werden, so dass damit tatsächlich ein brahmanischer Pantheon Gestalt annimmt. Der Innenraum ist das krasse Gegenteil: blanke Wände und minimalistische Gestaltung, wodurch der volle Fokus auf den Lingam und den *yoni-pitha*-Sockel geleitet ist. Und damit wird auch offensichtlich, worum es geht. Es ist die Verehrung der Gottheit. Es sind die täglichen Riten – einerseits jene, die vom brahmanischen Priester oder, wie auch im Fall des Gaurishankara-Tempels, der Priesterin als Routine durchgeführt werden, andererseits jene Handlungen, die von den Gläubigen und vor allem von Pilgern durchgeführt werden (vgl. Abb. 2). Aber auch Letztere geschehen natürlich unter Aufsicht und Anleitung der Priesterin. Ein Betreten des Raums ist dafür nicht notwendig. Auch eine Ausstattung des Raums ist hinfällig, liegt doch das Hauptaugenmerk auf dem Lingam. Alle Handlungen werden von außerhalb durchgeführt, wobei die Position der Priesterin naturgemäß sich immer am Eingang befindet. Leer ist der Raum dennoch nicht – ganz im Gegenteil.

Über dem Lingam befindet sich in einem aus modernen Bewehrungseisen gefertigten Dreibein ein Metallkrug, aus dem kontinuierlich Wassertropfen auf den Lingam perlen. Um den Lingam sind die Insignien Shivas aufgebaut: der Dreizack und die Kobra. Darüber hinaus sind der Lingam und der Sockel mit Blüten geschmückt, und Räucherwerk sind meist sowohl im Innenraum wie auch an der Schwelle aufgebaut. An der Schwelle befindet sich auch das Töpfchen mit Farbe, mit der die Priesterin den roten Punkt an die Stirn all jener macht, die den Tempel besuchen.

Die Interaktion geht aber noch tiefer. Der Lingam ist auch mit dem abstrakten Symbol Shivas, das einer Zusammenfassung von drei horizontalen Linien gleicht, bemalt. Es gibt also auch den direkten Kontakt mit dem Kultobjekt. Das

Der sakrale Raum im Hinduismus

Berühren einer Gottheit an besonderen Körperstellen ist fester Bestandteil der religiösen Kultur. Zu diesen Stellen gehören vor allem der Punkt auf der Stirn zwischen den Augenbrauen, etwaige Attribute der Gottheiten, die Köpfe der Reittiere (*vahana*), sofern dargestellt, sowie die Brüste bei weiblichen Gottheiten,

Abb. 2: Priesterin und Pilgerin vor der Kultkammer (Bild: Kozicz)

die um Fruchtbarkeit gebeten werden. Zentraler Bestandteil sind aber vor allem die Einnahme von kleinen Speisen, meist Süßigkeiten, die von der Priesterin angeboten werden, sowie das Trinken von Wasser, das die Priesterin in die Handschaufel träufelt. Das Teilen von Speisen im Angesicht der Gottheit und auch in symbolischer Weise mit der Gottheit – unter Vermittlung der Priesterin – ist gewissermaßen Teil der rituellen Annäherung und Auseinandersetzung. Im selben Atemzug ist allerdings auch eine Gabe gefordert. Diese kann Speisen beinhalten, wobei vor allem Nüsse als adäquate Gabe angesehen werden; vor allem bei Pilgern und Personen von außerhalb der Gemeinde aber sind es „Opfergaben" in Form von Geld.

Abb. 3: Schnitt mit symbolischer Darstellung des Lingams (Bild: Kozicz)

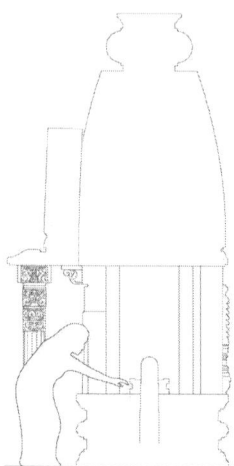

Wir müssen an dieser Stelle die Relevanz der Kategorie, die durch den Gaurishankara-Tempel repräsentiert wird, hinterfragen: Ist die bisherige Betrachtung eines Tempels, der nicht betreten werden kann, auch für größere Tempel mit betretbaren Sakralräumen gültig? Die Antwort lautet: „im Wesentlichen, ja". Auch bei größeren Tempeln sind die Kultkammern leer. Allerdings sind die Decken meist als sogenannte Laternendecken ausgeführt und haben im Zentrum eine Lotusblume. Im Falle von shivaitischen Tempeln mit einem Lingam im Zentrum korrespondiert eine solche Decke natürlich perfekt, da sie die Zentralachse betont. Die Rituale und Riten sind dieselben wie bei den nicht betretbaren Schreinen. Und in manchen Fällen dürfen die Sakralräume nur von den Priestern betreten werden. Der Unterschied zum Gaurishankara-Tempel in Jagatsukh ist dann eigentlich nur die räumliche Position des Priesters oder der Priesterin. Durch die Distanz zwischen Schwelle und Lingam sind für die Gläubigen in solchen Fällen die Möglichkeiten der Interaktion sogar eingeschränkter als im Fall der kleineren Tempel. Ist die Hauptgottheit oder sind die Hauptgottheiten des Tempels in anthropomorpher Form dargestellt und damit vor der Hauptwand platziert, kann eine Opfergabe nicht persönlich direkt vor der Gottheit dargebracht werden, und ein Berühren ist vollkommen unmöglich.

3. Ein virtueller Ritualraum?

Der sakrale Raum ist also nicht nur ein Brennpunkt religiös-spiritueller Erfahrung und Mittelpunkt einer Ritualpraxis. Er steht jenseits der religiösen Ebene im Zentrum einer sozioökonomischen Struktur, die eines der Standbeine des Brahmanentums darstellt. Im Ritus manifestiert sich die Bedeutung der Brahmanen-Kaste. Das Wesen des brahmanischen Sakralraums umfasst also weit mehr als den Raum an sich und geht sogar über jene der immateriellen Aspekte des Rituals hinaus. Aus dem inhaltlichen Kontext zwischen architektonischem Rahmen und Kultfigur, die bereits durch die Verbindung von Gottheit und Aedicula deutlich wird, ergibt sich, dass eine Digitalisierung des Sakralraums nicht aus dem architektonischen Gesamtzusammenhang gerissen werden darf. Die Digitalisierung muss also den gesamten Baukörper umfassen und kann nicht auf den Innenraum beschränkt bleiben. Was für den Innenraum ein Kinderspiel wäre, wird durch die Komplexität der Außenhülle und der Bildinformation entlang der Fassade zu einer wirklichen technischen Herausforderung. Diese ergibt sich nicht nur rein aus dem Detailreichtum, sondern auch aus den meist suboptimalen Umständen, unter denen die Dokumentation während der Feldforschung abläuft.

Kompliziert wird es mit dem Innenraum allerdings dann, wenn die Details der Ausschmückung, die nach dem Ritual erforderlichen Instrumente oder gar die bildhaften Darstellungen von Gottheiten, also Skulpturen mit allen ikonographischen Details, nachgebaut werden müssen. Und das wäre unumgänglich, stehen diese doch im Vordergrund der religiösen Praktiken.

Im konkreten Fall treten jedoch noch weit schwierigere Fragen in den Vordergrund, die sich aus der Funktion des Sakralraums als Ritualraum ergeben: Wie kann eine Interaktion mit der Gottheit stattfinden? Wie soll etwa das Teilen von Speisen vonstattengehen? Wie kann das Berühren stattfinden? Man kann natürlich digital Farben an den Gottheiten oder am Lingam anbringen, aber ersetzt dies wirklich die haptische Erfahrung und den direkten Kontakt? Speisen könnten natürlich auch parallel zum virtuellen Erlebnis konsumiert werden, aber ist es wirklich dasselbe wie im Tempel, der seit mehr als 1000 Jahren kontinuierlich genutzt wird? Und wie kompensiert man das Fehlen des Brahmanen oder der Brahmanin, die ja für einige der Handlungen, vor allem für das Anbringen des roten Punktes zwischen den Augenbrauen, aktiv zuständig sind? Wie kann der Sakralraum als purifizierter Bereich virtuell reproduziert werden? Ist dies ohne aktive priesterliche Beteiligung in Form eines Reinigungsrituals möglich?

Ein wesentlicher Punkt, vielleicht der kritischste, ist jedoch die Rolle der Brahmanen im übergeordneten Kontext. Brahmanen haben eine Monopolstellung in der indisch-brahmanischen Gesellschaft, da sie als Priesterschaft eine der Kasten ausmachen – und zwar jene Kaste, um die das gesellschaftliche System aufgebaut ist. Und das hat auch eine ökonomische Komponente, denn immerhin kommen die Opfergaben, bei denen es sich vorwiegend um Geldspenden handelt, und Wertschätzungen ja direkt auch denen zugute, die die Tempel verwalten – und das sind die jeweiligen Priesterinnen und Priester.

Warum die ökonomische Frage, die selten genug aufgeworfen wird, nicht vernachlässigt werden sollte, zeigt schon ein Blick auf die Geschichte, die Giovanni Verardi (2011) präzise nachzeichnet. In mehreren Passagen handelt er die Konflikte ab, die sich von Anbeginn an zwischen Buddhisten und Brahmanen entwickeln und die ihren Ursprung nicht nur in nicht miteinander vereinbaren gesellschaftlich-religiösen Positionen haben, sondern auch in ökonomischen Zusammenhängen. Neben dem Gegensatz zwischen urbaner Gesellschaft – buddhistisch geprägt – und Land – brahmanisch dominiert – sind es vor allem die mit enormem Budget durchgeführten Zeremonien auf Staatsebene, welche die Bedeutung des Rituals für die brahmanische Priesterschaft verdeutlichen. Auf den Punkt bringt Verardi dies mit der Schilderung des *ashvamedha*, des Pferdeopferrituals, das der König Pushyamitra Shunga anlässlich seiner Thronbesteigung durchführen lässt, und mit dem der vedische Kult zur Staatsreligion wird. Für die Durchführung werden die brahmanischen Priester mit Schenkungen von Land, Gold und Vieh abgegolten (Verardi, 2011, 99–101). Die Abläufe auf höchster Ebene spiegeln sich auch in der breiten Gesellschaft wider. Die Durchführung von Ritualen erzeugt direkte Einkünfte. Wie wäre nun die Frage der Opferspende im Kontext eines virtuellen Sakralraums zu handhaben? Immerhin ist die Opfergabe eine wesentliche Komponente, um die Bitte, die an die jeweilige Gottheit herangetragen wird, auch wirksam zu machen. Die online-Abwicklung von Finanztransaktionen wäre kein Problem, aber an wen? Das Brahmanentum hat keine hierarchische Struktur, sondern besteht aus einem horizontalen Netzwerk von Familien, die weitgehend autark die jeweiligen Sakralbauten verwalten. All das sind heikle Fragen von religiöser und gesellschaftspolitischer Natur, die wir hier nur in den Raum stellen können.

Dieser Beitrag entstand im Rahmen des vom österreichischen „Fonds zur Förderung der wissenschaftlichen Forschung" (FWF) finanzierten Projekts P32131 am „Institut für Architektur und Medien" der TU Graz.

Literatur

Hardy, Adam, The temple architecture of India. Wiley Academy, Hoboken 2007.
Kramrisch, Stella, The Hindu Temple. Part I and II, Calcutta 1946.
Meister, Michael, et al., Encyclopedia of Indian Temple Architecture (EITA), Princeton 1986.

Ohnehin virtuell? Der buddhistische Sakralraum zwischen Samsara und Shunyata

Gerald Kozicz & Di Luo[1]

Das Thema des Sakralraums ist für den Buddhismus genauso schwierig zu behandeln wie für das Christentum, gibt es doch höchst unterschiedliche Ausrichtungen innerhalb der jeweiligen Glaubenssysteme, die sich nicht nur liturgisch und philosophisch, sondern auch in ihrem Verständnis von visueller Sprache, Raumverständnis und Architektur in hohem Maße voneinander unterscheiden und sich in wesentlichen Punkten bisweilen sogar diametral gegenüberstehen. Als zwei extreme Pole kann man die minimalistisch gestaltete, meist mit einer einzigen Kalligraphie behängte Wand im Zen-Buddhismus der räumlichen Bilderdichte eines rundum mit Mandala-Darstellungen versehenen tantrisch-buddhistischen Sakralraums gegenüberstellen. Beiden ist jedoch eines gemeinsam. Es geht letztlich um Transzendenz, um die Erfahrung der realen Umwelt und der damit verbundenen Wahrnehmungen und Empfindungen als Illusion, und um das Erreichen eines Erleuchtungszustandes als wichtigen Schritt in Richtung Nirvana, dem Verlassen des Zyklus der Wiedergeburt. Besonders relevant ist dabei die Gleichsetzung von Nirvana und Shunyata, die die Leerheit der Dinge bezeichnet (Lauf, 1972, 18–19).

Die Methoden der Umsetzung sind, wie gesagt, grundverschieden und wie stark die Idee in der Raumgestaltung zum Tragen kommt, hängt vor allem auch von der Nutzung und der Raumfunktion ab. In einem Versammlungsraum, in dem der Fokus auf eine Lehrerin oder einen Lehrer gerichtet ist, tritt auch ein komplexes Bildprogramm schnell in den Hintergrund. Je kleiner und intimer, umso mehr kann der Raum seine Wirkung entfalten. Die intellektuelle Auseinandersetzung mit dem Thema Raum als Instrument der Bewusstseinserlangung war wohl in keiner Religion so intensiv wie im Buddhismus. Um dies zu veranschaulichen und auch gleichzeitig das Potenzial, das die digitalen Methoden hier bieten, auszuloten, möchten wir zwei Beispiele aus dem westlichen Himalaya besprechen und damit bewusst auf einen speziellen Ausschnitt der buddhistischen Lehre beschränken. Beide Beispiele spiegeln jene buddhistische Strömung wider, die als Vajrayana, Mantrayana oder Tantrayana und in ihrer späteren tibetischen Form vor allem auch als Lamaismus bekannt ist.

---

[1] Die Recherche zu diesem Beitrag wurde durch mehrere Forschungsprojekte des österreichischen „Fonds zur Förderung der wissenschaftlichen Forschung" (FWF) ermöglicht (P18336, P21139, P32131).

In der Anfangsphase ihrer Bildkunst und Architektur (8.–10. Jh.) kann sie als „Era of Mandalafication" angesehen werden, in der die Kreis-Quadrat-Geometrie zum primären Ordnungsprinzip avancierte und vor allem auch Teil der rituellen Praxis wurde. Diese Entwicklung einer klaren Ordnungsstruktur ermöglichte gleichzeitig eine Erweiterung des buddhistischen Pantheons, indem sie eine präzise Grammatik für die immer komplexer werdenden Elementgruppen der Bildsprache schuf. Mandalafication umschreibt perfekt die mannigfaltigen Verflechtungen von Ritual, Architektur, Raum und Bildsprache. In der klassischen konzentrischen Form ist das Mandala eine Darstellung einer Gottheit, die als Mittelpunkt einer Summe von Teilaspekten erscheint. Die Gottheit ist dabei die Personifizierung eines Prinzips, welches unterschiedliche „Wertigkeiten" aufweisen kann, sprich: Es kann sich um Aspekte wie Reinigung, Mitleid oder Weisheit handeln und gleichzeitig auch die übergeordnete kosmische Ordnung widerspiegeln. Mandaladarstellungen werden oft auch als Leitfaden für die Meditation angesehen und als Kosmogramme bezeichnet. Die Ordnung des Mandalas in der Bildsprache wird durch architektonische Elemente definiert: Mauern abstrahieren Zinnen, Portale und Tore, Wandschmuck und Behänge. Gleichzeitig finden sich in Mandalaabbildungen Elemente, die als Symbole des Chakravartin (König der Könige oder Herrscher über das Universum) oder Symbole des Buddhismus gelten. Das Mandala repräsentiert gleichzeitig die Vorstellung des Palasts der Götter im Trayatrimsha-Himmel.[2]

Dafür wurde eine architektonische Sprache entwickelt, in der die Raumordnung und auch die Raumgrößen auf der Quadrat-Kreis-Geometrie aufgebaut sind. Bildsprache und Raumplan konnten damit aus einem übergeordneten Gestaltungsprinzip abgeleitet werden, und damit wurde den Gläubigen direkter Zugang zum Mandalaraum ermöglicht. Dies ist fundamental im buddhistischen Tantrismus, da es sich aus der Zielsetzung aller Handlungen ableitet, der auch die Meditation zugrunde liegt: das Einnehmen des Zentrums und die Verschmelzung mit der zentralen Gottheit, und damit das Eins-werden mit dem zentralen Aspekt.

1. Der Mandala-Raum

Die Raumerfahrung im tantrischen Buddhismus ist also keine rein materiellräumliche, sondern auch eine metaphysische. Der architektonische Raum, wie er gemäß den Ritualen konzipiert wurde und als Phänomen mittels der Sinnesorgane erfasst werden kann, ist aber nur ein Teil der Geschichte. Man kann die

---

[2] Trayatrimsha-Himmel bezeichnet den Himmel der 33 Götter, die von Indra angeführt werden.

Vorläufer der Architektur des tantrischen Buddhismus, die auf einer doppelsymmetrischen und zentriert-hierarchischen Ordnung basiert, nahtlos in frühere Epochen des Buddhismus und frühere Denkschulen zurückverfolgen. Die Doppelsymmetrie ist eines der wesentlichen Prinzipien, die in den frühesten Stupa-Monumenten wie in Sanchi schon um die Zeitwende nahezu perfekt umgesetzt sind – ebenso vorhanden sind dort bereits die zentrale, vertikale Achse als Grundlage räumlicher Hierarchie und die im Grundriss ersichtliche Verknüpfung von Quadraten und Kreiselementen (s. Abb. 1).

Abb. 1: Stupa Sanchi – Ansicht und Grundriss (Bild: Kozicz nach Mitra 1971)

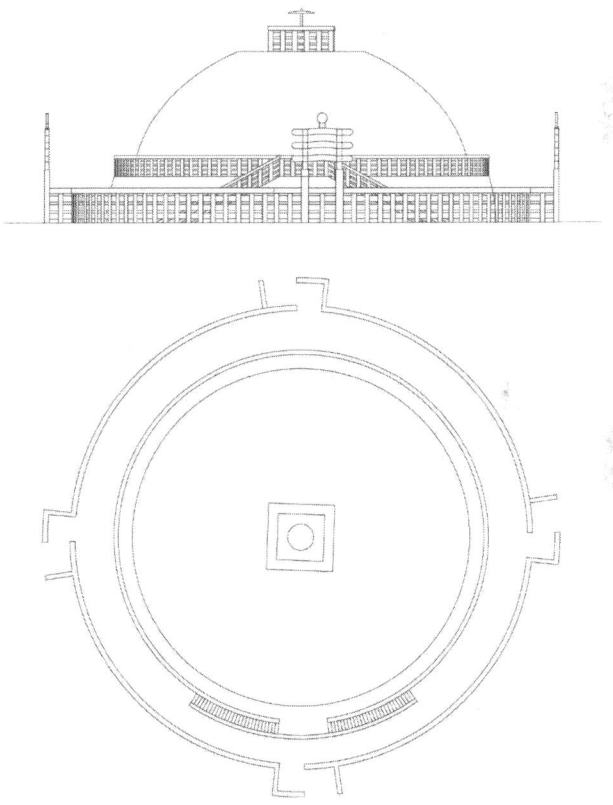

Was in früheren Denkansätzen jedoch fehlt, ist die Begehbarkeit des Zentrums. Wann dieser Schritt in der Architektur tatsächlich bewusst ausformuliert wurde, ist vermutlich nicht eindeutig zu klären; für eine grobe Datierung kann aber das

8. Jahrhundert u. Z. als relativ gesichert angesehen werden. Eindeutiger erscheint die Datierung der Parallelentwicklung in Bezug auf Ritual und Meditationspraxis. Eine ausführliche Besprechung von Texten, welche die Gestaltung von Altären und auch Podesten beschreiben, ist unlängst von Michelle Wang in ihrer Monographie *Mandalas in the Making* (2018) publiziert worden. Die von Wang verwendeten Texte stammen aus dem 7.-8. Jahrhundert.

Darin beschrieben sind Vorgaben für das Arrangement von Ritualgegenständen. Beschrieben sind auch Initiationsriten, für welche die Novizen im Zentrum eines Altars Platz nehmen mussten. Im Zentrum platziert waren sie angewiesen, in ihrer Vorstellung einen Mandalapalast um sich herum entstehen zu lassen und sich selbst in der Meditation in das Zentrum eben jener Mandalakonstellation zu versetzen (Wang, 2018, 44).[3] Damit entstand die Vorstellung eines inneren Mandalas – und wie beim realen Abbild eines Mandalas ging es dabei offensichtlich sowohl um die Gottheiten im metaphysischen Raum wie auch um die architektonische Gestaltung.[4] Das Wesen des tantrischen Raums ist also eine duale Erfahrung. Sie existiert in der physischen wie auch in der metaphysischen Umgebung – ist gleichzeitig real wie auch metaphysisch. Der reale Raum gilt als die Spiegelung der kosmischen Idealvorstellung. In der Buddhismuskunde zum Tantrismus existieren daher die Begriffe „Inneres und Äußeres Mandala" nebeneinander. Dabei kommt auch das Nebeneinander von Samsara (reale Welt / „Diesseits") und Shunyata (Leere / „Jenseits")[5] zum Ausdruck. Daraus ergibt sich eine Sichtweise auf den Mandalaraum, die gerade in Hinblick auf die Digitalisierung ein hohes Potenzial generiert: Der Mandalaraum ist von Natur aus als gleichzeitig real-materiell sowie metaphysisch – und damit virtuell – anzusehen.

---

[3] Weder die von Wang verwendeten Textquellen noch ihre vergleichenden Analysen ziehen architektonische Beispiele in Betracht. Wang beschäftigt sich in Bezug auf Architektur nur mit Ausrichtungen von Altären, klammert aber die Entstehung von realen Mandala-Architekturen in Nordindien vollkommen aus.

[4] Am deutlichsten wird das Verhältnis von Innerem und Äußerem im Mandala Kalachakra Tantra (Rad der Zeit), wo die Qualitäten des Kosmos auf den Metabolismus des Tantrikers oder der Tantrikerin projiziert und die beiden als gespiegelt betrachtet werden. Dabei geht es aber weniger um Konfigurationen von Gottheiten als um das Gleichgewicht der Energieströme und Prozesse (s. dazu Wallace, 2004).

[5] Der Begriff „Jenseits" bezieht sich hier auf das Nirvana, die Sphäre, in welche der buddhistischen Auffassung nach der Buddha nach seinem Tod eingetreten ist, was gleichgesetzt wird mit dem Verlassen des Kreislaufs der Wiedergeburten.

2. Der Umgang mit einem räumlichen Dilemma

Trotz der Entsprechung zwischen Idealraum und realem Raum lassen sich in der buddhistischen Architektur jedoch leicht zwei Faktoren ausmachen, die eine direkte Übertragung der Idee in eine reale Umgebung unmöglich machen und so zu einem zweifachen Dilemma führen. Erstens: Ein idealer Raum wäre quadratisch angelegt und hätte in jeder Hauptrichtung einen Buddha oder einen Mandalakreis in zentraler Position an der Wand. Würde man einen axialen Zugang legen, kollidiert die Öffnung mit der Position jenes Buddhas und das doppel-axiale Gefüge gerät durcheinander. Zweitens: Es müsste ein zentrales Element im Raumzentrum stehen, also eine Statue oder eine symbolische Abbildung des zentralen Aspekts. Aber wie können der Tantriker oder die Tantrikerin das Zentrum einnehmen, wenn es schon belegt ist? Wie soll die oben beschriebene „Vereinigung mit dem zentralen Aspekt" auf materieller Ebene stattfinden? Was als gedankliche Projektion unproblematisch erscheint, ist in der physischen Realität unmöglich. Buddhistische Gelehrte haben sich vom 8. Jahrhundert an über ein halbes Jahrtausend mit dieser Frage beschäftigt – eine Frage, die nur mittels Transformation der geometrischen Ordnung und einer eigenen architektonischen Sprache gelöst werden konnte.[6]

Es liegt in der Natur eines Dilemmas, dass es keine unmittelbare Lösung für ein Problem gibt. Wohl gibt es aber eine bestmögliche Annäherung ans Ideal – und die beiden architektonischen Objekte, die wir hier besprechen möchten, sind Beispiele für einen solchen Ansatz. Bei beiden handelt es sich um begehbare Stupas. Begehbar bedeutet hier nicht, dass der Stupa wie in der Frühphase des Buddhismus als Reliquienschrein und Symbol des im Nirvana weilenden Religionsgründers auf einer erhöhten kreisförmigen Plattform umwandelt wird, sondern wirklich betreten und durchschritten werden kann. Die Öffnung des Stupas kann als revolutionärer Schritt angesehen werden, weil der Stupa damit zum Symbol der Lehre (Dharma) und gleichzeitig zum „Behälter", also auch zur physischen Repräsentation (Dharmachaitya und Dharmakaya) wurde.[7]

Das erste Beispiel ist der Große Eingangsstupa von Alchi, einem Tempelbezirk am Indus in Ladakh im Westhimalaya. Das Bauwerk kann ins 12. Jahrhundert u. Z. datiert werden und ist vermutlich das älteste erhaltene Bauwerk dieses Typus. Es verfügt über eine massiven Sockelkörper, der ursprünglich durch einen kreuzförmigen Gang betreten werden konnte.[8]

Das Mauerwerk besteht im unteren Fundamentbereich aus Stein, darüber aus luftgetrockneten Lehmziegeln. Über dem Sockel erhebt sich der eigentliche

---

[6] Zu Proportionskanon und Planungsmethoden in der buddhistischen Architektur des westlichen Himalayas siehe Kozicz, 2007, 44–50; Ders., 2015, 150–153.

[7] Zur Bedeutungserweiterung des Stupas und zum Verständnis des Stupas als Repräsentation der Essenz der buddhistischen Lehre siehe Boucher, 1991, 12.

[8] Drei der Zugänge wurden geschlossen, der letzte davon innerhalb der letzten 50 Jahre.

Stupakörper, dessen terrassenförmiger, mehrstufiger Aufbau mit kreuzförmigem Grundriss und zentralen Treppenelementen an allen vier Seiten eine deutliche Referenz zum Mandalakonzept darstellt. An allen vier Ecken des Basiskubus sind weitere, kleinere Stupas platziert (s. Abb. 2). Sowohl am kreuzförmigen Gangsystem als auch an der Anordnung der Stupas am Sockel lässt sich die klassische Mandalaordnung (Zentrum plus vier Richtungen) deutlich ablesen. Im Stupa selbst besteht das Zentrum nicht nur aus dem Überschneidungsbereich der beiden Gänge, sondern vor allem aus dem Raum darüber: der in den Stupakörper integrierten Kultkammer. Diese Kultkammer ist größer als der Kreuzungsbereich der unteren Ebene, über dem ein Innenstupa platziert ist. Dieser ist ebenfalls mit einem nach unten offenen Kultraum versehen (s. Abb. 3).

Abb. 2: Großer Eingangsstupa (in Alchi bei Ladakh, Indien; Bild: Kozicz)

Sowohl diese innere Kammer wie auch die äußere hat eine Laternendecke aus Holz. Beide Kammern sind vollständig mit Malereien versehen, die Seitenwände ebenso wie die Decken. Die Größe der Kammer korreliert mit der Kubatur des jeweiligen Sockels. Im Gegensatz zum visuell dichten Bildprogramm der Kammern sind die Wände der Gänge, und damit die Bewegungsebene frei von jeglichen Malereien. Diese räumliche Trennung von Bewegungsraum und Bildraum hat einen wesentlichen Vorteil. Die vier Seiten der Kultkammern können damit gleich gestaltet werden, ohne dass eine der Wände für einen Zugang geopfert werden muss. Die Doppelsymmetrie kann aufrechterhalten werden – etwas, das in einem konventionellen Tempelraum unmöglich ist.

Der buddhistische Sakralraum zwischen Samsara und Shunyata 187

Abb. 3: Innenraum des Großen Eingangsstupa (Alchi bei Ladakh, Indien; Bild: Kozicz)

Das größte Potenzial für die Visualisierung eines Mandalasystems liegt aber in der Konstruktionsform der Laternendecke. Durch die Verwendung von diagonal verlegten Hölzern ergibt sich eine *de facto* 45°-Rotation der Ebenen(quadrate) und diese resultiert nicht in vier Richtungen, sondern acht Richtungen – und diese sind zudem räumlich hierarchisch angeordnet. Damit ist sie idealer Projektionsraum für eine Mandalakonfiguration; denn darin geht es nicht nur um die vier Hauptrichtungen, sondern ganz wesentlich auch um die vier Nebenrichtungen, die entweder für Arrangements von weiteren vier umgebenden Buddhas notwendig sind oder für die Darstellungen von Göttinnen, Symbolen der Lehre und des Chakravartin, oder für die als weibliche Gottheiten personifizierten Geschenke notwendig sind. Eine Platzierung einer solchen auf acht Richtungen basierenden Ordnung wäre in einem Tempelraum mit üblicherweise quadratischem oder rechteckigem Grundriss unmöglich. Genau eine solche Konstellation wurde in der Decke der äußeren Kultkammer des Großen Eingangsstupas von Alchi realisiert. Auf acht vertikalen und neun horizontalen Ebenen befindet sich ein Mandala, das weitgehend dem Vajradhatu-Mandala wie auch dem ähnlich aufgebauten Parishodhana-Mandala (Mandala zur „Sündenbereinigung") entspricht, realisiert (Abb. 4).[9]

Das zentrale horizontale Quadrat fehlt heute. Die Gottheiten und Symbole, die um den zentralen Buddha Mahavairocana (Große Sonne) arrangiert sind, be-

---

[9] Das Vajradhatu-Mandala wird als Grundlage für die Mandaladarstellungen des Vajrayana und basiert auf dem Fünf-Familien[*panchakula*]-System mit je einem Buddha als jeweiligem „Familienoberhaupt".

finden sich allesamt auf den vertikalen Flächen. Damit ermöglicht die Decke etwas, das in einem zweidimensionalen Bild – Wandmalerei oder Rollbild (Thangka) – unmöglich ist: Alle Gottheiten sind aufrecht dargestellt mit Blickrichtung Zentrum. In einem Wandbild ist es unmöglich, das gesamte System sowohl aufrecht als auch zum Mittelpunkt hin ausgerichtet darzustellen. Die Buddhas und Bodhisattvas (Erleuchtungswesen), in diesem Fall allesamt männlich, sind in den Feldern der Hauptrichtungen zu finden, während die Göttinnen, Geschenke und Symbole in den Nebenrichtungen platziert sind. An dieser Decke sind aber auch die architektonischen Elemente und der Diamantzepter (Vajra)-Feuer-Kreis sowie die Portale mit den Wächtern des Mandalakreises zu finden. Die Portale und die architektonischen Einfassungen sind an den Unterseiten der Decke und die T-förmigen Tore mit den Wächtern an den korrespondierenden Vertikalen abgebildet.

Abb. 4: Das Deckenmandala im großen Eingangsstupa (Alchi, Indien; Bild: Kozicz)

Umgeben ist das eigentliche Mandala von drei Ebenen mit Buddhafiguren, die sich über die Seitenwände fortsetzen und mit Abbildungen des historischen Buddha ergänzt werden – eine nahezu ideale Umsetzung der Mandalaidee im Raum. Ähnlich ist die Gestaltung des Innenraums des inneren Kultraums. Hier sind fünf horizontale und vier vertikale Ebenen der Laternendecke mit einem abstrakten, aus Lotusblumen bestehenden Mandala versehen. An den Wänden befinden sich vier Lehrmeister in äußerst fein gestalteten architektonischen Rahmen dargestellt. Es ist eine perfekte Raumgestaltung, in der sich das Mandalakonzept durch alle Bereiche zieht – beginnend mit der architektonischen Außenform, der Gestaltung der beiden Stupas mit ihrem hierarchischen Aufbau, der Mandalaordnung in beiden Decken und schließlich der doppelsymmetrischen Gestaltung der Wände.

Ein perfektes Gesamtkunstwerk – und trotzdem scheint es einen Haken zu haben. Von der Bewegungsebene aus ist die Decke kaum einsichtig, die Gestaltung der Untersicht mit all den Details ist kaum nachvollziehbar und das Erkennen der Figuren des Mandalas unmöglich. Wer den Stupa betritt, hat bestenfalls eine schräge Ansicht von unten auf den Stupa, der aber aufgrund der nach oben zusammenlaufenden Form dem Blick praktisch entschwindet. Nähert man sich dem Raumzentrum, so erhält man zwar Einblick in die Innere Kammer von unten, aber auch hier sind die Details nur schwer auszumachen, da der Innenstupa doch etwa einen Meter über der Augenhöhe aufliegt. Und erreicht man das Zentrum, ist der Blickkontakt zur äußeren Kammer überhaupt abgeschnitten. Wozu also der Aufwand?

Man kann hier zudem keinerlei Riten im herkömmlichen Sinn ausführen, da es weder einen Altar noch eine Darstellung einer Gottheit gibt, die angesprochen werden könnte. Selbst das Rezitieren von Mantras und Gebeten erscheint nicht beabsichtigt, da die Akustik im Raum unerwartet schlecht ist. Auch für eine sitzende Haltung ist das Zentrum ungeeignet und eine Interaktion zwischen mehreren Personen ist aufgrund der Enge unmöglich. Um das Gesamtkonzept zu verstehen, muss man einen Gedankenschritt weitergehen – oder besser: zurückgehen – und die Grundsatzfrage nach der Funktion stellen. Denn wenn jegliche Funktion, wie man sie aus anderen Tempeln kennt, auszuschließen ist, dann kann es eigentlich nur um eines gehen: das Erreichen des Zentrums. Und damit trifft das Raumkonzept eine fundamentale Aussage zum wesentlichen Ziel der tantrisch-buddhistischen Architektur und Ritualkultur.

Es geht um das Erreichen des Zentrums – nicht mehr und nicht weniger. Und dieses ist durch den Schnittpunkt aller drei Hauptachsen definiert: jene beiden der Grundebene und die vertikale Achse. Erreicht man den Mittelpunkt, so wird man Teil der vertikalen Hauptachse, die als *axis mundi* angesehen werden kann (s. u. Abb. 5). Es geht weniger darum, die Inhalte mit dem äußeren Auge zu sehen als vielmehr darum zu wissen, dass sie vorhanden sind, und sich mittels inneren Auges als Mittelpunkt des Gesamtkonstrukts zu sehen. Der Mensch kann den ihn umgebenden Raum aufgrund des von Natur aus eingeschränkten Sehkreises niemals als Ganzen auf einmal aktiv sehen. Will man den Raum als Gesamtes wahrnehmen, so bleiben nur das „Ausschalten des Fokus" und sich mittels Gedankenmodell den gesamten umgebenden Raum vorzustellen – der Begriff Transzendenz drängt sich geradezu auf. Und damit bewegen wir uns Richtung Inneres Mandala.

Abb. 5: Interaktion von Raum, Rauminhalt und „Besucher" (Bild: Kozicz)

3. Der virtuelle buddhistische Mandala-Raum

Aber welchen Sinn hätten dann eine Digitalisierung und eine Übertragung ins Virtuelle? Die Vorstellung eines Inneren Mandalas lässt das Virtuelle geradezu als logische Darstellungsmethode erscheinen. Aber geht es nicht eigentlich gerade darum, aus eigener Kraft das Mandala entstehen zu lassen, anstatt bequem

Der buddhistische Sakralraum zwischen Samsara und Shunyata 191

in die virtuelle Welt einzutauchen? Dies ist eine Frage, die im Wesentlichen religionswissenschaftlich zu behandeln ist oder vielleicht sogar nur individuell beantwortet werden kann.

Es gibt aber im konkreten Fall noch einen anderen Aspekt, der eine vergleichsweise eindeutige Sachlage darstellt. Ein Mandala wie das Parishodhana-Mandala hat eine klare Funktion und nicht umsonst ist es an der Decke des Stupas angebracht, der am Eingang zum Tempelbezirk steht und als Erstes durchschritten wird. Das Erreichen des Zentrums und die Erfahrung des Im-Mittelpunkt-Stehens ist eine Sache, die konkrete Funktion des Mandalas, wie im Tantra ausgeführt ist, ist eine andere. Der Raum und das integrierte Programm können im Bewusstsein die volle Wirkung nur dann entfalten, wenn die Inhalte bekannt sind. Und hier setzt die Problematik ein. Dieser Stupa entstand in einem intellektuell-religiösen Milieu des 12. Jahrhunderts u. Z., das heute nicht mehr existiert. Das Programm des Stupas repräsentiert weder inhaltlich noch in der Darstellungsmethode die Themen, die für den Orden, der Alchi verwaltet, heute von Bedeutung sind. Abgesehen davon haben die Mönche vor Ort keinerlei Kenntnis von den Inhalten, die in der äußeren Kultkammer abgebildet sind. Das Wissen um die Funktion des Stupas ist vollkommen verloren gegangen. Damit ist er ein zwar kunsthistorisch und architekturwissenschaftlich äußerst bedeutendes Objekt, im rituellen Kontext jedoch eine Hülle, die ihre Funktion nicht erfüllt. Wissen – basierend auf Initiation (*abisheka*) – ist jedoch der reale Schlüssel zur Erfahrung und der damit verbundenen Wirkung.

Um dieses Wissen mit Hilfe der Rauminhalte zu rekonstruieren, wären Fotos und Beschreibung zwar möglicherweise ausreichend; in seiner ganzen räumlichen Komplexität kann der Innenraum des Eingangsstupas aber nur in der dreidimensionalen Darstellung erklärt und erfahrbar gemacht werden. Das gilt vor allem für die äußere Laternendecke und das Deckenmandala. Denn selbst wenn die Sicht auf die Decke nicht durch den inneren Stupa verstellt wäre, wären aufgrund der Raumhöhe, des Blickwinkels und des hohen Detailierungsgrades die Figuren des Mandalas nicht erkennbar – ganz abgesehen vom teilweise schlechten Erhaltungszustand. Um die Decke und damit das Raumprogramm zu erklären, gibt es zwei Möglichkeiten: das Modell des aktuellen Erhaltungszustandes, basierend auf einer vollständigen Fotoserie (structure-for-motion) oder eine digitale Rekonstruktion der Decke inklusive des Bildprogramms, also ein CAD-Modell. Wie ein solches 3D-Modell nun konkret aussehen und auch zugänglich gemacht werden kann, veranschaulicht unser zweites Beispiel: die Laternendecke eines Durchgangsstupa in Nako im Spiti-Tal (Himachal Pradesh, Indien).[10]

Auch wenn wir den Raum eines Durchgangsstupas als virtuellen Raum darstellen, generieren wir damit trotzdem das äußere Mandala. Wir bilden die best-

---

[10] Das 3D-Modell der Decke des Nako-Stupas ist unter diesem Link zu finden: https://skfb.ly/oKIXq [abgerufen am: 07.12.2023].

mögliche Annäherung an das Ideal mit all den noch vorhandenen Einschränkungen der realen Welt im Virtuellen nach. Der virtuelle Raum verfügt aber über entscheidend mehr Potenzial. Theoretisch erlaubt er die Darstellung des Mandalas ohne die Einschränkung, die Gravitation und Konstruktion bedeuten. Tatsächlich würde es die Gestaltung einer räumlichen Sphäre und deren Inhalte erlauben, in der wir uns quasi schwerelos in den Mittelpunkt eines Mandala-Palastes mit all den umgebenden Gottheiten versetzen könnten. Ob das im Sinne einer religiös-spirituellen Entwicklung zielführend ist, darf aber bezweifelt werden. Denn letztlich sind alle diese Darstellungen von Mandala-Systemen Repräsentationen von essenziellen Erfahrungen und Themen, die notwendig sind, um mittels Transzendenz den Erleuchtungszustand zu erlangen. Die Meditation ist ein Teil des Prozesses und ein Entwicklungsschritt, der nicht durch ein künstlich-virtuelles Erlebnis ersetzt werden kann. Als Erklärungsmodell im didaktischen Sinn ist das 3D-Modell trotzdem geradezu ideal.

Literatur

Boucher, Daniel, The Pratītyasamutpādagātha and Its Role in the Medieval Cult of the Relics, in: Journal of the International Association for Buddhist Studies 14 (1991) 1, 1–27.

Kozicz, Gerald, The Empty Shells of Nyarma, in: Heller, Amy/Orofino, Giacomella (Hg.), Discoveries in Western Tibet and the Western Himalayas. Essays on History, Literature, Archaeology and Art, Proceedings of the Tenth Seminar of the International Association for Tibetan Studies held at Oxford 2003, Leiden 2007, 41–54.

Kozicz, Gerald, Geometric Pattern and Proportional Frame, in: Krist, Gabriela (Hg.), Nako. Research and Conservation in the Western Himalayas, Vienna 2016, 149–155.

Lauf, Detlef-Ingo, Das Erbe Tibets, Bern 1972.

Mitra, Debala, Buddhist Monuments, Calcutta 1971.

Wallace, Vanessa, The Kalacakratantra. The Chapter on the Individual together with the Vimalaprabha, New York 2004.

Wang, Michelle, Mandalas in the Making, Leiden 2018.

Zin, Monika, Pictures of Paradise for Good Luck and Prosperity. Depictions of Themes Irrelevant for Enlightenment in the Older Buddhist Tradition (with special reference to the paintings of Ajanta), in: Kumar, Vinay/Rawat, Brijesh (Hg.), MANI-SUSHMA. Archaeology and Heritage (Dr. B. R. Mani Festschrift), Delhi 2015, 125–147.

Teil III

Didaktik & Praxis

(Wie) Geht Kirchenpädagogik auch virtuell?
Zur Eignung kirchenpädagogischer Zugänge für den virtuellen Kirchenraum und zur Möglichkeit eigenständiger virtueller Zugänge

Mirjam Zimmermann & Ulrich Riegel

„Kirchenraumpädagogik bzw. Kirchenpädagogik bezeichnet das pädagogische Anliegen, in einer religiös und weltanschaulich pluralen Gesellschaft den *Sinngehalt christlicher Kirchenräume* verschiedensten Adressatengruppen unterschiedlichen Alters ganzheitlich mit *erfahrungsorientierten Methoden* nahezubringen. Kirchenpädagogik bzw. Kirchenraumpädagogik unterscheidet sich daher in ihrer Herkunft, ihren Zielen, didaktischen Phasen und Prinzipien und in ihren verschiedenen Typen von einer historisch-genetischen Kirchenführung." (Böhme, 2020, 1; Kursivierung ergänzt)

Virtuelle historisch-genetische Kirchenführungen, die christliche Sakralräume unter bau- und kunstgeschichtlichen Perspektiven erschließen, gibt es schon an vielen Stellen im World Wide Web, so z. B. auf der Plattform: https://museum-virtuell.com. Dort wird u. a. die Möglichkeit angeboten, das Kloster Chorin, das Kloster Vessra, den Dom zu Halberstadt, das Kloster Altzella, das Kloster Jerichow, das Kloster Michaelstein und die Abtei Brauweiler zu besuchen. Jeweils ist es kostenfrei möglich, die in diese Klöster integrierten Kirchen virtuell zu betreten und sich sowohl hinsichtlich des Baus als auch zu besonderen Prinzipalstücken und Kunstwerken über Infoplakate oder Kurzvideos zu informieren. Stand April 2023 findet sich nur an einer Stelle ein Angebot, das über historische Informationen hinausgeht: Im Rahmen der Begehung des Klosters Chorin wird zu einer Meditation angeregt.

Auch bei der Durchsicht der uns zugänglichen virtuellen Sakralräume (vgl. https://www.uni-siegen.de/phil/sakralraumpaedagogik/karte.html?lang=de [abgerufen am: 30.10.2023]) fällt auf, dass dabei so gut wie keine interaktiven religions- bzw. kirchenpädagogischen Zugänge angetroffen werden, die mehr vermitteln wollen als historische oder aktuelle Informationen zu Gegenständen der Sakralräume, deren Geschichte, ihre Integration in die Stadt etc. Menschen, die diese Räume im Sinn ihres religiösen Zwecks in Gebrauch nehmen oder ihre Sicht auf die religiöse Dimension des Raumes darstellen, fehlen in diesen Repräsentationen fast durchgängig. Geht man von der eingangs gegebenen Definition einer Kirchen(raum)pädagogik aus, bleibt in den virtuellen Angeboten dem Erkunden von Kirchen gerade die für diesen pädagogischen Ansatz charakteristische Erschließung des religiösen Sinngehalts dieser Gebäude stark unterbelichtet. Damit stellen sich die folgenden Fragen:

a) Lässt sich der in der Kirchen(raum)pädagogik formulierte Anspruch, den christlichen Sinngehalt dieser Gebäude zu erschließen, mit vorliegenden Methoden im virtuellen Raum einlösen, insofern dieser Anspruch stark an didaktische Formen der Ganzheitlichkeit und Erfahrungsorientierung rückgebunden ist, die im virtuellen Raum nur eingeschränkt bzw. anders ausrichtet angeboten werden können?

b) Ist das im virtuellen Raum mögliche, aus der klassischen Kirchen(raum)methodik übertragbare Methodenspektrum hinreichend breit, um die Ziele, die für eine Kirchen(raum)erkundung im klassischen Sinn formuliert wurden, auch im virtuellen Raum zu erreichen?

c) Gibt es über die vorliegenden kirchen(raum)pädagogischen Methoden hinaus Ansätze und Möglichkeiten einer Erschließung des christlichen Sinngehalts christlicher Kirchen, die das Spezifische des virtuellen Raumes und digitaler Repräsentationen aufnehmen und im realen Raum eher nicht möglich sind?

Diese drei Fragen werden im Folgenden in der Reihenfolge, in der sie hier gestellt wurden, diskutiert.

1. Methodische Zugänge zu Kirchenräumen im realen und im virtuellen Raum: Bestandsaufnahme und Vergleich

Die Frage, inwiefern sich der christliche Sinngehalt von Kirchengebäuden anhand digitaler Repräsentationen dieser Räume im virtuellen Raum erschließen lässt, ist vor allem eine methodische Frage. Zwar kann man kontrovers diskutieren, ob digitalen Repräsentationen von Kirchenräumen überhaupt ein christlicher Sinngehalt eingeschrieben werden kann; die obige Fragestellung setzt diese prinzipielle Möglichkeit aber logisch bereits voraus: Nur was prinzipiell gegeben ist, lässt sich auch methodisch erschließen. In diesem Sinn wird die Frage, inwiefern sich der Sinngehalt eines realen Raums auch anhand seiner digitalen Repräsentation erfassen lässt, in zwei Schritten diskutiert: Zuerst werden einschlägige Methoden zur Erschließung des realen Raums daraufhin geprüft, inwiefern sie auch im digitalen Raum inszeniert werden können. Nach diesem bilanzierenden Abgleich werden die Methoden grundsätzlichen kirchen(raum)pädagogischen Ansätzen zugeordnet, um abzuschätzen, welcher Charakter an Erschließung im virtuellen Raum möglich ist.

1.1 Methoden der Erschließung von Kirchenräumen und ihre Applikationsfähigkeit auf den digitalen Raum

Zur Bilanzierung vorliegender kirchen(raum)pädagogischer Methoden wurde die einschlägige aktuelle Praxisliteratur gesichtet. Im Detail handelt es sich hierbei um die folgenden Bände, wobei das in Klammern angeführte Kürzel am Ende jeder Notation zum Beleg der Fundstelle einer Methode in der folgenden Tabelle herangezogen wird:
- Dörnemann, Kirchenpädagogik, 2. Aufl. 2014 (D)
- Goecke-Seischab/Harz, Kirche entdecken, 2002 (GH)
- Hirtzberger/Gremmelspacher, Kirchenraum entdecken, 2020 (HG)
- Landgraf, Kirche erkunden, 3. Aufl. 2019 (L)
- Neumann/Rösener, Kirchenpädagogik, 2. Aufl. 2003 (NR)
- Rupp, Handbuch der Kirchenpädagogik, 2. Aufl. Band I, 2016; Band II, 2017 (R)
- Zerbe, Kirchenraum mit Kinderaugen erkunden, 2. Aufl. 2019 (ZE)
- Zimmermann, Kirchen erkunden, 2004 (Z)

Die in diesen Bänden vorgeschlagenen Methoden wurden in eine Tabelle eingetragen (vgl. Tab. 1). Da sich die vorliegenden Bände in der Anordnung der methodischen Zugänge vor allem am chronologischen Ablauf einer kirchen(raum)pädagogischen Erkundung orientieren, nehmen wir diese Struktur in die folgende Darstellung auf. Die Möglichkeit einer Applikation wird symbolisch dargestellt, wobei die Symbole in der Legende der Tabelle erklärt sind. Insbesondere wurden die Methoden durch „(W)" gekennzeichnet, die im stilbildenden Kirchenraumprojekt Theresia Witts bereits appliziert wurden. Insgesamt ergibt sich die folgende Bilanz:

Tab. 1: Methodische Zugänge der Kirchenraumerkundung und Möglichkeit der Applikation (Appl.)

Methodische Zugänge der Kirchenpädagogik	Appl.
VOR DEM BETRETEN DES KIRCHENRAUMS	
Baustil bestimmen, Kirche zeitlich einordnen (R, NR, ZE)	+
Größe abschätzen mit Schrittlängen, Körpergröße (Z, R, L, HG)	(+)
Einordnung in die Umgebung (Z, R, L, HG): Was kann man um die Kirche herum entdecken, z. B. Schaukasten (L)	+
Genaues Betrachten („Ich sehe was, was du nicht siehst") (Z, R, ZE, HG) bzw. Fernrohr	(+)

Tab. 1 (Forstsetzung)

Türen, Fenster, Mauerwerk betrachten (Z, R, F, NR, HG)	+
Möglicher Grundriss innen (Z, R)	+
Regeln besprechen (Z, ZE)	–
Auf Glocken warten (Z)	– (*)

BEIM BETRETEN DES KIRCHENRAUMS

Mit Licht/Kerze einlaufen, auf Altar abstellen (R, Z)	(*) (W)
Viele Geräusche in der Kirche laufen lassen (Gemurmel, Musik), langsam abstellen (Z)	+
Achtsamkeitsübung: Was höre, sehe, fühle ich (Z)	–
Singend und schreitend „Ausgang und Eingang, Anfang und Ende ..." (Z)	(+)
Geräusche, Geruch vor und in der Kirche vergleichen (ZE)	–
Innen (Orgel-)musik (R)	+
Stille wahrnehmen (R), Stille-Meditation (R)	(*) (W)
Geschwindigkeitswechsel wahrnehmen (W)	(*) (W)
Die Schwelle zum Innenraum (Weihwasser) wahrnehmen (D)	–
Ankunftsrituale erproben (R)	–

IM KIRCHENRAUM

Infos zur Grundausstattung der Kirche (Kanzel, Orgel, Taufstein, Personen, Zahlen) als Entdeckerkarten (NR, L, Z, ZE)	+
Dinge, die auf Karten vorgegeben werden, finden. Dort gegebene Info auf Rückseite des eigenen ABs eintragen (L, Z, HG)	(+)
Lieblingsplatz finden, mit Serviette markieren (R, Z, ZE)	(+) (W)
Fragwürdige Orte durch Post-its markieren (Z)	–
Spuren des gelebten Glaubens suchen	?
Text auf Kanzel/Ambo lesen (Z)	(+) (W)
Orte suchen für Ruhe/ Sorgen/ Austausch (ZE)	(+) (W)
Größe wahrnehmen (Schritte zählen, abschreiten), wie viele Personen passen rein? (HG); Höhe mit Luftballon bestimmen (R)	(*)
Klang lauschen (Klangschale) (Z)	–

(Wie) Geht Kirchenpädagogik auch virtuell? 199

Tab. 1 (Forstsetzung)

Dialog mit dem Kunstwerk (Z)	(+)
Geschichte eines Gegenstandes erfinden (R)	+
Lightpainting (R)	?
Blindenführung, Dinge erraten (Z, ZE)	–
Altar (mit Hilfe liturgischer Farben) eindecken (Z, HG)	?
Lieder passend zum Raum aussuchen (Z)	+
Kinder, die die Kirche kennen, erzählen ihre Geschichten mit der Kirche	–
Grundstruktur der Fenster nachmalen, (passende) Kirchenfenster dazu malen, Fensterbilder nachstellen (R, L, HG)	+
Bibelverse an passende Orte legen (Z, HG)	?
Säulen, Skulpturen fühlen und beschreiben (Z)	–
Mit Fernglas Decke betrachten (HG)	+
Besondere Steine suchen: Fundament, Gewölbe-, Schluss-, Grundstein (HG) Der Grundstein erzählt (ZE)	+
Lichtorte suchen (Altar, ewiges Licht, Kerzen als Erinnerung/Fürbitte, etc.) (R, HG)	+
Kanzel/ Ambo/ Altar kennenlernen – Neu bestellen (HG)	+
Mit Goldprägefolie von zentralen Dingen einen Abdruck machen (HG)	–
Weihrauch anzünden, Psalmworte dazu erklären (HG)	
Orgelführung: Welche Klangfarbe passt zu welcher Stimmung? (HG)	+
Symbole finden, abmalen, erklären (Z, HG)	+
Heilige suchen, mit Gedenktagen im Kalender abgleichen (ZE)	+
Grundriss mit einem Seil legen (R)	–
Vergleich mit älteren Bildern der Kirchen (R)	+

BEIM VERLASSEN DES KIRCHENRAUMS

Ausgang wird musikalisch begleitet	(*) (W)
Verschiedene Segenswünsche werden verteilt, die vom Lesepult aus vorgelesen werden (Z)	–

Tab. 1 (Fortsetzung)

Jede/r darf ein Licht anzünden und für etwas bitten (Z)	–
Der Segen wird gemeinsam gesprochen (z. B. Bewegungssegen) (Z); die Kinder segnen sich mit einer Feder gegenseitig (R)	–
Ein Segen wird zugesprochen (Ps 121,8) (Z)	+
Kreuzzeichen mit Salböl machen, davor Kreuzmeditation bzw. Kreuze suchen lassen (HG)	+
Rätsel nach dem Besuch (ZE)	+
Ausgang wird musikalisch begleitet	(+) (W)
Ein gutes Wort für die Kirche und die Gemeinde beim Verlassen sprechen (R)	?
METHODEN OHNE CHRONOLOGISCHEN ORT	
Den Turm besteigen: Ausblick, Glocken (HG), Glocke selber malen/ basteln (ZE)	–
Dinge, die man nicht in jeder Kirche findet, wie Krypta, Chorgestühl, Bänke, Reliquienschrein suchen bzw. anderes Anschauungsmaterial im www suchen (ZE)	+
Die Sakristei anschauen, Glocke(n) im Turm anschauen (ZE)	+
Entdeckerbuch ausfüllen (ZE)	+
Fehler in einer Kirchenabbildung finden (L)	+
Kirche nachbauen (R, L)	+
Schatzsuche: Dinge sollen in der Kirche gefunden und erklärt werden (R)	+
Kirchen aufräumen: Gegenstände sollen an den richtigen Platz gestellt werden (R)	+
Typisch katholisch – typisch evangelisch (R)	+
Einen Kinder-Kirchenführer entwerfen (R)	+

Legende: +: auf den virtuellen Raum applizierbar; (+): auf den virtuellen Raum analog applizierbar; –: auf den virtuellen Raum nicht applizierbar; (*): sinngemäße Alternative möglich; (W): wird im Projekt von Theresia Witt verwirklicht; ?: Durchführung abhängig von den technischen Möglichkeiten der digitalen Repräsentation.

Die jeweilige Einschätzung der Applikation beruht auf der Prämisse, dass die digitale Repräsentation hinreichend genau ist, um auch Details erkennen zu können, bzw. auch die Aspekte erfasst hat, die kirchen(raum)pädagogisch diskutiert werden. Wenn etwa vorgeschlagen wird, den Kirchturm zu besteigen, die Glocke(n) zu erkunden und die Umgebung der Kirche zu kartographieren, kann das ebenso im virtuellen Raum geschehen, wenn der Kirchturm inklusive seiner Panoramasicht entsprechend digitalisiert wurde. Dabei zeigt der Blick auf die Applikationsspalte, dass sehr viele kirchen(raum)pädagogische Methoden entweder direkt oder analog auch im virtuellen Raum durchgeführt werden können. So kann in beiden Welten der Baustil des Gebäudes bestimmt werden. Auch die Bestimmung der Größe des Gebäudes ist im virtuellen Raum prinzipiell möglich, bedarf dazu aber der Angabe eines Maßstabs. Allerdings sind performative Methoden, die den Raum atmosphärisch erschließen oder religiös partiell in Gebrauch nehmen, nur sehr eingeschränkt applizierbar. Ist eine Raumerfahrung bei geeigneten digitalen Repräsentationen mit VR-Brillen möglich, können Gerüche (noch) nicht virtuell repliziert werden. Geräusche und Musik lassen sich digital einspielen, sind damit aber standardisiert und nur sehr bedingt an die konkrete Erlebnissituation anpassbar. Und Segensworte haben eine andere Anmutung, wenn sie vom Band abgespielt statt in der unmittelbaren Begegnung gesprochen werden.

1.2 Konsequenzen der Applikationsfähigkeit kirchen(raum)pädagogischer Methoden für den Charakter virtueller Erschließungen von Kirchenräumen

Ohne die obige Bilanz in ihren Einzelheiten hier diskutieren zu können, sollen die Folgen dieser Applikation auf das, was kirchen(raum)pädagogisch im virtuellen Raum möglich ist, abgeschätzt werden. Dazu wird auf eine Typologie Holger Dörnemanns (2014, 257) zurückgegriffen, der vier charakteristischen Zugänge zu Kirchenräumen unterscheidet: den kulturorientierten, den theologieorientierten, den subjektorientierten und den erlebnisorientierten.

Kulturorientierte Zugänge umfassen baukundliche, kunsthistorische und stadtgeschichtliche Informationen über eine Kirche. Es geht ihnen um den Stil des Gebäudes, seine Funktion für das Stadtensemble und die Stadtentwicklung sowie um besondere Kunstgegenstände an der Fassade und innerhalb des Kirchengebäudes.

Theologieorientierte Zugänge umfassen nach Dörnemann katechetische, liturgische und frömmigkeitsgeschichtliche Angebote im Kirchenraum. Der Raum wird in seiner christlichen Botschaft und Funktion erschlossen und vor allem als Gottesdienstraum erkundet.

Subjektorientierte Zugänge beinhalten biographische, symbol-didaktisch-semiotische und mystagogisch-spirituelle Methoden. Sie richten sich an die Person der Besucher:innen und helfen ihnen, die Zeichen und Symbole im Raum zu deuten und auf ihr eigenes (Glaubens-)Leben zu beziehen. Es geht in der Summe um eine schöpferische Auseinandersetzung mit dem Raum, in der die eigene Persönlichkeit und die eigene Lebensgeschichte eine zentrale Rolle spielen.

Schließlich fasst Dörnemann ganzheitliche, handlungsbezogene und kreativ-gestaltende Formen der Kirchenraumerschließung zum *erlebnisorientierten Zugang* zusammen. Der Raum soll mit Kopf, Herz und Hand erlebt und entlang unterschiedlicher Dimensionen erkundet werden. Liturgische Elemente können hier ebenso eine Rolle spielen wie individuell-rekonstruktive. Im Mittelpunkt der Erkundung stehen das Erlebnis im Raum und seine Effekte auf die erschließende Person.

Ordnet man die in der Literatur gefundenen und oben nach methodisch-chronologischer Reihenfolge präsentierten Methoden hinsichtlich des Rasters nach Dörnemann und gleicht diese mit denen im virtuellen Raum möglichen Methoden ab, ergibt sich die folgende Bilanz:

- *Kulturorientierte* Zugänge eröffnet die Mehrheit der auf den virtuellen Raum applizierbaren Methoden. Dort werden Informationen per Textfeld eingespielt oder über Videofilme vermittelt. Sie können zu einzelnen Elementen im Sakralraum aufgerufen oder über angegebene Links erschlossen werden. In dieser Logik können kunsthistorische, baukundliche und auch stadtgeschichtliche Informationen virtuell präsentiert werden, prinzipiell auch theologische Gehalte. Aus der obigen Tabelle wird sichtbar, dass diese Zugänge im Kontext der Kirchen(raum)pädagogik auch vorkommen, im realen Raum nach Möglichkeit aber selbst entdeckt werden sollen. Prinzipiell scheint dieser entdeckende Typ kulturorientierter Zugänge auch im virtuellen Raum möglich zu sein, etwa, wenn versteckt hinterlegte Informationen gesammelt werden müssen, um mit einem Lösungswort einen Schrank oder eine Türe öffnen zu können.

- *Theologieorientierte* Zugänge, die über liturgische Einzüge, musikalische Rahmungen, den Segen beim Auszug in der Kirchenpädagogik zentraler sind als kulturorientierte Zugänge, lassen sich zwar prinzipiell ebenfalls im virtuellen Raum inszenieren, aber nur in analoger und atmosphärisch stark reduzierter Form. Es macht einen Unterschied, ob man solche Vollzüge unmittelbar und eingebettet in den Raum erlebt oder additiv dem Raum hinzugefügt. Exemplarisch sei auf das Projekt Theresia Witts verwiesen, die in ihre digitalen Kirchenräume eine Stille-Meditation, einen Videofilm zum Tragen einer Kerze aus der Ich-Perspektive der Betrachter:in oder eine Orgelbegleitung, die beim Ausgang aus dem Kirchenraum einsetzt, einbettet. Dabei wird deutlich, dass diese Inszenierung kaum „Menschen für die heiligen Handlungen, Orte und Feiern in geeigneter Weise disponiert, eine Ahnung desselben herstellt und Vorerfahrungen für diejenigen ermöglicht, die ‚entwöhnt' oder ‚fernstehend' keinen direkten Zugang zum Mysterium von sich aus haben" (Dörnemann, 2014, 161). Theologieorientierte Zugänge lassen sich im virtuellen Raum somit nur bedingt eröffnen.

- *Subjektorientierte* Zugänge sind in virtuellen Kirchenräumen zwar ebenfalls prinzipiell möglich, bleiben in der Regel aber auf das einzelne Individuum beschränkt. Wer subjektorientierte Erfahrungen teilen will, ist auf anschließende virtuelle Meetings angewiesen oder auf eine digitale Repräsentation von Kirchenräumen, in denen man sich per Avatar frei bewegen und auf andere Avatare treffen kann. Letztes ist u. W. bislang jedoch noch nicht realisiert. Überhaupt scheint es so, dass in den wenigen vorliegenden virtuellen Begehungen von Kirchenräumen subjektorientierte Methoden eigentlich gar nicht eingesetzt werden. Offensichtlich ist die Person der Besucher:in bislang nicht im Wahrnehmungsfeld derjenigen, die digitale Repräsentationen von Kirchenräumen didaktisch aufbereiten. Auch hier finden sich allein bei Theresia Witt (s. o.) Versuche, individuell-biographische Bezüge anzuleiten, indem z. B. vom Lieblingsplatz ein Foto gemacht wird. Denkbar wäre hier etwa auch, über Screenshots zu arbeiten. Musikalisch z. B. wäre über die immer auch individuell zugängliche Musikauswahl, die emotional anspricht, mehr möglich, als es bisher praktiziert wird.

- **Erlebnisorientierte** Zugänge lassen sich nur sehr eingeschränkt in virtuellen Kirchenräumen verwirklichen. Entsprechend finden sich bei den meisten einschlägigen Methoden in der obigen Tabelle in der Spalte der Applikation ein „–". Kerzen lassen sich im virtuellen Raum eben nicht anzünden, es sei denn, man akzeptiert den Bildwechsel von einer nicht brennenden hin zu einer brennenden Kerze per Mausklick als gleichwertiges Äquivalent. Aus der obigen Tabelle wird deutlich, dass solche Begegnungsformen technisch durchaus möglich sind. Wahrscheinlich dürfte der technische Fortschritt hier weitere Möglichkeiten eröffnen. So weckt eine Begehung eines Raums per VR-Brille eine reale Raumerfahrung, und in online-Games wird die Begegnung mittels Avatar vielfach ebenfalls als eine reale Begegnung wahrgenommen. Sobald sich derartige Erfahrungen in digitale Repräsentationen von Kirchenräumen einbetten lassen, dürften auch erlebnisorientierte Zugänge verstärkt möglich sein.

2. Prinzipien und Zielperspektiven der Arbeit im virtuellen Kirchenraum

Methoden sind kein Selbstzweck, sondern didaktische Mittel, um pädagogische Prinzipien und Zielsetzungen zu erreichen. Das gilt auch für die Kirchen(raum)pädagogik. Deshalb wird in einem zweiten Durchgang durch die Möglichkeiten einer virtuellen Erkundung von Kirchenräumen gefragt, inwiefern sie den Zielen gerecht werden, die für solche Erkundungen realer Kirchenräume formuliert sind. Dabei orientieren wir uns an den „Thesen 2002 zur Kirchenpädagogik"[1] des ‚Bundesverband Kirchenpädagogik e. V.', insofern dieser Verband ein verlässliches Bild dessen bietet, was kirchen(raum)pädagogisch gegenwärtig als Standard diskutiert wird:

Kirchenpädagogik bringt Mensch und Kirchenraum in Beziehung.
Jede angeleitete Beschäftigung kann Menschen mit Kirchen in Beziehung bringen; das ist im realen, aber auch in virtuellen Räumen möglich. Dass „Kirchenräume mit ihren in Architektur und Ausstattung bewahrten christlichen Glaubensaussagen und Traditionen" neue Bedeutung gewinnen können, „indem sie mit dem Lebenshorizont der beteiligten Menschen in Beziehung gesetzt werden" (Bundesverband Kirchenpädagogik, 2002, online), ist nicht an den realen Raum gebunden, selbst wenn Raumerfahrungen im realen und im virtuellen Raum sich unterscheiden. Fraglich bleibt jedoch, wie in virtuellen Erschließungen von Kirchenräumen die im realen Raum oft angezielte Berücksichtigung der Vorerfahrungen und Empfindungen der Teilnehmenden gelingen kann.

Zwar lassen sich Feedback-Tools in digitale Repräsentationen einbinden und ggf. adaptive Erfahrungs-möglichkeiten in die virtuelle Erschließung einspielen. Das erscheint zumindest gegenwärtig jedoch nur sehr aufwändig realisierbar zu sein, weil man immer nur in den Möglichkeiten agieren kann, die im Vorfeld der Erkundung programmiert wurden.

Kirchenpädagogik bedeutet raum- und erfahrungsbezogenes Arbeiten.
„Kirchenräume sind Ort, Gegenstand und Medium der Kirchenpädagogik." (Bundesverband Kirchenpädagogik, 2002, online) Dieser Satz gilt gleichfalls für eine Kirchen(raum)pädagogik im virtuellen Raum, allerdings machen virtuelle Räume „die eigene Leiblichkeit" nicht in gleicher Weise bewusst; denn sie werden eben nicht mit dem ganzen Körper und mit allen Sinnen erfahren, und haptische Eindrücke, Geruch, Geschmack finden nicht in gleicher Weise Ansprache wie bei einer Begegnung im realen Kirchenraum.

Kirchen(raum)pädagogik im virtuellen Raum erschließt Kirchenräume primär sprachlich und visuell – Durchschreiten, Ertasten, Empfinden müssen visuell inszeniert und narrativ angeleitet werden, können dann aber durchaus möglich sein, weil auch der virtuell zugängliche Raum eindrucksvoll wahrgenommen werden kann und heutige Kinder und Jugendliche über ihre Gaming-Erfahrungen virtuelle Räume häufiger erleben und damit entsprechende Erfahrungen in die virtuelle Erkundung von Kirchenräumen einbringen. Außerdem stehen die obigen Überlegungen unter dem Vorbehalt technischer Entwicklungen, die es in Zukunft vielleicht ermöglichen, Gerüche digital zu repräsentieren.

---

[1] Vgl. https://www.bvkirchenpaedagogik.de/kirchenpaedagogik/thesen-und-positionspapiere [abgerufen am: 13.04.2023].

Kirchenpädagogik eröffnet Zugänge zu religiösen Erfahrungen.
Auch im virtuellen Raum ist eine Anknüpfung an religiöse Erfahrungen denkbar, denn dort kann ebenso an Erlebtes angeknüpft werden. Deshalb gilt auch hier: „Die besondere Ausstrahlung des Raumes sowie die persönliche Ansprache, die Konzentration der Wahrnehmung und die Verlangsamung des Alltagstempos in der kirchenpädagogischen Arbeit können Zugänge zu oftmals verschütteten religiösen Erfahrungen und Sehnsüchten der Beteiligten anbahnen. Kirchenpädagogik hat die Aufgabe, diesen Prozess unaufdringlich und behutsam zu moderieren." (Bundesverband Kirchenpädagogik, 2002, online)

Sicherlich wird sich die Form der Moderation solcher Erfahrungen von der in einer realen Kirchenpädagogik unterscheiden, weil fraglich ist, ob die Raumerfahrungen im realen und im virtuellen Raum wirklich vergleichbar sind. Ob dieser Unterschied aber eine Einschränkung bedeutet, dürfte stark von den Vorerfahrungen der Besucher:innen abhängen. Wer etwa erlebt, wie junge Menschen Beziehungen virtuell pflegen, wird zurückhaltend im Urteil sein, dass eine virtuell inszenierte religiöse Erfahrung weniger „real" sei als eine im „realen" Raum.

Kirchenpädagogik arbeitet in methodischer Vielfalt.
„Kirchenpädagogik greift ästhetische, dramaturgische, körper-bezogene, musikalische und meditative Vermittlungsansätze so wie klassische Methoden der Religionspädagogik auf." (Bundesverband Kirchenpädagogik, 2002, online) Diese Vielfalt ist auch im virtuellen Sakralraum möglich, wobei körperbezogene Zugänge schwieriger zu inszenieren sind. Angesicht der Tatsache, dass Kinder- und Jugendliche heute Spezialist:innen sind, Erfahrungen im virtuellen Raum zu machen, könnten auch solche Anleitungen gelingen, müssten allerdings noch entwickelt werden. Wie auch bei kirchen(raum)pädagogischen Konzepten im realen Kirchenraum gilt: „Ihre Auswahl ist abhängig von der Zielgruppe, den thematischen Anknüpfungen im Kirchenraum und den örtlichen Rahmenbedingungen." (ebd.) Dass methodische Zugänge sich zwischen denen für reale und denen für virtuelle Kirchenbegehungen unterscheiden, versteht sich von selbst, und so kann ebenfalls für den virtuellen Sakralraum gelten: „Die Entwicklung methodischer Grundlinien aus den unterschiedlichen Ansätzen und Erfahrungen steht für die nächsten Jahre an." (ebd.)

Wenn *Meta* heute zur teuersten Sendezeit kurz vor der *Tagesschau* damit wirbt, dass virtuelle Welten pädagogisch wertvoll seien, um z. B. ausgestorbene Lebewesen wie Mammuts real zu erleben (im Film füttert ein Kind, das vorher eine VR-Brille aufgesetzt hat, in der virtuellen Welt ein Mammut), dann sollten analoge Möglichkeiten in der Erkundung virtueller Kirchenräume – zumindest potenziell – zu verwirklichen sein.

Kirchenpädagogik braucht Zeit.
„Das Lernen im Kirchenraum bedarf einer Verlangsamung, um Wahrnehmungsprozessen Raum zu geben und für Achtsamkeitserfahrungen Zeit zu lassen. Wer an einem kirchenpädagogischen Projekt beteiligt ist, nimmt sich Zeit." (Bundesverband Kirchenpädagogik, 2002, online) Zeitfenster und Zeitressourcen sind nicht mit der Art der Repräsentation eines Raumes verbunden. So lassen virtuelle Raumerfahrungen sogar mehr Flexibilität hinsichtlich des individuellen Zeitbedarfs zu. Für beide Formen gilt, dass Zeitfragen entsprechende Aufmerksamkeit gewidmet werden muss. Ob allerdings für virtuelle Kirchenbegehungen der Satz „Für Schulklassen haben sich mehrere Stunden bewährt" (ebd.) ebenfalls gilt, oder ob eine virtuelle Kirchenbegehung – bedingt durch den fehlenden Zeitbedarf für An- und Abreise – nicht ebenso im Rahmen einer Schulstunde durchgeführt werden kann, ist zu diskutieren und durch Erfahrungen neu zu entscheiden.

Kirchenpädagogik wirkt nach außen.
Wenn ein Kirchenraum, angeleitet von Menschen ohne direkten Kirchen- oder Religionenkontakt, erschlossen wird, dann hat das auch Folgewirkungen nach außen. Da inhaltlich weitgehend ähnliche Themen virtuell wie klassisch erschlossen werden, ändert sich hinsichtlich der obigen These erst einmal nichts: „Kirchenpädagogik ist im Zusammenspiel von religions- und museumspädagogischer Bildungsarbeit mit Kindern und Jugendlichen entwickelt worden und hat hierin ihr ursprüngliches Aufgabenfeld. Sie verknüpft Inhalte des Religionsunterrichts mit den Fragen vieler Schulfächer, insbesondere des Geschichts-, Sachkunde-, Kunst-, Politik-, Latein- und Musikunterrichts." (Bundesverband Kirchenpädagogik, 2002, online) Fraglich ist allerdings, ob ein virtueller Ort noch als ein authentischer Ort bezeichnet werden kann. Das allerdings hängt stark von den Formen und Präsentationen seiner Erschließung ab.

Sicher ist aber auch im virtuellen Kontext: „Die schulische Verfächerung wird am authentischen Ort christlicher Überlieferung und gelebter Praxis aufgebrochen. Den Schulen eröffnet die Kirchenpädagogik einen außerschulischen Lernort und wirkt ihrerseits auf die innerschulische Bildungsarbeit ein." (ebd.) Problematisch mag an dieser Stelle sein, dass Kirchenbegehungen im virtuellen Raum erst einmal nicht individuell an die jeweilige Gruppe angepasst werden können (s. o.). Sie könnten aber so konstruiert sein, dass die Individuen ihre Kirchenführungen für sich individuell nach ihren Bedürfnissen anpassen, so dass innerhalb der Zugänge Alternativen angeboten werden. So individualisiert eröffnen angebotene Zugänge zu virtuellen Sakralräumen Begegnungsmöglichkeiten nicht nur für Schüler:innen, sondern z. B. auch für Tourist:innen.

Kirchenpädagogik wirkt nach innen.
Dass auch die Kirchenpädagogik im virtuellen Raum „die gemeindepädagogische Arbeit mit Kindern, Jugendlichen und Erwachsenen an[regt] und durch die Erschließung des Kirchenraums zu einer persönlichen Verwurzelung und Standortbestimmung" (Bundesverband Kirchenpädagogik, 2002, online) verhilft, ist ebenfalls denkbar; denn sie „macht die Stellung des Raumes im Alltag und in der gottesdienstlichen Feier der Gemeinde bewusst" (ebd.). Fraglich ist allerdings, ob sich auch der virtuelle Kirchenraum in seiner Gestaltung, Betreuung und Vermittlung nach außen zu einer gemeindlichen Mitte entwickelt. Vor allem die Tatsache, dass virtuell erkundete Kirchenräume in der Regel nicht diejenigen sind, in der die eigene Gemeinde ihre Gottesdienste feiert, dürfte der gemeindebildenden Wirkung im Weg stehen. Dennoch gilt bei der virtuellen Präsentation des Kirchenraums sicherlich noch mehr als bei der Mitarbeit als Kirchenführer:in in der Kirchenpädagogik: „Auch Menschen außerhalb traditioneller Formen der Gemeindearbeit lassen sich in dieses Aufgabengebiet einbinden." (ebd.)

Kirchenpädagogik ist eine langfristige Investition in die kommende Generation innerhalb und außerhalb der eigenen Gemeinde.
In dieser These wird die Zukunft der Kirche fokussiert. In Bezug darauf ist die Bedeutsamkeit der Digitalisierung nicht zu unterschätzen. Somit gilt: „Die Zukunft der Kirche in der multikulturellen Gesellschaft hängt nicht unerheblich davon ab, ob den Menschen säkularisierter und anderer kultureller Kontexte christliche Inhalte verständlich und zugänglich gemacht werden können. Als ein Projekt der Übersetzung an der Schwelle zwischen Kirche und Gesellschaft leistet die Kirchenpädagogik für die Begegnung mit der biblischen Botschaft einen unverzichtbaren Beitrag. Dieser Stellenwert muss sowohl Kirchengemeinden wie Landeskirchen und Bistümern in nächster Zeit vermittelt werden, da Kirchenpädagogik nicht zuletzt auf konkrete Unterstützung vor Ort angewiesen ist!" (Bundesverband Kirchenpädagogik, 2002, online) Zwar wird sich durch das (zusätzliche) Angebot einer virtuellen Kirchenbegehung die Art des Engagements ändern, und zwar schon deshalb, weil digitalisierte Angebote einer Kirchenraumerkundung meistens nicht die Kirche repräsentieren, in der das Gemeindeleben stattfindet, an dem man teilhaben könnte. Allerdings dürften sich in einer digitalisierten Welt auch die Idee von „Gemeinde" und gemeindliche Vollzüge ändern, so dass kommende Generationen sich unter Umständen von virtuellen Räumen zumindest ebenso stark, wenn nicht stärker ansprechen lassen als von realen Räumen, die jeweils das Problem in sich tragen, dass vielleicht Kosten damit einhergehen, wenn Kinder oder Jugendliche einen realen Besuch realisieren wollen. Außerdem liegt es nahe, dass vor allem solche Kirchengebäude digitalisiert werden, die einen gewissen Schauwert mit sich bringen – und damit im Zweifel attraktiver zu begehen sind als der Kirchenraum der „eigenen" Gemeinde.

Zusammenfassend kann festgehalten werden, dass viele der 2002 formulierten und heute im Wesentlichen so noch gültigen Prinzipien und Ziele der Kirchen(raum)pädagogik durchaus auch auf virtuelle Kirchenbegehungen übertragbar sind. Wie schon im Abgleich der methodischen Zugänge wird allerdings deutlich, dass im Blick auf technisch verfügbare methodische Zugänge im virtuellen Raum dringend nachgebessert werden muss.

3. Didaktische Standards und Perspektiven für die Erschließung virtueller Kirchenräume

Die bisherigen Überlegungen münden in die Einsicht, dass virtuelle Kirchenraumerschließungen kirchen(raum)pädagogische Maßnahmen mit z. T. anderen Mitteln darstellen können. Digitalisierte Repräsentationen von Kirchenräumen sind nicht per se untauglich für kirchen(raum)pädagogische Projekte, auch wenn das Gros der bisher vorliegenden Angebote noch weit hinter kirchen(raum)pädagogischen Ansprüchen hinterherhinkt. Das scheint jedoch mehr ein Problem der faktischen didaktischen Aufbereitung dieser Räum zu sein, die sich vor allem am kulturorientierten Zugang nach Dörnemann orientieren, als ein prinzipielles Problem. Deshalb werden in einem letzten Schritt didaktische Standards für zukünftige digitale Aufbereitungen formuliert und mögliche Entwicklungsperspektiven skizziert, die das innovative Potenzial digitaler Kirchenerkundungen gegenüber der herkömmlichen Kirchen(raum)pädagogik andeuten.

3.1 *Didaktische Standards*

Orientiert man sich an Hartmut Rupp (2017, 229–235), sollten zukünftige digitale Repräsentationen von Kirchenräumen – sofern sie kirchen(raum)pädagogischen Ansprüchen genügen wollen – die folgenden Standards verwirklichen:
– *Von außen nach innen*: Auch im virtuellen Raum ist es sinnvoll, außen am Gebäude zu beginnen. Dafür ist es allerdings notwendig, dass eine digitale Erfassung des Gebäudes von außen vorliegt, so dass man sich vor dem Eintreten mit der Lage des Gebäudes in der Umgebung vertraut machen, es umschreiten, es möglicherweise sogar über Drohnenaufnahmen von oben in seiner Lage in der Stadt betrachten kann. Vor allem die Vogelperspektive stellt dabei einen echten Mehrwert gegenüber klassischen Kirchenerkundungen dar. Problematisch könnte sich jedoch der im realen Raum gut inszenierbare Gang über die Schwelle in die Kirche hinein erweisen. Inwieweit eine solche Schwelle im virtuellen Raum wirksam abgebildet und didaktisch aufgegriffen werden kann, muss noch weiter erforscht werden.

- *Ganzheitlichkeit*: Bisher ist die virtuelle Sakralraumpädagogik noch wenig kreativ, was ganzheitliche Methoden angeht. Der Erfahrungsgewinn, den die Kirchenpädagogik durch Tasten, Riechen, Schreiten etc. angeleitet hat, ist virtuell nur zum Teil einholbar – Riechen, Schmecken und Fühlen bedürfen mehr, als im virtuellen Raum – zumindest gegenwärtig – möglich ist. Allerdings lassen sich auch in virtuellen Kirchenräumen Lieblingsplätze suchen, Raumerfahrung musikalisch untermalen oder per VR-Brille wirkliche Raumerfahrungen anbieten. Vorliegenden Defiziten stehen jedoch Darstellungsmöglichkeiten gegenüber, die etwa die Kirche im Gebrauch zeigen oder in ihren unterschiedlichen Bauabschnitten. Auch wenn z. B. der Gebrauch nur medial etwa durch Video-Clips oder Audio-Dateien eingespielt werden kann, lässt er sich im virtuellen Raum doch erleben, wogegen der reale Raum während einer Kirchenerkundung in der Regel einen musealen Charakter hat.
- *Aneignung statt Vermittlung*: Das Prinzip, dass eine gelingende Sakralraumerschließung durch subjektive Aneignung geschieht und nicht durch Vermittlung, kann leicht auf virtuelle Sakralräume übertragen werden: Es geht darum, durch spezifische Methoden die eigene Wahrnehmung zu stimulieren, subjektive Deutungsprozesse zu initiieren, in denen Zeit gegeben wird, eigene Entdeckungen zu machen und Einsichten zu gewinnen. „Der Prozess der Aneignung geht vom Wahrnehmen aus, versucht, eigene und fremde Deutungen zu generieren und in einen Austausch zu bringen, um Verstehen zu ermöglichen." (Rupp, 2017, 223) Wahrnehmen kann auch im virtuellen Raum über das sprachliche Beschreiben hinausgehen. Deuten ist dort auch als Spiel mit unterschiedlichen Deutungen möglich, und das Ziel, je individuelle Deutungen zu entwickeln, unterscheidet sich nicht vom Ziel einer realen Kirchenbegehung. Methodisch ist allerdings noch zu entwickeln, wie eine Kommunikation z. B. mit anderen Besuchern oder auch ein interreligiöser Austausch über verschiedenen Sakralräume hin z. B. über Avatare technisch möglich ist.
- *Verlangsamung*: Das Prinzip der Verlangsamung wurde oben bereits diskutiert. Genaues Wahrnehmen, die Suche nach eigenen Deutungen, verweilendes Betrachten und die Anregung zum Austausch sind im Prinzip auch im virtuellen Raum anleitbar. Wie man diese Verlangsamung sogar technisch unterstützen kann, z. B. durch individuelle Bedürfnisse nach Licht, Farbe, Musik, führt wieder zu technischen Fragen, wie individuell Musik verwendet, Färbung vollzogen und Licht eingespielt werden können. Es dürfte aber nur eine Frage der Zeit sein, wann digitale Repräsentationen z. B. über Farbfilter in ein neues Licht zu tauchen sind; denn manuell skalierbare Bildbearbeitung läuft bereits heute flüssig im kommerziellen Bereich digitaler Anwendungen. Auch das Einspielen unterschiedlicher Musikstücke dürfte eher eine Frage der Finanzierung als der Technik sein.
- *„Das tun, was dorthin gehört"*: Dieses Prinzip findet sich noch an kaum einer Stelle der virtuellen Zugänge zu Sakralräumen umgesetzt. Hier könnte aber leicht nachgebessert werden, indem einerseits die Position von Orten wie

dem Altar, dem Taufstein, dem ewigen Licht, dem Tabernakel virtuell (von allen Seiten) erfasst wird und die Orte damit von allen Seiten betrachtbar sind, andererseits aber die entsprechenden Aktionen an dieser Stelle ermöglicht bzw. visuell über Videofilme zugänglich werden, wie etwa die, einen biblischen Text zu lesen, eine Taufe einzuspielen, im Beichtstuhl eine Beichtliturgie zu hören oder einen Bericht über (positive) Erfahrungen mit dem Sakrament zu hören oder in der VR kniend Haltungen zu erfahren. Ob man im virtuellen Raum allerdings wirklich von einer „praktischen Anwendung" sprechen kann, wie das Positionspapier des „Bundesverbandes für Kirchenpädagogik" (s.o.) es tut, bleibt fraglich.

3.2 Entwicklungsperspektiven

In der Diskussion der kirchen(raum)pädagogischen Standards wurden bereits einige Möglichkeiten sichtbar, wie virtuelle Kirchenerkundungen neue Erfahrungsräume gegenüber realen Erkundungen schaffen können. So eröffnet die Einbindung von Avataren in digitale Repräsentationen von Kirchenräumen nicht nur Begegnungsmöglichkeiten analog zu denen im realen Raum, sondern entgrenzt diese Begegnungen darüber hinaus. Im virtuellen Raum ist der reale Ort eines/einer Besucher:in ohne Bedeutung, so dass sich in einer Kirche Menschen unterschiedlicher kultureller und religiöser Hintergründe treffen und austauschen können. Ereignen sich solche Begegnungen im realen Kirchenraum bestenfalls zufällig, können sie im virtuellen Raum gezielt angesteuert werden. Vor allem im schulischen Bereich wäre interkulturelles und interreligiöses Lernen in virtuellen Kirchenräumen in „realen" Begegnungen über nationale Grenzen hinweg denkbar: Z. B. je eine Schulklasse aus Israel, Köln und Istanbul trifft sich in den jeweiligen virtuellen Kirchenräumen und wird geführt in interreligiösen Tandems.

Weiterhin dürfte es nicht mehr lange dauern, bis adaptive Umgebungen ohne allzu großen Aufwand programmiert werden können, in denen differenzierte und individuell stimmige Lernerfahrungen möglich sind. Feedbacktools oder explizite Wahlmöglichkeiten steuern in diesen Umgebungen, in welcher Komplexität eine Erfahrung bzw. eine kirchen(raum)pädagogische Aufgabe angeboten wird. Inklusive Lernsettings sind damit auch in virtuellen Kirchenräumen möglich. Gleichzeitig könnte die Einbindung von Bildbearbeitungstools und Musikdatenbanken die Besucher:innen dazu befähigen, die Stimmung im Kirchenraum zu gestalten. Abhängig vom Programm könnte das jede/r Besucher:in für sich selbst übernehmen. Pädagogisch innovativer wäre jedoch eine gemeinsame Erfahrung, in der alle Partner:innen einer Gruppe den Kirchenraum gemäß eigenen Empfindungen atmosphärisch designen und sich im Anschluss über die unterschiedlichen Stimmungen austauschen. Hier eröffnet der virtuelle Raum

Gestaltungs- und Differenzierungsmöglichkeiten, die im realen Raum entweder gar nicht oder nur mit einem gewissen Aufwand zu verwirklichen sind.

Dann bietet die Ortsunabhängigkeit digitaler Repräsentationen von Kirchengebäuden Lernerfahrungen, die in realen Räumen nicht denkbar sind. Bereits heute ist es möglich, Artefakte aus diesen Räumen als 3D-Modelle darzustellen. Ein solches Modell kann beliebig gedreht und gewendet und in der Folge aus allen denkbaren Perspektiven betrachtet werden. Eine derartig umfassende Anschauung können reale Kirchen nicht bieten, denn in den meisten Fällen sind mindestens die Rückseiten von Figuren etc. nicht oder nur mit sehr großem Aufwand einsehbar. Außerdem besteht in digitalen Räumen prinzipiell die Möglichkeit, die übliche, bodengebundene Perspektive zu verlassen und sich dreidimensional durch den Raum zu bewegen. Beobachtungsaufträge zur Decke des Gebäudes, die bereits mit herkömmlichen Techniken durch Heranzoomen bearbeitet werden können, ließen sich dann durch das „Hochsteigen" zur Decke bewältigen. Vor allem diese neue Perspektive auf den Raum dürfte eine im realen Raum nicht zu verwirklichende Erfahrung sein.

Wem das im Moment wie Zukunftsmusik klingt, möge sich im Videospiel „Assassin's Creed" einmal durch eine gotische Kirche bewegen. Die Ortsunabhängigkeit virtueller Kirchenräume ermöglicht außerdem, diese elegant in schulische Unterrichtsreihen zu integrieren, ohne Zeit- und Reisekosten. Erweist sich die Vorbereitung und Durchführung realer Kirchenerkundungen in der Regel als aufwändig, können virtuelle Erschließungen im Rahmen der üblichen Stundenrhythmik durchgeführt werden, sofern die Vernetzung der Schule hinreichend leistungsfähig ist.

Schließlich dürften sich in virtuellen Kirchenräumen Aspekte von Gamification leichter verwirklichen lassen als in realen. Unter Gamification versteht man die Einbettung von Lernprozessen in spieltypische Erfahrungsräume, so dass Lernen en passant in der Erreichung des Spielziels geschieht. In einem katholischen Kirchenraum wäre z. B. denkbar, dass sich die Tür des Tabernakels nur durch ein Codewort öffnen lässt, das man durch das Lösen bestimmter, im Raum versteckter Aufgaben ermittelt. Dabei ist das Beispiel des Tabernakels hier bewusst gewählt, weil diese Aufbewahrungsstätte konsekrierter Hostien im realen Kirchenraum aus spirituellen Gründen während Kirchenerkundungen kaum geöffnet würde. Wie man überhaupt fragen kann, inwiefern solche Escape-Game-Szenarien zur Atmosphäre realer Kirchenräume passen? Der virtuelle Raum kann hier weitergehende Erfahrungsmöglichkeiten bieten, weil er eben nur mittelbar ein heiliger Raum ist.

Die letzte Überlegung führt zu einer fundamentalen Frage kirchen(raum)pädagogischer Überlegungen zurück; denn es kann kontrovers diskutiert werden, wie unähnlich sich reale und digital repräsentierte Räume bei aller Ähnlichkeit sind. Die bisherige Bilanz hat gezeigt, dass viele kirchen(raum)pädagogische Methoden bereits jetzt auf virtuelle Erkundungen von Kirchenräumen appliziert werden können und eine digitale Kirchen(raum)erkundung nicht hinter kirchen-

(raum)pädagogischen Prinzipien und Zielsetzungen zurückbleiben muss. Der technische Fortschritt sollte in den kommenden Jahren die Integration weiterer Methoden erlauben und vor allem neue, im realen Raum nicht mögliche Lernerfahrungen eröffnen.

Bedenkt man zusätzlich, dass sich heutige Kinder und Jugendliche selbstverständlich sowohl in realen als auch in virtuellen Räumen bewegen und eigentlich nicht mehr zwischen beiden Dimensionen von Wirklichkeit unterscheiden, dürften die Grenzen zwischen realen und virtuellen Kirchenerkundungen in Zukunft immer stärker verblassen. Fraglich bleibt, ob diese Entgrenzung auch dazu führt, dass reale und virtuelle Kirchenräume mit gleichen Maßstäben wahrgenommen und genutzt werden, sie sich in der Wahrnehmung ihrer Besucher:innen also nicht mehr unterscheiden. Noch werden gewichtige Einwände gegen eine Identifizierung beider Räume gemacht (vgl. den Beitrag von Karlo Meyer in diesem Band). Ob das auch in Zukunft noch ohne Weiteres möglich ist, muss sich erst noch zeigen.

Literatur

Boehme, Katja, Art. Kirchenraumpädagogik/Kirchenpädagogik (2020), in: www.wirelex.de; https://doi.org/10.23768/wirelex.KirchenraumpdagogikKirchenpdagogik.200823; pdf v. 19.4.2020.
Dörnemann, Holger, Kirchenpädagogik, 2. Aufl. Berlin 2014.
Gerdiken, Ulrike, Kirchenräume (neu) entdecken. Eine Arbeitshilfe zur Kirchenraumpädagogik, DKV, 2. Aufl. München 2018.
Gerhards, Albert/Boschki, Reinhold, Mensch – Raum – Gott. In der Kirchenraumpädagogik geschieht Begegnung, in: Herder Korrespondenz Spezial (2011) 1, 51–55.
Goecke-Seischab, Margarete Luise/Harz, Frieder, Komm, wir entdecken eine Kirche. Räume erspüren, Bilder verstehen, Symbole erleben. Tipps für Kindergarten, Grundschule, Familie, München 2002.
Hitzelsberger, Peter/Gremmelspacher, Carmen, Kinder entdecken den Kirchenraum, München 2020.
Joon, Elisabeth, Heiligung des Raumes. Raumtheologische Überlegungen zu einem protestantischen Heiligungsbegriff, in: Sigrist, Christoph/Hofstetter, Simon (Hg.), Kirchen – Bildung – Raum. Beiträge zu einer aktuellen Debatte, Zürich 2014, 43–58.
Julius, Christiane u. a. (Hg.), Der Religion Raum geben. Eine kirchenpädagogische Arbeitshilfe, Loccum 1999.
Kaulen, Katharina, Kinder erschließen Kirchenräume. Materialien ab Klasse 3. Materialbrief RU 3 (2007), 1–16.
Kindermann, Katharina/Riegel, Ulrich, Zu den Effekten außerschulischen Lernens im Kirchenraum vor Ort. Bericht einer Studie zur Kirchenraumpädagogik im Pre-Post-Design, in: Religionspädagogische Beiträge 78 (2018), 45–55.
kirchenpädagogik, Thesen 2002 zur Kirchenpädagogik, Osnabrück 2002. Online: http://www.bvkirchenpaedagogik.de/kirchenpaedagogik/thesen-und-dresdner-positionspapier/ [abgerufen am: 15.10.2023].

Langenhorst, Georg, Interreligiöses Lernen in Synagoge, Kirche und Moschee. Trialogische Zugänge zu religiösen Kulträumen, in: Religionspädagogische Beiträge 78 (2018), 33–44.
Löw, Martina, Raumsoziologie, 9. Aufl. Frankfurt a. M. 2017.
Neumann, Birgit/Rösener, Antje/Sünder-Gaß, Martina, Kirchenpädagogik. Kirchen öffnen, entdecken und verstehen. Ein Arbeitsbuch, 4. Aufl. Gütersloh 2009.
Orth, Peter, Kirchenerkundungen – Didaktisch-methodische Hinweise, in: Katechetische Blätter 137 (2012) 3, 181–183.
Riegel, Ulrich/Kindermann, Katharina, Field trips to the church. Theoretical framework, empirical findings, didactic perspective. Research on religious and spiritual education, Volume 9, Münster i. W./New York 2017.
Rösener, Antje, „Bildung und Raum". Zum Anliegen und den Perspektiven der Kirchenpädagogik in einer multikulturellen Gesellschaft. Eine Standortbestimmung, in: Sigrist, Christoph/Hofstetter, Simon (Hg.), Kirchen – Bildung – Raum. Beiträge zu einer aktuellen Debatte, Zürich 2014, 59–72.
Rupp, Hartmut (Hg.), Handbuch der Kirchenpädagogik. Bauwerke wahrnehmen – Zielgruppen beachten – Methoden anwenden, (Bd. 2). Unter Mitarbeit von Beisel, Michael/Grom, Barbara/Kares, Martin/Meier, Gernot/Rupp, Hartmut/Weidermann, Oliver/Wüstenberg, Ulrich, Stuttgart 2017.
Rupp, Hartmut (Hg.), Handbuch der Kirchenpädagogik (Bd. 1). Unter Mitarbeit von Evers, Daniela/Gnandt, Georg/Greiling, Hartmut, 3., überarbeitete Aufl. Stuttgart 2016.
Sendler-Koschel, Birgit, In Kommunikation mit Wort und Raum. Bibelorientierte Kirchenpädagogik in einer pluralen Kirche und Gesellschaft, Göttingen 2016.
Zimmermann, Mirjam, Der Kirchenraum ein „heiliger Raum"? Der Mythos von der Heiligkeit des Kirchenraums – Versuch einer phänomenologischen Annährung, in: Zeitschrift für Gottesdienst und Predigt 23 (2005) 2, 27–31.
Zimmermann, Mirjam, Kirchen erkunden Grundschule, in: Religionspädagogische Impulse (2004) B3 (ohne Seitenangabe).

Virtual Reality in der Sakralraumpädagogik. Möglichkeiten und Grenzen von 360 Grad-Rundgängen

Lorenz Gilli, Minou Seitz, Cagdas Günes & Jan Kricks

1. Einleitung

In Siegen gibt es im nahen Umfeld keine Moscheen, Synagogen oder Tempel, die mit Studierenden in Exkursionen besucht und erkundet werden könnten. Möchte man gemeinsam mit Studierenden Einblicke z. B. in eine Synagoge, in deren Architektur und Ausstattung sowie in die dort praktizierten Gebräuche erhalten, müsste man von Siegen aus z. B. nach Köln oder Frankfurt a. M. fahren. Eine solche Exkursion ist mit einem erhöhten Zeit- und Kostenaufwand verbunden, oder manchmal gar nicht möglich. Diese Problematik hat Frau Prof. Dr. Mirjam Zimmermann in einer Sitzung zur „Qualitätsverbesserung der Lehre an der Universität Siegen" mit dem Hinweis auf die Potenziale der Digitalität im Allgemeinen und der virtuellen Rundgänge im Speziellen verbunden: Diese könnten einen positiven Beitrag zur interreligiösen Bildung (angehender) Religionslehrerinnen und -lehrer leisten, indem digitale Repräsentationen der Sakralbauten als virtuelle Lernumgebungen am Computerbildschirm (in 2D) oder in VR-Umgebungen (in 3D) genutzt werden.

Aus dem Bedarf nach digitalen Materialien für die Hochschullehre und dem interreligiösen Lehren und Lernen ist eine Kooperation zwischen Prof. Dr. Mirjam Zimmermann (Evangelische Religionspädagogik) sowie Prof. Dr. Ulrich Riegel (Katholische Religionspädagogik) und dem „dime:US-Team" der Philosophischen Fakultät entstanden. Im Sommersemester 2023 wurde im Rahmen dieser Kooperation das Lehrprojekt „Sakralraumpädagogik digital" an der Universität Siegen durchgeführt. Es verfolgte das Ziel, angehenden Religionslehrpersonen die technischen und konzeptionellen Fertigkeiten zu vermitteln, Sakralräume digital erschließen und anhand sakralraumpädagogischer Prinzipien aufbereiten zu können. Die erstellten virtuellen Rundgänge sollten als Lernmaterialien für den fachspezifischen schulischen Unterricht und die fachspezifische Hochschullehre aufbereitet werden. Das Seminarziel unterscheidet sich daher beispielsweise von einer touristisch motivierten Erschließung oder einer Repräsentation zu Zwecken virtueller Gottesdienste.

1.1 Ziel des Beitrags

In diesem Beitrag möchten wir einen Überblick über konzeptionelle und technische Überlegungen geben, die bei der Erstellung virtueller Rundgänge eine Rolle spielen sollten. Insbesondere gehen wir hierbei auf unsere Erfahrungen in der praktischen Durchführung der Aufnahmen sowie der Erstellung der virtuellen Rundgänge ein. Damit ist das Ziel verbunden, Handlungsempfehlungen für ähnliche Projekte darzulegen. Die Ausführungen sind dabei aus einer die Dozierenden beratenden und unterstützenden Perspektive zu verstehen, in der v. a. Technikaspekte (Hard- und Software) und deren didaktische Einbettung ins Seminar berücksichtigt werden.

1.2 Rolle und Aufgabe von dime:US

Die Autorin und die Autoren dieses Beitrags sind Mitarbeiterin und Mitarbeiter bzw. e-Tutoren (studentische Hilfskräfte) im Projekt „Digitalität menschlich gestalten" (dime:US) an der Universität Siegen. dime:US ist am Prorektorat für Studium und Lehre der Universität Siegen verortet und wurde von der Stiftung „Innovation in der Hochschule" mit drei Jahren Laufzeit (August 2021 – Juli 2024) gefördert. Das Projekt „adressiert unter dem Stichwort der Digitalität einen kollaborativ gesteuerten Paradigmenwechsel in der Lehr-Lernkultur der Universität Siegen" (dime:US, o. J.). Ziel des Projekts ist es, das Lehren und Lernen an der Universität Siegen unter selbstverständlicher Mitnutzung von Digitalität zu verbessern. dime:US unterstützt Lehrende wie auch Studierende bei der (Weiter-)Entwicklung von innovativen digitalen Lehrformaten und bei der Förderung fachspezifischer Kompetenzen im Zusammenhang mit Digitalität.

Das dime:US-Projektteam besteht aus den beiden Projektmitarbeiter:innen Lorenz Gilli und Minou Seitz, die als Digital Didactic Experts für die Philosophische Fakultät als Ansprechpartnerin und Ansprechpartner bzw. Koordinatorin und Koordinator fungieren, sowie von den Hilfskräften Cagdas Günes, Jan Kricks und Helen Schwarz, die als e-Tutorin bzw. e-Tutoren unterstützend und beratend tätig sind. Konkret bestand die Unterstützungsleistung von dime:US
– in der Auswahl der anzuschaffenden Gerätschaften und der Software,
– in der Erstellung des Kostenplans im Rahmen der Antragsstellung für „digiFellows" (s. u.),
– in der Konzeption und Planung des Seminars,
– in der Schulung der Studierenden der Handhabung der 360 Grad-Kameras und der Virtual-Tour-Software,
– in der Durchführung der 360 Grad-Aufnahmen in den jeweiligen Sakralräumen,
– im Support bei der Erstellung der virtuellen Rundgänge sowie

Virtual Reality in der Sakralraumpädagogik

— in der Bereitstellung/Publikation der fertigen Rundgänge auf der Projektwebsite (https://www.uni-siegen.de/phil/sakralraumpaedagogik/).

2. Konzeption des Seminars

2.1 Rahmenbedingungen

Einzelne Rahmenbedingungen für das Lehrprojekt „Sakralraumpädagogik digital" ergaben sich aus den Förderbedingungen von „digiFellows". Die Fördersumme von 50.000 Euro erlaubte die Anschaffung von Hard- und Software für die 360 Grad-Aufnahmen, die virtuellen Rundgänge sowie die Anstellung einer studentischen Hilfskraft am Lehrstuhl. Eine anfangs angedachte Erstellung von kompletten 3D-Modellen der Sakralräume, also eine Vermessung der Sakralräume und Erstellung von polygon-basierten Modellen, war mit dem vorhandenen Budget nicht zu leisten. Aber auch didaktisch wäre ein solch komplexes Verfahren nicht wünschenswert gewesen, da es den Einsatz einer externen Agentur erfordert hätte. Ziel des Seminars und auch von digiFellows war es nämlich, Studierenden technische und konzeptionelle Kompetenzen möglichst niederschwellig zu vermitteln sowie zum Transfer anzuregen. Durch eine Schulung durch das dime:US-Team sollten Studierende in die Lage versetzt werden, selbstständig 360 Grad-Aufnahmen zu erstellen, zu einer virtuellen Tour zusammenzuführen und religionspädagogisch anzureichern. Die Dozierenden sollten durch die Schulung befähigt werden, Grundlagen der 360 Grad-Fotografie und der virtuellen Rundgänge zu erfassen und die Studierenden konzeptionell zu begleiten. Die angestrebte Transferleistung bestand darin, dass andere Dozierende – auch aus anderen Fächern – mit geringem finanziellem Aufwand ein ähnliches Seminar durchführen könnten, sofern sie Zugang zu Hard- und Software bekommen und entsprechend geschult werden. Dieses Transferpotenzial zu ergründen war Teil des Seminars und seines experimentellen Charakters.

2.2 Didaktische Ziele und Planung des Seminars

Insgesamt bestanden die Ziele des Projekts also darin, die Studierenden zum Erstellen virtueller Rundgänge – im Hinblick auf Konzeptionierung, Vorbereitung, Erschließung und Erstellung – zu befähigen und diese anschließend mit didaktischen Mitteln und Werkzeugen anzureichern. Hierzu absolvierten die Studierenden ein Seminar im Umfang von zwei Semesterwochenstunden (drei Creditpoints, 90 Std. Workload).

Aus Sicht der Medienproduktion sind im Projekt drei Arbeitspakete zu unterscheiden, die sukzessive anfallen:
- die Erstellung der 360 Grad-Aufnahmen in den Sakralbauten,
- die Nachbearbeitung der Aufnahmen mit Photoshop sowie
- die Erstellung der virtuellen Touren.

Bei der Erstellung der Aufnahmen in den Sakralbauten wurde die Technik von der begleitenden e-Tutorin bzw. dem e-Tutor aufgebaut und eingerichtet. Im Anschluss sollten die Studierenden möglichst autonom vorgehen, wobei zusätzlich die Projektleiterin oder der Projektleiter für religionspädagogische Aspekte zur Seite stand. Für die Nachbearbeitung in Photoshop wurde die angestellte Hilfskraft um Hilfe gebeten. Die Erstellung der virtuellen Rundgänge mit der entsprechenden Software sollten die Studierenden weitestgehend selbstständig durchführen.

Für die Vermittlung der technischen Fähigkeiten zur Benutzung der 360 Grad-Kameras und der Software für die virtuellen Touren wurde vom dime:US-Team in der Anfangsphase des Seminars eine Technikschulung geplant und in einer Sitzung im Umfang von 90 Min. umgesetzt.

2.3 Auswahl Virtual Tour Software

Ausgehend von den didaktischen Zielen und Anforderungen wurde zuerst die Entscheidung für die Software zur Erstellung von virtuellen Rundgängen getroffen. Für die Software steht vor allem eine intuitive und niederschwellige Bedienung im Vordergrund, da die Studierenden das Programm innerhalb kürzester Zeit erlernen und verwenden können müssen. Die erstellten Touren sollen dann als „Open Educational Resources" (OER) über das Landeportal orca.nrw zur Verfügung stehen, weswegen eine anbieterunabhängige und kostenlose Bereitstellung ein zentrales Kriterium darstellte. Des Weiteren gab es die Anforderung, dass möglichst vielfältige mediale Elemente und u. U. auch externe Videos oder Fotos in die Rundgänge eingefügt werden können.

Zudem wurden hierzu Gespräche mit den Projektleiterinnen und -leitern ähnlicher Projekte geführt und nach deren Hard- und Software-Ausstattungen sowie praktischen Erfahrungen gefragt: mit Benjamin Weber (ehem. „Deutsches Institut für Virtuelle Realitäten", DIVR), der u. a. eine virtuelle Tour der Synagoge in Bochum[1] erstellt hat; mit Theresa Witt (Universität Bamberg), die Bamberger Kirchen in 3D erschlossen hat[2], sowie mit dem Team von Digifit, „Digital geology meets inclusive field training" (Ruhr-Universität Bochum) unter der

---

[1] https://www.jg-bochum.de/Synagoge/index.htm [abgerufen am: 20.09.2023].
[2] https://www.uni-bamberg.de/relpaed/theowerk/standard-titel-4/relpaed-lehrwerkstatt-standard-titel-4-3dkirchenpaedagogik/ [abgerufen am: 20.09.2023].

Virtual Reality in der Sakralraumpädagogik

Leitung von Dr. Mandy Duda, bei dem Felsgelände geowissenschaftlich als virtuelle Tour mit 3D-Objekten erschlossen wurden[3] (Godlewska et al., 2023).

Aus diesen Anforderungen sowie aus den Erfahrungen der erwähnten Projekte kristallisierten sich die Anwendungen Matterport und 3DVista als Möglichkeiten heraus.[4] Matterport bietet zwar niederschwellig die Möglichkeit, die Rundgänge mit dem Smartphone zu erstellen, und erstellt automatisiert ein 3D-Modell des gesamten Objekts; jedoch ist diese Methode sehr zeitintensiv und hängt von der Qualität der Kamera des Smartphones ab. Außerdem werden die Rundgänge nur von Matterport selbst auf deren eigenen Servern in den USA kostenpflichtig gehostet, was eine unerwünschte Folgeabhängigkeit, jährlich anfallende Abo-Kosten sowie Datenschutzprobleme impliziert.

3DVista hingegen erlaubt ein unabhängiges Hosting der Touren, auch als OER, und ist aufgrund des einmaligen Kaufpreises buchhalterisch im Projektkontext einfacher abzurechnen. Es besteht die Möglichkeit, besonders interessante Punkte oder Objekte (‚Hotspots') hervorzuheben, vielfältige mediale Elemente einzubetten oder zu verlinken sowie interaktive Lernelemente zu integrieren, bspw. in Form von Quizzes oder Escape-Room-Elementen (was 3DVista in diesem Punkt von der Plattform für interaktive Elemente H5P abhebt). Die Bedienung von 3DVista zeigte sich in den Probeläufen sehr intuitiv. Auch kleine Nachbearbeitungsarbeiten an den Aufnahmen lassen sich in der Anwendung vornehmen (dies ersetzt allerdings keine professionelle Photoshop-Nachbearbeitung). Die Anwendung bietet eine breite Palette an Möglichkeiten, ohne dabei in ihren Einzelheiten zu komplex für die geplanten Einsatzzwecke zu werden. Schließlich ist durch die ausschließlich lokale Erstellung und Bearbeitung der Touren sowie den Sitz des Unternehmens innerhalb der EU (Spanien) der Datenschutz gewährleistet. Aufgrund der Lizenzierungsmodelle, des Datenschutzes und der Integration interaktiver Elemente fiel die Entscheidung auf die Software 3DVista.

2.4 Auswahl 360 Grad-Kameras

Ausgehend von der Entscheidung für 3DVista erfolgte die Entscheidung zu kompatibler Hardware, weshalb schnell der empfohlene Anbieter Insta360 in die Auswahl kam. Das Modell Pro 2 bietet als einziges Modell am Markt nicht nur zwei, sondern sechs Linsen für nahtlose 360 Grad-Aufnahmen. Die „No-Stitch-Funktion" der Software macht das manuelle Zusammenfügen der Einzelbilder

---

[3] https://moodle.ruhr-uni-bochum.de/course/view.php?id=43662 und https://mediathek.hhu.de/watch/27ff90ee-ec0b-47cb-8f73-f6249c76deb3 [abgerufen am: 20.09.2023].

[4] Die Nennung von konkreten Herstellern, Modellen und Anwendungen dient der Angabe für Eigenschaften und technische Aspekte, die für die Entscheidung relevant waren und können als Referenz für ähnliche Projekte genutzt werden.

zu einem 360 Grad-Bild hinfällig, da die Kamera bzw. die Software die Bilder automatisch zusammenfügen. Es ist jedoch möglich, im Nachgang auf die Aufnahmen der einzelnen Kameras zuzugreifen, ohne das zusammengefügte Bild zu verwenden. Sie bietet eine Bedienung in Echtzeit per Smartphone- oder Tablet-App („Farsight"), um die Präsenz der Aufnehmenden in den Bildern zu umgehen. Die Lichtempfindlichkeit der Sensoren ist Testberichten zufolge höherwertig als bei den anderen Kameras, was gerade bei Innenaufnahmen von Sakralbauten relevant ist.

Das Modell X3 wurde als kleineres Modell zusätzlich ausgewählt, um einerseits ein deutlich einfacher zu bedienendes Modell und andererseits eine zweite Kamera als Backup bereitzustellen. Dieses bieten nur zwei Kameras. Zudem sollen die Studierenden mit beiden Modellen Aufnahmen erstellen, um Best-Practice-Lösungen bzgl. Qualität und Handhabung erstellen und vergleichen zu können. Um die Kompatibilität, die Bedienbarkeit und die Stabilität der Workflows sicherzustellen, fiel die Entscheidung auf Kameras desselben Herstellers. Für Detailaufnahmen von Objekten in den Sakralbauten wurde zusätzlich eine herkömmliche, digitale Systemkamera angeschafft.

Für den Betrieb der 360 Grad-Kameras wurden für die X3 ein und für die Pro 2 zwei Ersatzakkus angeschafft, womit eine Betriebsdauer von rund acht Stunden abgedeckt werden konnte. Für beide Kameras wurden Stative erworben, wobei aufgrund des Gewichts der Pro 2 ein sehr stabiles Stativ anzuraten ist. Für die Bearbeitung der Aufnahmen in Photoshop wurde für die SHK ein Laptop mit Intel i7-Prozessor angeschafft, um die Photoshop-Bearbeitungen durchführen zu können. Photoshop war über die Campus-Lizenz der Universität Siegen kostenlos verfügbar.

2.5 Hosting der fertigen Touren

Um fertige Touren nicht nur intern nutzen zu können, sollten diese auf einer Website gehostet werden, gegebenenfalls auch auf den Websites der Projektpartner. Hierzu kamen drei Lösungen infrage, wobei sich Lösung „Drittens" final bewährte.

Erstens: 3DVista bietet einen kostenpflichtigen Hosting-Dienst, bei dem der Rundgang über deren proprietären Server verfügbar ist. Die damit verbundenen Kosten waren im Vorfeld schwierig abzuschätzen, da nach Gesamtspeichergröße der Touren abgerechnet wird. Aufgrund der Abhängigkeit vom Anbieter und der jährlichen Abo-Gebühren kam diese Lösung nicht in Frage.

Zweitens: Die Bereitstellung der Rundgänge als Moodle-Kurs stellte leider auch keine realisierbare Option dar, da die Moodle-Instanz an der Universität Siegen ein Upload-Limit von 500 MB und von ORCA.NRW von 1 GB vorsieht. Bei Dateigrößen von 0,6 GB bis 3,4 GB pro virtuellem Rundgang wären diese Limits schnell erreicht worden.

Drittens: Somit blieb nur mehr ein selbstständiges Hosting über einen universitätseigenen Server oder über einschlägige Serveranbieter. Hierbei wird das gesamte exportierte Datenpaket per FTP[5] hochgeladen und clientseitig über HTML und Javascript aufgerufen. Die Anforderung an den Server sind gering, da es sich um einfaches Dateihosting handelt. Die Rundgänge werden von der Fakultät I gehostet und, sobald finalisiert, über die Projektwebsite abrufbar sein.

3. Ablauf des Seminars

Die ersten Sitzungen des Seminars waren zwei Einführungen in das Thema gewidmet: in der ersten Sitzung einer allgemeinen Einführung und in der zweiten der Technikschulung durch dime:US. Die in den Seminarablauf integrierte Online-Konferenz sollte danach den Studierenden einen wissenschaftlichen Kontext zum Thema bieten. Im Anschluss erstellten die Projektgruppen selbstständig die Aufnahmen in den Sakralräumen. Nachdem die Fotos von der SHK per Photoshop bearbeitet und bereitgestellt wurden, konnten die Studierenden die virtuellen Rundgänge erstellen und sakralraumpädagogisch aufbereiten. In der Abschlusssitzung wurden die Ergebnisse den Seminarteilnehmerinnen und -teilnehmern sowie den beiden Dozierenden vorgestellt.

3.1 Technikschulung für Studierende

In der Technikschulung wurden den Studierenden die technischen Grundlagen für die praktische Anwendung und Nutzung der 360 Grad-Kameras einerseits und für die Erstellung von virtuellen Rundgängen in der Software 3DVista andererseits vermittelt. Dazu wurden zwei Gruppen aus je acht Personen gebildet, die die beiden Module alternierend besuchten. Insgesamt standen so jeweils 35 Minuten pro Schulungsmodul zur Verfügung. Die Studierenden erhielten vorab bereits Materialien zur Vorbereitung sowie im Nachgang eine technische Dokumentation zu 3DVista.

Bei dem Modul 360 Grad-Kameras wurde den Studierenden zunächst die kleinere Kamera Insta360 X3 zur eigenständigen Nutzung übergeben, da diese als intuitiv und einfach zu bedienen gilt. Die Studierenden konnten die Kamera und das Stativ aufbauen, die X3-App einrichten und nutzen, Fotopunkte definieren, die Positionierung der Kamera verstehen und erlernen, sowie sich das Da-

---

[5] Das File Transfer Protocol (FTP) ist ein Netzwerkprotokoll zur Übertragung von Dateien über IP-Netzwerke. Mittels einfach zu bedienender Clients wie „Filezilla" können damit Dateien auf einen Server hochgeladen werden.

teimanagement aneignen. Die große Kamera, das Modell Pro 2, erforderte detaillierte Erläuterungen, und es wurden die Bedienung der App, des Farsight-Moduls und der Kamera vermittelt. Erweiterte Einstellungen wie Weißabgleich, Belichtung, Autofokus und die Fotomenge pro Aufnahme sowie das Dateimanagement wurden von den Studierenden erlernt. Auf die grundlegende Einrichtung, den Aufbau und die Verbindungen zwischen Bedienelement (Farsight und Tablet-App) und Kamera wurde nicht eingegangen, da dies bei den Aufnahmen vor Ort das dime:US-Team übernahm und als zu komplex ansah.

Das Modul 3DVista vermittelte den Studierenden die Grundlagen der Software 3DVista zur Erstellung der virtuellen Rundgänge. Sie erlernten den Import der Fotos in die Software, die Erstellung der 3D-Touren sowie die Erstellung von Hotspots und die Einbindung mehrerer Inhalte/Multimedia-Elemente, die visuelle Gestaltung der Bedienoberfläche und den Export der Daten für Webseiten. Anhand von bereitgestellten Beispielfotos konnten die Studierenden die einzelnen Funktionen sofort ausprobieren und einüben. Eine kurze Einführung als pdf-Datei wurde im Nachgang von dime:US bereitgestellt.

3.2 Begleitung bei den Aufnahmen

Nach den einführenden Seminarsitzungen begannen die Projektgruppen mit den Aufnahmen in den Sakralbauten. Diese fanden zwischen Ende April und Mitte Mai an jeweils einem Tag statt. Dabei legten die Studierenden nicht nur die Fotopunkte fest und führten die Aufnahmen durch, sondern erstellten auch Einzelaufnahmen von Hotspots wie Altären oder Gedenktafeln, führten Interviews z. B. mit Personen aus den Gemeinden und nahmen Audiospuren, z. B. Glocken und anderen Instrumenten, auf. Bei der Durchführung war jeweils eine e-Tutorin oder ein e-Tutor des dime:US-Teams begleitend anwesend, um die Einrichtung der Pro 2 durchzuführen oder bei technischen Problemen als Ansprechpartner oder Ansprechpartnerin vor Ort zur Verfügung zu stehen. Daneben unterstützten sie die Studierenden z. B. bei Fragen zur Position und Höhe der Kamera oder zur Anzahl der Aufnahmen. Zudem unterstützen sie die Studierenden bei der Nutzung von Mikrofonen und Anwendungen wie Polycam zur 3D-Aufnahme von Hotspot-Objekten.

3.3 Photoshop-Nachbearbeitung

Die Nachbearbeitung der Aufnahmen verfolgte mehrere Ziele: Neben der gängigen Nachjustierung digitaler Aufnahmen in Bezug auf Helligkeit und Kontrast bestand eine zentrale Aufgabe darin, die Belichtungsverhältnisse der einzelnen Fotopunkte anzugleichen, die innerhalb weniger Meter stark variieren konnten.

Mit HDR-Aufnahmen[6] konnten im Nachgang die Belichtungsverhältnisse verbessert werden. Ebenso ließen sich durch dieses Vorgehen in einem einzigen Foto unterschiedliche Bereiche mit verschiedenen Belichtungsverhältnissen kombinieren.[7]

Ein weiteres Ziel war die Anonymisierung (Verpixelung) personenbezogener Daten in den Aufnahmen, was v. a. die Gesichter anwesender Besucher und die Kfz-Kennzeichen bei den Außenaufnahmen betraf. Schließlich mussten bei der Synagoge aus sicherheitstechnischen Gründen einzelne Details unkenntlich gemacht werden (siehe dazu den anschließenden Beitrag von Ella Heinrich-Öncü in diesem Band). Für die Nachbearbeitung sind, bei entsprechendem routiniertem Umgang mit Photoshop, rund zehn bis fünfzehn Minuten pro 360 Grad-Foto zu veranschlagen.

3.4 Erstellung 3D-Touren

Nach Erstellung der Aufnahmen und ihrer Nachbearbeitung begannen die Studierenden, diese in eine didaktisch nutzbare 3D-Tour umzusetzen. Dabei hatten sie rund vier Wochen Zeit, die Einzelaufnahmen zu einem Rundgang zusammenzusetzen und mit didaktischen Mitteln anzureichern. Während dieser Zeit stand das dime:US-Team wieder als Ansprechpartner zur Verfügung.

Der Zeitaufwand für die Erstellung der Rundgänge hängt zum einen von der Anzahl der Fotos und zum anderen von der Komplexität der Rundgänge ab, d. h. davon, wie viele zusätzliche Elemente eingebaut werden. Eine Bearbeitungszeit von 20–30 Stunden pro Rundgang ist dabei schnell erreicht.

4. Erfahrungen und Ergebnisse

Insgesamt lässt sich feststellen, dass das Lehrprojekt seine Zielsetzung, Studierende zum Erstellen von virtuellen Rundgängen unter sakralraumpädagogischen Gesichtspunkten zu befähigen, erreicht hat. Die technische Unterstützung sowie ihre didaktische Einbettung in den Seminarablauf durch dime:US hat sich

---

[6] Bei High Dynamic Range-Bildern (HDR) werden mehrere Bilder (hier konkret: fünf) in unterschiedlichen Belichtungsstufen aufgenommen und im Anschluss zu einem Bild zusammengefügt. Im Ergebnis hat das Bild einen deutlich höheren Dynamikumfang, d. h. einen hohen Detailgrad sowohl in dunklen wie auch in hellen Bereichen.

[7] So konnten bspw. die hell erleuchteten Glasfenster aus der schwach belichteten Aufnahme mit dem wenig hellen Innenraum aus der stark belichteten Aufnahme zu einem homogen erscheinenden Gesamtbild kombiniert werden, indem in Photoshop die entsprechenden Ausschnitte übereinandergelegt (maskiert) wurden.

als sinnvoll erwiesen. Allerdings stieß das Lehrprojekt auch auf zwei zentrale Herausforderungen: die Vermittlung medientechnischer Grundlagen (4.1) sowie die Qualität der erstellten Aufnahmen (4.2).

4.1 Herausforderung 1: Medientechnische Grundlagen und deren Vermittlung

Grundsätzlich wurde die Schulung vor den Aufnahmeterminen von den Studierenden als positiv empfunden, von manchen allerdings als zu kurz und als unzureichend für die Aufnahmen vor Ort. Die kleine Kamera Insta X3 wurde als selbsterklärend angesehen und konnte sofort problemlos und intuitiv genutzt werden. Für die große Kamera Pro 2 benötigten die Studierenden jedoch detaillierte Anleitungen, und auch vor Ort waren sie auf die Unterstützung durch eine e-Tutorin oder einen e-Tutor bei der Einrichtung und Bedienung angewiesen. Zudem erwies sich die Pro 2 als etwas unzuverlässig bei Einrichtung und Bedienung, und es kam häufig zu Verbindungsproblemen zwischen der Kamera und dem Farsight-Modul bzw. der Tablet-App. Trotz dieser Herausforderungen konnten alle Sakralbauten, wie geplant, jeweils innerhalb eines Tages (zwischen sechs und neun Stunden) aufgenommen werden.

Ein Kriterium der Entscheidung für 3DVista war dessen intuitive Bedienung bei umfangreichem Angebot an Features, was sich im praktischen Umgang prinzipiell bestätigt hat. Eine Hürde in der praktischen Arbeit und zugleich ein Manko der Software ist die fehlende Möglichkeit zum kollaborativen, sprich parallelen und cloud-basierten Arbeiten. 3DVista kann nur auf lokale Dateien zugreifen, so dass im Falle von mehreren bearbeitenden Personen die Rundgänge immer nur von einer Person lokal bearbeitet werden kann, diese im Anschluss lokal gespeichert und mittels Clouddiensten (sciebo, dropbox etc.) geteilt werden muss. Zudem kam es durch die verschiedenen Export-Optionen in 3DVista, Synchronisierungsproblemen beim Clouddienst Sciebo sowie unklaren Absprachen zwischen den Beteiligten immer wieder zu Datenverlusten und Verzögerungen. Technisch gesehen lautet hier also die Empfehlung, den gesamten Rundgang auf einem einzigen Rechner lokal zu erstellen – aus Projektmanagement-Sicht ist dies aber als suboptimal einzustufen.

Die umfangreichen Features von 3DVista haben Studierende zu kreativen Ideen für die religionspädagogischen Anreicherungen inspiriert, die Umsetzung war jedoch nicht immer intuitiv und selbstständig möglich. Mittels Tutorials auf YouTube und der Facebook-Gruppe für 3DVista konnten jedoch die meisten Hürden selbstständig genommen werden.

4.2 Herausforderung 2: Qualität der erstellten Aufnahmen

Sakralräume sind häufig nicht besonders hell ausgeleuchtet und die im Raum verteilten Fotopunkte weisen meist deutlich unterschiedliche Belichtungsverhältnisse auf. Eine Ausleuchtung der Räumlichkeit durch Scheinwerfer wäre für solch ein Projekt viel zu aufwändig und kostenintensiv. Die größte Herausforderung bei Innenaufnahmen in Sakralräumen besteht daher hinsichtlich unterschiedlicher Belichtungsverhältnisse, sowohl zwischen den verschiedenen Bildern pro Fotopunkt (vgl. Abbildung 1 und 2), als auch eines einzigen Bildes. Letzteres konnte durch Überlagerung der HDR-Aufnahmen und Maskierung in Photoshop gelöst werden. Ebenso konnten einige Belichtungsunterschiede zwischen den Fotos im Nachgang behoben werden, hätten aber idealerweise bereits bei der Aufnahme durch sukzessiven Weißabgleich vermieden werden können.

Abb. 1: Synagoge in Mannheim, dunkler Fotopunkt in einer Ecke

Ein Ziel des Seminars war es zu erörtern, inwiefern sich die Qualität der Aufnahmen der beiden Kameras (X3 und Pro 2) unterscheidet. Zwar ist ein Unterschied festzustellen, jedoch fällt dieser geringer aus als erwartet, und ist nur bei genauerer Betrachtung zu erkennen – wobei hier eingewandt werden kann, dass mit profundem Wissen eines Profi-Fotografen oder einer Profi-Fotografin die Unterschiede durchweg signifikanter ausfallen könnten. Zum anderen ist die Benutzung der Pro 2 um ein Vielfaches schwieriger und zeitaufwändiger als jene der X3. Auch wenn das Ergebnis der X3 qualitativ etwas geringer ausfällt als jenes der Pro 2, ist die X3 durch ihre schnelle Inbetriebnahme und sehr leichte Handhabung eine geeignete Kamera für Studierende. Es bleibt jedoch zu konstatieren, dass mit der Pro 2 am Ende qualitativ hochwertigere Ergebnisse erzielt werden können als mit der X3.

Abb. 2: Synagoge in Mannheim, heller Fotopunkt, ca. 3 Meter von Abb. 1 entfernt

Ergänzend sei hier zu erwähnen, dass die wohl besten Ergebnisse mit herkömmlichen Digitalkameras erzielt werden, mit denen je Fotopunkt 36 Einzelbilder erfasst und manuell zusammengeführt (‚gestitcht') werden (siehe Beitrag von Benjamin Weber im Teil III.). Damit werden die leichten Verzerrungen, die sich durch die Linsen der 360 Grad-Kameras ergeben, vermieden. Diese Option schied für unser Lehrprojekt aber aus Zeitgründen von vornherein aus.

5. Handlungsempfehlungen

Auf Grundlage der Projektbegleitung können wir als dime:US-Team sieben Handlungsempfehlungen formulieren, die zukünftig ähnlich durchgeführten Projekten im Rahmen ihrer Umsetzung als Hilfestellung dienen können:
– *Handlungsempfehlung 1: Kollaboratives Arbeiten mit 3DVista möglichst vermeiden*
  Kollaboratives Arbeiten an verschiedenen Endgeräten sollte bei der Arbeit mit 3DVista vermieden werden. Falls nicht anders möglich, ist stets darauf zu achten, dass die Projektdatei mit Medien exportiert wird. 3DVista bietet zudem die Möglichkeit, die gespeicherten Dateien mittels Cloudservice (kostenpflichtig) auf anderen Rechnern zu synchronisieren. Eine synchrone Bearbeitung durch zwei oder mehr Personen ist in beiden Fällen nicht möglich.
– *Handlungsempfehlung 2: Upload via Cloudserver bzw. FTP*
  Wir haben außerdem feststellen müssen, dass der Upload via Cloudserver bzw. FTP fehleranfällig ist; einzelne Dateien waren nach Upload nicht mehr

auffindbar. Durch komprimierte Ordner (.zip oder .rar bspw.) lässt sich diesem Problem entgegenwirken.
- *Handlungsempfehlung 3: Workflows im Vorfeld klar kommunizieren*
Weiterhin ist zu empfehlen, die Workflows im Vorfeld genau abzuklären. Wo findet der Dateiaustausch statt, Stichwort Cloud-Speicher? Wie werden die Dateien benannt, Stichwort Zeitstempel im Dateinamen? Wer lädt die Dateien auf welchen Server und welchen Pfad hoch? Wer legt fest, wann die Dateien veröffentlicht werden? Bei diesem gesamten Thema bietet es sich an, eine Kollaboration mit dem IT-Support / mit Mediendienstleistern / mit Uni-Webmaster von vorneherein zu pflegen und diese bei den verschiedenen Schritten zu Rate zu ziehen. Im Rahmen der Bearbeitung ist es wichtig, eine zentrale Ansprechperson oder Stelle für den technischen Support klar und deutlich zu kommunizieren, damit ähnliche Fragen gesammelt und die Lösungen an alle Teilnehmerinnen und Teilnehmer verteilt werden können. Dabei ist für diese Stelle eine gewisse Expertise bzgl. Software und Bearbeitung unabdinglich.
- *Handlungsempfehlung 4: Regelmäßige Meetings*
Regelmäßige Meetings mit allen am Projekt beteiligten Personen, Stellen und Organisationen sind ebenfalls unabdinglich. Dabei wird eine Aufteilung auf zwei Ebenen hilfreich sein: zum einen eine operative Ebene, in der inhaltliche Fragen geklärt werden, und ein Austausch der Beteiligten zu unterschiedlichen Themen rund um das Projekt. Zum anderen eine Steuerungsebene, die Fragen nach Rollen- und Aufgabenverteilung sowie die Zusammenarbeit thematisiert und in regelmäßigen Abständen auch die vorhandenen Strukturen überprüft. Typischerweise und einem agilen Ansatz folgend, finden operative Treffen häufiger statt als Steuerungstreffen, können aber u. U. kürzer gehalten werden (Klein/Hughes/Fleischmann, 2023, 130–151).
- *Handlungsempfehlung 5: Workload für Studierende realistisch einschätzen*
Der in diesem Seminar geplante Umfang von zwei Semesterwochenstunden und der Erwerb einer Studienleistung sind für die angefallene Arbeit nicht ausreichend. Eine Verdopplung der SWS auf vier und der Erwerb einer Prüfungsleistung dürften hier dem Arbeitsaufwand eher gerecht werden. Für ein mögliches weiteres Projekt in diesem Rahmen steht eine Kooperation der Medienwissenschaft und der Religionspädagogik in Aussicht und somit eine Aufteilung in Medienproduktion und Religionspädagogik.
- *Handlungsempfehlung 6: Unterstützungsstrukturen bieten und medientechnische Kenntnisse realistisch einschätzen*
Eine Zielgruppe, bei denen keine oder nur geringe medientechnische Kenntnisse im Bereich der (360 Grad-)Fotografie, Fotobearbeitung und des Umgangs mit Entwicklungswerkzeugen für virtuelle Touren vorausgesetzt werden können, bedarf umfangreicher Unterstützungsstrukturen. Diese Unterstützung kann durch entsprechend versierte Dozierende oder aber durch Serviceeinrichtungen erfolgen. Die Idee, dass Studierende lediglich eine kurze

Einführung in die Hard- und Software bekommen und anschließend alle weiteren Schritte selbstständig durchführen könnten, kann nur bei einer medientechnisch bzw. -gestalterisch versierten Zielgruppe umgesetzt werden. Für den Umgang mit der „kleinen Kamera" (Insta360 X3) ist kein technisches Vorwissen nötig. Die Kamera verfügt über einen Auto-HDR Modus, der die manuelle Einstellung von Belichtungszeiten bis zu einem gewissen Grad übernimmt (natürlich können von einem Automatikmodus keine Wunder erwartet werden, aber die Ergebnisse sind durchwegs gut brauchbar). Bei der Pro 2 gibt es derzeit keinen Auto-HDR Modus und somit muss die Belichtungszeit manuell eingestellt werden, was Vorkenntnisse über Belichtungszeiten erfordert. Außerdem handelt es sich hierbei um Profi-Equipment mit vielen Einstellungen, die vorgenommen werden (können). Für das bestmögliche Ergebnis mit dieser Kamera sind erweiterte Fotografie-Kenntnisse sehr empfehlenswert.

— *Handlungsempfehlung 7: Qualitätsansprüche und technische Kenntnisse einander anpassen.*

Die Qualitätsunterschiede zwischen dem Consumer-Produkt X3 und dem Profi-Produkt Pro 2 fallen gering aus, jedoch sind der Bedienungsaufwand und die notwendigen Kenntnisse für Letzteres deutlich höher. Hier empfiehlt es sich, eine realistische Abwägung der vorhandenen Kenntnisse und der zu erreichenden Ziele vorzunehmen. Für didaktische Projekte mit Studierenden ist eine intuitiv bedienbare Kamera wie die X3 geeignet, und nur für aufwändigere Vorzeigeprojekte lohnt sich eine Profi-Kamera wie die Pro 2, für die jedoch profunde Fotografie-Kenntnisse erforderlich sind.

6. Fazit

Die virtuelle Erschließung von Sakralbauten als Lehrprojekt stellt alle Beteiligten vor neue Herausforderungen und erfordert ein großes Maß an Neugier und Eigeninitiative. Sofern seitens der Dozierenden wie auch der Studierenden nicht fundierte Kenntnisse der notwendigen Medientechnik und -gestaltung vorliegen, sind unterstützende Strukturen essenziell. Es empfiehlt sich eine detaillierte Planung sowie eine profunde Abwägung der didaktischen Ziele des Seminars, der zur Verfügung stehenden zeitlichen wie finanziellen Ressourcen, der technischen Qualitätsansprüche an die Endprodukte sowie der vorhandenen Kenntnisse und Fähigkeiten der Studierenden.

Literatur

dime:US, Die Mission von dime:US: die Gestaltung einer digitalen Lehr-Lernkultur. Online unter: https://dime.uni-siegen.de/das-projekt/ [abgerufen am: 20.09.2023].

Godlewska, Julia/Ogan, Marc/Duda, Mandy/Backers, Tobias, An example of digital field training for a diversity-friendly (and pandemic-proof) field education in geoengineering disciplines, in: IOP Conference Series: Earth and Environmental Science 1124 (2023) 012043; doi:10.1088/1755-1315/1124/1/012043.

Klein, Sebastian/Hughes, Ben/Fleischmann, Frederik, Der Loop-Approach: Wie Du Deine Organisation von innen heraus transformierst. 2., vollständig überarbeitete Neuauflage Frankfurt a. M./New York 2023.

Sicherheitserfordernisse bei der virtuellen Erschließung von Sakralräumen. Eine polizeiliche Einschätzung

Ella Heinrich-Öncü

1. Einleitung

Die zunehmende Digitalisierung in unserer Gesellschaft erstreckt sich auf immer mehr Bereiche, darunter auch religiöse Einrichtungen. Christliche, muslimische und jüdische Gemeinden sowie andere religiöse oder spirituelle Gemeinschaften nutzen eine Reihe technischer Möglichkeiten, die sich ihnen durch die Digitalisierung eröffnen. Dies umfasst auch das Angebot an eine breite Öffentlichkeit, ihre sakralen Räume virtuell zu besuchen. Sie schaffen damit neue, erweiterte und niederschwellige Zugänge zu ihren jeweiligen spirituellen Stätten und kulturellen Schätzen. Das Streben dieser Einrichtungen, sich einer breiteren Öffentlichkeit zu präsentieren sowie ggf. ihre Glaubenspraxis und Gemeindeaktivitäten interessierten Menschen näherzubringen, schließt mit ein, auch die Orte ihres religiösen Lebens transparent zu machen. Eine solche Offenheit eröffnet weitere Angriffspunkte und erfordert daher höhere Schutz- und Sicherheitsvorkehrungen. Dabei befindet sich die Polizei bei der Wahrnehmung ihrer Aufgaben in einem Spannungsfeld. Sie soll einerseits mit ihren sicherungstechnischen Empfehlungen maßgeblich zur Sicherheit der religiösen Orte auf physischer wie digitaler Ebene beitragen, andererseits die Prinzipien der Offenheit und der Zugänglichkeit wahren.

Angesichts vermehrter Vorfälle von Vandalismus, Diebstahl und terroristischen Angriffen gegen Sakralbauten wird ihr Schutz zu einer wachsenden Aufgabe und zugleich zur stetigen Verpflichtung der Polizeiarbeit. Das Austarieren zwischen Offenheit und Sicherheit bedarf einer intensiven Auseinandersetzung, welche die religiösen Gemeinschaften ebenso betrifft wie die breite Gesellschaft.

Dieser Beitrag beleuchtet im Folgenden die sicherungstechnischen Notwendigkeiten im Zusammenhang mit der virtuellen Erschließung sakraler Räume aus polizeilicher Sicht. Vor dem Hintergrund der manchmal kontroversen Diskussion über den Transparenzwunsch der Glaubensgemeinschaften einerseits und den Sicherheitserfordernissen andererseits seien insbesondere Rolle und

Aufgaben der Polizei im Hinblick auf die Sicherung dieser Orte verdeutlicht. Dargestellt werden polizeiliche Handlungsempfehlungen, die darauf abzielen, mögliche Risiken bei der praktischen Umsetzung der Digitalisierung zu minimieren.

Insgesamt ist dabei beabsichtigt, das Verständnis für die Sichtweise der Polizei zu vertiefen und Glaubensgemeinschaften, Sicherheitsbehörden sowie Fachexpertinnen und -experten für die Herausforderungen und Chancen dieses Diskurses zu sensibilisieren. Das Folgende bietet damit eine Grundlage, um passende Sicherheitskonzepte für die digitale Dimension sakraler Räume fortzuentwickeln.

2. Die Rolle der Polizei und Schutzziele sakraler Einrichtungen

Die Polizei nimmt eine Schlüsselrolle bei der Prävention von Sicherheitsbedrohungen ein, auch als Reaktion auf vorangegangene Vorfälle. Ihre Expertise bei der Bewertung und Bewältigung von Gefahren und Kriminalitätsentwicklungen unterstützt Verantwortliche von Sakralbauten dabei, Sicherheitskonzepte zu entwickeln und präventive Maßnahmen zu koordinieren. Über die Beratung hinsichtlich technischer Sicherheitsstandards und struktureller Anpassungen hinaus kann die Polizei auch strategisches Wissen, beispielsweise bei der Verknüpfung verhaltensorientierter und sicherungstechnischer Maßnahmen vermitteln, um kriminellen Aktivitäten effektiv vorzubeugen.

Die Sicherung von Sakralräumen geht weit über die Gewährleistung physischer Sicherheit hinaus. So ist die Polizei bestrebt, nicht nur kriminelle Handlungen zu verhindern, sondern auch den störungsfreien Ablauf religiöser Praktiken und Veranstaltungen zu gewährleisten. Dabei steht der Schutz des kulturellen und religiösen Erbes im Fokus. Zu den präventiven Maßnahmen zählen die Implementierung elektronischer Überwachungssysteme und der Einsatz baulich-mechanischer Sicherheitsvorkehrungen. Dies dient nicht nur dem Schutz der sakralen Stätten, sondern wirkt auch als Abschreckung für potenzielle Straftäterinnen und Straftäter.

Art und Ausmaß der empfohlenen Sicherheitsmaßnahmen hängen von der polizeilichen Risikoeinschätzung ab. Unabdingbar ist jedoch die Erarbeitung von individuellen Sicherheitskonzepten unter Berücksichtigung rechtlicher Vorgaben, objektspezifischer Besonderheiten und Risikofaktoren sowie vorhandener personeller Sicherungsmaßnahmen – verbunden mit der effektiven Kombination aller relevanten Faktoren zur Erreichung vorab definierter oder vorgegebener Schutzziele. Die konkrete Umsetzung der polizeilichen Empfehlungen obliegt jedoch den Verantwortlichen der sakralen Stätten. Hier ist ein kontinuierlicher Dialog zwischen Polizeibehörden und den jeweils für die Einrichtungen

Verantwortlichen von essenzieller Bedeutung. Dieser Dialog hilft entscheidend dabei, ein angemessenes Sicherheitsniveau zu gewährleisten, das sowohl die kulturellen als auch die spirituellen Aspekte dieser Räume berücksichtigt.

3. Polizeiliche Einschätzung der Sicherheitslage und Herausforderungen durch die Digitalisierung von Sakralbauten

Die digitalisierte Darstellung von Sakralbauten kann eine Reihe von Sicherheitsrisiken mit sich bringen, die einer genauen Betrachtung durch die Polizei bedürfen. Dazu gehören nicht nur die physischen Bedrohungen durch Terrorismus und Gewalt, sondern auch Risiken, die mit der Online-Präsenz und dem Informationsaustausch einhergehen. Informationen über Sicherheitsmaßnahmen, Veranstaltungszeiten und -orte, die im Internet zugänglich gemacht werden, stehen grundsätzlich auch Personen mit kriminellen Absichten zur Verfügung. Diebstahl, Vandalismus und Cyberangriffe sind daher Bedrohungen, die durch die digitale Exposition von Sakralbauten verstärkt werden können.

Die Polizei steht vor der Aufgabe, die hinzukommenden Risiken, die mit der Digitalisierung einhergehen, zu erkennen und darauf zu reagieren. Ein besonderes Augenmerk liegt hier auf dem Schutz sensibler Informationen vor dem Zugriff unbefugter Personen. Die Offenlegung von Plänen und internen Prozessen kann Sakralbauten anfälliger für Straftaten machen, weshalb ein sorgfältiger Umgang mit digitalen Daten unerlässlich ist. Visualisierungen sollten deshalb so konzipiert sein, dass sie bspw. nicht preisgeben, wo sich die elektronischen und mechanischen Sicherungssysteme im Inneren befinden, um die Barrieren gegen Angriffe zu bewahren. Ist die digitale Präsenz nicht ausreichend geschützt, können Menschen mit kriminellen Absichten oder extremistischer Gesinnung leichter Zugang zu wichtigen Informationen über die Stätten erhalten. Daraus kann eine ernsthafte Bedrohung für die Sicherheit von Sakralräumen und ihrer Besucherinnen und Besucher resultieren.

Angesichts dieser Risiken wird der zielgerichtete Einsatz von Sicherungstechnik immer wichtiger. Die Polizei sieht sich mit der Herausforderung konfrontiert, ihre Präventionsstrategien stetig zu erweitern und an Entwicklungen im digitalen Raum anzupassen. Hierfür ist eine enge Kooperation mit allen Beteiligten notwendig. Die Balance zwischen der digitalen Öffnung von Sakralräumen für interessierte Besucher:innen bspw. einer Kirche, einer Synagoge, einer Moschee und dem Schutz vor Missbrauch dieser Transparenz stellt eine komplexe und zentrale Aufgabe dar.

4. Sicherungstechnische Notwendigkeiten zur Reduzierung möglicher Gefahren und Risiken

Mit der zunehmenden Bereitstellung von digitalen Inhalten steigt auch die Notwendigkeit, angemessene Schutzmaßnahmen zu implementieren oder anzupassen. Die folgenden polizeilichen Empfehlungen sollen dabei als Leitfaden dienen:
- *Lagepläne und Grundrisse*: Die Veröffentlichung von Lageplänen und Grundrissen sollte unterbleiben. Dadurch wird verhindert, dass diese sensiblen Informationen in die Hände von Personen gelangen, die sie für kriminelle Zwecke nutzen könnten.
- *Wichtige Erschließungswege*: Die Nicht-Offenlegung von Informationen über Flucht- und Rettungswege ist entscheidend, um die Gefahr für unbefugtes Eindringen und andere sicherheitsrelevante Vorfälle zu minimieren.
- *Raumanordnungen*: Von einer Darstellung interner Raumaufteilungen ist abzuraten. Detailliertes Wissen über den inneren Aufriss von Sakralbauten sollte geschützt werden bzw. geschützt bleiben.
- *Sicherheitsinfrastruktur im Außenbereich*: Informationen über Sicherheitsmaßnahmen wie Barrieren und Überwachungssysteme sollten nicht öffentlich gemacht werden, um keine Hinweise auf eventuelle Schwachstellen zu geben.
- *Elektronische Sicherungsmaßnahmen*: Eine detaillierte Offenlegung von Alarm- und Überwachungssystemen könnte potenziellen Tätern Einblicke gewähren und damit die Ausführung von Straftaten begünstigen.
- *Wertvolle Objekte*: Der genaue Standort von Kunstwerken oder anderen wertvollen Gegenständen sollte aus Sicherheitsgründen nicht angegeben werden oder erkennbar sein. Damit ist die Barriere zur Ausführung von Delikten wie Diebstahl oder Sachbeschädigung deutlich erhöht.
- *Fenster und Türen*: Detaillierte Visualisierungen potenzieller Angriffspunkte wie Fenster oder Fluchttüren könnten Schwachstellen aufzeigen oder Hinweise auf deren Schutzwirkung liefern. Sie bergen daher erhöhte Risiken und sollten vermieden werden.
- *Sonstige Sicherungseinrichtungen*: Die Veröffentlichung von Details zu internen Sicherheitsvorkehrungen könnte die Wirksamkeit dieser Maßnahmen untergraben.

Diese hier knapp umrissenen Empfehlungen sollten in ein auf die jeweilige Einrichtung angepasstes, individuell zu erstellendes und umfassendes Sicherheitskonzept einfließen. Dabei ist stets der neueste Stand der Technik zu berücksichtigen, um den sich verändernden Herausforderungen der Digitalisierung gerecht werden zu können.

Essenziell ist weiterhin, dass Sakralbauten nicht nur als physische, sondern auch als digitale Orte der Ruhe und Sicherheit wahrgenommen werden. Die Implementierung dieser Empfehlungen, in Zusammenarbeit mit der Polizei, schafft eine Basis, um sowohl die sakrale Integrität als auch die Sicherheit der Gemeinde und ihrer Besucherinnen und Besucher in einer digital vernetzten Welt zu gewährleisten

5. Fazit

Die Digitalisierung von Sakralbauten stellt einerseits einen signifikanten Fortschritt dar, erfordert andererseits aber auch eine Reihe von Sicherheitsüberlegungen. Transparenz und Sicherheit müssen dabei Hand in Hand gehen, um Sakralräume als Orte des Glaubens, der Besinnung und kulturellen Erbes zu bewahren und diese gleichzeitig auf aktuellem Stand der Technik präsentieren zu können.

Die zentralen Empfehlungen der Polizei zielen darauf ab, mögliche Risiken durch gezieltes Zurückhalten sensibler Informationen zu minimieren. Lagepläne, detaillierte Grundrisse, Angaben zu Erschließungswegen und Raumanordnungen, die Offenlegung von Sicherheitseinrichtungen sowohl im Außen- als auch im Innenbereich sowie die Positionierung wertvoller Objekte sollten nicht öffentlich zugänglich gemacht werden.

Zudem ist von einer realitätsgetreuen Wiedergabe von Zugängen wie Fenstern und Türen abzusehen. Individuell abgestimmte Sicherheitsmaßnahmen, die sowohl physische Gegebenheiten als auch die digitale Präsentation berücksichtigen, sind für die langfristige Sicherheit und Integrität dieser Institutionen von größter Bedeutung.

Die Entwicklung und Umsetzung einer umfassenden und flexiblen Sicherheitsstrategie in enger Kooperation mit lokalen Polizeibehörden und Sicherheitsexpertinnen und -experten sind unerlässlich.

Die Zukunft der Sicherung von Sakralräumen wird stets neue Herausforderungen mit sich bringen, vor allem in Anbetracht der rasanten technologischen Entwicklung. Kooperative Ansätze sind dabei unabdingbar, um die notwendige Sicherheit zu gewährleisten, ohne die Offenheit und Zugänglichkeit einzuschränken. Wichtig sind Sicherheitslösungen, die proaktiv auf Bedrohungen reagieren, während gleichzeitig die Würde und religiöse Bedeutung dieser Räume gewahrt bleiben.

Abschließend ist zu betonen, dass die Sicherheit von Sakralbauten eine Gemeinschaftsaufgabe darstellt, bei der die aktive Teilnahme und das Engagement aller Beteiligten notwendig sind. Nur durch fortwährende Anpassung, Bewertung und transparente Kommunikation kann sichergestellt werden, dass Sakralräume auch in Zukunft als sichere Orte für Spiritualität, Gemeinschaft und kulturellen Austausch dienen.

Zur virtuellen Erschließung von Synagogen. Vorgehensplan einer Umsetzung

Benjamin Weber

1. Motivation für die Schaffung einer virtuellen Synagogenführung

Die Beweggründe einer Gemeinde, eine virtuelle Synagogenführung zu entwickeln, können vielfältiger Natur sein. Oftmals möchte die Gemeinde einfach eine bessere Zugänglichkeit bieten. Eine virtuelle 360 Grad-Tour ermöglicht es Menschen aus der ganzen Welt, eine Synagoge virtuell zu besuchen; unabhängig von ihrer physischen Lage, der jeweiligen Tageszeit oder irgendwelchen Sicherheitsbeschränkungen. Die Tour kann dabei auch als Mittel zur Förderung des interkulturellen Verständnisses und zur Sensibilisierung für die jüdische Kultur und Religion dienen. Eine Synagoge, die man sich jederzeit anschauen kann und mittels derer Informationen über jüdisches Leben bereitstehen, hilft, das Judentum auch Menschen zu zeigen, die sonst wenig Berührungspunkte mit Synagogen haben. Insbesondere die Niederschwelligkeit der interaktiven 360 Grad-Touren sorgt für eine unkomplizierte Informationsmöglichkeit über die Gemeinden bzw. das Judentum.

Durch eine hohe Interaktivität der gebauten Anwendungen kann die virtuelle jüdische Gemeinde auch spielerisch erkundet werden. Schulen und Bildungseinrichtungen können im Idealfall die Tour damit als Bildungsmaterial nutzen, um Schülern die jüdische Kultur und Geschichte näherzubringen. Wenn die Synagoge in einer touristischen Region liegt, wird durch die Verwendung der virtuellen Tour es ermöglicht, das Interesse von Touristen zu wecken; – insbesondere, wenn die virtuelle Führung so angelegt ist, das bestimmte Teile ausgeblendet werden. Hier kann die Neugierde helfen, Touristen zu einem physischen Besuch vor Ort zu ermutigen. Eine erhöhte Besucherfrequenz ist wiederum hilfreich, um Spenden und Fördermittel von Unterstützern zu erhalten, die das kulturelle Erbe der jüdischen Gemeinde schätzen. Die Erhaltung des kulturellen Erbes ist eventuell ebenfalls ein Motivationsgrund für die Anfertigung einer virtuellen Synagogenführung. Eine 360 Grad-Tour trägt dazu bei, die Geschichte der Synagoge und der jüdischen Gemeinde zu bewahren bzw. zu dokumentieren. Damit kann man zukünftigen Generationen einen Einblick in die Zeitgeschichte geben. Insbesondere für spätere detailgenaue Rekonstruktionen sind 360 Grad-Aufnahmen ebenfalls sehr hilfreich.

Was auch letztendlich die Motivation für die Schaffung einer virtuellen Synagogenführung sein mag: Eine umfangreiche Vorbereitung und eine klare Projektstruktur sind essenziell, um eine erfolgreiche Umsetzung zu gewährleisten. Im Folgenden soll darauf genauer eingegangen werden – mit dem Ziel, ein besseres Verständnis zu vermitteln, welche speziellen Punkte bei einem solchem Projekt beachtet werden müssen.

2. Projektplan- und Umsetzung

Bei der Erschließung einer virtuellen Synagoge sollte man sich bewusst sein, dass es sich nicht um normales Standardprojekt handelt. Hinter jeder Synagoge steht eine Gemeinde – hier gilt es, Menschen mit religiösen Gefühlen, Sicherheitsbedenken und emotionalen Verbindungen zu dem Gebäude zu berücksichtigen. Insbesondere im Projektplan und bei den Projektzielen sollte man daher extra Zeit für Diskussionen und Gespräche einplanen. Ein sorgfältig durchdachter Plan und eine gründliche Vorbereitung werden dazu beitragen, eine fesselnde und respektvolle 360 Grad-Tour durch die Synagoge zu schaffen, die die Besucher inspiriert und informiert.

2.1 Projektziele

Zu Beginn jedes Projekts gilt es, zusammen mit den Gemeindemitgliedern die Projektziele genau herauszuarbeiten. Im alltäglichen „Tagesgeschäft" der Gemeinde kann dabei vom Einsatz eines klassischen Pflichten- und Lastenhefts eher abgeraten werden. In der Praxis hat sich gezeigt, dass direkte Gespräche mit den Gemeindemitgliedern am zielführendsten sind. In Interviews oder Workshops sollte gemeinsam ermittelt werden, wo der inhaltliche Schwerpunkt der Anwendung gelegt wird (vgl. Bertrand, 2020). Folgende Dimensionen gilt es dabei zu berücksichtigen:

1. *Räumlichkeiten*: Zuallererst ist zu klären, welche Bereiche in die Tour inkludiert werden. Oftmals möchte die Gemeinde nicht nur den Synagogeninnenraum, sondern auch Außenbereiche, den Gemeindesaal, Kindergarten, Schule etc. zeigen.
2. *Architektur*: Jede Synagoge ist für sich einzigartig. Besondere Aspekte in der Architektur und der künstlerischen Gestaltung sollten einen gewissen Stellenwert bei der virtuellen Synagogenführung einnehmen. Man sollte daher auch den Besucher auf Besonderheiten in der Architektur und der Gestaltung hinweisen.

3. *Geschichte der Synagoge*: Die Historie ist ebenfalls ein spannender Aspekt. Hier können Elemente wie der Bau des Gebäudes, Besuche von Persönlichkeiten oder ehemalige Synagogen bzw. Räumlichkeiten dargestellt werden.
4. *Geschichte der Gemeinde*: Eng verknüpft mit der Synagoge ist natürlich auch die Gemeinde selbst. Fotos und Videos von besonderen Veranstaltungen oder religiösen Festen geben dem Besucher einen besseren Einblick von der Gemeinde und dem jüdischen Leben.
5. *Jüdische Kultur*: Die Darstellung der jüdischen Kultur selbst nimmt natürlich auch einen gewissen Stellenwert ein. Jede virtuelle Synagoge sollte auch die wichtigsten religiösen Aspekte des Judentums vermitteln. Im Hinblick darauf sollte man in der Tour religiöse Symbole und Kultusgegenstände besonders hervorheben und erklären.
6. *Technologie*: Ist die virtuelle Erschließung einer Synagoge nur als Webversion oder auch VR-Anwendung erhältlich? Werden besondere Features erwartet? Eine Auswahl der VR-Technologien und der genutzten Plattformen gilt es frühzeitig zu treffen.
7. *Zielgruppen*: Die Klärung der Zielgruppe ist ebenfalls ein wichtiger Aspekt. Möchte man mehr für interkulturelles Verständnis werben? Oder sind eher die Gemeindemitglieder die Zielgruppe? Oftmals sind die Gemeinden gut mit anderen Gemeinden in den USA, Ukraine, Russland oder Israel vernetzt. Je nachdem gilt es z. B. zu überlegen, eine mehrsprachige Menüführung oder Untertitel in Videos einzusetzen.

Sämtliche Ziele sind bei der virtuellen Erschließung einer Synagoge mit dem Querschnittsthema „Sicherheit" abzugleichen. Je nach Sicherheitslage gibt es Einschränkungen beim Zeigen von Personen sowie Einschränkungen bzgl. des Zeigens von Räumlichkeiten, Fluchtwegen und (Bau-)Plänen. Dies gilt es frühzeitig in der Abstimmung mit dem Geschäftsführer bzw. Vorstand der Synagoge sowie den zuständigen Polizeistellen zu klären. Die Anforderungen werden dann in einer Liste gesammelt (das sogenannte Backlog) und im Sinne der Scrum-Methodik im nachfolgenden Prozess geklärt (vgl. Sutherland, 2014).

2.2 Zusammenstellung Projektteam

Im nächsten Schritt erfolgt die Teamzusammenstellung. Je nach Vorgabe der Projektziele sind im Projektteam ein/e Teammanager:in, ein/ Fotograf:in, ein/e Videograf:in, ein/e Redakteur:in, ein/e 3D-Artist:in, ein/e 2D-Artist:in, ein/e Programmierer:in und möglicherweise ein/e Expert:in für jüdische Kultur und Historie mit an Bord. Sinnvoll ist es, auch Gemeindemitglieder in die Umsetzung miteinzubeziehen – sei es als Künstler:in, Übersetzer:in, Textschreiber:in, Korrektor:in, virtueller Synagogenführer:in oder Audio-Guide-Ersteller:in. Dadurch kann sich die Gemeinde mit dem Endergebnis besser identifizieren und das Projekt erhält so einen ganz persönlichen Stil. Selbstverständlich ist es auch wichtig die Sicherheitsbehörden zu informieren. Hier empfiehlt es sich, rechtzeitig mit der jeweiligen Polizeistelle einen Kontakt aufzubauen und die Umsetzungspläne mit den zuständigen Polizist:innen zu besprechen (vgl. den Beitrag von Heinrich-Öncü in diesem Band).

2.3 Inhaltsvorbereitung

Zu Beginn ist es wichtig, eine gründliche Recherche über die Geschichte der Synagoge durchzuführen. Dies umfasst historische Daten, architektonische Details, kulturelle Bedeutung und relevante Ereignisse oder Anekdoten.

Die gewonnenen Erkenntnisse dienen als Grundlage für die Erstellung von informativen Inhalten für die virtuelle Führung. Neben Texte, können auch Bilder-, Video- und Audiodateien eingesetzt werden, um Erklärungen und Hintergrundgeschichten besser zu vermitteln. Auch der Einbau von interaktiven Elementen wie z. B. Quizfragen oder 3D-Objekte sind in Erwägung zu ziehen. Diese Medienelemente sollen die Besucher durch die Tour führen und ein grundlegendes Verständnis für die Synagoge und die jüdische Kultur vermitteln.

Parallel erstellt das Projektteam eine Layoutskizze des Synagogenrundgangs und entscheidet dabei, welche Bereiche für die Besucher besonders interessant sein könnten. Dies können der Hauptraum, der Toraschrein, historische Artefakte, Wandgemälde oder besondere architektonische Details etc. sein. Die Auswahl der interessanten Orte ist entscheidend für die Gestaltung eines fesselnden Rundgangs, der die Besucher in die reiche Geschichte und Kultur der Synagoge eintauchen lässt. Hier gilt es, auch zu überlegen, wo man die Medienelemente genau einbauen möchte, um die Tour bestmöglich didaktisch aufzubereiten (vgl. Bertrand, 2020).

Selbstverständlich sollte sichergestellt sein, dass alle erforderlichen Erlaubnisse und Genehmigungen für die Aufnahmen in der Synagoge vorhanden sind. Wichtig dabei ist, auch die religiösen und kulturellen Belange der Gemeinde zu berücksichtigen. Sofern Restriktionen bzgl. der Aufnahmen bestehen oder man die Tour nicht zu sehr mit Medienelementen überladen möchte, sollte in Erwägung gezogen werden, virtuelle (fiktive) Räume zu erschaffen, in die Inhalte ausgelagert werden.

2.4 Aufnahmen und Digitalisierung

Die konkrete technische Umsetzung beginnt mit der 360 Grad-Fotografie der Synagoge und ausgewählter weiterer Bereiche. Es ist wichtig, hochwertige Aufnahmen zu erstellen, die die architektonischen Details und Besonderheiten klar erkennbar machen. Außerdem sollte man unterschiedliche Lichtverhältnisse berücksichtigen, um eine gleichbleibend gut belichtete Bildqualität zu gewährleisten. Hier empfiehlt es sich, sogenannte „High Dynamic Range"-Aufnahmen, Hochkontrastbilder, zu machen. Bei HDR-Aufnahmen werden Einzelfotos in unterschiedlicher Belichtung hintereinander aufgenommen. Diese Belichtungsreihe wird dann zu einem einzelnen Foto kombiniert, welches das Beste aus jedem einzelnen Foto beinhaltet. Besondere Aufmerksamkeit gilt es auf die Fluchtwege, Eingangsbereich oder Videokameras zu legen. Diese sollten, wenn möglich, nicht aufgenommen bzw. müssen bei der digitalen Nachbearbeitung retuschiert oder verfremdet werden.

Parallel werden informative Audiokommentare aufgenommen, Videos erstellt und Interviews mit Expert:innen wie Historiker:innen und mit Gemeindemitgliedern geführt. Diese Elemente verleihen der Tour eine persönliche Note und schaffen ein interaktives Erlebnis für die Besucher. Speziell die Interviews bieten zusätzliche Einblicke und vermitteln ein tiefgehendes Verständnis für die historische und kulturelle Bedeutung der Synagoge.

In einem weiteren Schritt erfolgt die Digitalisierung von historischem Material wie Fotos, Dokumenten und Kunstwerken sowie von Kultusgegenständen in der Synagoge. Durch hochauflösende Scans und Bilder können die Besucher diese Objekte in Detailansicht betrachten. Ergänzende Texte oder Audiodaten werden bereitgestellt, um die Geschichte dahinter zu erfahren. Diese Digitalisierung ermöglicht den Besuchern, nicht nur die Objekte näher zu betrachten, sondern schafft auch eine Möglichkeit, in die Geschichte einzutauchen und eine tiefere Verbindung zur Vergangenheit herzustellen. Durch die Kombination von hochwertigen 360 Grad-Fotografien, informativen Audiokommentaren, Experteninterviews und der Digitalisierung historischer Materialien entsteht eine Tour, die den Besuchern ein faszinierendes und lehrreiches Erlebnis bietet.

2.5 Tour-Entwicklung

Die gewonnenen Fotos für die Tour werden in einem nächsten Schritt zu einem 360 Grad-Panorama umgewandelt. Dies geschieht durch sogenannte „Stitching-Software", die einzelnen Bilder zu einem nahtlosen 360 Grad-Panorama zusammenfügt. Wenn nötig, sollten die 360 Grad-Panoramen im Hinblick auf die Sicherheit der Gemeinde nachretuschiert werden, sofern sicherheitskritische Bereiche zu sehen sind. Die Sicherheit der Gemeinde hat selbstverständlich oberste Priorität, daher müssen solche Anpassungen gewissenhaft vorgenommen werden.

Die erzeugten und eventuell überarbeiteten 360 Grad-Panoramen bilden dann die Grundlage für die Erstellung einer vollständigen 360 Grad-Tour. Es gibt verschiedene Anbieter von Softwarelösungen (vgl. Gilli et al. in diesem Band), die es ermöglichen, eine virtuelle Tour zu erstellen. Die Integration der Inhalte erfolgt nahtlos in die Plattform oder Software, die für die Erstellung der Tour verwendet wird. Hierbei liegt ein besonderes Augenmerk auf der geschickten Verknüpfung der 360 Grad-Panoramen mit verschiedenen Elementen wie Audiokommentaren, Videos, Interviews und weiteren multimedialen Inhalten. Interaktive Funktionen wie Hotspots und Pop-up-Informationen werden implementiert, um das Engagement der Besucher zu fördern und ihnen ein interaktives Erlebnis zu bieten (vgl. Tricart, 2018).

Nach erfolgter Integration durchläuft die Tour umfangreiche Tests. Dabei werden die Benutzerfreundlichkeit, die Ladezeit und die Konsistenz der Inhalte überprüft. Es ist ebenfalls wichtig, dass der virtuelle Rundgang von unabhängigen Dritten (vgl. Heinrich-Öncü in diesem Band) auf sicherheitsrelevante Aspekte hin kontrolliert wird, um sicherzustellen, dass keinerlei Bedenken hinsichtlich der Privatsphäre oder der Sicherheit der Gemeinde aufkommen. Das Feedback und die Ergebnisse dieser Tests dienen als Grundlage für die Optimierung der Tour, um ein attraktives und allseits stimmiges Besuchererlebnis anzubieten.

Nach erfolgreicher Erstellung, Optimierung und Sicherheitsüberprüfung wird die virtuelle 360 Grad-Tour bereitgestellt und veröffentlicht. Dazu nun im Folgenden einige Hinweise.

2.6 Launch

Nach Abschluss des intensiven Entwicklungsprozesses steht der virtuelle Synagogenrundgang vor seinem offiziellen Launch. Zuallererst steht die Erstellung einer dedizierten Website oder die nahtlose Integration des Rundgangs in die bestehende Synagogen-Website an. Die Website bildet das virtuelle Tor für die Besucher:innen und ist entscheidend für ihre Benutzererfahrung. Hierbei werden nicht nur technische Aspekte, sondern auch das Design und die Navigation berücksichtigt, um eine intuitive Nutzung sicherzustellen. Je nach eingesetzter Software lässt sich auch eine Tour erstellen, die speziell für Virtual Reality Headsets optimiert ist. Damit wird die Synagoge noch realistischer erfahrbar.

Parallel dazu werden Werbematerialien und Pressemitteilungen erstellt, um die Veröffentlichung des virtuellen Rundgangs zu bewerben. Diese Materialien stehen am besten in verschiedenen Formaten zu Verfügung und werden über diverse Kanäle verbreitet, um die Aufmerksamkeit eines breiten Publikums zu erzielen.

Das Personal in der Synagoge sollte ebenfalls geschult bzw. informiert sein, um auf Fragen der im Anschluss an einen virtuellen Besuch möglicherweise realen Besucher:innen angemessen zu reagieren. Diese Schulungen gewährleisten nicht nur ein besseres Verständnis für den Inhalt des Rundgangs, sondern fördern auch den persönlichen Austausch mit den Besuchern.

Abschließend erfolgen die Auswertung der Nutzung eines solchen virtuellen Synagogenbesuchs und die Erfolgsmessung. Metriken wie Seitenaufrufe, Verweildauer und Nutzerinteraktion werden analysiert, um den Erfolg des Rundgangs zu quantifizieren und als Grundlage für zukünftige Optimierungen und Marketingstrategien zu dienen. Die Tour sollte auch nicht statisch bleiben; regelmäßige Aktualisierungen der Inhalte und Technologie sind unerlässlich, um sie zeitgemäß und relevant zu halten.

Mit diesen umfassenden Maßnahmen wird nicht nur der Launch des virtuellen Synagogenrundgangs erfolgreich gestaltet, sondern auch sichergestellt, dass er eine dauerhafte und positive Wirkung auf die Besucher hat, indem er ein informatives, interaktives und inspirierendes Erlebnis bietet.

3. Abschließende Beurteilung

Dieser Projektplan dient als grober Leitfaden für die Umsetzung einer virtuellen 360 Grad-Tour in einer Synagoge. Ein gut gemachter virtueller Synagogenrundgang bietet die Möglichkeit, Vorurteile abzubauen und Stereotypen zu bekämpfen. Man kann damit einen offenen Dialog fördern und jüdische Kultur Menschen näherbringen. Synagogen werden stärker in den öffentlichen Raum – und damit in das Bewusstsein der Menschen – gebracht. Alles Punkte, die klar für eine Planrealisierung sprechen. Es ist jedoch auch wichtig, von Anfang an eng mit Gemeindemitgliedern, Sicherheitspersonal und der Synagogenverwaltung zusammenzuarbeiten, um sicher zu sein, dass eine virtuelle Tour den Vorstellungen der Gemeinde entspricht, kulturell respektvoll ist und gleichzeitig den Sicherheitsanforderungen genügt. Projektverantwortliche sollten in diesem Zusammenhang zu hoher Flexibilität bei der Projektplanung bereit sein. Insbesondere wenn man mit Gemeindemitgliedern zusammenarbeitet, die im Ehrenamt tätig sind, können sich Zieltermine aus Zeitgründen schnell um mehrere Wochen verschieben. Auch Bedenkenträger bezüglich Sicherheit und religiöser Gefühle sollten dabei immer ernst genommen werden.

Die intensive Zusammenarbeit mit den Gemeinden birgt übrigens gleichzeitig ein großes kreatives Potenzial. Hier können sich unterschiedliche Stile bei der Darstellung der jeweiligen Synagoge herauskristallisieren. Während bei der einen Gemeinde künstlerische Aspekte eine besondere Rolle spielen, sind in anderen Gemeinden die Darstellung der Historie oder religiöser Aspekte sehr wichtig. Während manche Gemeinden eher zurückhaltend im Bereich des virtuellen sind, bevorzugen andere Gemeinden virtuelle Ausstellungsflächen, auf denen sich der/die Besucher:innen über Kultur und Geschichte anhand von Bildern, Videos und 3D-Aufnahmen multimedial informieren kann. Jedes Projekt ist für sich genommen damit einzigartig und spiegelt auch die kulturelle Vielfalt im Judentum bzw. in den Gemeinden wider.

Zusammenfassend gesagt: Virtuelle Synagogenrundgänge bieten ein enormes Potenzial, jüdische Gemeinden auf moderne und ansprechende Weise zu präsentieren. Insbesondere Jugendliche und Menschen jüdischen Glaubens, die außerhalb Deutschlands leben, können auf diese Weise besser erreicht werden. Außerdem können so interessierte Personen niederschwellig die Synagogen (in der Nachbarschaft) besuchen bzw. einen Besuch vorbereiten. Die virtuellen Rundgänge bieten so jüdischen Gemeinden eine herausragende Gelegenheit, ihre Inhalte und Kultur in einer neuen Form zu vermitteln, Menschen zu erreichen und vielleicht sogar so manchen zu begeistern. Sie schaffen zudem eine Brücke zwischen Tradition und Technologie, und ermöglichen es, den Charme und Schönheit der jüdischen Kultur zu zeigen.

Literatur

Bertrand, Stéphanie/Vassiliadi, Martha/Papagiannakis, George, Storytelling in Virtual Reality, in: Lee, Newton (Hg.), Encyclopedia of Computer Graphics and Games, Basel 2020.

Sutherland, Jeff, „Scrum: The Art of Doing Twice the Work in Half the Time", Gütersloh 2014.

Tricart, Celine, Virtual Reality Filmmaking: Techniques & Best Practices for VR Filmmakers, New York 2018.

VR-Kirchenpädagogik. Möglichkeiten und Grenzen von VR-Kirchen(raum)erschließungen

Theresia Witt & Konstantin Lindner

In einer Kultur der Digitalität (Felix Stalder), in welcher menschliches Denken und Handeln durch digitale Technik grundlegend geprägt ist, verschwimmen die Grenzen „analoger" und „digitaler" Welten zunehmend. Heranwachsende bspw. bewegen sich mit entsprechender technischer Ausstattung durch virtuelle Spielewelten, in denen sie sich als Avatare begegnen. VR-Umgebungen ermöglichen es, 3D-basiert vergangene Zeiten zu bereisen. Medizinstudierende können VR-unterstützt Operationen simulieren ... All diese Beispiele zeigen, dass physische Lebensbereiche fluid um virtuelle Bereiche erweitert werden. Dieses sog. Metaversum gilt es reflektiert und produktiv zu gestalten. Schulische Lehr-Lern-Settings können dazu einen Beitrag leisten, indem sie virtuelle Räume einbeziehen und Schülerinnen sowie Schülern im kritisch-produktiven Umgang damit zukunftsbedeutsame Bildungsangebote offerieren. Auch der Religionsunterricht kann entsprechende Potenziale aufgreifen: Angesichts dessen, dass die räumliche Dimension für Religionen elementar ist, bietet es sich an, Chancen und Herausforderungen virtueller Welten im Rahmen religiöser Bildungsprozesse auszuloten (Käbisch/Pirker, 2023) und so zugleich den allgemeinbildenden Beitrag des Religionsunterrichts zu erweisen. Das seit Langem in der Religionspädagogik etablierte Feld der Kirchenpädagogik eröffnet einen passenden Raum-Kontext für das Experimentieren mit VR-Technik. Daher gilt es, Settings zu entwickeln, die Religionslehrkräfte für eine sog. VR-Kirchenpädagogik professionalisieren.[1]

1. Grundidee einer VR-Kirchenpädagogik

Für die kirchenpädagogische Praxis eröffnet der VR-Kontext neue Möglichkeiten, die über herkömmliche analoge Settings hinausgehen: Bereits seit einiger Zeit sind 3D-Modelle verschiedener Kirchen online zugänglich und es zeichnet sich ein stetiger Zuwachs an Projekten ab, die Sakralräume virtuell aufbereiten oder modellieren. Die 3D-Kirchenmodelle können nicht nur über den Computer-

---

[1] Diese Publikation ist im Kontext des von der Stiftung *Innovation in der Hochschullehre* geförderten Projekts „Digitale Kulturen der Lehre entwickeln (DiKuLe)" entstanden.

oder Smartphone-Bildschirm betrachtet, sondern ebenso mit einer VR-Brille erkundet werden. VR-Technik zur Visualisierung der 3D-Modelle ermöglicht – im Vergleich zur Smartphone- oder PC-Ansicht – realitätsnahe Kirchen(raum)erschließungen. Dies bringt vielfältige Chancen für die Kirchenpädagogik als ein elementares Feld einer bildenden Begegnung mit religiösen Zeugnissen mit sich – insbesondere im Religionsunterricht, um Kirchenräume als Orte gelebten Glaubens zugänglich zu machen. Im Folgenden wird die Grundidee einer VR-Kirchenpädagogik entfaltet. Dabei ist es notwendig, zunächst zentrale Aspekte von Kirchenpädagogik und Virtual Reality zu skizzieren.

1.1 Verortungen

Grundlegendes Anliegen kirchenpädagogischer Settings ist, „Kirchenräume für Menschen [zu] öffnen und den Sinngehalt christlicher Kirchen mit Kopf, Herz und Hand [zu] erschließen […], um so Inhalte des christlichen Glaubens bekannt zu machen und einen Zugang zu spirituellen Dimensionen zu ermöglichen" (Bundesverband Kirchenpädagogik e. V., 2002, 24). In Abhängigkeit von Adressatengruppe und intendierten Bildungsperspektiven werden Kirchenräume dabei auf verschiedene Weisen zugänglich gemacht, z. B. mit kunsthistorischem, liturgischem, symboldidaktischem, handlungsorientiertem etc. Fokus (Dörnemann, 2011, 95–111).

Virtual Reality wiederum „meint die immersive Darstellung von vollständig computergenerierten Umgebungen" (Persike, 2020, 278). Immersion beschreibt den Effekt, inwieweit eine Person die per VR-Brille zugängliche Umgebung als real empfindet. Bestmögliche Immersion markiert einen entscheidenden Erfolgsfaktor einer VR-Anwendung (Gerwens, 2018, 1). Darauf kann Einfluss genommen werden, indem sowohl der technische als auch der mentale Aspekt berücksichtigt wird: Die technische Immersion nimmt auf soft- und hardwareseitige Charakteristika sowie auf die Darstellungsart der virtuellen Welt Bezug, wohingegen die mentale Immersion das subjektive Gefühl bezeichnet, sich innerhalb der virtuellen Welt zu befinden (Gerwens, 2018, 4).

Ein hoher Grad an technischer Immersion wird ermöglicht, wenn (1) Sinneseindrücke in möglichst umfassender Weise computergeneriert werden und somit eine weitestgehende „Isolation" von der Außenwelt sichergestellt ist, (2) eine Vielzahl an Sinnen der Nutzenden durch die VR-Umgebung angesprochen wird, (3) das Sichtfeld der Anwenderinnen und Anwender durch die Ausgabegeräte möglichst weit ist und (4) eine hohe Qualität der Darstellung vorliegt (Slater/Wilbur, 1997; zusammenfassend: Gerwens, 2018, 4).

Der Grad der technischen Immersion hat Einfluss auf drei Teilaspekte, die zusammen die mentale Immersion – auch Präsenz genannt – der Nutzerinnen und Nutzer bestimmen: Die (1) Ortsillusion beschreibt das Gefühl, sich am virtuellen Ort zu befinden. Immersive Displays und eine an die Kopfbewegungen angepasste Darstellung unterstützen diese Art der Illusion. Die (2) Plausibilitätsillusion bezeichnet das Gefühl, dass die Ereignisse der virtuellen Welt wirklich geschehen. Die (3) Involviertheit bezieht sich auf das Interesse der Nutzerinnen und Nutzer an der virtuellen Welt bzw. auf deren Aufmerksamkeitsgrad. Fehlen die Aufmerksamkeit oder das Interesse an der VR-Umgebung, kann trotz überzeugender Ortsillusion das Präsenzgefühl sinken (zusammenfassend: Gerwens, 2018, 4f.).

1.2 VR-Kirchenpädagogik

Entsprechend dieses Vorverständnisses von Kirchenpädagogik und Virtual Reality lässt sich das zentrale Anliegen einer VR-Kirchenpädagogik folgendermaßen umschreiben: VR-Kirchenpädagogik macht Lernenden einen virtuellen Kirchenraum mit Kopf, Herz und Hand immersiv erfahrbar. Kognitive Aktivierung (Kopf) erfolgt z. B. durch das Suchen, Erklären und Deuten von Details im virtuellen Kirchenraum. Die emotionale Komponente (Herz) lässt sich bspw. durch Impulse zum Bedenken elementarer Lebensfragen an verschiedenen Orten im VR-Kirchenraum ansprechen. Die praktisch-handlungsbezogene Komponente (Hand) wird z. B. durch das Erproben verschiedener Bewegungsweisen (Pilgerschritt, langsames Schreiten usw.) im VR-Kirchenraum berücksichtigt.

Gemäß dem Immersionsverständnis sollte die VR-Kirchen(raum)erschließung mithilfe einer VR-Brille (inkl. Kopfhörern und Controllern) und nicht nur per Smartphone oder PC erfolgen, um ein realitätsnahes Kirchen(raum)erleben und -erkunden zu ermöglichen. Im Sinne der Anforderungen einer optimalen technischen Immersion sollte ein VR-kirchenpädagogisches Setting Folgendes gewährleisten: Ein qualitativ hochwertiges 3D-Kirchenmodell wird mit einer VR-Brille, Kopfhörern und Controllern (= Steuergerät für die Interaktion in VR) erkundet, die den Seh-, Hör- und (einen andersartigen) Tastsinn ansprechen, wodurch keine Eindrücke von außen in den Wahrnehmungsbereich der Person gelangen. Die mentale Immersion wiederum ist gegeben, wenn die Person den Eindruck hat, in bzw. vor der Kirche zu stehen, das Eintreten in, Umhergehen im sowie Verlassen des Kirchenraums real wirken und ein grundsätzliches Interesse an der VR-Kirchen(raum)erschließung besteht (Witt, 2024; i. E.).

2. VR-Kirchenpädagogik im Kontext des Religionsunterrichts

Das Gelingen eines VR-kirchenpädagogischen Lehr-Lern-Settings ist auf ein funktionierendes 3D-Kirchenmodell sowie geeignete VR-Ausgabegeräte angewiesen und von einer stimmigen Phasierung des Lernprozesses sowie vielfältigen Gestaltungsformaten abhängig.

2.1 Beschaffung eines 3D-Kirchenmodells

Um eine VR-Kirchen(raum)erschließung im Rahmen des Religionsunterrichts zu erproben, ist zunächst ein 3D-Kirchenmodell notwendig. Es gibt drei verschiedene Möglichkeiten, um zu einem passenden 3D-Modell zu gelangen:

(1) Die erste Möglichkeit besteht darin, ein bereits vorhandenes, online verfügbares Kirchenmodell auszuwählen. Im World Wide Web finden sich zahlreiche dreidimensionale Repräsentationen von Kirchen, deren Qualität und Darstellungsart jedoch erheblich variieren. Dazu gehören zum einen Kirchenrundgänge i. S. einer Aneinanderreihung von 360-Grad-Fotos, die einen Eindruck von einer Kirche vermitteln, jedoch kein aktives Bewegen durch den Raum ermöglichen (z. B. https://tinyurl.com/Wallfahrtskirche). Zum anderen sind 3D-Modelle von Kirchengebäuden online zugänglich, welche die Außengestalt visualisieren und zugleich umrundet werden können, jedoch keinen Einblick ins Kircheninnere gewähren (z. B. https://tinyurl.com/St-Lorenzkirche). Umgekehrt sind auch 3D-Kircheninnenraummodelle verfügbar, die eine Grundrissansicht ermöglichen, aber nicht die tatsächliche Außengestalt abbilden (z. B. https://t1p.de/St-Bartholomew). Die Auswahl an 3D-Kirchenmodellen, die sowohl eine Innenansicht als auch eine realitätsnahe Außendarstellung gewährleisten, ist im Internet bislang begrenzt (z. B. https://t1p.de/3D-Church). Diese wiederum weisen meist die Einschränkung auf, dass über die Umwelt der Kirche – d. h. die Umgebung, in welche die Kirche eingebettet ist – wenig erfahrbar wird, was i. S. kirchenpädagogischer Erfordernisse jedoch von Interesse wäre. Der Vorteil in der Wahl eines online verfügbaren Kirchenmodells besteht darin, dass kein Erstellungsaufwand anfällt, viele 3D-Modelle kostenlos downloadbar sind und im Nachgang den eigenen Vorstellungen entsprechend didaktisiert werden können.[2]

(2) Eine zweite Option ist die Beauftragung eines Unternehmens mit der Erstellung und Didaktisierung eines 3D-Kirchenmodells. Der Vorteil besteht u. a.

---

[2] Ein z. B. über die Website Sketchfab heruntergeladenes 3D-Modell kann dort erneut hochgeladen und im Rahmen der Editierung mit Annotationen sowie Animationen versehen werden.

darin, dass ein qualitativ hochwertiges, an die individuellen Vorstellungen sowie die spezifische Zielgruppe angepasstes 3D-Kirchenmodell generiert werden kann – für die Auftraggeberinnen und Auftraggeber wiederum ganz ohne Erstellungsaufwand. Dies geht jedoch mit einem Organisations- und Koordinationsaufwand sowie meist mit hohen Kosten einher.

(3) Die dritte Möglichkeit stellt das selbstständige Konzipieren und Didaktisieren eines 3D-Kirchenmodells dar. Mittlerweile gibt es viele – auch kostenlose oder kostengünstige – Programme, welche die Erstellung eines derartigen Modells vergleichsweise leicht möglich machen (z. B. Polycam, 3DVista, Matterport). Hierfür sind neben dem Erstellungsprogramm oftmals nur eine Smartphone- oder 360-Grad-Kamera sowie ein Stativ notwendig. Einige Programme (z. B. Matterport) ermöglichen direkt das Beschriften des generierten 3D-Kirchenmodells mit Zusatzinformationen. Andere Erstellungsprogramme (z. B. Polycam) benötigen für die didaktische Aufbereitung des fertigen Modells den Upload auf eine weitere Online-Plattform (z. B. Sketchfab). Der Vorteil beim selbstständigen Konzipieren eines 3D-Kirchenmodells ist darin zu sehen, dass eine individuell auswählbare Kirche den eigenen Vorstellungen entsprechend digitalisiert und didaktisiert werden kann. So ist es u. a. auch möglich, die Umwelt der Kirche einzufangen und die Didaktisierung an die konkrete Zielgruppe anzupassen. Zudem besteht Unabhängigkeit von Firmen/externen Personen, was eine selbstbestimmte Zeitplanung ermöglicht, unternehmensbedingte Zeitverzögerungen ausschließt und mit einer Kostenersparnis verbunden ist. Zugleich wird dadurch auch die eigene Digitalitätskompetenz angereichert, die für (angehende) Lehrkräfte immer wichtiger wird (vgl. unten 3.1). Das Erstellen eines 3D-Kirchenmodells ist jedoch mit einem erheblichen Zeitaufwand verbunden, der sich aus der Auswahl eines geeigneten Programms, der Einarbeitung in dieses sowie aus der konkreten Erstellung und nachträglichen didaktischen Aufbereitung des 3D-Kirchenmodells ergibt. Bei mehrmaliger Verwendung des 3D-Modells relativiert sich allerdings der anfängliche Zeitaufwand.

2.2 Phasierung eines VR-kirchenpädagogischen Lernprozesses

Ein stimmiges VR-Kirchenpädagogik-Setting folgt einer zum Lerngegenstand passenden Phasierung, die sich an analogen kirchenpädagogischen Herangehensweisen orientiert und u. a. Reflexionsphasen enthält (Rupp, 2017, 204–208; Rupp/Grom, 2017, 213f.; Kindermann/Riegel, 2013; Lindner/Hilger, 2018; Mendl, 2008, 105f.).

VR-kirchenpädagogische Lehr-Lern-Arrangements beginnen idealerweise mit einer *Hinführung*, um die Schülerinnen und Schüler auf die anstehende VR-Kirchen(raum)erschließung einzustimmen und deren Wahrnehmung für Kirchenräume zu schulen. Ebenso sollten die Lernenden in dieser Phase Gelegenheit bekommen, den Umgang mit der VR-Brille, den Controllern und der Software einzuüben. Das kann z. B. durch das vergleichende Betrachten und ‚Umrunden' unterschiedlicher 3D-Kirchenaußenmodelle in VR erfolgen, wodurch Merkmale verschiedener Kirchenbaustile herausgearbeitet und techn(olog)ische Erfahrungen gesammelt werden können.

Daran anknüpfend folgt die eigentliche *VR-Kirchen(raum)erschließung*, die virtuell außen vor der Kirche beginnt. Insbesondere das Einblenden der 3D-Grundrissansicht ermöglicht die Wahrnehmung der architektonischen Außengestalt ebenso wie das aktive Umrunden der Kirche durch Einsatz der Controller, die eine Bewegung durch den virtuellen Raum ermöglichen. Ein Schwellenritual im Sinne eines bewussten und zum Kirchenraum passenden Übergangs von außen nach innen kann durchgeführt werden, indem der VR-Kirchenraum in unterschiedlicher Geschwindigkeit betreten oder ein liturgischer Einzug mit einer Kerze in der Hand anhand eines Videos visualisiert wird. Im VR-Kircheninnenraum angekommen, können herkömmliche kirchenpädagogische Methoden ins Digitale transformiert (z. B. Kanzellesen) und auch spezifische VR-Methoden (z. B. Betrachtung von Ausstattungsgegenständen durch Heranzoomen an Details) von den Lernenden einzeln, gemeinsam und arbeitsteilig erprobt werden. Ein Abschlussritual als bedachter Übergang von innen nach außen kann z. B. wie folgt aussehen: Beim Verlassen des VR-Kirchenraums wird der Nutzerin bzw. dem Nutzer von anderen Lernenden oder mittels Video-Illusion eine Hand auf die Schultern gelegt mit den Worten: ‚Gehe hin in Frieden'. – Den Abschluss des kirchenpädagogischen VR-Settings bildet die *Auswertung und Zusammenfassung* (z. B. Erfahrungsaustausch) sowie *Weiterarbeit* (z. B. Integration der Erkundungsergebnisse in das verwendete 3D-Kirchenmodell) *außerhalb der VR-Umgebung* (Witt, 2024, i. E.).

Das VR-kirchenpädagogische Setting lässt sich als digitale Lernumgebung bspw. mithilfe von Serious-Games-Software wie Actionbound organisieren: Über die Actionbound-Web-Version kann die Abfolge der Erkundungsaufträge, Quize, Videos etc. visualisiert und per QR-Code den Lernenden zugänglich gemacht werden. Der über das Smartphone abrufbare Bound stellt zugleich eine Anleitung für die VR-Kirchen(raum)erschließung bereit, indem er u. a. vorgibt, wann die 3D-Kirche, von wem und auf welche Weise zu erkunden ist.

2.3 Gestaltungsformate

Die Wahl der einzelnen Methoden ist u. a. von der Zielsetzung des VR-kirchenpädagogischen Settings abhängig. Nachfolgend sind beispielhafte Gestaltungsformate im Sinne elementarer kirchenpädagogischer Intentionen aufgeführt, die sich jeweils aus verschiedenen Methoden zusammensetzen und als Anregung dienen können.[3]

2.3.1 Formen gelebten Glaubens nachspüren

Um den Schülerinnen und Schülern Formen gelebten Glaubens zugänglich zu machen, kann eine über Actionbound visualisierte, VR-basierte Aufgabe z. B. lauten: ‚Welche Spuren des gelebten Glaubens finden sich in der Kirche? Was machen Menschen an diesem Ort?' Um zu sehen, wohin sich die bzw. der VR-Brillentragende bewegt, kann die VR-Ansicht über einen Laptop gestreamt und so der Lehrkraft und den anderen Lernenden zugänglich gemacht werden. Die Gruppenmitglieder können auch Schnappschüsse der gefundenen ‚Spuren' (z. B. entzündete Opferkerzen, Wochenzettel, Gesangbücher) aufnehmen, indem sie die entsprechenden VR-Ansichten auf dem Laptop-Bildschirm mithilfe der Actionbound-App fotografieren. Zudem könnte der Bound auch ein Video beinhalten, das Gläubige beim Eintreten in die Kirche (z. B. mit Verneigung, Innehalten, Kreuzzeichen oder Kniebeuge) aus der Ich-Perspektive zeigt.

2.3.2 Spiritualität erleben

Um Spiritualität im VR-Kirchenraum erfahrbar zu machen, könnte folgende Aufgabe in der VR-Welt zu erproben sein: ‚Gehe zum Ambo / auf die Kanzel und halte eine kurze Predigt. Wie fühlt sich das an?' Eine weitere Möglichkeit besteht darin, Orte im VR-Kirchenraum einzunehmen, auf die eine der folgenden Aussagen zutrifft: ‚Hier kann man zur Ruhe kommen. Hier ist ein Raum für Sorgen und Nöte.' Die entsprechenden Orte können wiederum mithilfe der Actionbound-App festgehalten werden.

2.3.3 Künstlerische Elemente analysieren

Für das Analysieren künstlerischer Elemente eignet sich insbesondere ein mit Impulsen versehenes 3D-Kirchenmodell. Die im Rahmen der Didaktisierung vorgenommenen Annotationen und Animationen (Texte, Bilder, Videos, Musik etc.) stellen den Lernenden Zusatzinformationen über die in der Kirche vorhandenen künstlerischen Elemente zur Verfügung. Mittels VR-Technik können sich die Lernenden an Details heranzoomen und bspw. einzelne Gegenstände mit einem digitalen Lineal vermessen oder beschriften.

---

[3] Analoge kirchenpädagogische Methoden finden sich u. a. bei Rupp/Grom, 2017, 214f.

2.3.4 Sinnliche Erfahrungen machen

Um sinnliche Erfahrungen mit dem VR-Kirchenraum anzubahnen, könnten die Lernenden z. B. die Aufgabe erhalten, Ausstattungsgegenstände virtuell zu berühren, den Raum in unterschiedlichen Geschwindigkeiten zu begehen, die Grundrissansicht zu betrachten oder Orgelmusik anzuhören.

3. VR-Kirchenpädagogik im Kontext der Religionslehrkräftebildung

Um ein VR-kirchenpädagogisches Setting zu erstellen und durchzuführen, benötigen (angehende) Religionslehrkräfte verschiedene digitalitätsbezogene, fachliche und religionsdidaktische Kompetenzen. Aber auch ihre Überzeugungen (Merk, 2020) spielen eine elementare Rolle: U. a. hängt von ihrer digitalitätsbezogenen Selbsteinschätzung ab, ob sie sich darauf einlassen, ihren Schülerinnen und Schülern eine VR-Kirchen(raum)erschließung anzubieten. In dieser Hinsicht bedarf es entsprechender Formate in der Religionslehrerinnen- und -lehrerprofessionalisierung.

3.1 Anforderungen an Lehrerinnen und Lehrer

Für die Konzeption und Durchführung eines kirchenpädagogischen VR-Settings sind zum einen grundlegende Kompetenzen notwendig, die Lehrkräfte für eine stimmige Integration der digitalen Welt in ihr unterrichtliches Handeln benötigen: Suchen, Verarbeiten und Aufbewahren, Kommunizieren und Kooperieren, Produzieren und Präsentieren, Schützen und sicher Agieren, Problemlösen und Handeln sowie Analysieren und Reflektieren (Kultusministerkonferenz, 2016, 15ff.; Rubach/Lazarides, 2019, 346; kritisch: Frederking, 2022).

Zum anderen erfordert die adäquate Ausgestaltung eines Unterrichtsfachs in einer Kultur der Digitalität im Sinne des DPACK-Modells von Döbeli Honegger inhaltliche Kompetenz, pädagogische Kompetenz und Digitalitätskompetenz. Während die inhaltliche Kompetenz sämtliche Fähigkeiten impliziert, „um ein Fach [z. B. Religion; Anm. d. Verf.] oder ein Thema [z. B. Kirchenpädagogik; Anm. d. Verf.] unterrichten zu können", beinhaltet die pädagogische Kompetenz jegliche Fertigkeiten, „um lernwirksamen Unterricht planen und durchführen zu können" (Döbeli Honegger, 2023). Digitalitätskompetenz wiederum bezeichnet die Fähigkeit, „Phänomene in einer Kultur der Digitalität erkennen, beschreiben, reflektieren und gestalten zu können" (Döbeli Honegger, 2023). Die Schnittmengen dieser Kompetenzbereiche stellen weitere Kompetenzanforderungen an

Lehrende, die auch für die Erstellung eines VR-kirchenpädagogischen Settings notwendig sind: Die digitale pädagogische Inhaltskompetenz impliziert z. B., den kirchenpädagogik- oder religionsunterrichtsspezifischen Einfluss, die Potenziale und Grenzen von VR in Bezug auf Lehr-Lern-Prozesse erkennen, reflektieren und so zeitgemäße Lehr-Lern-Settings gestalten zu können (Döbeli Honegger, 2023).

Weiterhin ist für die unterrichtliche Integration digitaler Technologien – wie VR – eine hohe digitalitätsbezogene Selbstwirksamkeitserwartung (angehender) (Religions-)Lehrkräfte notwendig (Doll/Meyer, 2021, 12), also „das Vertrauen in die persönlichen Kompetenzen, Schwierigkeiten aus eigener Kraft meistern zu können" (Jerusalem u. a., 2009, 6).

Folglich sollten bereits angehende Religionslehrkräfte im Studium mit VR-Kirchenpädagogik in Berührung kommen, um die notwendigen Kompetenzen für die Umsetzung entsprechender Settings im Religionsunterricht zu erlangen und digitalitätsbezogene Hemmungen abzubauen.

3.2 Seminarkonzept

Verschiedenes, was soeben dargelegt ist, wurde umgesetzt und im Rahmen des Religionspädagogikseminars „Virtuelle Kirchenräume konzipieren, erkunden und erfahrbar machen" erprobt, das in den Sommersemestern 2022 und 2023 an der Universität Bamberg stattfand. Ziel dabei war es, Lehramtsstudierende der katholischen Theologie für VR-Kirchenpädagogik zu professionalisieren.

Letztgenannte haben sich mittels eines Online-Selbstlernkurses, der die notwendigen theoretischen Inhalte (u. a. zu Kultur der Digitalität, Kirchenpädagogik) bereitstellte, auf die jeweils folgenden Präsenzsitzungen vorbereitet. In den Präsenzsitzungen wurden die theoretischen Inhalte angewendet, vertieft und reflektiert. Dabei sind drei Seminaretappen zentral: (1) Die Studierenden durchlaufen und reflektieren eine von der Autorin erstellte VR-Kirchen(raum)erschließung (= Studierende als Anwenderinnen und Anwender). – (2) Die Studierenden konzipieren eine VR-Kirchen(raum)erschließung für eine bestimmte schulische Zielgruppe, indem sie mithilfe der App Matterport 3D-Kirchenmodelle erstellen, diese sodann didaktisieren und den Verlauf des VR-Settings mittels Actionbound abbilden (= Studierende als Konstrukteurinnen und Konstrukteure). – (3) Die Studierenden erproben die VR-Kirchen(raum)erschließung mit Schülerinnen- und Schülergruppen aus verschiedenen Schularten (= Studierende als Lehrende).

Begleitend wurde zum Seminar im Jahr 2022 mittels eines Prä-Posttests untersucht, wie sich die digitalitätsbezogene Selbstwirksamkeitserwartung und Selbsteinschätzung der Religionslehramtsstudierenden im Rahmen dieses Seminars verändern. Dabei wurden die Instrumente „Selbstwirksamkeit von Lehrerinnen und Lehrern im Hinblick auf die unterrichtliche Integration digitaler

Technologie" (Doll/Meyer, 2021) und „Skala zur Selbsteinschätzung digitaler Kompetenzen bei Lehramtsstudierenden" (Rubach/Lazarides, 2019) eingesetzt. Letztere greift die von der Kultusministerkonferenz formulierten Kompetenzen in der digitalen Welt auf und ergänzt sie um den Bereich ‚Unterrichten und Implementieren'. Bei N = 12 (Prätest) bzw. N = 11 (Posttest) kann selbstredend keine Repräsentativität beansprucht, aber es können Aussagen zur befragten Seminargruppe erzielt werden. Die mit elf Studierenden nach Seminarabschluss geführten Einzelinterviews geben überdies Auskunft über die Potenziale und Herausforderungen von VR-Kirchen(raum)erschließungen aus der Anwendungs-, Konstruktions- und Lehrenden-Perspektive.

3.3 Evaluationsergebnisse

Vergleiche der jeweiligen Mittelwerte des Prä- und des Posttests zeigen, dass die digitalitätsbezogene Selbstwirksamkeitserwartung und die selbsteingeschätzten digitalen Kompetenzen über alle Kompetenzbereiche hinweg, ausgenommen im Bereich ‚Suchen und Verarbeiten', gestiegen sind. Es lässt sich somit annehmen, dass VR-Kirchen(raum)erschließungen einen elementaren Beitrag zur digitalitätsbezogenen Professionalisierung angehender Religionslehrkräfte leisten. Eine verstärkte Integration von VR-Kirchenpädagogik-Settings bietet in dieser Hinsicht somit Potenzial.

Tab.: Deskriptive Ergebnisse (Berechnungen: Anne Schlosser; DiKuLe – „Digitale Kulturen der Lehre entwickeln", Uni Bamberg)

	SW	DK SUCH	DK KOMM	DK PROD	DK SCHÜT	DK PROBL	DK ANALY	DK UNTER
$M_{Prä}$	3.61	3.95	4.45	4.22	3.26	3.52	3.77	3.97
M_{Post}	4.17	3.80	4.60	4.33	3.41	3.63	4.03	4.13
N	8	10	10	9	9	9	10	10
Δ	.56	-.15	.15	.11	.15	.11	.26	.16

Anmerkungen: SW = Selbstwirksamkeit (1 „gar nicht" bis 6 „völlig überzeugt"); DK = digitale Kompetenzen (1 „stimme gar nicht" bis 5 „stimme voll und ganz zu"); SUCH = Suchen & Verarbeiten; KOMM = Kommunizieren & Kollaborieren; PROD = Produzieren & Präsentieren; SCHÜT = Schützen & sicher Agieren; PROBL = Problemlösen & Handeln; ANALY = Analysieren & Reflektieren; UNTER = Unterrichten & Implementieren; M = Mittelwert; N = Anzahl der Teilnehmenden; Δ = Differenz

Erste Ergebnisse der Interviewstudie, deren Auswertung gegenwärtig läuft, lassen auf weitere Möglichkeiten und auch Grenzen von VR schließen. Es zeigt sich z. B., dass VR eine intensive Auseinandersetzung mit dem Kirchenraum ermöglicht: So beschreibt eine Studierende aus der Anwendungsperspektive, „dass man sich ja in diesem Kirchenraum wirklich befindet [...] und von der realen

VR-Kirchenpädagogik   255

Welt abgeschottet ist", wodurch „man sich [...] darauf fokussieren [kann], wo man sich gerade befindet" (B9_21_w, Pos. 28). Aus der Konstruktionsperspektive wird angegeben, „wenn man da sieben, acht Stunden in der Kirche verbringt und hunderte Aufnahmen macht, [...] weiß [man]: Wie ist der Kirchenraum aufgebaut?" (B2_21_w, Pos. 53). Aus der Lehrendenperspektive wird erläutert, dass „viele Kinder noch an Weihnachten, vielleicht zu Ostern in die Kirche gehen und ansonsten [...] einfach gar nicht", d. h. durch eine VR-Kirchen(raum)erschließung kann man „denen einfach einmal das Gefühl [...] geben, [...] alleine in der Kirche zu sein", was „ja noch einmal etwas ganz anderes als [...] an Weihnachten [ist]" (B2_21_w, Pos. 28).

Bereits das erste Zitat verdeutlicht zudem ein kompetenzbezogenes Potenzial: Da die Studierenden, indem sie VR-Kirchen(raum)erschließungen als intensiv beurteilen, VR und Kirchenpädagogik in Beziehung setzen und dies zugleich auf ihren eigenen Lernprozess beziehen, wird die Stärkung der digitalen pädagogischen Inhaltskompetenz i. S. d. DPACK-Modells deutlich. Demgegenüber stellt z. B. Funktionsfähigkeit eine techn(olog)ische Grenze von VR-Kirchen(raum)erschließungen dar: Aus der Anwendungsperspektive wird erläutert, dass „es auch kleinere Anzeigebugs [gab]" (B10_23_m, Pos. 14), und aus der Konstruktionsperspektive, dass „gerade auf das Ende zu [...] das GPS dann nicht mehr richtig mitgemacht [hat]" (B6_23_w, Pos. 40). Die Studierenden geben in ihrer Rolle als Lehrende an, dass sie „an der Schule das Problem [hatten], dass das Programm nicht übertragbar war an das Smartboard [...], dadurch, dass ein Schutzprogramm das blockiert hat" (B9_21_w, Pos. 92).

4. Limitationen und Perspektiven

Es gibt verschiedene Möglichkeiten, ein VR-kirchenpädagogisches Setting für den Religionsunterricht bzw. die Religionslehrkräftebildung zu konzipieren. Dies stößt jedoch an Grenzen, wenn die technische Ausstattung der Schulen und Universitäten, einfache und finanzierbare Softwarelösungen sowie Datenschutzkonformität nicht gegeben sind. Die Vernetzung existierender VR-Sakralraum-Digitalisate wiederum birgt kirchenpädagogisches Potenzial, das durch Projekte und Fördergelder gehoben werden sollte. Denn die Evaluationsergebnisse weisen u. a. darauf hin, dass es sich lohnt, für das Arbeiten mit VR-Technik im Kontext der Kirchenpädagogik zu professionalisieren, weshalb die Dissemination der oben präsentierten universitären Settings in die zweite und dritte Phase der Religionslehrkräftebildung wünschenswert ist. Ertragreich erscheint in dieser Hinsicht ein hybrides Setting, bei dem kirchenpädagogische VR- und Präsenz-Settings kombiniert werden; dies jedenfalls erwies die Neuauflage des oben skizzierten Seminars im Sommersemester 2023. Insgesamt bedarf es religionspädagogischerseits mehr Entwicklungsforschung im Bereich von VR-Kirchenpädagogik, aber auch in Bezug auf andere Lehr-Lern-Settings, die VR aufgreifen. Nur so lassen sich Chancen und Grenzen der VR-Technologie für religiöse Lern- und Bildungsprozesse ausloten – einer Technologie, die in den nächsten Jahren wohl verstärkt die menschliche Lebensgestaltung prägen wird.

Literatur

Bundesverband Kirchenpädagogik e. V., Thesen zur Kirchenpädagogik, in: kirchenPÄDAGOGIK. Zeitschrift des Bundesverbandes Kirchenpädagogik e. V. (2002) 1, 24f.

Döbeli Honegger, Beat, DPACK, o. O. 2023. Online unter: https://mia.phsz.ch/DPACK [abgerufen am: 22.09.2023].

Dörnemann, Holger, Kirchenpädagogik. Ein religionsdidaktisches Prinzip, Berlin 2011.

Doll, Jörg/Meyer, Dennis, SWIT. Selbstwirksamkeit von Lehrerinnen und Lehrern im Hinblick auf die unterrichtliche Integration digitaler Technologie, in: Leibniz-Institut für Psychologie (ZPID) (Hg.), Open Test Archive, Trier 2021. Online unter: https://www.pubpsych.de/retrieval/9008268_SWIT_Verfahrensdokumentation.pdf [abgerufen am: 22.09.2023].

Frederking, Volker, Von TPACK und DPACK zu SEPACK.digital. Ein Alternativmodell für fachdidaktisches Wissen in der digitalen Welt, in: Ders./Romeike, Ralf (Hg.), Fachliche Bildung in der digitalen Welt, Münster 2022, 482–522.

Gerwens, Niklas, Interaktionsdesign in Virtual Reality Lernumgebungen, Hamburg 2018. Online unter: https://users.informatik.haw-hamburg.de/~ubicomp/projekte/master2018-gsem/Gerwens/bericht.pdf [abgerufen am: 22.09.2023].

Jerusalem, Matthias/Drössler, Stephanie/Kleine, Dietmar/Klein-Heßling, Johannes/Mittag, Waldemar/Röder, Bettina, Förderung von Selbstwirksamkeit und Selbstbestimmung im Unterricht. Skalen zur Erfassung von Lehrer- und Schülermerkmalen, Berlin 2009. Online unter: https://www.erziehungswissenschaften.hu-berlin.de/de/paedpsych/forschung/Skalenbuch_FoSS.pdf [abgerufen am: 22.09.2023].

Käbisch, David/Pirker, Viera, Virtuelle Realitäten, ambivalente Narrative und fiktive Entscheidungssituationen. Konturen einer digitalen Didaktik der Multiperspektivität, in: Zeitschrift für Pädagogik und Theologie 75 (2023) 2, 182–197.

Kindermann, Katharina/Riegel, Ulrich, Kirchenräume erschließen, in: Religionspädagogische Beiträge 70 (2013) 67–78.

Kultusministerkonferenz, Bildung in der digitalen Welt. Strategie der Kultusministerkonferenz, Berlin 2016.

Lindner, Konstantin/Hilger, Georg, Räume wahrnehmen und erkunden, in: Hilger, Georg/Ritter, Werner H./Lindner, Konstantin/Simojoki, Henrik/Stögbauer, Eva, Religionsdidaktik Grundschule. Überarb. Neuausg., 2. Aufl. München 2018, 422–430.

Mendl, Hans, Religion erleben. Ein Arbeitsbuch für den Religionsunterricht, München 2008.

Merk, Samuel, Überzeugungen, in: Cramer, Colin/König, Johannes/Rothland, Martin/Blömeke, Sigrid (Hg.), Handbuch Lehrerinnen und Lehrerbildung, Bad Heilbrunn 2020, 825–832.

Persike, Malte, Videos in der Lehre. Wirkungen und Nebenwirkungen, in: Niegemann, Helmut/Weinberger, Armin (Hg.), Handbuch Bildungstechnologie. Konzeption und Einsatz digitaler Lernumgebungen, Berlin 2020, 271–301.

Rubach, Charlott/Lazarides, Rebecca, Eine Skala zur Selbsteinschätzung digitaler Kompetenzen bei Lehramtsstudierenden. Entwicklung eines Instrumentes und die Validierung durch Konstrukte zur Mediennutzung und Werteüberzeugungen zur Nutzung digitaler Medien im Unterricht, in: Zeitschrift für Bildungsforschung 9 (2019) 3, 345–374.

Rupp, Hartmut, Kirchenpädagogik im Religionsunterricht, in: Ders. (Hg.), Handbuch der Kirchenpädagogik. Baustile wahrnehmen – Zielgruppen beachten – Methoden anwenden, Stuttgart 2017, 200–209.

Rupp, Hartmut/Grom, Barbara, Die Planung einer kirchenpädagogischen Veranstaltung, in: Rupp, Hartmut (Hg.), Handbuch der Kirchenpädagogik. Baustile wahrnehmen – Zielgruppen beachten – Methoden anwenden, Stuttgart 2017, 210–217.

Slater, Mel/Wilbur, Sylvia, A Framework for Immersive Virtual Environments (FIVE), in: Presence. Teleoperators and Virtual Environments (1997) 6, 603–616.

Witt, Theresia, Art. Kirchenraumpädagogik, virtuell, in: WiReLex 10 (2024), i. E.

Die Plattform „www.museum-virtuell.com"
Genese, Bestand, Nutzerverhalten, Perspektiven

Dirk Leiber & Mirjam Zimmermann

Das British Museum in London, die National Gallery of Art in Washington, D.C., das National Museum of Modern & Contemporary Art in Seoul, das Pergamon Museum in Berlin, das Tokio Fuji Art Museum in Japan und das Rijksmuseum und das Van Gogh Museum in Amsterdam bieten teils kostenfreie digitale Zugänge an, die unterschiedliche Exponate online vorstellen. Virtuelle Museen sind sie aber nicht, denn nur ein Teil der Ausstellung ist virtuell z. B. durch digitale Zugänge, 3D-Modelle, Video-Touren, Interviews, virtuelle Informationstexte etc. zugänglich (zum Begriff vgl. Niewerth, 2018, 123–126). Angeboten werden diese als dynamische Tools, die es Besucher:innen ermöglichen, sich durch die verschiedenen Führungen und Inhalte zu bewegen. Allerdings ist nie das gesamte Museum so virtuell erschlossen, dass man quasi als Besucher:in selbst entscheidet, an welchen Punkt/Ort man sich bewegt, was man jeweils wie intensiv weiter erkunden möchte, und damit das Museum quasi gleich wie vor Ort besuchen kann. Möglicherweise auch, weil dafür die angegebenen Museen viel zu groß und umfangreich sind, wurde für die digitale Präsentation eine Auswahl getroffen.

Kleinere Museen und Galerien, Schlösser und Burgen, Klöster und Kirchen, Industrie und Messen, die man in eben dem beschriebenen Sinn umfänglich ohne räumliche Einschränkungen virtuell besuchen kann, findet man gebündelt für Deutschland auf der Plattform www.museum-virtuell.com. Dort wird in den unterschiedlichen Museen und Lokalitäten die Möglichkeit der Wahl des individuellen Rundgangs dem Besucher bzw. der Besucherin überlassen. „Museum Virtuell" versteht sich als eine wichtige Ergänzung zu den Lokalitäten und Museen vor Ort und möchte die Kulturinstitutionen und Bildungseinrichtungen auch beim Erreichen neuer Publikumsgruppen unterstützen, ohne damit aber einen Besuch vor Ort zu ersetzen.

Die Idee zu dieser Plattform entstand während der Corona-Pandemie, gerade weil viele Menschen auf der ganzen Welt damals vermehrt auf virtuelle Museumsbesuche zurückgegriffen haben, um Kultur und Kunst von zu Hause aus zu erleben. Der Gründer, Dirk Leiber, hat damals das durch die Pandamie entstandene Zeitfenster genutzt, um manche schon in dieser Zeit vorhandene einzelne virtuelle Museumsbesuchsmöglichkeiten zu bündeln, werbend neue Erschließungen zu initiieren und so diese Sammlung zusammenzutragen. Virtuelle Museen und Ausstellungen bieten nun über die Pandemie hinaus die Möglichkeit,

Kultur und Kunst ohne physische Einschränkungen zu erleben, und diese Lernorte können so auch für Menschen zugänglich sein, die aus verschiedenen Gründen Schwierigkeiten haben (z. B. finanzielle bzw. gesundheitliche Gründe, geografische Entfernung), an realen Museums- oder Kulturdenkmälerbesuchen teilzunehmen. Ziel der Initiative war und ist es auch, dass die Museen von eher fernstehenden Jugendlichen und bildungsfernen Schichten erreicht werden können. Gerade die sogenannte „Generation Z", die teils nicht mehr zwischen virtueller und realer Existenz unterscheidet bzw. diese als gleichwertig erachtet, soll mit dem digitalen Museumsangebot abgeholt werden. Auf diese Art und Weise können Kultur, Kunst und Geschichte vermittelt werden, in dem dieses niederschwellige Angebot weitgehend kosten- und barrierefrei für alle zur Verfügung steht.

1. Der Bestand von „Museum Virtuell"

Die Plattform von „Museum Virtuell" besteht aus sechs Bereichen, die die Angebote gliedern:
1. Museen und Galerien
2. Schlösser und Burgen
3. Klöster und Kirchen
4. Industrieanlagen und Messen
5. Tourismus und Guides
6. Bildungseinrichtungen

Die Auswahl ist weitgehend auf Deutschland beschränkt und auch große, aus vielen Ausstellungen bestehende Museumskomplexe wie die Festung Königstein sind unter den virtuellen Angeboten zu finden. Auf der Plattform kann man das Stadtmuseum Fürth, das Industriemuseum Chemnitz, das Jüdisches Museum Creglingen, das Museum Hameln, die Galerie Kocken, das Rolls Royce Automobilmuseum, das auch für den Religionsunterricht interessante Museum für Sepulkralkultur in Kassel und viele weitere besuchen. Warum sich größere Museen, die sowieso über eine Online-Teilpräsentation verfügen, wie z. B. die Museen der Museumsinsel in Berlin, nicht der Plattform anschließen oder sich verlinken möchten, erschließt sich auch dem Initiator selbst nicht.

Unter „Schlösser und Burgen" finden sich der Barockgarten Großsedlitz, Schloss Hartenfels und Schloss Wildenfels, das Stadtschloss Fulda, die Hochburg Emmendingen, Burg Kriebstein, Festung Königstein, Burg Falkenstein u. a. Über einen Lageplan bekommt der bzw. die Besucher:in einen Überblick und kann sich dann über verschiedene Punkte frei auf dem Gelände bewegen, um an den entsprechenden Hotspots, wie am realen (Lern-)Ort auch, weitere Informationen durch Infotafeln oder eingespielte Videofilme zu erhalten.

Bei den Klöstern und Kirchen bietet die Plattform einen virtuellen Zugang zum Kloster Chorin, dem Kloster Vessra, dem Dom zu Halberstadt, dem Kloster Altzella, dem Kloster Jerichow, dem Kloster Michaelstein und der Abtei Brauweiler. Auch hier ist die Vermittlung fast ausschließlich auf kulturelles und historisches Wissen beschränkt, eine Ansprache der Besuchenden z. B. über spirituelle oder subjektorientierte Zugänge findet nicht statt.

Die Rubrik „Industrieanlagen und Messen" scheint noch im Aufbau begriffen. Hier findet sich nur eine Besuchsmöglichkeit der EGN / Entsorgungsgesellschaft Niederrhein mbH Krefeld, was auch für die Geografiedidaktik interessant sein kann. Im Rahmen eines Bildungsprojektes für Kinder und Jugendliche ist dieser Rundgang durch die Sortieranlage der EGN entstanden. Die Anlage und der konzipierte Rundgang zeigen, wie Kunststoffe aus dem System des „Gelben Sackes" sortiert und zu Rohstoffen recycelt werden. Der bekannte Schauspieler François Goeske unterstützte dieses Projekt, in dem er in Filmbeiträgen gemeinsam mit Betriebsleiter Jürgen Latzke durch die Anlage führt. Das Bildungsprojekt wendet sich mit einem Hörspiel und begleitenden Lehrmaterialien an Schüler und Schülerinnen der Sekundarstufe I. An dieser Stelle sind viele weitere unterschiedlichste Lernorte denkbar: Ein Bergwerk, der Deutsche Evangelische Kirchentag oder der Deutsche Katholikentag, eine Berufsfindungsmesse, eine Messe für Interessierte für das soziale oder ökologische Jahr etc.[1]

Unter „Tourismus und Guides" wird bisher ausschließlich der Harzer Kloster-wanderweg angeboten und unter der erst jüngst eingeführten Rubrik „Bildungseinrichtungen" findet sich bisher nur das Lernzentrum der Hochschule Reutlingen, einer staatlichen, technisch und betriebswirtschaftlich orientierten Campus-Fachhochschule.

2. Genese des Projekts/der Plattform

Ausgangspunkt der Anlage einer virtuellen Museenlandschaft war die Corona-Pandemie 2020. Der Anspruch der Arbeit war, die Tour so anzulegen, dass nicht nur Räume durchwandert werden können (wie bei Google Arts & Culture), sondern dass Vitrinen, Texte, Exponate mit so viel Scanpunkten versehen werden, dass deren Inhalte betrachtet und Information rezipiert werden können, als wäre man vor Ort.

---

[1] Die Plattform www. museum-virtuell.com unterliegt, wie viele Digitalprojekte, einer großen Entwicklungsdynamik: Mit dem neuen, in 2023 entwickelten „Education For Future" Programm werden ökologische und gesellschaftsrelevante Themen gemeinsam mit dem Ernst Klett Verlag bundesweit an Schulen gebracht. Eine erste Präsentation ist auf der Didacta in Köln 02/2024 geplant.

Während zu Beginn der Plattform etwa zehn Lokalitäten zur Verfügung standen, waren es 2021 schon 25, die aktuelle Auswahl verfügt über 100 besuchbare (Lern-)Orte. Auch die Abrufzahlen haben sich in dieser Zeit verändert: Zu Beginn lagen die Abrufzahlen pro Monat bei 900, im Jahr 2021 bei ca. 2.100, für 2022 haben diese sich mehr als verdoppelt. Auch die Verweildauer hat sich entsprechend verändert. Im Oktober 2023 besuchten 270 Personen die Seite(n) pro Tag.

Die Anzahl der Menschen, die für einen virtuellen Besuch bereit sind, Geld zu bezahlen, ist allerdings eher begrenzt. Nur ca. 3 % der Besuchenden wählt ein kostenpflichtiges virtuelles Museum. Unterschiedlichste Sponsoren haben das Projekt unterstützt wie z. B. Sachsenlotto.

Technisch wird das System (Kamera und Viewer) von Matterport verwendet, das im Gegensatz zu den anderen auf dem Markt befindlichen Angeboten intuitiv nutzerfreundlich und hostingstabil ist. Mit einem Plugin von Museum Virtuell, also einer Softwarekomponente, die eine bestehende Software erweitert, sind über die Möglichkeiten von Matterport auch Zusatzfunktionen wie Mehrsprachigkeit, Staging, Menüführung etc. verfügbar. Durch das hochautomatisierte Matterport-System erreicht man ein sehr gutes Preis-Leistungs-Verhältnis, für die private Verwendung ist das Programm sogar kostenfrei.

Der Preis ist allerdings, dass das Bildmaterial bei Google gehostet wird und dort Teil von Googles Metaversum wird. Da durch den Einsatz von Matterport Daten potenziell in ein Drittland ohne Angemessenheitsbeschluss übertragen werden, erfordert die Verarbeitung eine Einwilligung des Nutzers (Art. 49[1] a DSGVO), wobei auf die Risiken der Datenübermittlung hinzuweisen ist, so dass der Nutzer eine wohlinformierte Entscheidung treffen kann. Matterport verpflichtet sich allerdings, „die Kundendaten sicher aufzubewahren und sicherzustellen, dass private Daten geschützt sind."[2]

Außerdem arbeitet Matterport mit einer sogenannten „Cloud-Bindung". Der Matterport-Rundgang funktioniert also nur online in der Cloud auf amerikanischen Servern. Ein eigenes Hosting oder eine Offline-Nutzung bzw. -Archivierung auf Desktop-Systemen ist nicht vorgesehen (Ausnahme: Offline-Download über Matterport-App für iPhone und iPad). Ob die Firma Matterport in einigen Jahren noch existiert und der Rundgang damit eventuell nicht mehr nutzbar ist, kann kein Matterport-Dienstleister garantieren

---

[2] Zur DSGVO-konformen Verwendung von Matterport vgl. https://legalweb.io/dsgvo/embeddings_matterport/ [abgerufen am: 9.11.2023].

3. Finanzierung

Auf der Website www.museum-virtuell.com gibt es in der Regel keine direkten Kosten für den virtuellen Museumsbesuch. Die meisten Museen und Orte, die auf der Plattform präsentiert werden, bieten ihre virtuellen Touren und Ausstellungen kostenlos an. Einige wenige Museen oder Ausstellungen auf der Plattform erheben eine Eintrittsgebühr, um auf ihre Inhalte zugreifen zu können.

Virtuelle Führungen wurden in der Pandemiezeit allerdings auch dazu genutzt, um die Einnahmeausfälle zu kompensieren. Auch so wurde die Plattform zu einer Kulturförderplattform. Es ist die zurzeit einzige Plattform, in der Museen selbst entscheiden können, ob sie virtuell Eintritt nehmen möchten oder nicht. Für diese Häuser wurde ein Automatismus programmiert, der bei Ticketkauf individuelle Passwörter kreiert, so dass auch ein Blick in den Quellcode keinen unbefugten Zugang ermöglicht.

Das Freimaurer Museum in Bayreuth z. B. war in der Lage, durch virtuelle Gruppenführungen die Erstellungskosten des Rundgangs und die Eintrittsausfälle während der Pandemie aufzufangen. Die Führungen fanden und finden über ein Videomeeting (ZOOM, Webex, Teams ...) statt. In dem Meeting wird der PC-Bildschirm, auf dem der Rundgang stattfindet, geteilt. Wenn virtuelle Führungen auf der Plattform stattfinden, erhält das jeweilige Museum, so die vereinbarte Praxis, pauschal eine Spende von 150,- Euro je Führung.

Für Museen, die ihren Bestand gerne digitalisieren möchten, um auf der Plattform virtuell besuchbar zu sein, steht von „museum-virtuell" ein Kamera- und ein Drohnensystem zur Verfügung, in die bisher 70.000 Euro investiert wurden. Die Finanzierung der Virtualisierungen ist auf diese Weise für alle Einrichtungen erschwinglich. Sie liegt je nach Anfahrt und Ausführung zwischen 2.000 und 5.000 Euro. Eine komplexe Drohnenvermessung,[3] die Schlösser, Burgen und Festungen auf sehr genau Weise vermisst, liegt bei 5.000 bis 10.000 Euro. Der Mehrwert eines virtuellen Besuches zeigt sich darin, dass die Lokalitäten damit auch aus der Vogelperspektive wahrgenommen werden können.

---

[3] Beispiele für Drohnenvermessungen, von denen aus in die virtuellen Rundgänge verzweigt werden kann: https://museum-virtuell.nira.app/a/dZVFwDc0QVq3ig6u91BRvQ/1 oder https://museum-virtuell.nira.app/a/z1Kwp4X-Qt-Q9R5MSZWtmw/1 [abgerufen am: 9.11.2023]. Die Präzision einer solchen Vermessung liegt bei bis zu einem Zentimeter. Sie kann für BIM (Building Information Modeling) – Forschung, Bau und Vermittlungszwecke – genutzt werden.

4. Beispiele für den Umgang mit virtuellen Besuchen

Die auf der Plattform angebotenen Museumsbesuche werden nicht nur in Einzelbesuchen oder Schulzusammenhängen genutzt. Seniorenheime, Rotary Clubs, Freimaurerlogen, Serviceclubs etc. laden in ihr Clublokal ein und verfolgen die Museumsführung per Beamer über eine Leinwand.

Auch erste Unterrichtsmaterialien zum virtuellen Besuch liegen vor: So wurde beispielsweise eine Doppelstunde für die Schulklassen 4-6 zum Thema Plastik in den Weltmeeren entwickelt. „Education for Future" fordert damit auf, etwas für den Planeten zu tun. Kultusministerien wie beispielsweise in Sachsen haben dieses Programm an alle Schulen des Bundeslandes empfohlen. Mit NRW und Rheinland-Pfalz führt man ebenfalls Gespräche in diese Richtung. Die dort angebotene Doppelstunde wird mit dem virtuellen Besuch eines Recyclinghofs verbunden (s. o.). Mit dieser Form eines Lerngangs erweitert die Plattform ihr Angebot deutlich in Richtung schulischer Bildung.

Mit einer großangelegten Förderung von Sachsenlotto und der ehrenamtlichen Unterstützung des Schauspielers Hendrik Duryn (RTL: „Der Lehrer") sind 2022 in 15 Schlössern, Burgen und Gärten Sachsens 150 Videoclips entstanden. Das Schlösserland Sachsen öffnet sich mit diesen Videos einer Zielgruppe, die weit über das sog. Bildungsbürgertum hinausgeht. Mit der Bekanntheit des prominenten Darstellers (90.000 Insta- und 160.000 Facebook-Follower) stiegen die Plattformbesuche deutlich. Dabei gab es einen intermusealen und interregionalen Synergieeffekt.

5. Ist der virtuelle Museumsbesuch zukunftsfähig?

Obwohl virtuelle Museumsbesuche viele Vorteile wie Kostenfreiheit, Barrierefreiheit, die Wahl der individuellen Erkundungsgeschwindigkeit und Verweildauer etc. bieten, die oben dargestellt wurden, gibt es durchaus auch Nachteile im Vergleich zu realen Museumsbesuchen, die berücksichtigt werden müssen. So bieten virtuelle Museen und Ausstellungen bisher oft nur sehr begrenzte Interaktionsmöglichkeiten im Vergleich zu Museen vor Ort, das bei Matterport solche Tools im Gegensatz z. B. zu 3DVista (vgl. den Beitrag von Lorenz Gilli et al. in diesem Band) nicht integriert. Die Besucher können beispielsweise keine Gegenstände anfassen oder bei einer Führung explizit nachfragen. Auch die Authentizität der Objekte ist durch die Qualität der Erfassung, die Qualität der Übertragung und des Bildschirms vor Ort beschränkt. Außerdem kann die Atmosphäre der Museen durch die digitale Präsentation nur in seltenen Fällen vermittelt werden.

Obwohl es bequem ist, von zu Hause aus Museen zu besuchen, und weil solche Besuche ohne viel Aufwand z. B. in eine Unterrichtsstunde integriert werden können, kann ein solcher Besuch auch zu einem rein reproduktiven Verhalten führen, gerade weil der Eventcharakter nur in sehr begrenztem Maße erfüllt ist. Deshalb wird ein virtueller Museumsbesuch möglicherweise nicht die gleiche emotionale Erfahrung wie ein physischer Museumsbesuch bieten, weil bisher z. B. die Atmosphäre oder der Geruch eines Museums nicht digital übertragen werden können und sich so die Frage nach der Intensität und Nachhaltigkeit des Lernerlebnisses stellt.

Auch technische Einschränkungen wie eine schlechte Internetverbindung, die den Museumsgang stört, oder veraltete Geräte, die den Ladevorgang verzögern und z. B. ein Auseinanderdriften von Ton- und Bildübertragung bewirken, können den virtuellen Museumsbesuch beeinträchtigen.

Die Frage nach dem Nutzen digitaler Museumsangebote stellte sich auch das Fraunhofer Institut und hat zum Thema „Ist der virtuelle Museumsbesuch zukunftsfähig?" eine Studie zu digitalen Museen veröffentlicht.[4] Demnach haben mehr als zwei Drittel der Befragten bereits an einem virtuellen Museumsbesuch teilgenommen, den aber nur 35 % als zufriedenstellend beschrieben haben. Der virtuelle Besuch ersetze somit nicht den Besuch vor Ort, funktioniere allerdings gut als Marketinginstrument. Er sei mehr ein Anreiz, überhaupt ein Museum zu besuchen. Ein interessanter Aspekt der Studie ist, dass ein Großteil der Befragten gerne eine Kombination aus digitalen und analogen Angeboten nutzen möchte. Dabei sind Mischungen mit Experten bei Online-Besuchen, Varianten, die spielerische Elemente in die virtuellen Besuche integrieren, oder Formate, bei denen die Interaktion mit anderen angeleitet wird, jeweils für mehr als 50 % der Befragten attraktiv. Der analoge Besuch bleibe allerdings für die Mehrheit die authentischere Form, um einen Ort oder eine Ausstellung im Original zu erleben.

Allerdings sähen viele der Befragten in dem Angebot eines virtuellen Besuchs die Chance für eine vollkommen neue Erfahrung. Deshalb, so die Pressemeldung von Fraunhofer zu den Ergebnissen, „lassen sich digitale Kulturangebote nicht mehr alleine denken, vielmehr müssen sie vernetzt zueinander gesehen werden. Das bedeutet auch, dass ein virtueller Museumsbesuch den Besuch vor Ort nicht ersetzt, sondern vielmehr einen Anreiz schafft oder den Besuch im Nachgang ergänzt, um sich nochmals zu informieren. Diese Idee können Betreiber von Kultureinrichtungen sogar noch weiterverfolgen, zum Beispiel, indem sie auf ihrer Website nur einige Exponate zeigen und auf Angebote – digital oder analog – verweisen, die nur vor Ort nutzbar sind." (Fraunhofer, 2021)

---

[4] Trotz Kontaktaufnahme mit der verantwortlichen Forscherin, Prof. Dr. Vanessa Borkmann, liegen leider neben der zitierten online-Publikation keine weiteren Projektberichte vor, die die Umfrage genauer erläutern und die hier hätten zitiert werden können; vgl. https://www.iao.fraunhofer.de/de/presse-und-medien/aktuelles/ist-der-virtuelle-museumsbesuch-zukunftsfaehig.html [abgerufen am: 9.11.2023].

Aus diesem Grund hat Museum Virtuell eine eigene App programmiert, die es ermöglicht, die Video- und Audioguides aus dem virtuellen Rundgang auch vor Ort erlebbar zu machen. So sind Kinderspiele, Stadtspiele, intermuseale Führungen, touristische Navigation zu Fundorten möglich. Ohne diese App wäre das Wandern des Harzer Klosterwanderweges mit den entsprechenden Informationen aktuell nicht möglich. Durch Vandalisumus sind Wegweiser entfernt worden, die digital nun aber noch vorhanden sind.

Interessant ist auch, dass viele Museen (Zeppelin / Dornier / Sepulkralkultur) die Plattform auch zu Archivzwecken verwenden; denn einige Ausstellungen, die man virtuell noch besuchen kann, sind teils seit Jahren bereits abgebaut. Eine solche Perspektive kann „Museum Virtuell" vielleicht auch für Sonderausstellungen in größeren Museen und für weitere Anbieter attraktiv machen. Im Bildungskontext ist diese Form von Museumsbesuchen zumindest jetzt schon eine große Bereicherung.

Literatur

Fraunhofer Institut, Ist der virtuelle Museumsbesuch zukunftsfähig? Stuttgart 2021. https://www.iao.fraunhofer.de/de/presse-und-medien/aktuelles/ist-der-virtuelle-museumsbesuch-zukunftsfaehig.html [abgerufen am: 30.10.2023].

Niewerth, Denis, Dinge – Nutzer – Netze: Von der Virtualisierung des Musealen zur Musealisierung des Virtuellen. 3.1 Zum Begriff des „virtuellen Museums". Edition Museum, Bd. 30, Bielefeld 2018. https://doi.org/10.1515/9783839442326-011 [abgerufen am: 30.10.2023].

Teil IV

Offene Fragen, Diskussion & explorative Blicke

Gemeindebildung im Kontext von virtuellen Sakralräumen

Christian Mulia

1. Vorüberlegungen: Gemeinschaft und Gemeinde in virtuellen Räumen

1.1 Gemeindebildung als Doppelbewegung

Der doppelsinnige Begriff „Gemeindebildung" verweist aus gemeindepädagogischer Sicht einerseits auf religiöse Lern- und Bildungsprozesse der Einzelnen im Kontext der Kirchengemeinde und andererseits auf die Konstitution von Gemeinde als sozialer bzw. geistlicher Größe (Steinhäuser, 2009).

Diese zweifache – individuums- und organisationsbezogene – Sicht auf herkömmliche analoge Formen der Gemeindepraxis soll in diesem Beitrag auf unterschiedliche Varianten von virtuellen Sakralräumen übertragen werden. In den Blick zu nehmen sind Lern- und Anwendungsmöglichkeiten in *sektoraler* Hinsicht (z. B. Kirchraumerkundung in der Konfirmand:innenarbeit) ebenso wie neue Formen der Gemeindevernetzung in *systemisch-organisationaler* Hinsicht.

Ein solcher Untersuchungsgang bedarf jedoch weiterer praktisch-theologischer wie soziologischer Vorklärungen: In welcher Weise kann es im Kontext von virtuellen Sakralräumen überhaupt zur Formierung von Gemeinschaft kommen? Was zeichnet diese Sozialgebilde aus? Inwiefern lassen sie sich kirchentheoretisch als Gemeinden bzw. als religionsaffine Sozialgebilde einordnen? Von analogen Formen der Gemeinde(bildung) ausgehend, ließe sich die Fragerichtung auch umkehren: Welche religiösen Lernprozesse können initiiert werden, wenn Gemeindeglieder digitale Sakralräume erkunden, und wie vermag die virtuelle Erschließung auf Kirchengemeinden zurückzuwirken?

1.2 Virtuelle Gemeinschaften

Nicht nur in medienwissenschaftlichen, sondern auch in praktisch-theologischen Studien zur Social Media-Nutzung wird relativ unbefangen von digitalen, virtuellen oder Online-Communities gesprochen (Hörsch, 2022, 7–11). Der Aspekt einer unmittelbaren Face-to-Face-Kommunikation wird zurückgestellt.

Laut Howard Rheingold, Wortschöpfer der *virtuellen Gemeinschaften*, geht dieses „Geflecht persönlicher Beziehungen" daraus hervor, dass im Cyberspace „genug Leute diese öffentlichen Diskussionen lange genug führen und dabei ihre Gefühle einbringen" (Rheingold, 1994, 16).

Heidi A. Campbell und Stephen Garner heben wiederum auf das Moment der gemeinsamen Interessen ab:

> „Online Communities sind personalisierte soziale Netzwerke gemeinsamer Interessen, die es Einzelnen erlauben, das Ausmaß ihrer Beteiligung zu bestimmen und mehrere soziale Kontexte gleichzeitig zu verknüpfen." (Campbell/Garner, 2021, 69)

Demgegenüber arbeitet Jochen Gläser heraus, dass sich virtuelle von analogen Gemeinschaften nicht durch neu hinzutretende identitätsstiftende Merkmale abheben. Seiner Typologie zufolge werden Gemeinschaften durch Interessen, Handlungen, Annahmen, Besitzverhältnisse oder soziale Beziehungen konstituiert, was auch auf *virtual communities* zutreffen kann (Gläser, 2006, 1886).

Unklar bleibt indessen, ob mittels dieser hier nur kurz umrissenen Definitionen auch christliche Gemeinschaftsformen im Netz ausreichend erfasst werden. An dieser Stelle führt ein aktueller praktisch-theologischer Diskurs um Formen einer fluiden Kirchlichkeit weiter.

1.3 Fluide Kirchlichkeit – Gemeinde auf Zeit

„Gemeinde" ist nicht nur eine empirisch-kirchenrechtlich beschreibbare Größe, sondern zugleich ein theologisch-normativ aufgeladener Begriff, der den (vermeintlichen) ‚Normalfall' gelebter Kirchlichkeit bezeichnet (Pohl-Patalong, 2019). Ihm zufolge zeichnen sich die Beziehungen der Gemeindeglieder durch Dauerhaftigkeit, Nähe, Fürsorge und persönliches Engagement im territorial begrenzten Raum der Parochie aus.

Demgegenüber sind im Rahmen eines EKD-geförderten Verbundprojekts Formen einer ‚*Gemeinde auf Zeit*' untersucht worden: von Radwegekirchen über Motorradgottesdienste bis hin zu Großchorprojekten. Hier zeigen sich spätmoderne „Teilnahme- und Teilhabeformen […], die selektiv und temporär gestaltet sind, die zugleich aber alle eine Form von Vergemeinschaftung bilden." (Bubmann/Fechtner/Weyel, 2019, 7–15, 8)

Kennzeichen von ‚Gemeinden auf Zeit' sind erstens „eine konkrete Örtlichkeit", die „einen (Er-)Lebensraum" für die Beteiligten bildet; zweitens eine „als kirchliches Geschehen identifizierbar[e] und […] auf personaler Präsenz und Interaktion" beruhende Praxis, was den „Aspekt der Leiblichkeit" einschließt; drittens der zur Darstellung gebrachte „gemeindlich-gemeinschaftliche Charakter des Geschehens" und viertens „ein organisiertes Setting […] im (Verantwortungs-)Bereich der Kirche" (ebd., 12).

Angesichts des dritten Kriteriums der personal-leiblichen Kopräsenz werden „mediatisierte, deterritoriale Formen von Vergemeinschaftung" ausgeklammert (ebd., 12). Dass mediatisierte kirchliche Gemeinschaftsbildung prinzipiell möglich ist, zeigt die sich formende *communio medialis* im Rahmen von Fernsehgottesdiensten. Bei deren Mitvollzug vor den Bildschirmen wird das Fehlen einer „räumlich-physische[n] Dimension der Gemeinschaftserfahrung" kaum als defizitär wahrgenommen (Magin/Schwier, 2007, 19–36, 27).

Im Folgenden werden drei (Funktions-)Typen von virtuellen Sakralräumen daraufhin untersucht, inwiefern hier religiöse Lernprozesse situiert und angestoßen werden und welche Impulse von bzw. Rückwirkungen auf Kirchengemeinden zu verzeichnen sind. Ein Akzent liegt auf kirchenpädagogische Erwägungen zur Produktion und Rezeption digitaler Repräsentationen von Sakralräumen (2.). Daran schließen Beobachtungen zur Bedeutung kirchlicher Räume in Computer-Rollenspielen (3.) und auf virtuellen Gedenkseiten (4.) an, die in kirchliche Wahrnehmungs- und Handlungsperspektiven münden (5.).

2. Produktion und Rezeption von virtuellen Sakralräumen

Aus gemeindepädagogischer Perspektive legt es sich nahe, in einem ersten Erkundungsgang auszuloten, inwieweit sich Erfahrungen und Einsichten der Kirchenraumpädagogik auf virtuelle Sakralräume beziehen lassen (Boehme, 2020). Religionsdidaktisch wäre hierbei zu unterscheiden, ob die Räume der Religionsgemeinschaften ‚nur' *erkundet* (s. u. 2.2/2.3) oder vorab selbst digital *produziert* werden (s. u. 2.1).

Damit hängt ein kybernetisch relevanter Gesichtspunkt zusammen: Während sich religiöse Kommunikation im Internet seitens der Glaubensinstitutionen nur schwer steuern lässt (Merle, 2019, 379–436; Schlag, 2021, 298–301), haben kirchliche Organisationen die Aufzeichnung von und Zugänglichkeit zu den eigenen Sakralräumen in der Hand. Digitale Medien werden hiernach als „Ermächtigungswerkzeu[g] für die religiösen Autoritäten" nutzbar gemacht (Campbell/Garner, 2021, 79).

2.1 Produktion: Perspektivenlenkung und gemeindebezogene Identitätsarbeit

Die Digitalisierung von Kirchenräumen kann im Rahmen der Konfirmanden- und Jugendarbeit erfolgen, wäre aber auch für andere Altersgruppen oder sogar als ein generationenverbindendes Gemeindeprojekt interessant.

Es gilt zu reflektieren, dass „[i]m Erstellungsprozess [...] bereits Entscheidungen der jeweilgen Perspektive und Deutungsmöglichkeit getroffen (werden), die die Betrachtenden beeinflussen" (Palkowitsch-Kühl, 2022, 130). Die gemeinschaftliche Produktion schärft nicht nur in ästhetischer Hinsicht die Wahrnehmung des (scheinbar) vertrauten Raumes, sondern sie regt auch zur Rekonstruktion der Gemeindegeschichte an: Welche Teile des Gebäudes sind es wert, aufgezeichnet und so später von anderen gesehen zu werden? Was zeichnet die Gemeinde aus und zeigt sich in den Artefakten (Taufbaum, Kunstwerke etc.)? Kirchenräume materialisieren insofern das ‚Gedächtnis der Christenheit' (Degen, 1997), als in ihnen Gottesdienstfeiern und weitere christliche Praxisvollzüge früherer Generationen ihre Spuren hinterlassen haben (Abnutzungserscheinungen, Umbaumaßnahmen etc.).

In Vorgesprächen mit Hauptamtlichen (Pfarrer:in, Küster:in etc.) und Gemeindegliedern sowie durch Recherchen auf Internetseiten und in Gemeindechroniken erfahren die Produzent:innen mehr über die ‚Identität' ihrer Gemeinde und erstellen hierzu abrufbare Informationsbausteine.

2.2 Rezeptionsebene I: Perspektivenwechsel und Immersion

In drei *konzentrischen Rezeptionskreisen* können diese Digitalproduktionen zugänglich gemacht werden. Zunächst stellen sich die Jugendlichen „die selbst erstellte Tour" gegenseitig in der Gruppe vor, indem sie „als ‚Kirchenguides' durch ihre jeweiligen Räume" führen (Palkowitsch-Kühl, 2019, 6). Das virtuelle Produkt kann sodann auch den Eltern, Kirchenvorsteher:innen und anderen Gemeindegliedern sowie, in einem weiteren Schritt, einer größeren Öffentlichkeit präsentiert werden.

Die Integration von Orgel- und Chormusik und der Einsatz von immersionssteigernder Technik (VR-Brillen) tragen dazu bei, die Kirchengebäude – im Sinne einer ‚Geistlichen Raumerschließung' – als „Erlebnisräum[e] für die Gottesbegegnung" zu erfassen (Raschzok, 2000, 154).

Freilich ist zu konzedieren, dass in virtuellen Sakralräumen meist keine Menschen anzutreffen sind und das Spektrum der Sinneswahrnehmung aufs Sehen und Hören begrenzt ist, was einen Eindruck von Sterilität hervorruft.

Darüber hinaus empfiehlt sich eine weitere Erschließungsform von Sakralbauten: Indem Einzelne oder Gruppen digitale Sakralräume anderer Religionen und Konfessionen aufsuchen, wird ihre interreligiöse und -kulturelle Kompetenz gefördert. Die Teilnehmenden können „von der Außenperspektive Anderer in die Binnenperspektive" wechseln (Palkowitsch-Kühl, 2019, 4) und, sofern in die 3D-Präsentation integriert, Zugang „zu fremden Gewohnheiten, religiösen Ritualen und Praktiken" finden (ebd., 5).

2.3 Rezeptionsebene II: öffentliche Präsentation von Kirche

In der von Mirjam Zimmermann und Ulrich Riegel erstellten „Datenbank vorliegender digitaler Repräsentationen von Sakralräumen" finden sich, neben einzelnen Synagogen und Moscheen, derzeit 22 evangelische und katholische Kirchen in Deutschland (www.uni-siegen.de/phil/sakralraumpaedagogik/karte; abgerufen am: 30.09.2023). Sie stellen *digitale Visitenkarten* der Glaubensgemeinschaften für eine größere Öffentlichkeit dar. In einem für Social Media charakteristischen Wechselbezug von Online- und Offline-Modus regen die virtuellen Touren zu analogen Besuchen vor Ort an. In der Zusammenstellung überwiegen repräsentative Bauten wie die Elisabethkirche in Marburg oder der Kölner Dom.

Angeregt durch die hochwertigen virtuellen Rundgänge wären Kirchen- und Pfarrgemeinden dabei zu unterstützen, – als weiteres PR-Element neben Gemeindebrief und Homepage – ihre Sakralräume digital zu erfassen (z. B. durch Gemeindegruppen, s. o.). Beispielsweise bekämen Kasualbegehrende, die eine Taufe oder Trauung planen, so die Gelegenheit, im Vorfeld und diskret infrage kommende liturgische Orte zu erkunden.

3. Gemeinschafts- und Gemeindebildung in MMORPG im Beispiel von World of Warcraft

Im Zusammenhang mit „Massively Multiplayer Online Role-Playing Games" (MMORPGs) kommt eine weitere Kategorie bzw. Funktion von virtuellen Sakralräumen in den Blick (vgl. den Beitrag von Eva-Maria Leven in diesem Band). In ihnen kann sich – auf spielerisch-tentative, aber nicht unernste Weise – religiöse Kommunikation ereignen, die in gemeinschaftliche Ritualvollzüge eingebettet ist.

Moderne MMORPGs zeichnen sich durch drei zusammenwirkende Charakteristika aus: „3D-Grafik, eine persistente, offene Spielwelt und umfangreiche Interaktionsmöglichkeiten." (Eckhardt, 2014, 329) Die Spieler:innen agieren über Avatare als ihrem digitalen Alter Ego. Je nach Vorgaben des Spiels können sie hinsichtlich des Geschlechts und Gesichts, der „Volks-/Rassen-/Klassenzugehörigkeit" sowie der „moralischen Vorstellungen, Verhaltenskodizes und Fähigkeiten" konfiguriert werden (ebd., 329).

Zu den weltweit beliebtesten Computer-Rollenspielen (mit einem Höchstwert von rund 12 Mio. Abonnent:innen im Jahr 2010) zählt das 2004 auf den Markt gekommene *World of Warcraft* (WoW). Hier findet sich ein bedeutender virtueller Sakralbau, nämlich die unter Erzbischof Benedictus errichtete *Kathedrale des Lichts* in Sturmwind. Sie ist spirituelles Zentrum der Kirche des Lichts, Wirkstätte der Hohepriesterin Laurena – und unter den Spieler:innen ein beliebter Ort für Online-Hochzeiten.

Die Kasualbegehrenden betreten durch ein Portal den imposanten Kirchenraum mit großflächigen Steinböden. „Der Mittelgang ist gesäumt von Kerzenleuchtern, links und rechts befinden sich je sechs gotische Bögen. [...] Prächtige, bodenhohe Bleiglasfenster von einzigartiger Kunstfertigkeit umgeben das Kirchenschiff." (ebd., 321) Dreißig Treppenstufen, bekleidet mit einem blauen Teppich, führen hinauf zum Altar, in dem die Zeremonie stattfindet.

Um die hier ablaufenden Interaktionen religionshermeneutisch einordnen zu können, gilt es, auf die Sozialitätsdynamiken in WoW zu schauen. Die Einzelspieler:innen können sich zu *Gilden* zusammenschließen, um in diesen Verbünden ihre Ziele besser zu erreichen.

> „Gilden sind das Produkt von Vergemeinschaftungsprozessen, die auf ein gemeinsames Werte-, Symbol- und Zeichensystem gründen. Sie stellen eine für sich eigene Lebenswelt innerhalb der Lebenswelt Spiel dar." (ebd., 339)

Als Kommunikationsmedien während des Spielverlaufs und darüber hinaus fungieren Teamchats, Telefonkonferenzen (z. B. per Teamspeak) und selbst gestaltete Websites.

Da viele Hochzeiten gefilmt und auf Videoportalen wie YouTube hochgeladen werden, steht Anschauungsmaterial zur Verfügung, das ein liturgisches Zusammenwirken von Raum und Ritual dokumentiert. In seiner Studie hält Simon Eckhardt fest, dass die Spieler:innen WoW als „*Möglichkeitsraum*" und „*Experimentierfeld*" (ebd., 356; Hervorhebung ergänzt) zur Artikulation von Lebensübergängen nutzen. Dieser *ludische Als-Ob-Modus* wird insofern verstärkt, als die Trauzeremonien Symbole und Rituale der christlichen Liturgie aufnehmen und räumlich verorten. Im Zentrum stehen die Traufragen („Willst du den hier anwesenden Illidanos zu deinem Mann nehmen? [...] Ihn lieben und ehren, beschützen und treu bleiben bis an das Ende eurer Zeit? – so antworte mit: Ja, ich will." [ebd., 323]) und der Segen in Form eines Lichtzaubers durch die Priesterin.

Ein Ringtausch und Kuss kommen vor, ebenso wie der Einzug und Auszug. Auch die eingeladenen Gäste – Freunde, Clan- und Gildenmitglieder – beachten die Konventionen: Sie besorgen Geschenke, befolgen einen Dresscode, knien beidseitig des Mittelgangs nieder bzw. bringen ihre Freude durch Hüpfen und bunte Zauber zum Ausdruck. Es konstituiert sich eine *Festgemeinde auf Zeit*.

Der Modus des *religiösen Probehandelns* und die *Verzahnung von Online- und Offline-Welten* ist den Kommentaren unter den betreffenden YouTube-Videos zu entnehmen. Zur „Trauung von Delphina und Thortoise" (2.950 Aufrufe) notiert beispielsweise der Bräutigam: „Die Ingame-Hochzeit war 15 Tage nach der realen Hochzeit. Delphina und ich sind nach wie vor glücklich verheiratet und haben jetzt schon 3 Twinks [sc. Jungen, C. M.]" (www.youtube.com/watch?v=Nh2OzS0k7ws; abgerufen am: 30.09.2023).

Während in diesem Fall die WoW-Hochzeit der nachträglichen *Bestätigung* dient, kann sie in umgekehrter Abfolge auch eine *antizipierende* Funktion annehmen. Zum Video „Traumhochzeit von Samira und Illidanos" (38.153 Aufrufe) schreibt ein User: „ich finde es toll und werde meine freundin ebenfalls in wow heiraten (in echt warten wir noch 1 jahr)" (www.youtube.com/watch?v=Nc-E4XYwpyQ; abgerufen am: 30.09.2023).

Neben der Trauung ist in den MOORPGs eine weitere, gemeinschaftlich inszenierte Kasualhandlung von Belang: die Bestattung im Zuge des Ausscheidens bzw. Todes einer Spielerin/eines Spielers (Palkowitsch-Kühl, 2016). Auch die Trauerzeremonien werden häufig aufgezeichnet und lassen sich als geschnittene und musikuntermalte Videos bei YouTube abrufen.

Es fällt auf, dass virtuelle Sakralräume in diesem Ritualzusammenhang in den Hintergrund rücken. Vielmehr tragen Trauerzüge durch Landschaften und über Brücken ein besonderes Gewicht im Prozess der kollektiven Anteilnahme. Die Prozession kann mitunter an einem Friedhof oder einer Kirche enden. Ein ähnlicher Befund der nachrangigen Funktion von Kirchenräumen zeigt sich bei virtuellen Friedhöfen und Gedenkseiten.

4. Virtuelle Friedhöfe als Orte der Trauerarbeit

Ab Mitte der 1990er-Jahre wurden zunächst auf US-amerikanischen und britischen, später dann auf deutschsprachigen Internetseiten Online-Friedhöfe eingerichtet, auf die Trauernde „von überall und, entsprechend ihrem emotionalen Bedürfnis, zu jeder Zeit" zugreifen können (Offerhaus, 2016, 49–57, 56; vgl. Nord/Luthe, 2015, 319–324).

Hinsichtlich der Bildung von Trauergemeinschaften ist zu beachten, dass – die Grenzlinie zwischen Privatheit und Öffentlichkeit überschreitend – nicht nur die Angehörigen ihrer Toten gedenken, sondern jedermann Anteil daran nehmen kann. Die Trauerarbeit findet im virtuellen Raum ihren Ort und ihre Rituale bzw. Symbole, die aus der christlichen Bestattungspraxis vertraut sind (Kerzen entzünden, Engel aufstellen, biblische Trostworte spenden etc.).

In Deutschland zählt *www.strassederbesten.de* zu den größten Trauerportalen mit 27.663 angelegten Gedenkseiten, 215.549.967 Besucher:innen und 16.014.173 angezündeten Gedenkkerzen (eigene Angaben; Stand: 30.09.2023). Für den virtuellen Friedhof werden optional dreizehn Landschaften zur Platzierung der Gräber angeboten. Darunter finden sich drei Orte mit christlichen Gebäuden, deren Innenraum allerdings nicht gezeigt wird, sondern die vielmehr als dekorativer Bildhintergrund dienen: die Ruinen der ‚Fountains Abbey', eines Zisterzienserklosters im englischen North Yorkshire (70 Grabkreuze = Gedenkseiten), die Kapelle ‚Maria zum Schnee' im Schweizer Kanton Appenzell Innerrhoden (55) sowie die Kirche ‚St. Jakob am Joch' im Südtiroler Dolomitental (134). In der Summe befinden sich weniger als 300 Gräber, also nur ein Bruchteil der Gedenkseiten, im Umfeld von Kirchen.

Andere Gedenkportale wie *www.gedenkseiten.de* oder *www.kerze-anzuenden.de* verzichten auf topografische Zuordnungen oder deuten sie lediglich durch Farbzeichnungen an (*www.mymemorial24.de*). Die Trauerarbeit im Netz ist offenkundig nicht an virtuelle Sakralräume gebunden.

Computertechnisch möglich und ästhetisch ansprechend wäre es freilich, virtuelle Gedenkstätten in *Kirchen-Kolumbarien* zu verorten. Seit Beginn des 21. Jahrhunderts werden diese ‚Indoor-Friedhöfe' in (vornehmlich katholischen) Kirchen eingerichtet. „Charakteristisches Gestaltmerkmal dieser Sepulkralarchitektur ist die Zellenstruktur der Wände basierend auf Kammern und Nischen" (Sparre, 2015, 289) zur Aufbewahrung der Urnen, Anbringung der Namenstafeln und Ausstellung von Utensilien (Fotos, Erinnerungsgegenstände etc.).

Semiotisch betrachtet, könnten virtuelle Kirchen-Kolumbarien die bisherige Funktionspalette digitaler Trauerarbeit aufnehmen und zugleich auf Glaubenszeichen verweisen: auf den Kirchraum als Ganzes ebenso wie auf die Osterkerze, das Altarkreuz und weiteres sakrales Interieur. Dadurch würden sie den Online-Trauernden die Option einer Einbindung in die orts- wie zeitübergreifende christliche *Hoffnungsgemeinschaft* anbieten.

5. Kirchliche Perspektiven: Gemeindebildung 2.0

5.1 *Religionssimulation in virtuellen Räumen*

Die Social Media eröffnen Spielräume, um die eigene religiöse Identität zu erproben, aufzubauen und anderen gegenüber zu präsentieren:

> „Das Internet wird zu einem Ort, an dem das religiöse Selbst durch das Experimentieren mit verschiedenen Daseinsformen und durch die Übernahme traditioneller Identitätsrollen gebildet wird." (Campbell/Garner, 2021, 75)

Hierbei ist die Nutzung von virtuell erschlossenen Sakralräumen eingebettet in ein Spektrum von kombinierten digitalen Kommunikationsformaten – angefangen vom Kerzen-Entzünden auf Online-Friedhöfen über die Followerschaft von christlichen Influencer:innen (Hörsch, 2022) bis hin zur Beteiligung an Internet-Blogs zu ethischen Fragen wie der Sterbehilfe (Merle, 2019, 330–351).

Thomas Erne weist darauf hin, dass sich Prozesse der ‚*Religions- bzw. Glaubenssimulation*' in der „ecclesia virtualis sui generis" dadurch auszeichnen, dass

„[d]as Internet [...] als Medium die Beteiligung des leiblichen Selbst von der religiösen Kommunikation (trennt). Man kann im Internet nicht auf das leiblich anwesende Selbst seines Gegenübers reagieren" (Erne, 2017, 223). Insofern sei ein leiblich diskretes religiöses Probehandeln möglich, zumal „solch[e] Glaubens-Simulationen" nicht „durch authentischen Vollzug im realen Leben ratifiziert werden" müssten (ebd., 224).

Erne prognostiziert ein dialektisches Wechselspiel von *Entbettung* und *Rückbettung*, wonach eine „virtuell enthemmt[e] religiös[e] Kommunikation" die Sehnsucht nach einer materiell-leiblichen Verortung „als Kontradiktion oder als Kompensation" weckt (ebd., 226). Künftig würden die Kirchen als bereits bestehende ‚Hybridräume der Transzendenz' – einerseits als Versammlungsort der Gemeinde, andererseits als Raum der Daseinsweitung – durch virtuelle Formen eine Erweiterung finden:

> „Es werden hybride Formen entstehen, wo der liturgisch-reale Raum leiblicher Präsenz und der liturgisch-virtuelle Raum leiblicher Diskretion miteinander koalieren oder auch kollidieren." (ebd., 226)

Die Trauzeremonien in World of Warcraft – Online-Rollenspieler:innen versammeln sich im Übrigen auch zu Gottesdienst und Gebet – veranschaulichen, wie sich beim religiösen Probehandeln Online-Identität und Offline-Persona der Glaubenssubjekte (Campbell/Garner, 2016, 71–75), aber auch ‚liturgisch-virtuelle' und ‚liturgisch-reale' Räume miteinander verschränken können (Vorwegnahme bzw. Bekräftigung der realen Hochzeit).

5.2 Religiöse Gemeinschaftsbildungen auf Zeit

Ob nun in Computerspielen, auf Gedenkseiten oder in 3D-Touren auf kirchlichen Websites – virtuelle Sakralräume können von Einzelpersonen betreten, erkundet und wieder verlassen werden, ohne dass es zu gemeinschaftlicher Kommunikation oder Religionssimulation kommt.

Allerdings wurden in den Erkundungsgängen Anknüpfungspunkte, wenn nicht sogar *Anziehungseffekte* hin zur punktuellen Vergemeinschaftung im Zusammenhang mit religiösen Ritualen und Deutungsmustern sichtbar.

Gemeindegruppen, die eine digitale Präsentation ‚ihrer' Kirche erstellen und für andere zugänglich machen, setzen sich mit der Identität und Geschichte der eigenen *Glaubensgemeinschaft* auseinander und werden infolgedessen Teil einer *Erinnerungsgemeinschaft*. Gamer:innen erleben bzw. inszenieren sich bei Hochzeiten und Bestattungen im virtuellen Raum als *liturgische Gemeinschaft*. Trauernde Angehörige vermögen Trost und Kraft durch Einbettung in eine *Hoffnungsgemeinschaft* zu erfahren.

In der heutigen ‚Multioptionsgesellschaft' (Peter Gross) können solche fluiden Gemeinschaftsbildungen zustande kommen, aber sie müssen es nicht. Hinsichtlich der Kommunikation des Evangeliums in der digitalen Welt erscheint ein weiterer religionskultureller Befund aufschlussreich. Zweifelsohne haben die Kirchen in der Spätmoderne ihr religiöses Deutungs- und Ritenmonopol eingebüßt. In seiner *Theorie religiöser Dispersion* nimmt Hans-Joachim Höhn an, dass die religiösen Gehalte zusehends in säkulare Felder eingetragen und dort „mit anderen Mustern der Weltdeutung und -gestaltung" vermischt werden (Höhn, 2007, 33–56, 34).

Obgleich Oliver Steffens Einschätzung, dass „viele Digitalspielende zugleich mehr oder weniger aktive Mitglieder traditioneller Religionen" seien (Steffen, 2017, 200–222, 203), optimistisch klingt, ist nicht zu übersehen, dass in den Online-Spielen (wie auch auf den virtuellen Gedenkseiten) christliche Rituale, Texte und Orte durchaus nicht gegen den kirchlichen Sinn digital rezipiert werden. Dies bedeutet wiederum nicht, dass im Internet der dreieinige Gott als jene Transzendenzgröße adressiert wird, die Segen spendet, Würde verleiht und die Hoffnung gegen den Tod begründet. Kirche auf ihren unterschiedlichen Organisations- und Handlungsebenen sollte künftig weitere Anstrengungen unternehmen, virtuelle Sakralräume als Resonanzorte für eine ergebnisoffene Glaubenskommunikation auszugestalten.

Literatur

Boehme, Katja, Art. Kirchenraumpädagogik/Kirchenpädagogik (2020), in: Das wissenschaftlich-religionspädagogische Lexikon im Internet (www.wirelex.de) (https://doi.org/10.23768/wirelex.KirchenraumpdagogikKirchenpdagogik.200823, pdf vom 01.02.2020).
Bubmann, Peter/Fechtner, Kristian/Weyel, Birgit, „Gemeinde auf Zeit" – Einleitende Bemerkungen zu einem kooperativen Forschungsprojekt, in: Bubmann, Peter u. a. (Hg.), Gemeinde auf Zeit. Gelebte Kirchlichkeit wahrnehmen. Praktische Theologie heute 160, Stuttgart 2019, 7–15.
Campbell, Heidi A./Garner, Stephen, Vernetzte Religion – Glauben in einer vernetzten Gesellschaft, in: Ulshöfer, Gotlind/Kirchschläger, Peter G./Huppenbauer, Markus (Hg.), Digitalisierung aus theologischer und ethischer Perspektive. Konzeptionen – Anfragen – Impulse. Religion – Wirtschaft – Politik 22, Baden-Baden 2021, 63–89.
Degen, Roland, Kirchenräume als Gedächtnis der Christenheit, in: Biehl, Peter u. a. (Hg.), Kunst und Religion. Jahrbuch der Religionspädagogik 13, Neukirchen-Vluyn 1997, 145–161.
Eckhardt, Simon, Hochzeit und Bestattung – Passageritual in MMORPG. Phänomenologische und theologische Analysen zu Symbol, Ritual und Lebenswelt, in: Nord, Ilona/Luthe, Swantje (Hg.), Social Media, christliche Religiosität und Kirche. Studien zur Praktischen Theologie mit religionspädagogischem Schwerpunkt. Populäre Kultur und Theologie 14, Jena 2014, 321–362.
Erne, Thomas, Hybride Räume der Transzendenz. Wozu wir heute noch Kirchen brauchen. Studien zu einer postsäkularen Theorie des Kirchenbaus, Leipzig 2017.

Gläser, Jochen, Der unmögliche Subtyp: Unter welchen Oberbegriff passen ‚virtuelle Gemeinschaften'?, in: Rehberg, Karl-Siegbert (Hg.), Soziale Ungleichheit, kulturelle Unterschiede. Verhandlungen des 32. Kongresses der Deutschen Gesellschaft für Soziologie in München. Teilbd. 1 und 2, Frankfurt a. M. 2006, 1882–1891.

Höhn, Hans-Joachim, Postsäkular. Gesellschaft im Umbruch – Religion im Wandel, Paderborn u. a. 2007.

Hörsch, Daniel (Hg.), Digitale Communities. Eine Pilotstudie zur Followerschaft von christlichen Influencer*innen auf Instagram, Berlin 2022.

Magin, Charlotte/Schwier, Helmut, Kanzel, Kreuz und Kamera. Impulse für Gottesdienst und Predigt. Beiträge zu Liturgie und Spiritualität 12, 2. Aufl. Leipzig 2007.

Merle, Kristin, Religion in der Öffentlichkeit. Digitalisierung als Herausforderung für kirchliche Kommunikationskulturen. Praktische Theologie im Wissenschaftsdiskurs 22, Berlin/Boston 2019.

Nord, Ilona/Luthe, Swantje, Räume, die Selbstvergewisserung ermöglichen. Virtuelle Bestattungs- und Gedenkräume und ihre Bedeutung für die Diskussion um den Wandel in der Friedhofskultur, in: Klie, Thomas u. a. (Hg.), Praktische Theologie der Bestattung. Praktische Theologie im Wissenschaftsdiskurs 17, Berlin/München/Boston 2015, 307–328.

Offerhaus, Anke, Klicken gegen das Vergessen – Die Mediatisierung von Trauer- und Erinnerungskultur am Beispiel von Online-Friedhöfen, in: Klie, Thomas/Nord, Ilona (Hg.), Tod und Trauer im Netz. Mediale Kommunikationen in der Bestattungskultur, Stuttgart 2016, 37–62.

Palkowitsch-Kühl, Jens, Mit mixed realities (eine) andere Perpektive(n) wahrnehmen, in: Pirker, Viera/Pišonić, Klara (Hg.), Virtuelle Realität und Transzendenz. Theologische und didaktische Erkundungen, Freiburg i. Br. 2022, 117–132.

Palkowitsch-Kühl, Jens, Nach Zeichnung, Dia und Film kommt VR. Religionspädagogische Erkundungen in virtuelle Welten durchführen und gestalten, in: Zeitsprung. Religionsunterricht und digitale Welt (2019) 2, 4–7.

Palkowitsch-Kühl, Jens, Tod, Sterben und Bestattungen im Computerspiel, in: Klie, Thomas/Nord, Ilona (Hg.), Tod und Trauer im Netz. Mediale Kommunikationen in der Bestattungskultur, Stuttgart 2016, 75–95.

Pohl-Patalong, Uta, Gemeinde in historischer Perspektive, in: Bubmann, Peter u. a. (Hg.), Gemeindepädagogik, 2. Aufl. Berlin/Boston 2019, 39–63.

Raschzok, Klaus, Spuren im Kirchenraum. Anstöße zur Raumwahrnehmung, in: Pastoraltheologie 89 (2000) 4, 142–157.

Rheingold, Howard, Virtuelle Gemeinschaft. Soziale Beziehungen im Zeitalter des Computers, Bonn u. a. 1994.

Schlag, Thomas, Von der Möglichkeit zur Selbstverständlichkeit. Überlegungen zu einer Ekklesiologie der Digitalität, in: Beck, Wolfgang/Nord, Ilona/Valentin, Joachim (Hg.), Theologie und Digitalität. Ein Kompendium, Freiburg i. Br. 2021, 281–301.

Sparre, Sieglinde, Kirchen-Kolumbarien, in: Klie, Thomas u. a. (Hg.), Praktische Theologie der Bestattung: Praktische Theologie im Wissenschaftsdiskurs 17, Berlin/München/Boston 2015, 287–306.

Steffen, Oliver, Level Up Religion. Einführung in die religionswissenschaftliche Digitalspielforschung. Religionswissenschaft heute 11, Stuttgart 2017.

Steinhäuser, Martin, Gemeindebildung. Plädoyer für ein pädagogisch reflektiertes Verständnis von Reformprozessen in der Kirche, in: Praxis Gemeindepädagogik 62 (2009) 3, 13–15.

Internetseiten

www.gedenkseiten.de
www.kerze-anzuenden.de
www.mymemorial24.de
www.strassederbesten.de
www.uni-siegen.de/phil/sakralraumpaedagogik/karte.html?lang=de
www.youtube.com/watch?v=Nc-E4XYwpyQ
www.youtube.com/watch?v=Nh2OzS0k7ws

Sakralräume in digitalen Spielen

Eva-Maria Leven

„Wenn eine solche Kirche in echt existieren würde, wäre ich auch viel häufiger in Gottesdiensten, wenn die einfach so richtig geil wären." (Laser Luca, Meine Kirche)[1]

Wer am Smartphone, Computer oder an der Konsole spielt, ist schon lange kein Nerd mehr. Laut Bitcom-Studie „Gaming-Trends"[2] gibt es einen jährlichen Zuwachs an Spieler:innen in nahezu allen Altersklassen: Mit 54 % spielt die Mehrheit der Deutschen digital. Für die Gruppe der Kinder und Jugendlichen belegt die JIM-Studie, dass 76 % der befragten 12- bis 19-Jährigen regelmäßig digital spielen; die durchschnittliche Spieldauer beträgt 109 min/Tag (MPFS, 2022, 49–50). Aber nicht nur die Studien zeigen, dass das Spielen in der Mitte der Gesellschaft angekommen ist: Der Deutsche Kulturrat titelt anlässlich der Gamescom, der weltweit größten Digitalspielmesse, in Köln 2023: „Games sind Kulturgut" (Deutscher Kulturrat, 2023, 1). Und dass man mit erfolgreichem „Zocken" den Lebensunterhalt verdienen und Berühmtheit erlangen kann, demonstriert den faktischen Zusammenhang von virtueller Tätigkeit und realweltlicher Existenz (Zirpel, 2018b). Religionspädagogisch sind diese Zusammenhänge dahingehend von Interesse, dass diese Spiele und ihre dazugehörige Gamingkultur einen großen Raum im Leben der Schüler:innen einnehmen. Die religiös konnotierten Bilder, Symbole, Gesten, etc. der virtuellen Welten prägen die religiösen Vorstellungen der Spieler:innen.

Ausgehend von dieser These nähert sich der vorliegende Beitrag dem Phänomen der sakralen Räume in virtuellen Welten digitaler Spiele.[3] Er nimmt damit im Gegensatz zu den anderen Beiträgen dieses Bandes die Frage auf, was bereits in virtuellen Welten hinsichtlich Sakralraumarchitektur zu finden ist. Dafür wird zuerst der theoretische Rahmen skizziert, wobei es zunächst um Religion (s. u. 1.1) und dann spezifisch um sakrale Räume (2.) in digitalen Spielen geht. In (3.) werden Beispiele virtueller Sakralräume in den Spielen Minecraft

---

[1] Laser Luca „Meine Kirche" (2021): www.youtube.com/watch?v=Zxwl0rVqaZw [abgerufen am: 09.11.2023].
[2] Bitkom-Studie „Gaming Trends" (2022): www.bitkom.org/sites/main/files/2022-08/Bitkom-Charts_Gaming_Trends_23_08_2022.pdf [abgerufen am: 09.11.2023].
[3] Im Beitrag werden Beispiele angeführt, um die beschriebenen Phänomene nachvollziehen zu können (vgl. Links in Form von QR-Codes am Ende des Beitrags). Sie führen zu Let's Plays, durch die das Spielen mitverfolgt werden kann. Die Zeitangabe kann genutzt werden, um direkt auf die relevante Stelle zu springen.

und Fortnite analysiert. In einer Bilanz (4.) wird der Ertrag aus der Analyse der Spiele für die Arbeit in religiösen Bildungskontexten beschrieben.

1. Religion in digitalen Spielen

Digitale Spiele[4] zum Forschungsgegenstand zu machen geht auf die interdisziplinären „Game Studies" zurück, die sich in den 2000er-Jahren formiert haben. Diese im Blick auf Religion zu untersuchen ist weithin ein Anliegen der Religionswissenschaft und der Religionspädagogik. Während die Religionswissenschaft den Fragen nachgeht, wie religiöse Phänomene in digitalen Spielen verarbeitet werden und welchen Einfluss dies auf die Wahrnehmung von Religion hat (z. B. Campbell/Grieve, 2014, Heidbrink/Knoll/Wysocki, 2014; Steffen, 2017b), fokussiert die Religionspädagogik, welche Erfahrungen junge Menschen beim Spielen machen und wie die Spiele sowie die darin verankerten religiösen Phänomene in Bildungsprozesse einbezogen werden können (z. B. Dinter, 2007; Haack, 2010; Palkowitsch-Kühl, 2017; Piasecki, 2017; Roters, 2020; Sura, 2022; Zirpel, 2018a).

Da für den vorliegenden Beitrag eine Gegenstandsanalyse der Sakralräume ansteht, werden im Folgenden vor allem die religionswissenschaftlichen Arbeiten herangezogen. Die meisten dieser Arbeiten folgen einem weiten Religionsbegriff, so dass auch Phänomene außerhalb der traditionellen kirchlichen Verfasstheit analysiert werden können. Als eingängiges Beispiel sei hier die Definition nach Steffen (2017b, 34–36) genannt: Für seine Analyse digitaler Spiele legt er einen multifaktoriellen Religionsbegriff zugrunde, der zwischen „religiösen" und „religiös relevanten" Zeichen unterscheidet. „Religiös" ist das, was sich „im Rahmen eines im alltäglichen Sinn als ‚Religion' bezeichneten Symbolsystems ereignet" (ebd., 35), während „religiös relevant" zwar traditionellerweise im System „Religion" einen Platz hat, aber auch in anderen Zusammenhängen zu finden ist. Für die Analyse der abgebildeten Sakralräume in den Spielen hat dies beispielsweise zur Konsequenz, dass nicht nur Gebäude monotheistischer Religionen zum Untersuchungsgegenstand werden können (z. B. eine Synagoge in Last of us 2; Sony, 2020)[5][6], sondern auch „religiös relevante" Räume, die in ihren Merkmalen auf „religiöse" Kommunikationssysteme verweisen, aber auch anders gedeutet werden könnten (z. B. eine von der Spielerin Nessi als „heiliger

---

[4] Zur Bestimmung des Begriffs und der Kriterien digitaler Spiele: Steffen, 2017b, 45–55.
[5] Systematik zur Zitation der Spiele: Titel (Entwickler, Erscheinungsjahr).
[6] JayDee: „THE LAST OF US PART II – #08 Die Synagoge" (2020): https://www.youtube.com/watch?v=Dm8vk1L32NU [abgerufen am: 09.11.2023].

Ort" bezeichnete blau erleuchtete Ebene in „The Legend of Zelda. Breath of the Wild" (Nintendo, 2017))[7].

Nach der Kriteriologie von Heidbrink und Knoll (2017, 17–23; vgl. auch Zirpel, 2018a, 36–38) lassen sich „religiöse" bzw. „religiös relevante" Elemente in den Spielen auf vier Ebenen entdecken:
— in *Spiel-Narrativen*: Erzählmotive aus dem Bereich des Religiösen stützen den Aufbau einer transmedialen Erzählumgebung („Storyscape") und die Erschaffung einer Spielwelt;
— in der *Spielästhetik*: Um eine spannende Spielwelt zu konstruieren, bedienen sich die Entwickler:innen am kulturellen Schatz der nicht-virtuellen Umgebung, zu dem eben auch Religion gehört. Religiöse Elemente können folglich in der visuellen Welt („Landscape") oder Klangwelt („Soundscape") identifiziert werden;
— als *Teil des Gameplay*: Die Interaktion, die Spieler:innen ausführen, kann von religiösen Mechaniken geprägt sein, wodurch Religion zum Teil des Regelsystems eines Spieles wird (u. a. Beten, moralisches Handeln);
— als *Teil der Gaming-Kultur*: Religion kann Teil des Austausches zwischen Spiel- und Realwelt sein. In Open-World-Spielen ist es möglich, Totengedenken, Hochzeiten o. Ä. zu organisieren. Auch der Austausch in Foren und die Entstehung von Communities sind Felder dieser Analyseebene.

Welche religiösen Motive in den Spielen besonders häufig vorkommen, lässt sich pauschal nicht beantworten. Tendenziell sind westliche Studios zurückhaltender, was das Thema angeht (Zirpel, 2018, 36). Sie nutzen neben nordischen, keltischen, griechischen und muslimischen vor allem christliche Motive (Heidbrink/Knoll, 2017, 24); bekannt sind darüber hinaus Spiele aus dem asiatischen Raum, in denen die Entwicklerstudios ihre eigene Perspektive auf ihre Traditionen zeigen, z. B. „Ghostwire: Tokyo" (Tango Gameworks, 2022). Der Entstehungskontext des Spiels bedingt folglich, wie religiöse Motive eingeflochten werden, und sollte ebenfalls in die Analyse einbezogen werden. Schließlich gibt es Spiele, die zwar religiöse Themen enthalten, sich aber keiner spezifischen Religion zuordnen lassen. Die Entwickler:innen bedienen sich aus dem Topf der religiösen Elemente, die für den Spielzweck gerade angebracht ist (z. B. vergeben in „The Legend of Zelda. Breath of the Wild" (Nintendo, 2017) Gottheiten in Schreinen „Zeichen der Bewährung" und Lebensenergie).

Damit ist ein Thema berührt, was die strukturelle Darstellung von Religion in den Spielen anbelangt: Es herrscht relative Einigkeit darüber, dass religiöse Elemente bis auf wenige Ausnahmen häufig „als Klischees Eingang in die Spiele-

---

[7] Nessi's Welt: „Heiliger Ort entdeckt der wunderschön leuchtet!" Zelda BOTW Part #11 (2022): https://www.youtube.com/watch?app=desktop&v=DT_8KUvC6EI [abgerufen am: 09.11.2023].

welt [finden, weil sie, EL] ohne den Kontext der religiösen Tradition gewissermaßen zitathaft platziert werden" (Bohrer, 2015, 214). Wenn die Spiellogik beispielsweise fordert, dass der Avatar in eine neue Welt eintauchen soll, wird ein Übergangsritual im Sinne einer Taufe inszeniert (z. B. in „Bioshock Infinite" (Irrational Games, 2013)); ist für das Regelsystem eine Heilung vorgesehen, z. B., um die Lebenspunkte wieder aufzufüllen, übernimmt dies in Fantasy-Spielen häufig ein Mönch oder Priester (z. B. in „World of Warcraft" (Blizzard, 2004)). Schließlich wird der religiöse Pool oft genutzt, um ein schlüssiges, aber oft stereotypes Freund-Feind-Schema zu zeichnen (z. B. Orientale vs. Westler in „Anno 1404" (Ubisoft, 2009); Assassinen vs. Templer in der „Assassin's Creed"-Reihe (Ubisoft, seit 2007); religiöse Fanatiker namens „Project at Edens Gate" vs. die staatliche Polizei in „Far Cry 5" (Ubisoft, 2018)). Auch wenn sich die Studios mittlerweile um Political Correctness bemühen, bleibt Religion in der Regel ein Mittel zum Zweck, um die Spiellogik zu stützen bzw. eine sinnlich ansprechende Welt entstehen zu lassen (Hemminger, 2013).

Konventionelle Computerspiele, in denen die gesamte Spielwelt von einer Religion geprägt ist, sind eher selten bzw. dem Genre des Edutainments zuzuordnen (z. B. auf den Websites: www.kirche-entdecken.de oder www.aliandsumaya.com). Kurz vor ihrer Veröffentlichung stehen aktuell drei Spiele, in denen sowohl auf Ebene der Storyscape, der Spielästhetik und des Gameplays christliche Inhalte gezeigt werden: die Simulationsspiele „I am Jesus Christ" (Simulam) und „Pope Simulator" (Golden Eggs) sowie das Abenteuerspiel „Gate Zero" (Bible X).[8] Man kann darauf gespannt sein, wie in diesen Spielen mit Religion umgegangen wird. Die Trailer (vgl. Distributionsplattform „Steam") deuten an, dass es auch hier „Verobjektivierungen" (Steffen, 2018a, 94) geben wird, was nach Steffen für Digitalspiele typisch ist, weil sie überwiegend visuell und informatorisch angelegt sind (z. B. in „I am Jesus Christ" wird die Wunderkraft Jesu mit einem Lichtstrahl inszeniert). Diese Überzeichnung ist vermutlich, betrachtet man im Vergleich dazu andere Themen wie „Geschichte" (Schwarz, 2023), weniger dem speziellen Topos „Religion" zuzuschreiben als vielmehr dem Verhältnis von realer und virtueller Welt im Allgemeinen: Während in der Spieleforschung sowohl die Auffassung vertreten wird, dass sich Raumrepräsentationen in digitalen Spielen als „‚Allegorien' immer vom ‚realen' Raum" (Günzel, 2018, 231) unterscheiden, gibt es die Idee von den Spielwelten als gelebten Räumen. Während erstere Perspektive bedingt, dass virtuelle Räume im Verhältnis zur Wirklichkeit minderwertiger einzustufen sind, bricht die zweite die asymmetrische Perspektive auf: Sie erkennt in den VR-Welten das Ergebnis eines Entwicklungsprozesses, in dem u. a. religiöse Weltvorstellungen mit einer Spielmechanik kombiniert wurden. Durch die Augen der Entwickler:innen wurden Elemente aus dem religiösen Spektrum adaptiert und aus ihrer Sicht verarbeitet. Letztlich lassen sich dadurch gewinnbringend Aussagen machen, wie das Thema

---

[8] Für eine Auswahl religiöser Games vgl. Steffen, 2017a, 67–74.

Religion von Menschen heute wahrgenommen und wiedergegeben wird. Ganz gleich also, ob die religiösen Anklänge in den digitalen Spielen denen in der Realwelt entsprechen oder nicht: Fakt ist, sie sind in den Spielen zugegen und gehören offenbar dazu, um eine seriöse Spielwelt zu erschaffen (Piasecki, 2017, 57–58).

2. Sakrale Räume in digitalen Spielen

2.1 Wann ist ein Raum „sakral"?

In den virtuellen Spielwelten sollen nun Sakralräume bzw. virtuelle Abbildungen von Sakralräumen betrachtet werden. Um diese Räume als solche identifizieren zu können, bedarf es der Klärung, was einen Raum als „sakral" qualifiziert. Etymologisch leitet sich der Begriff von lat. „sacer" ab. Im pagan-römische Kult bezeichnete man damit „die Zugehörigkeit eines materiellen Gegenstands zu einer Gottheit" (Gigl, 2020, 39). Das Adjektiv „heilig" (lat. „sanctus"), das alltagssprachlich häufig anlog verwendet wird, ist insofern davon zu unterscheiden, als diese Eigenschaft allein dem Numinosen zugeschrieben wird; das als „sakral" Bezeichnete ist damit nicht aus sich selbst heraus als solches zu qualifizieren, sondern über seinen Hinweischarakter auf das Heilige.

Was im Speziellen sakrale Architektur betrifft, kann mit Haepke (2013) nachgezeichnet werden, dass Menschen schon immer Gebilde konstruiert haben, die eine sakrale Bestimmung hatten. Durch „die Errichtung eines Stein-Hügels, das Aufstellen eines Pfahls oder eines Felssteins als Opferblock" (ebd., 59) wurden zwei Bereiche des Seins markiert: der alltägliche und der, der darüber hinausweist. Mit dem Tempel (lat. „templum", von griech. „temenein" – „abschneiden") wurde dieses Konstrukt in Form und Wort gebracht: Er ist geweihter, begrenzter und abgesonderter Raum zur Ausübung des Kultes und zur Vermittlung von geistiger und materieller Welt.

Vergleicht man weitere Arbeiten zur Sakralraumarchitektur, wird ersichtlich, dass sich neben leibphänomenologischen Ansätzen (z. B. Gigl, 2020), die vor allem in der körperlichen Erfahrbarkeit des Materials die zentrale Bedeutung des heiligen Raumes erkennen, zeichen- und systemtheoretische Ansätze finden, die der Annahme folgen, dass auch für vermeintlich eindeutige Sakralarchitektur eine gewisse Polysemie gilt. Radermacher und Krech vertreten die Auffassung, dass Räume nur dann als sakral bezeichnet werden können, wenn man „eine bestimmte Situation der kommunikativen Attribution wie ‚religiös' oder ‚heilig' etc. oder wenigstens den damit ausgedrückten sachlichen Gehalt beobachten" (Radermacher/Krech, 2022, 194) kann. Folglich können unterschiedliche Räume als Sakralräume angesehen werden: Während phänomenologische

Ansätze eher das dauerhaft eingerichtete Gebäude, das zur Kommunikation mit dem Heiligen ausgerichtet ist, fokussieren, kann für semiotische Ansätze theoretisch jede Art von Architektur zeitweise „sakral" sein, wenn sie als solche situativ bestimmt oder genutzt wird (Jones, 2000a/b). Im letztgenannten Ansatz lassen sich dann auch individuelle (Sinha, 2016) und sozial-historische Zuschreibungen unterscheiden: Während manche Bauten, z. B. Hausaltäre, nur für Einzelne eine sakrale Bedeutung haben, gibt es Architektur, die in der Gesamtgesellschaft als Ort heiliger Vollzüge erkannt werden kann.

Da sich die Arbeit von Haepke (2013) im Zwischenbereich der genannten theoretischen Vorannahmen einordnen lässt, legt der Beitrag für die weitere Analyse ihre Definition von sakralen Räumen anhand von vier Eigenschaften zugrunde:

(1) die „Absonderung der Stätte vom gewöhnlichen Gebrauch",
(2) die „außeralltägliche Repräsentation, die sich vor allem raumatmosphärisch und aufgrund der besonderen Präsentation des Materials zu erkennen gibt",
(3) die „Absonderung als Raum für kultische Handlungen" und
(4) eine „zeitliche[.], d. h. Vergänglichkeit evozierende[.] Absonderung, die zur Kontemplation und/oder Andacht aufrufen kann" (ebd., 81).

Sakralität lässt sich nach Haepke nicht über den einen Stil, sondern über vergleichbare Wesensmerkmale bestimmen, die beim Übertreten der Schwelle in den Sakralraum, d. h. oft im Übergang von Innen und Außen, zum Tragen kommen, z. B. über die Geräuschkulisse (v. a. Ruhe/Stille), die Anschauung (besondere Fülle bzw. Leere, Repräsentation des ganzen Raums), die Performanz (aktives Tun bis hin zu interessenlosem Verweilen), die Lichtsituation (Wechselspiel von Hell und Dunkel) und das Zeiterleben (v. a. Erinnerung des Vergangenen).

2.2 Welchen Sakralräumen begegnet man in digitalen Spielen?

Die Sakralraumtheorien, die vor dem Hintergrund der nicht-virtuellen Welt entstanden sind, geben wichtige Hinweise für die Analyse dergleichen in VR-Kontexten: Seit 3D-Räume in den meisten Digitalspielen zum Standard gehören, ist es möglich, über den Avatar in der First- oder auch Third-Person-Perspektive die Räume zu betreten und sie, wenn auch medial vermittelt, auf sich wirken zu lassen. Es ist möglich, sich umzusehen, umherzugehen und damit selbst tätig zu werden; Geräusche und Musik aus dem Off unterstützen die Wahrnehmung der Landscape im Onscreen-Bereich. Die Sinneserfahrung kann aber natürlich nicht umfassend sein, sondern bleibt rein visuell-auditiv.

Je nach Anlage durch die Entwicklerstudios gehören die Sakralräume notwendig zum Ablauf des Spiels, oder aber, und dies gilt vor allem für Open-World-Spiele, man betritt diese aus eigener Motivation, z. B., um etwas zu erkunden, die Architektur zu betrachten, etc. Die Frage, ob die angebotenen Räume alle Kriterien der realweltlichen Sakralraumtheorie erfüllen, kann nicht ausnahmslos beantwortet werden. In der Regel treffen Absonderung (1) und Raumatmosphäre (2) zu, wohingegen Möglichkeit zur kultischen Handlung (3) und Kontemplation (4) häufig ausscheiden. Ist dies der Fall, kann man von dem Raum als einer Art Kulisse bzw. einem Abbild des kultischen Raumes sprechen, den man ähnlich wie ein Museum betrachten kann. Dieses Betrachten kann, je nachdem wie die Spielenden dies entscheiden, durchaus kontemplative Züge haben. Oder aber man folgt eher der Spiellogik und der darin gestellten Aufgabe, ohne den Raum zu berücksichtigen.

Als Beispiele können hier die historischen Rekonstruktionen der Assassin's Creed-Reihe (Ubisoft, seit 2007) dienen, da der Gamer über seinen Avatar zwar innehalten und sich von den Räumen einnehmen lassen kann; letztlich sind die Räume aber eigentlich dazu da, um Geschicklichkeitsprüfungen zu bestehen und der Geschichte zu folgen. In dieser Konstellation ergibt sich eine andere Art von Sakralraumerfahrung: Die Spielenden treten im Sinne des semiotischen Ansatzes in einen Kommunikationsrahmen ein, der den dargestellten Raum als etwas Besonderes erkennen lässt oder auch Bezüge zu bisherigen Erfahrungen mit Sakralräumen eröffnet. Dieser Rahmen wird jedoch nicht durch eine aktive religiöse Handlung bzw. Beiwohnung einer Kommunikation mit dem Heiligen aufgestellt, sondern lediglich durch den Eintritt in die visuell-auditive Umgebung, die an einen Sakralraum erinnert. Daneben gibt es Spiele, in denen die Sakralräume einen Kontrapunkt zur restlichen Spiellogik setzen und es durchaus möglich ist, von kultischen Handlungen oder Kontemplation zu sprechen (z. B. kann man in der Klosterkirche in „A Plague Tale: Innocence" (Asobo, 2019) eine Kerze anzünden, ein Gebet für die Verstorbenen sprechen und einen Rosenkranz als Geschenk mitnehmen, bevor man wieder gegen Massen von pestverseuchten Ratten kämpft)[9].

Da sich die Game-Studies mit dem Thema „Sakralraum" bisher wenig beschäftigt haben, lässt sich kaum auf theoretische Vorüberlegungen zurückgreifen; oft werden die sakralen Räume als ein Aspekt neben anderen religionsbezogenen Phänomenen analysiert. Atkinson (2017), der sich als Einziger ausführlicher mit der Thematik beschäftigt hat, bilanziert, dass virtuelle Sakralräume vor dem Hintergrund unserer überwiegend säkularisierten Welt drei Funktionen erfüllen:

(1) „attracting the gamer to the space",
(2) „transgressing the rituals of reverence associated with the space",
(3) „recreate[.] sacred space and attitudes according to the semiotics and/or spatial reconfiguration internal to the game" (ebd., 55).

---

[9] AnGeLuS Gaming: A Plague Tale Innocence #04 – Das Kloster (2019): https://www.youtube.com/watch?v=AD7vkiCw6YA [abgerufen am: 09.11.2023].

In der ersten Funktion ist die Raumatmosphäre entscheidend, da diese den Spielenden beeindrucken soll; in seinem Beispiel „Notre Dame" (aus Assassin's Creed-Unity (Ubisoft, 2014)) ist die Kirche zwar überwältigend in Licht und Farbe nachgestaltet, aber letztlich ist sie aufgrund verschwommener symboltragender Bilder „empty of liturgy" (Atkinson, 2017, 56). Neben dieser ästhetischen Funktion beschreibt Atkinson in (2), dass viele Spiele in heiligen Räumen bewusst die Grenzen der Ehrbarkeit sprengen. Dass hier häufig gewaltsames Vorgehen inszeniert wird, sieht Atkinson einerseits in der interreligiös-gewaltsamen Historie von realen Sakralräumen, wie der Hagia Sophia, begründet. Andererseits erkennt er an der Freude der Überschreitung respektvollen Verhaltens ein Zeichen der zeitgenössischen Säkularität. Dazu präzisiert er: „I do not wish to be misread as advancing a moral critique of gaming here. The perverse delight results from a transgression of ‚law' in the sense of custom and not necessarily ‚natural law', and it is a locus of religio-cultural conflict. The term ‚unconscious secularism' here articulates the tacit acceptance, as normative, of the ability to critique and play with religious settings and symbols." (ebd., 58)

Diese im Spannungsverhältnis zueinanderstehenden Modi im Einsatz des virtuellen Sakralraums – Würdigung und Grenzüberschreitung – finden in (3) einen weiteren, eher selten zu beobachtenden Modus: Es gibt Spiele, die einen komplexeren Zugang zum sakralen Raum wählen, als ihn rein ästhetisch wirken zu lassen oder ihn als heutigen Schauplatz im Ringen um Religion darzustellen. Diese digitalen Spiele, so Atkinson, spielen zwar weiterhin mit der Konvention des Religiösen, versuchen aber gleichzeitig, religiöse Impulse durch die Auseinandersetzung mit dem heiligen Raum wiederherzustellen. Beispielsweise ist die Moschee in „The Division" (Massive, 2016) ein Safe House im umkämpften Gebiet New Yorks, in dem keine Gewalt erlaubt ist. In diesem Haus wird die von vielen Religionen verkündete Botschaft, Frieden zu stiften, in einen neuen Sinnzusammenhang gestellt und aktualisiert. So überschreitet auch Ida, der Avatar in „Monument Valley" (Ustwo, 2014), die Grenzen der dargebotenen Räume, aber sie tut es ruhig und friedvoll und fügt die Räume zu ihrer eigentlichen Bestimmung wieder zusammen.

3. Sakralräume exemplarisch: Minecraft & Fortnite

In den bisherigen Ausführungen wurde deutlich, dass Sakralräume ein wichtiger Bestandteil digitaler Spiele sein können. Sie übernehmen verschiedene Funktionen, die in der Regel der Spiellogik dienen. Während sich die bisherige Theorie vor allem auf die Analyse von Triple A Games (d. h. Spiele von bekannten Entwicklerstudios mit großem Budget) stützt, sind die Spiele, die unter den deutschen Jugendlichen besonders beliebt sind – das digitale Legospiel Minecraft

(Mojang, 2011) und der Egoshooter Fortnite (Epic Games, 2017) – noch weniger beforscht (MPFS, 2022, 37). Diese Spiele sollen nun in den Fokus der weiteren Analyse gestellt werden. Gemeinsam ist ihnen, dass sie sich durch einen einfachen Zugang (oft free-to-play) auszeichnen und auch von den beliebtesten YouTubern gerne in Let's Plays gezeigt werden. Außerdem kennzeichnet sie, dass beide einen Kampf- und auch Kreativmodus kennen. Auf diesen Modi werden nun die Sakralräume näher betrachtet.

(1) *Kampfmodus:* Sowohl in Minecraft („Survival-Modus") als auch in Fortnite („Battle Royale-Modus") gibt es vorkonstruierte Spielwelten, die man verändern kann. Während man in Fortnite mit der Spitzhacke ausgerüstet auf eine virtuelle Welt abgeworfen wird und sich durch den Abbau von Rohstoffen und dem Auffinden besserer Waffen gegen 99 andere Spieler:innen verteidigen muss, kann man in Minecraft konstruktiv kreativ werden, indem man Häuser, Gärten, etc. baut, die ebenfalls verteidigt werden müssen. Im Kampfmodus sind in beiden Spielen wenige vorgefertigte Sakralräume zu finden. Wie man vom Fortnite-Entwicklerstudio weiß, ist ihnen der Respekt aller Religionen wichtig (Danielle, 2021). Dennoch findet sich im abgelegenen Gebiet „Haunted Hill" ein Gebäude, das durch gotische Fenster und die angedeutete Rosette einer Kapelle ähnelt und in der Nähe eines Friedhofes steht. Minecraft zeichnet sich im Vergleich zur bunten Fortnite-Welt durch grobe natürliche Gebiete aus; die Besiedelung ist Aufgabe des Spielenden. Teilweise finden sich auch hier Räume, die sakraler Architektur nachempfunden sind, z. B. ein Maya-Tempel im Dschungel.

Im Battle Royale-Modus von Fortnite kann unterschiedslos jedes Gebäude zerstört und darin gekämpft werden, weshalb man die dargestellten Sakralräume eigentlich nicht als solche bezeichnen kann. In Minecraft dagegen können Spieler:innen auch im Überlebensmodus etwas erschaffen, was man, wenn man es behalten möchte, verteidigen muss. Als prominentes Beispiel sei hier die „Lucastro"-Kathedrale[10] angeführt. Es ist die größte Kathedrale, die je im Survival-Modus entstanden ist, in vielem dem Straßburger Münster nachempfunden. Daneben sei der Ausschnitt des bekannten YouTubers Laser Luca erwähnt, der sein Let's Play mit „Meine Kirche" titelt. Wie im Anfangszitat dieses Artikels zu lesen ist, setzt sich Laser Luca im Prozess des Bauens mit der Frage nach seinem Verhältnis zu Sakralräumen auseinander und kommentiert den gesamten Bauprozess mit Überlegungen, was ihm persönlich an einem sakralen Gebäude wichtig ist und was generell dazugehört (z. B. ein Altar, Glocken, Blumen, Sitzbänke, Lesepult, Bibel). Er drückt abschließend seinen Stolz über das gelungene Projekt aus. Im Let's Play kann man sehen, dass ihn seine „Kirche", in dem sonst sehr schnell geschnittenen Video, immer wieder staunend verweilen lässt, weshalb man von einer kontemplativen Funktion seiner Konstruktion sprechen

---

[10] JasiCraft: „So haben wir die größte Minecraft-Kathedrale gebaut [Survival]" (2023): https://www.youtube.com/watch?v=V-MZlrvlyf4 [abgerufen am: 09.11.2023].

kann. Mit dem Bau eines Altars scheint ihm außerdem bewusst zu sein, dass seine Kirche auch prinzipiell für kultische Handlungen da ist.

(2) *Kreativmodus*: Beide Spiele kennen darüber hinaus den „Kreativmodus", der die Möglichkeit eröffnet, eigene Räume zu bauen. Für diesen Modus ist typisch, reale Sakralräume möglichst getreu nachzubauen (z. B. die Scheich-Zayid-Moschee aus Abu Dhabi[11], den Kölner Dom[12] oder den Jerusalemer Tempel[13]). Diese Rekonstruktionen entsprechen den Kriterien Haepkes insofern, als die Räume durch ihre besondere Architektur oft abgesondert von der anderen Umgebung stehen, sich durch eine gewisse Licht- und Raumatmosphäre auszeichnen und, sind sie einmal fertiggestellt, zum Verweilen und Nachsinnen einladen. Oft werden die Videos zu den Bauten mit kontemplativer Musik unterlegt. Lediglich Punkt (3) – die Absonderung des Raums für kultische Handlungen – trifft eher selten zu, z. B. über das Projekt des Onlinepfarrers Andreas Erdmann, der in Minecraft Gottesdienste anbietet.[14] Auffällig ist, dass in der Recherche zu Minecraft und Fortnite kaum sakrale Räume zu finden waren, die als freie Interpretationen gelten können und nicht an realweltliche Vorbilder erinnern.

4. Fazit in religionspädagogischer Perspektive

Religiöse Bildungsprozesse sind auf den Austausch mit der Lebenswelt der Lernenden ausgerichtet. In diesem Beitrag konnte gezeigt werden, dass das Thema „Sakralraum", vermittelt über digitale Spielwelten, durchaus im Nahumfeld der Schüler:innen zu finden ist. Gleichzeitig wurde deutlich, dass die realweltliche Definition von Sakralraum mit dessen Inszenierung im virtuellen Raum oft nicht gänzlich übereinstimmt; vor allem der Aspekt, kultische Handlungen zu ermöglichen bzw. ihnen beizuwohnen, wird in den Spielen selten bis nicht berücksichtigt.

Will man Sakralräume unabhängig von diesem Aspekt im Lernprozess thematisieren, eignen sich die digitalen Abbildungen aber sehr wohl, um einen Reflexionsprozess anzustoßen. Gerade die im Kreativmodus entstandenen Projekte aus den Spielen, die die Jugendlichen am liebsten selbst in der Freizeit spielen,

---

[11] Pyro Jay Ti: „Ich Besuche [sic] eine Moschee in Fortnite" (2021): https://www.youtube.com/watch?v=f0WdczidhmA [abgerufen am: 09.11.2023].

[12] PlaySample: „Minecraft Wir bauen den Kölner Dom #040" (2022): https://www.youtube.com/watch?v=_PgaagceIyo&list=PL0YlSP1GVkXl5CIjQ4uL1y-5qnxhlE9RG&index=40 [abgerufen am: 09.11.2023].

[13] Jerusalem Reborn: „Jerusalem Reborn – Minecraft" (2022) https://www.youtube.com/watch?v=Wzz63tgcFic [abgerufen am: 09.11.2023].

[14] vgl. https://www.pro-medienmagazin.de/spielen-und-beten-im-metaverse-gottesdienst-in-minecraft/ [abgerufen am: 09.11.2023].

können ein inspirierender Anlass sein, über die anderen Merkmale des Sakralraums – wie die besondere Lage, die Atmosphäre, die Ausstattung, etc. – ins Gespräch zu kommen. Die eher medienpessimistische Perspektive, dass die Darstellungen ja alle nicht genau genug und richtig sind, kann auch als Lernanlass aufgenommen werden, um die rekonstruierten und ausgedachten Sakralräume einer Kritik zu unterziehen bzw. dem Ansinnen der Studios auf die Spur zu kommen (z. B. Political Correctness, Interreligiöses Lernen). Entscheidend ist, dass das Selbstwirksamkeitserleben und das Verständnis durch die erwachsenen Lehrkräfte über die Thematisierung religiöser Phänomene in digitalen Spielen gefördert werden können. Die angefügten YouTube-Ausschnitte sollen nicht nur Gesprächsanlass sein, sondern können dazu motivieren, mit Lernenden selbst etwas zu erschaffen, entweder nach dem eigenen Bild oder als Rekonstruktion nach realweltlichem Vorbild. Dies könnte ein spannender Neuansatz für eine Kirchenraumpädagogik in höheren Klassen sein. Schließlich: Wenn die Lernenden die Sakralräume eher museumsartig und überwiegend visuell in ihrem virtuellen Spielekosmos erleben, ist es auch Aufgabe religiöser Bildung, über eine Begegnung mit realweltlichen Beispielen einen Ausgleich zu schaffen, um der Sache des Sakralraums in all seinen Dimensionen und allen Sinnen der Lernenden gerecht zu werden.

Ein herzlicher Dank für den informativen Austausch über digitale Spiele ergeht an Johannes Grössl, Patrick Maisenhölder, Sebastian Ostritsch, Florian Wendl.

Literatur

Atkinson, Andrew, Virtually Sacred: Sacred Space, Ritual, and Narrative in Assassin's Creed, Far Cry, and The Talos Principle, in: The Journal of Religion and Popular Culture 29 (2017) 1, 55–68.
Bohrer, Clemens, Religion und jugendliche Computerspielewelten, in: Kropač, Ulrich/Meier, Uto J./König, Klaus (Hg.), Religion und jugendliche Computerspielewelten. Ungebundene Religionskulturen in Religionsunterricht und kirchlicher Jugendarbeit – Erkundungen und Praxis, Würzburg 2015, 214–224.
Campbell, Heidi/Grieve, Gregory Price (Hg.), Playing with religion in digital games, Bloomington 2014.
Danielle, Partis, Indonesia Minister calls for Fortnite ban over user-generated content; online unter: https://www.gamesindustry.biz/indonesia-minister-calls-for-fortnite-ban-over-user-generated-content (2021) [abgerufen am: 09.11.2023].
Deutscher Kulturrat, Pressemitteilung vom 23. August 2023; online unter: https://www.kulturrat.de/presse/pressemitteilung/pressemitteilung-games-sind-kulturgut/?print=pdf [abgerufen am: 09.11.2023].
Dinter, Astrid, Adoleszenz und Computer. Von Bildungsprozessen und religiöser Valenz, Göttingen 2007.

Günzel, Stephan, Raum, in: Feige, Daniel M./Ostritsch, Sebastian/Rautzenberg, Markus (Hg.), Philosophie des Computerspiels. Theorie – Praxis – Ästhetik, Stuttgart 2018, 221–240.

Haack, Astrid, Computerspiele als Teil der Jugendkultur. Herausforderungen für den Religionsunterricht, Erlangen 2010.

Haepke, Nadine, Sakrale Inszenierungen in der zeitgenössischen Architektur, Bielefeld 2013.

Hemminger, Elke, „Gelobt sei Elune!" Religion im Computerspiel, in: Hemminger, Elke/ Ruch, Christian (Hg.), „Gelobt sei Elune!", Berlin 2013, 24–42.

Medienpädagogischer Forschungsverbund Südwest (MPFS), JIM-Studie 2022: Jugend, Information, Medien. Basisuntersuchung zum Medienumgang 12- bis 19-Jähriger in Deutschland, Stuttgart 2022.

Palkowitsch-Kühl, Jens, Art. Spiele, digitale, in: Wissenschaftlich-Religionspädagogisches Lexikon im Internet (www.wirelex.de), 2017.

Piasecki, Stefan, Credere et ludere. Computer- und Videospiele aus religionspädagogischer Perspektive, Baden-Baden 2017.

Radermacher, Martin/Krech, Volkhard, Was macht ein Bauwerk „religiös"? Systematisch-religionswissenschaftliche Perspektiven, in: Löffler, Beate/Sharbat Dar, Dunja (Hg.), Was macht ein Bauwerk „religiös"? Religiöse Bauten im Stadtraum des 21. Jahrhunderts in Deutschland, Berlin 2023.

Roters, Daniel, Mit Videospielen in den Islamischen Religionsunterricht. Eine theoretische Grundlegung und phänomenologische Betrachtung, in: Ulfat, Fahimah/Ghandour, Ali (Hg.), Mit Videospielen in den Islamischen Religionsunterricht. Theologische und didaktische Überlegungen zum Umgang mit ausgewählten Themen im Islamischen Religionsunterricht, Wiesbaden 2020, 213–247.

Schwarz, Angela, Geschichte in digitalen Spielen. Populäre Bilder und historisches Lernen, Stuttgart 2023.

Steffen, Oliver, Gamen mit Gott. Wo sich Computerspiele und Religion begegnen, Zürich 2017a.

Steffen, Oliver, Religion in Games. Eine Methode für die religionswissenschaftliche Digitalspielforschung, Berlin 2017b.

Sura, Ines, Gaming & religiöse Bildungsprozesse. Zur impliziten Religiosität bei Gamern in entkonfessionalisierten Räumen, in: Merle, Kristin/Nord, Ilona (Hg.), Gaming & religiöse Bildungsprozesse. Praktisch-theologische Standortbestimmungen im interdisziplinären Kontext, Leipzig 2022, 195–211.

Zirpel, Thimo, Computerspiele im Religionsunterricht als Beitrag zum Dialog mit jugendlichen Lebenswelten, Münster i. W. 2018a.

Zirpel, Thimo, Zocken und Religion: näher als gedacht, in: Herder Korrespondenz (2018b) 9, 35–38.

Laser Luca „Meine Kirche" (2021).

JayDee: „THE LAST OF US PART II – #08 Die Synagoge" (2020), ab 00:16:00 h.

Sakralräume in digitalen Spielen

Nessi's Welt: „Heiliger Ort entdeckt, der wunderschön leuchtet!" Zelda BOTW Part #11 (2022), ab 2:30:00 h.

AnGeLuS Gaming: A Plague Tale Innocence #04 – Das Kloster (2019), ab 00:8:30 h.

JasiCraft: „So haben wir die größte Minecraft-Kathedrale gebaut [Survival]" (2023).

Pyro Jay Ti: „Ich besuche [sic] eine Moschee in Fortnite" (2021).

PlaySample: „Minecraft Wir bauen den Kölner Dom #040" (2022).

Jerusalem Reborn: „Jerusalem Reborn – Minecraft" (2022).

Auf dem Niveau von Wimmelbildern?
Virtuelle Religionsstätten und die Möglichkeiten, ihren didaktischen Nutzen zu steigern

Karlo Meyer

Wer bei interreligiösen oder kirchenpädagogischen Themen nicht die Gelegenheit hat, mit seiner Lerngruppe vor Ort eine Moschee, Synagoge oder Kirche zu besuchen, wird schnell im Internet fündig. Dort präsentieren die jeweiligen Religionsgemeinschaften diverse virtuelle Aufbereitungen ihrer Räumlichkeiten.[1] Diese können helfen, einen ersten Eindruck zu bekommen und sich dem jeweiligen Thema anzunähern. Ähnlich wie gedruckte bildliche Darstellungen können sie reale Besuche jedoch nicht ersetzen, da sie viele grundlegende Erfahrungen nicht ermöglichen; dies umfasst die Vielfalt von Sinneseindrücken und die Atmosphäre; dies umfasst Möglichkeiten, vor Ort kreativ zu werden, und dies umfasst den Eindruck und das Erleben von spirituellem Handeln an der jeweiligen Stätte. Gerade im Blick auf Letzteres droht die Beschäftigung mit den oft menschenleeren virtuellen Oberflächen, den Sinn der Originale aus den Augen zu verlieren, nämlich als Rahmen, als Ort und als Impuls für religiöse Praxis und Spiritualität im Blick auf Gott oder eine transzendente Größe zu dienen. Bei den jeweiligen Gläubigen mögen digitalisierte Versionen eigene Erfahrungen an diesem Ort ins Gedächtnis rufen oder Assoziationen mit tatsächlichen Besuchen freisetzen. Für Menschen ohne Vorkenntnisse bleibt es oft bei einer mehr oder minder architektur-orientierten Impression im Verbund mit vereinzelten Informationen, bei denen nur höchst begrenzt oder auch gar nicht zur Darstellung kommt, wie hier gesungen, gebetet, meditiert, erzählt, gelehrt oder gefeiert wird.

Ein analoges Medium lässt sich auf methodischer Ebene als Vergleich heranziehen: So kann man selbstverständlich mit einem Wimmelbild zu Kirchen, Moscheen, Synagogen usw. – ergänzt um kleine Kästen mit Informationen am Rand – Gegenstände, Räume und Rituale entdecken lassen und erklären (so z. B. Schlensog, 2019). Bei Gläubigen können solche kleinen Zeichnungen vielleicht sogar Erinnerungen wecken. Gegen diese Suchaufgaben spricht nichts prinzipiell. Wenn diese Herangehensweisen jedoch für sich stehen bleiben, sind die Bilder nichts weiter als ein Hilfsmedium, über das es nur schwerlich gelingen wird, näherzubringen, was religiös Praktizierende hiermit verbinden und was sie an

---

[1] Vgl. die Auflistung Ende des Jahres 2023 unter https://www.uni-siegen.de/phil/sakralraumpaedagogik/karte.html?lang= [abgerufen am: 01.11.23].

den Stätten leiblich, emotional und atmosphärisch in Gemeinschaft und mit Blick auf Gott erleben. Die Schülerinnen und Schüler mögen auf einem Wimmelbild engagiert Einzelheiten suchen, und es mag ihnen Spaß machen, Informationen zu sammeln; sachlich gesehen droht jedoch der bereits angedeutete Kern dessen verfehlt zu werden, was religiöse bzw. spirituelle Architektur ausmacht. Pädagogisch kann davon ausgegangen werden, dass die Erinnerung spätestens nach der folgenden Klassenarbeit verflogen ist. Denn viel unmittelbarer als bei Bildern und derzeitigen virtuellen Versionen wird in leiblich begehbaren Räumen deren Funktion für die jeweiligen Gläubigen, die Ermöglichung religiöser Praxis, der damit verbundenen sozialen Erfahrungen und des Transzendenzbezugs, einsichtig; dem dient der Raum; dem dienen spezifisch ausgebildete Menschen, die im Idealfall in der Lage sind, eigene spirituelle Erfahrungen und intensives religiöses Erleben zu schildern und die so bei Besuchern und Besucherinnen z. B. weitergehende, existenzielle Fragen anstoßen können.

Prinzipiell könnte auch das digitale Format hier erste Einblicke geben; so könnten verknüpfte Videos zu Ritualen an dieser Stätte und persönlich gehaltene Erfahrungsberichte die Verbindung zu einer transzendenten Größe an diesem Ort nachvollziehbar werden lassen. Diese finden sich jedoch bisher nicht oder bestenfalls rudimentär. Sollte es digital gelingen einzufangen, wie dieses Erleben Menschen berührt, und sollte es dann gelingen, über ein virtuelles Format eigene persönliche Bezugnahmen und eigenes existenzielles Fragen bei Schülerinnen und Schülern anzustoßen, wäre tatsächlich ein weitergehender didaktischer Mehrwert zu erwarten. Dies ist jedoch bislang noch nirgends realisiert und damit reduziert sich der besagte Wert auf das beschriebene Niveau.

Drei Fragen können zur weiteren didaktischen Arbeit mögliche Schneisen für die Zukunft schlagen:
(1) Was ist grundlegend festzuhalten?
(2) Was ist bisher versucht worden und was fehlt?
(3) Was ist idealiter anzustreben?

1. Was ist grundlegend festzuhalten? Theoretische Überlegungen

Ein erstes Problem entsteht bereits auf der begrifflichen Ebene und führt zu dem, worum es in diesen Räumen geht. Die in der Literatur vielfach gebräuchliche Rede von ‚Sakralräumen' setzt als Kompositum ein *Sacrum oder eine Sakralität* voraus, respektive ein Verständnis von *Heiligem*, das auf Gebäude und Stätten applizierbar ist. Dies ist in der derzeitigen religionswissenschaftlichen Debatte nicht nur bei virtuellen, sondern auch bei realen Räumen umstritten. Als Problembeschreibung können einige, grob skizzierte Einblicke in die Theorie dienen.

Eine ältere (1.1) und eine jüngere Richtung (1.2) sollen dabei hervorgehoben werden. Zunächst die ältere:[2]

1.1 Theoretische Überlegungen der Religionsphänomenologie: Der ‚heilige' Raum

Vor einigen Jahrzehnten postulierte Mircea Eliade in Fortentwicklung von Rudolf Ottos Rede vom Numinosen, dass die Auswahl eines heiligen Ortes nicht willkürlich geschehen könne, da es sich hierbei eher um „ein primäres religiöses Erlebnis, das aller Reflexion über die Welt vorausgeht" handele (Eliade, 1984, 23). Er präzisierte diesen Bezugspunkt folgendermaßen: „a) ein heiliger Ort stellt einen Bruch in der Homogenität des Raums dar; b) dieser Bruch ist durch eine ‚Öffnung' symbolisiert, die den Übergang von einer kosmischen Region zur anderen ermöglicht (vom Himmel zur Erde und umgekehrt von der Erde in die Unterwelt); c) die Verbindung mit dem Himmel kann durch verschiedene Bilder ausgedrückt werden, die sich alle auf die *axis mundi* beziehen: Säule ..., Leiter ..., Berg, Baum, Liane usw." (ebd., 36; Kursive im Original). Ein antiker Tempel stelle solch eine Verbindung her (ebd., 38). Zurückzuweisen sei die Ansicht, dass es sich bei einem heiligen Raum „um eine *menschliche* Arbeit handelt" (ebd., 29; Kursive im Original); entsprechend schreibt Eliade: „Das Ritual, durch das er einen heiligen Raum konstruiert, ist nur in dem Maße wirksam, in dem es das Werk der Götter reproduziert" (ebd., 29). Sakralräumen wurde so eine Qualität zugesprochen, die nicht nur in der numinosen Wirkung, sondern in einem metaphysisch verankerten Wesenszug gründet.

Während sich aus dem Bereich der Religionspädagogik besonders Hubertus Halbfas dieser Linie anschloss (Halbfas, 1989, 31; ähnlich: Brüll et al., 2005, 21–22), ist vor einem etwas anderen Hintergrund, aber gleichfalls mit Tendenzen zur Archaik und „in Richtung eines ontologischen Raumverständnisses" (Zimmerling, 2007, 29) in der Liturgik Manfred Josuttis zu erwähnen, der u. a. auf den Philosophen Hermann Schmitz zurückgriff (Josuttis, 1993, 32–35).

1.2 Religiöse Stätten als inszeniertes Raumkonstrukt

Derartige hochgegriffene Theorieansätze verloren schon Ende des letzten Jahrhunderts immer mehr an (religions-)wissenschaftlichem Rückhalt. Religiöse Stätten werden nun vermehrt als Ergebnis eines sich in Diskussionen und in Gepflogenheiten entwickelnden Prozesses verstanden, der sozial und historisch

---

[2] Dies und die folgenden beiden Abschnitte sind an meinen Artikeln (Meyer, 2017 und Meyer, 2018) orientiert.

eingebettet u. a. Machtfragen impliziert³ und einem permanenten Wandel unterliegt. Im Unterschied zu Eliade vertritt Andreas Mertin die Ansicht, dass religiöse Stätten als kommunikativ-gestalterisch entwickeltes Konstrukt zu verstehen sind, denn „schließlich machen Architekten bzw. Baumeister in Zusammenarbeit mit Theologen bzw. Priestern seit Jahrtausenden genau dies: religiöse Räume zu konstruieren. ... [Es sind also] inszenierte Räume und nicht nur Umbauungen eines als religiös erfahrenen Ortes" (Mertin, 2002; nicht paginiert).

Entsprechend sind nach Mertin religiöse Stätten mit anderen inszenierten Räumen vergleichbar: „Der religiöse Raum hält vom Gläubigen alle Hinweise fern, welche die Tatsache, daß er mit ‚Gott' kommunizieren möchte, stören könnten. Er schirmt den religiösen Menschen von allem ab, was seiner Selbstbestimmung hinderlich in den Weg tritt. Dies verleiht dem Raum eine gesteigerte Präsenz ... Etwas von der Ästhetik einer Galerie oder eines Museums, etwas von der Gemessenheit des Gerichtssaales ... verbindet sich zu einem einzigartigen Andachtsraum. ... Ein religiöser Raum wird nach Gesichtspunkten errichtet, die nach dem Prinzip der räumlichen Verdichtung und der Wahrnehmungskonzentration arbeiten. Die äußere Welt wird ebenso ausgegrenzt, wie durch Ausgrenzung bewußt gemacht." (ebd., n. p.).

Über Mertin hinaus lässt sich ergänzen, dass die Planung des Raums äußerlich auf die Ermöglichung religiöser Praxis und innerlich auf die Ermöglichung des Bezugs zu einem Transzendenten zielt. In Abgrenzung zu Eliade und seinem überhöhten Begriff des Heiligen sprechen wir in diesem Artikel im Weiteren bewusst nicht von ‚Sakralräumen', um ontologischen oder mythischen Missverständnissen des Raums zu wehren. Präferiert wird vielmehr die Rede von *religiösen Stätten*; gemeint sind zielorientiert auf religiöse Praktiken und auf unterschiedliche Sinneseindrücke hin geschaffene *spirituelle Ermöglichungsräume*. Sie sind entsprechend den genannten Ausführungen mit konzentrierenden Räumen wie Galerien usw. vergleichbar und sollen eine Wirkung auf Besucher und Besucherinnen entfalten: Sie sind geschaffen, um zu einer gewissen inneren Haltung zu führen und um spezifischen Praktiken (wie intensiver Bildbetrachtung oder in unserem Fall z. B. dem Gebet) zu dienen.

1.3 Religiöse Stätten in den abrahamischen Traditionen

Auch aus einer dezidiert theologischen Perspektive sprechen sich viele jüdische, christliche und muslimische Traditionen gegen Überhöhungen bestimmter Räumlichkeiten bzw. eines an der jeweiligen Stätte lokalisierbaren ‚Heiligen'

---

³ Auch wenn dies im Einzelnen nicht weiterverfolgt werden kann, sei hier zur eher soziologischen Einordnung von Sakralstätten auf einen prozessualen, machtkritischen Raumbegriff und auf gesellschaftliche Ungleichheitsdimensionen hingewiesen, wie sie zusammenfassend Baumann und Nagel darstellen (Baumann/Nagel, 2023, 144–146).

oder Vergleichbares aus. So wird im Christentum bereits von Paulus unterstrichen, dass *die Gläubigen* „Gottes Tempel" sind (1 Kor 3,16.17), und damit die Bedeutung entsprechender Bauwerke relativiert.

Eine ähnliche Entwicklung zeigt sich im Judentum: Seit der Tempel in Jerusalem von den Römern zerstört wurde, fehlt ein vergleichbarer jüdischer Kultort. Die Synagoge übernahm nicht die Funktion einer Opferstätte, sondern etablierte sich schlicht als ein Ort zur Versammlung, der dem Lehren, Lernen und Beten dient. So heißt das griechische *Synagoge* ‚Zusammenführung' und das hebräische Äquivalent ‚Versammlungshaus'. Auch im Islam fungieren Moscheen inklusive der Kaaba als Orte des gemeinsamen Gebets und im Falle von Mekka als Orte der Erinnerung an die Propheten Adam, Abraham und Mohammed. Ein kultisches Verständnis eines Sakrums wird auch hier nicht geteilt. Da sich Muslime grundsätzlich überall zum Gebet niederwerfen können und diese Orte als „Masdschid" bezeichnet werden, ist die „gesamte Erde ... demnach eine ‚Moschee'" (Özdil, 2012, 20).

> Ganz in dieser Linie wird in vielen christlichen Traditionen bei Kirchen Zurückhaltung zum Ausdruck gebracht und zum Beispiel im Protestantismus die Einweihung eines Gotteshauses gerade nicht als consecratio (Heiligung), sondern vielmehr als „dedicatio (Aussonderung zum kirchlichen Gebrauch)" (Hertzsch, 1959, 1624) verstanden, während in einem lange präferierten katholischen Verständnis durch die Reliquie einer heiliggesprochenen Person unter dem Altar einer Kirche ein dieser Konfession eigentümlicher Heiligkeitsstatus geschaffen wird. Doch auch im katholischen Verständnis herrschen divergierende Sichtweisen: So wird Reliquien zumindest aus mitteleuropäischer Sicht seit den 1970ern keine solche Bedeutung mehr zugesprochen, die Rede von consecratio tritt seit den 1990er Jahren zurück und die Gegenwart Christi in der Liturgie wird betont.[4]

Gerhard Bitter (2003, 27) vertritt die Meinung, dass sowohl aus katholischer als auch aus allgemein „christlicher Perspektive ... eigentlich keine sakralen Räume" mehr existieren. Dagegen sei die gemeinsame Feier der Liturgie „der Grund und das Ziel, die Blüte und die Wurzel des christlichen Kirchenbaus" (ebd., 28). Hierbei sind die Gemeindemitglieder selbst „der Ort, der ‚personale Raum', in dem die Liturgie gefeiert wird" (ebd., 28), weshalb auch katholische Kirchen berechtigterweise als „Zweckbauten" (ebd., 30) betitelt werden könnten.

Dies mag im Einzelnen noch differenzierbar sein, die Überlegungen zeigen jedoch, dass weite Traditionsstränge der abrahamischen Religionen gegenüber der Sakralität örtlich eingrenzbarer Räume zurückhaltend, wenn nicht skeptisch sind und dass nicht zuerst Architekturfragen oder die Örtlichkeit an sich, sondern im Blick auf den Gottesbezug das gemeinsame rituelle Handeln, das innere Erleben und die Zusammenkunft an religiösen Stätten den Fokus bilden.

---

[4] Vgl. hierzu Kaczynski, 1997, 102–104.

2. Was ist bisher versucht worden und was fehlt?

In diesem Sinne sollte es auch religionspädagogisch bei dergestalt inszenierten Orten darum gehen, sie als Ermöglichungsräume von religiöser Praxis (wie Gebet oder religiöses Lernen) und generell von *spirituellem Erleben* zu verstehen. Damit verbunden sollte es auch um die Menschen als religiös agierende Personen gehen. Hier bleibt jedoch ein Mangel zu verzeichnen.

2.1 Was fehlt?

Bei Besuchen virtueller Oberflächen droht eine Verschiebung des Fokus: Die Wahrnehmungen als solche werden hauptsächlich auf das Visuelle, z. T. schlicht auf Architektur und Artefakte reduziert. In gutem Material können additiv Atmosphäre, Erfahrungen von Gläubigen und religiöse Praxis ansatzweise anschaulich werden (Meyer, 2006b, 75–80). Die letztgenannten Aspekte helfen den Schülerinnen und Schülern zu verstehen, dass es sich bei religiösen Gebäuden und ihrer Ausstattung nicht vorrangig um Anordnungen bestimmter baulicher Bestandteile und ihrer Einrichtung handelt. Vielmehr sollten, wie nun ausführlich dargelegt, die Räume als inszenierte Handlungsstätten und Gebrauchsorte einer Gemeinschaft bzw. Einzelner mit ihren Erfahrungen möglichst nahekommen. In Bilderfolgen, Videos oder Audio-Interviews kann der Blick für die religiöse Ingebrauchnahme einer religiösen Stätte geschärft werden, um auch Einblick in atmosphärische Wahrnehmungen und Erfahrungen der Glaubenden vor Ort zu geben und um idealerweise Schülerinnen und Schülern Impulse zum Weiterdenken zu geben (Meyer, 2006b, 76–77.80–82; 2006a, 2008, 2015, 2016).

Damit ist angesprochen, was nach gegenwärtigem Stand virtuellen religiösen Räumen fehlt:
– In aller Regel sind *Sinneswahrnehmungen reduziert.* Das visuelle Erleben ist, durch den Bildschirm bedingt, auf zwei Dimensionen beschränkt (auch bei sogenannten 360 Grad-Bildern). Ebenso beschränkt bleiben räumliche Klangerfahrungen. Gerüche werden gar nicht wahrgenommen, genauso wenig sind taktile Erfahrungen möglich.
– Die *Atmosphäre* eines Originalraums kann in einer virtuellen Wiedergabeform in den wenigsten Fällen repliziert werden, erst recht nicht die Atmosphäre, die sich mit einem Gottesdienst an diesem Ort verbindet. Die digital generierte Evozierung von Erhabenheit durch das Raumerleben gelingt mit erheblichem technischen und damit finanziellen Aufwand z. B. bei Fantasyfilmen (wie „Herr der Ringe" oder „Game of Thrones"), bislang ist dies jedoch vollständig außerhalb der Reichweite der Religionsgemeinschaften oder didaktischen Materials. Spirituelle Einkehr beim Raumerleben wäre in

- Ansätzen denkbar, wird aber bislang in virtuellen Räumen nicht erkennbar hervorgebracht.
- Damit eng verbunden sind *rituelle Praktiken*, die Besucherinnen und Besucher durchführen könnten. Diese Option gibt es zwar tatsächlich in wenigen Fällen auf Internetplattformen (z. B. Second Life mit agierenden Avataren).[5] Der Mehrwert gesteuerter, animierter Figuren bleibt jedoch begrenzt; Impulse bei Begegnungen in diesen Räumen gehen kaum über den von Chat-Räumen hinaus. Kleinere rituelle Handlungen, die auch *andersglaubende* Besucherinnen und Besucher ausführen können (Kippa aufsetzen, Schuhe ausziehen etc.), kommen in der Regel virtuell nicht vor.
- *Gemeinschaftserfahrung* in einer spirituellen Atmosphäre wird durch virtuelle Welten bisher nicht ermöglicht (dies ist auch bei Second Life und Ähnlichem bisher nicht ernsthaft der Fall). Mit erheblichem finanziellem Aufwand gelingt es in modernen Internetspielen, einen gemeinsamen Team- und Kampfgeist einer virtuell verbundenen Gruppe gegen andere zu wecken (z. B. World of Warcraft). Ein entsprechender spiritueller oder „religiöser Teamgeist" auf Internetbasis ist jedoch weit von der derzeitigen Realität entfernt.
- Entsprechend fehlen auch mögliche Anknüpfungspunkte für oder Einblicke in intensivere *religiöse Erfahrungen mit einem Transzendenten*, mit Gott oder einem Göttlichen.
- Ähnliches gilt für *eigenständiges Diskutieren* oder *kreatives Agieren* von Schülerinnen und Schülern in einem virtuellen 3D-Raum, was technisch durchaus umsetzbar wäre.
- Chats oder gar über Zoom etc. videobasierte, *direkte Kommunikation* mit Menschen, die von Erinnerungen und Erfahrungen im realen Ort erzählen könnten, sind als Substitut ebenfalls denkbar; dies wird aber bisher nicht genutzt.

2.2 Was ist mit computergestützten Medien derzeit möglich?

Über die Ausführungen zu den Gläubigen und ihrem u. a. atmosphärischen Erleben hinaus fragen die letzten beiden Punkte auch nach dem eigenen Agieren der Schülerinnen und Schüler. Als genereller Überblick über die (bisher sehr begrenzten) Optionen derzeitiger digitaler Medien im Blick auf eigene Wahrnehmungen und eigenes Handeln kann eine Tabelle helfen, didaktisch relevante Aspekte zuzuordnen und Differenzen anschaulich zu machen. Als Vergleich und Maßstab dienen die Möglichkeiten einer leiblich-realen Begehung und als Gegenstück die besagten Wimmelbilder.

---

[5] Online unter: https://secondlife.com/destinations/belief [abgerufen am: 19.09.2023]. Sowie zur Anschauung ein Überblick auf Youtube. Online unter: https://www.youtube.com/watch?v=dCrw4Vxph84 [abgerufen am: 19.09.2023].

Tab. 1: Möglichkeiten unterschiedlicher (digitaler) Medien zum Erleben religiöser Stätten

	Visuelles	Auditives	Sensorisches	Olfaktorisches	Leib-Raum-Empfinden/ Atmosphäre	Eigene soziale Erfahrungen in Verbindung mit dem Raum	Eigene (rituelle) Handlung von Besuchenden (z. B. Schuhe ausziehen)	Erleben von hier religiös praktizierenden Menschen (inkl. Praxis, evtl. mit deren Emotionalität)	Autonomes Agieren der Lernenden (z. B. mit kreativen, existenziell-fragenden oder spirituellen Aufgaben)
1a. Realer Besuch	x	x	x	x	x (unmittelbar)	x	x	x	x
1b. Wimmelbilder (wie z. B. in Schlensog 2019)	x				(sekundär über Zeichnung nachvollziehbar)			(über die Zeichnung von praktizierenden Menschen)	
2. Foto/ Bild mit Text auf Web-Seite	x				(sekundär über Berichte nachvollziehbar)			(per Text über Berichte/ Interviews möglich)	
3. Videos/ Youtube-Einspieler mit Interviews	x	x			(sekundär durch Licht, Klang, Kameraführung und Interviews)			x	
4. Derzeitige 3D-Ansichten mit Anklickoptionen	x	x			(sekundär über Anklick-Videos – siehe Zeile 3)			(über Video-interviews etc.)	(wäre in Ansätzen in virt. Kreativräumen denkbar, bislang nicht zu finden)
5. Zoom/ Skype (mit Kamera im rel. Raum)	x	x			(sekundär über Berichte und den Raum im Hintergrund möglich)	(sekundär im Gespräch Ansätze denkbar)		x	
6. Chaträume mit religiösen Personen	x	x			(sekundär über Berichte möglich)	(sekundär im Gespräch Ansätze denkbar)		x	(wäre in Ansätzen denkbar)
7. Zukünftige religiöse 3D-Welt (mit anderen zusammen entdeckbar)	x	x	?	vermutlich nicht	x Zukünftig denkbar, wie in Serienproduktionen und Computerspielen mit hohem Budget	x gemeinsam mit Avataren anderer den Raum erkunden	x	(x)	x

Die erste relevante Dimension bezieht sich auf die unterschiedlichen Sinneswahrnehmungen (Visuelles, Auditives, Sensorisches und Olfaktorisches). Ein zweiter Aspekt, der an die theoretischen Überlegungen anschließt, ist ein Leib-Raumempfinden, das atmosphärische Wahrnehmungen umschließt und indirekt auch medial vermittelt möglich werden kann (durch Lichteinfall, Klänge, Berichte, Kameraführung). Ebenso sind im Anschluss an die obigen Punkte Sozialerfahrungen im Raum zu nennen. Gewissermaßen handlungsorientiert nehmen wir sodann die Möglichkeit auf, Ausschnitte ritueller Handlungen (wie Schuhe ausziehen, Kippa aufsetzen, probeweises Knien etc.) selbst zu vollziehen. Die konkrete Erfahrung, einen hier vor Ort praktizierenden Menschen zu sprechen und dessen Rituale mitzuerleben bzw. von dessen Erfahrungen mit Ritualen vor Ort zu hören, ist gerade im Blick auf die Bedeutung sakraler Räume ein eigens zu betonender Aspekt. Schließlich ist im Sinne einer aktivierenden Pädagogik die Chance zu nennen, dass Schülerinnen und Schüler im Raum auch autonom agieren können (sich einen Lieblingsort suchen, in Gebetbüchern blättern, Besonderheiten aufspüren, ruhig werden, eventuell eine spirituelle Übung durchführen etc.). Dieses durchaus umfängliche Bündel kennzeichnet reale Besuche und wird durch virtuelle Medien in sehr unterschiedlichem Grad aufgefangen. Die Tabelle nimmt nach realem Besuch und Wimmelbild zunächst traditionellere Internetmedien auf, um weitere virtuell verfügbare folgen zu lassen.

Zunächst lässt sich festhalten, dass in allen medialen Fällen (bis auf die letztgenannte Zukunftsprognose) Sensorisches, Olfaktorisches und eigene rituelle Handlungen wenig überraschend durchgehend entfallen. Ebenso wenig überrascht, dass die vierte Option (3D-Ansichten mit Klickoptionen), die auf Internetseiten inzwischen mitunter vorkommen, auch mit Video-Einspielern nicht mehr Erfahrungen als eine Kombination traditioneller Medien wie Fotos und Audios mit sich bringen. Video- und audioorientierte Medien können immerhin sekundär über Berichte oder durch Kameraführung versuchen, Atmosphären einzufangen. Dies ist auch bei Zoom- bzw. Skype-Gesprächen im Raum denkbar, wobei hier Gleichzeitigkeit und Interaktionsoptionen einen gewissen Mehrwert darstellen. Aus Sicht des Verfassers dieser Zeilen bringen Chaträume und 3D-Welten, die mit anderen gemeinsam über Avatare entdeckt werden können, durch ihre Interaktionsmöglichkeiten mit weiteren Beteiligten eine eigene ‚sozial-digitale' Qualität mit sich, sind aber bestenfalls ansatzweise in Second Life verwirklicht. In Zukunft sind technisch anspruchsvollere Varianten mit Möglichkeiten des eigenen Agierens bzw. mit kreativen Aufgaben und der gemeinsamen Sozialerfahrung bei der Erkundung (wie in Computerspielen) denkbar.

Da die letztgenannten Möglichkeiten bisher nicht zu finden sind, sollen sie im dritten Abschnitt unter idealen Zielen kurz beleuchtet werden. Zunächst jedoch eine kritische Zusammenfassung dieses kurzen Überblicks: Bis auf einige virtuelle Spielereien bleibt der Mehrwert digitaler Formate gegenüber einem realen Besuch weit zurück. Weder werden umfänglichere Sinneswahrnehmungen ermöglicht, noch vermitteln sich die besondere räumliche Konzentration und

Atmosphäre in vergleichbarer Weise, noch sind bislang Sozialerfahrungen, noch ist das pädagogisch relevante eigene autonome oder gar kreative Agieren bis auf eigenes ‚Herumklicken' möglich. Allenfalls unmittelbares Nachfragen wird durch Zoom und eventuell zukünftig vermehrt durch Chaträume einfacher. Der Charakter als *Ermöglichungsstätte religiöser bzw. spiritueller Handlungen und Erfahrungen im Blick auf ein Transzendentes (was emotionale Erfahrungen umschließt)* wird aus Sicht des Verfassers nach wie vor am ehesten in Filmen und Interviews nachvollziehbar, die beispielsweise virtuelle 3D-Oberflächen auf Internetseiten ergänzen können.

3. Was ist idealiter anzustreben?

Unsere theoretischen Ausführungen hatten gezeigt, dass es bei religiösen Stätten abrahamischer Religionen nicht primär um architektonische Merkmale, einzelne Gegenstände oder etwa um die Sakralität per se geht, sondern im Anschluss an Mertin um eine von und für Menschen ‚zum Gebrauch' geschaffene, konzentrierende Wirkung, die vom Raum und von Artefakten ausgeht, und – in meinen Worten – um die Ermöglichung von rituellem Handeln, von innerem Erleben und von Zusammenkünften im Blick auf Gott oder eine transzendente Größe.

An diesem Kriterium gemessen sind virtuelle Räume lediglich ein Surrogat, das das im vorangehenden Satz Beschriebene praktisch durchgehend nicht ermöglicht und bestenfalls sekundär und indirekt über eine mediale Vermittlung zur Darstellung bringen kann. Denkbar sind digitale Präsentationen glaubender Menschen mit lebendigen Schilderungen ihrer individuellen Raumerfahrung, ihrer religiösen Praxis und ihres Glaubens, die z. B. per Video und damit verbundenem Interview das Erleben von Gläubigen im jeweiligen Gebäude mit religiösen Handlungen an der jeweiligen Stätte nachvollziehbar werden lassen, respektive über Zoom bzw. im Chat in ein Gespräch treten und Besucherinnen und Besuchern des virtuellen Raums Auskunft geben können. Im Idealfall werden auf diese Weise folgende Ebenen verbal von der oder dem Auskunftsgebenden angesprochen und narrativ (vorzugsweise biographisch veranschaulicht) nähergebracht:

a) Der reale Raum ermöglicht weitgehende *Sinneswahrnehmungen*, die über das Visuelle hinausgehen, sowie das Erleben einer *Atmosphäre*, die für den Auskunftsgebenden mit persönlichen, spirituellen Erinnerungen verwoben ist.

b) Der Raum ist auf *religiöse Praxis* hin ausgerichtet, die Gläubige hier ausführen und mit ihren ganz *individuellen* Erfahrungen,

c) mit besonderen *Gemeinschafts*erfahrungen sowie

d) mit einer *Beziehung zu oder der Nähe von einem Transzendenten*, Gott oder Göttlichem verbinden.
e) Das Erleben dieses Raums und von Menschen, die diesen Raum nutzen, kann Schülerinnen und Schülern Impulse zum eigenen Denken und Handeln geben.

Nicht immer werden alle Aspekte auch in real-präsentischen Begegnungen vor Ort deutlich werden können. Hier kann es sinnvoll sein, auch bei klassischen Begehungen durch anschließende Videos etc. Erfahrungen und Impulsmöglichkeiten zu ergänzen.

Werden diese unterschiedlichen Aspekte in der beschriebenen Weise deutlich und werden im besten Fall darüber hinaus auch virtuelle Räume für Kreativität oder für existenzielle Diskussionen zur Verfügung gestellt, ist ein Gewinn über die mediale Ebene von Wimmelbildern hinaus möglich.

Literatur

Baumann, Martin/Nagel, Alexander-Kenneth, Repräsentative Sakralbauten. Gesellschaftliche Debatten und Beheimatung, in: Dies., Religion und Migration. Studienkurs Religion, Baden-Baden 2023, 109–155.
Bitter, Gottfried, Sakrale Räume erkunden. Kirchenführungen und religiöse Kultur, in: Isenberg, Wolfgang (Hg.), Sakrale Bauten entziffern. Zur Konzeption von Kirchenführungen. Bensberger Protokolle 105, Köln 2003, 25–37.
Bizer, Christoph, Begehung als eine religionspädagogische Kategorie für den schulischen Religionsunterricht, in: Ders. (Hg.), Kirchgänge im Unterricht und anderswo. Zur Gestaltwerdung von Religion, Göttingen 1995, 167–184.
Brüll, Christina/Ittmann, Norbert/Maschwitz, Rüdiger/Stoppig, Christine, Synagoge – Kirche – Moschee. Kulträume erfahren und Religionen entdecken, München 2005.
Eliade, Mircea, Das Heilige und das Profane. Vom Wesen des Religiösen, 2. Aufl. Frankfurt a. M. 1984.
Halbfas, Hubertus, Wurzelwerk. Geschichtliche Dimensionen der Religionsdidaktik. Schriften zur Religionspädagogik 2, Düsseldorf 1989.
Hertzsch, Erich, Art. Kirchweihe, in: RGG III, 3. Aufl. Tübingen 1959, 1623–1624.
Josuttis, Manfred, Der Weg in das Leben. Eine Einführung in den Gottesdienst auf verhaltenswissenschaftlicher Grundlage, 2. Aufl. Gütersloh 1993.
Kaczynski, Reiner, Art. Kirchweihe, I. Liturgisch, in: LThK, 3. Aufl. Freiburg i. Br. 1997, 102–104.
Klie, Thomas, Pädagogik des Kirchraums/heiliger Räume, in: Das wissenschaftlich-religionspädagogische Lexikon im Internet, www.wirelex.de (http://www.bibelwissenschaft.de/stichwort/200253/; pdf vom 20.09.2018 [abgerufen am: 26.09.2023].
Mertin, Andreas, Freiräume(n)! Zur Diskussion um den religiösen Raum, in: Magazin für Theologie und Ästhetik 15 (2002), n. p. Online unter: https://www.theomag.de/16/am51.htm [abgerufen am: 08.11.2023].
Meyer, Karlo, Religion, Interreligious Learning and Education. Edited and revised by L. Philip Barnes, King's College London, Oxford/Bern 2021.

Meyer, Karlo, Begehung gottesdienstlicher Orte nichtchristlicher Religionen. Eine Bestandsaufnahme von theoretischer Diskussion und derzeitigen Optionen, in: Kaspari, Tobias (Hg.), Raumbildungen. Erkundungen zur christlichen Religionspraxis. Theologie – Kultur – Hermeneutik 26, Leipzig 2018, 81–95.

Meyer, Karlo, Art. Moschee-, Synagogen- und Tempelpädagogik (2017), in: Das wissenschaftlich-religionspädagogische Lexikon im Internet www.wirelex.de (http://www.bibelwissenschaft.de/stichwort/100296/; pdf vom 20.09.2018 [abgerufen am: 26.09.2023].

Meyer, Karlo, Weltreligionen. Kopiervorlagen für die Sekundarstufe I, 3. Aufl. Göttingen 2015.

Meyer, Karlo, Interreligiöse Impulse – Grundlagen zum hermeneutisch-pädagogischen Problem, dialogische Anstöße durch fremde religiöse Traditionen aufzunehmen, in: ZPT 66 (2014) 4, 338–348.

Meyer, Karlo, Fünf Freunde fragen Ben nach Gott. Begegnungen mit jüdischer Religion in den Klassen 5–7, Göttingen 2008.

Meyer, Karlo, Lea fragt Kazim nach Gott. Christlich-muslimische Begegnungen in den Klassen 2–6, Göttingen 2006a.

Meyer, Karlo, Menschen, Räume und Rituale in Bildmaterialien zu fremden Religionen. Zur Auswahl von Bildern nicht-christlicher Religionen in Büchern für den Religionsunterricht, in: Theo-Web. Zeitschrift für Religionspädagogik 5 (2006b) 2, 67–95. Online unter: http://www.theo-web.de/zeitschrift/ausgabe-2006-02/8-Meyer-END.pdf [abgerufen am: 26.09.2023].

Meyer, Karlo/Neddens, Christian/Tautz, Monika/Yanik, Mo, Schabbat Schalom, Alexander!, Göttingen 2016.

Rupp, Hartmut (Hg.), Handbuch der Kirchenpädagogik. Kirchenräume wahrnehmen, deuten und erschließen, 2. Aufl. Stuttgart 2008.

Sajak, Clauß Peter (Hg.), Gotteshäuser. Entdecken – Deuten – Gestalten. Sekundarstufe I und II, Lernen im Trialog. Heft 1, Braunschweig 2012.

Schlensog, Stephan, Komm mit, wir entdecken die Weltreligionen. Bilderbuch mit Wimmel-Suchaufgaben, Stuttgart 2019.

Özdil, Ali-Özgür, Moscheepädagogik im Islam, in: Sajak, Clauß Peter (Hg.), Gotteshäuser. Entdecken – Deuten – Gestalten. Sekundarstufe I und II, Lernen im Trialog. Heft 1, Braunschweig 2012, 20–25.

Yanik, Muhammet, Art. Moschee, im konfessionellen Religionsunterricht (2015), in: Das wissenschaftlich-religionspädagogische Lexikon im Internet www.wirelex.de (https://bibelwissenschaft.de/stichwort/100073/; pdf vom 20.09.2018.

Zimmerling, Peter, Heilige Räume im Protestantismus – gibt es das?, in: Arbeitsstelle Gottesdienst 21 (2007) 2, 23–32 (Heft 2: Raumerkundungen).

Verzeichnis der Autor:innen

Dr. Ayşe Almıla Akca ist Nachwuchsgruppenleiterin der NWG „Islamische Theologie im Kontext: Wissenschaft und Gesellschaft", Humboldt-Universität zu Berlin, und Universitätsassistentin am Institut für Islamische Theologie und Religionspädagogik der Universität Innsbruck.

PD Dr. Rainer Bayreuther lehrt Musikgeschichte an der Hochschule für ev. Kirchenmusik Bayreuth und ist als Kurator der Reihe „Musikschätze Baden-Württemberg" am Musikpodium Stuttgart tätig

Dr. Yauheniya Danilovich ist Akademische Rätin am Seminar für Praktische Theologie und Religionspädagogik der Evangelisch-Theologischen Fakultät der Universität Münster.

Dipl.-Ing. Max Frühwirt ist Mitarbeiter am Institut für Architektur und Medien an der Technischen Universität Graz.

Dr. Carsten Gennerich ist Professor für Religionspädagogik am Institut für Theologie der Pädagogischen Hochschule Ludwigsburg.

Lorenz Gilli (M.A.) ist Digital Didactic Expert der Fakultät I im Projekt „Digitalität menschlich gestalten – dime:US" und Wiss. Mitarbeiter am Lehrstuhl für Medientheorie an der Universität Siegen.

Dr. Esther Graf ist promovierte Judaistin und arbeitet in einer Agentur für jüdische Kultur in Mannheim.

Dr.-Ing. Marc Grellert lehrt am Fachgebiet Digitales Gestalten der Technischen Universität Darmstadt und ist Mitbegründer der Firma Architectura Virtualis.

Cagdas Günes ist E-Tutor der Fakultät I im Projekt „Digitalität menschlich gestalten – dime:US" an der Universität Siegen.

Ella Heinrich-Öncü (M. Eng.) ist Mitarbeiterin im Bereich Technische Kriminalprävention beim Landeskriminalamt Baden-Württemberg.

Dipl.-Ing. Dr.techn. Gerald Kozicz ist Projektleiter des FWF-Projekts „Digitalisierung des Kulturerbes von Chamba" am Institut für Architektur und Medien an der Technischen Universität Graz.

Jan Kricks ist E-Tutor der Fakultät I im Projekt „Digitalität menschlich gestalten – dime:US" an der Universität Siegen.

Dirk Leiber ist Initiator der Plattform https://museum-virtuell.com/ und deren Geschäftsführer

Dr. Eva-Maria Leven ist Akademische Rätin am Lehrstuhl für Religionspädagogik der Katholisch-Theologischen Fakultät der Universität Würzburg.

Dr. Konstantin Lindner ist Professor für Religionspädagogik und Didaktik des Religionsunterrichts am Institut für Katholische Theologie der Universität Bamberg.

Dr. Di Luo ist Chu-Niblack Assistant Professor für Kunstgeschichte und Architektur am Connecticut College, New London.

Dr. Karlo Meyer ist Professor für Religionspädagogik der Fachrichtung Evangelische Theologie an der Universität des Saarlandes.

Dr. Christian Mulia ist Professor für Gemeindepädagogik an der Evangelischen Hochschule Darmstadt.

Dr. Albertina Oegema ist als Judaistin und Neutestamentlerin wissenschaftliche Mitarbeiterin an der Evangelisch-Theologischen Fakultät der Johannes-Gutenberg-Universität Mainz.

Dr. Viera Pirker ist Professin für Religionspädagogik und Mediendidaktik an der Goethe-Universität in Frankfurt am Main.

Dr. Klara Pišonić ist wissenschaftliche Mitarbeiterin im Bereich Religionspädagogik und Mediendidaktik an der Goethe-Universität in Frankfurt am Main.

Dr. Georg Plasger ist Professor für Systematische und Ökumenische Theologie an der Evangelisch-Theologischen Fakultät der Universität Siegen.

Dr. Ulrich Riegel ist Professor für Religionspädagogik im Seminar für Katholische Theologie der Philosophischen Fakultät der Universität Siegen.

Dr. Kathrin Schlemmer ist Professorin für Musikwissenschaft in der Philosophisch-Pädagogischen Fakultät der Katholischen Universität Eichstätt-Ingolstadt.

Dr. Markus Schroer ist Professor für Allgemeine Soziologie am Institut für Soziologie der Philipps-Universität Marburg.

Dr. Angela Schwarz ist Professorin für Neuere und Neueste Geschichte am Historischen Seminar der Universität Siegen.

Dr. Minou Seitz ist Digital Didactics Expert an der Universität Siegen im Rahmen des Projekts „Digitalität menschlich gestalten".

PD Dr. Alexander Tillmann ist Professor und Abteilungsleitung der Mediendidaktik, Evaluation und Tutorenqualifizierung im Bereich studiumdigitale – Zentrale eLearning-Einrichtung an der Goethe-Universität in Frankfurt am Main.

Dr. Benjamin Weber ist Geschäftsführer und wissenschaftlicher Leiter des gemeinnützigen Instituts XRbit gUG. Hier beschäftigt er sich mit der didaktischen Aufbereitung der digitalen Lehre.

Theresia Witt ist wissenschaftliche Mitarbeiterin am Lehrstuhl für Religionspädagogik und Didaktik des Religionsunterrichts am Institut für Katholische Theologie der Universität Bamberg.

Dr. Mirjam Zimmermann ist Professorin für Religionspädagogik und Fachdidaktik am Institut für Evangelische Theologie der Universität Siegen.